U0721316

王阳明像

原文：

[1]若耶溪上雨初歇，若耶溪边船欲发。杨枝袅袅风乍晴，杨花漫漫如雪白。[2]湖山满眼不可将，画手凭谁写清绝。金樽绿酒照玄发，送君暂作沙头别。[3]长风破浪下吴越，飞帆夜渡钱塘月。遥指扶桑向溟渤，翠水金城见丹阙。[4]绛气扶疏藏兀突，中有清虚广寒窟。冷光莹射精魂慑，云梯万[5]丈临［凌］风蹑。玉宫桂树秋正馥，最上高枝堪手折，携向彤墀献[6]天子，金柜琅函贮芳烈。内兄诸用冕惟奇负艺，不平于公道者久矣。今年[7]将赴南都试，予别之耶溪之上，固知其高捷北辕，不久当会于都下。[8]然而缱绻之情自有不容已也。越山农邹鲁英为写耶溪别意，予因诗以送[9]之，属冗不及长歌，俟其对榻垣南草堂，尚当为君和鹿鸣之歌也。弘治甲子又[10]四月望，阳明山人王守仁书于西清轩。垣南草堂予都下寓舍也。

| 5 | 4 | | 3 | 2 | 1 |
|---|---|---|---|---|---|
| 10 | 9 | | 8 | 7 | 6 |

王阳明草书

《若耶溪送友诗稿》

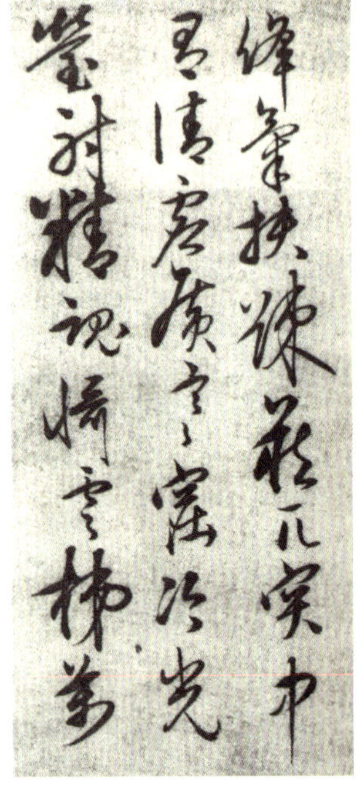

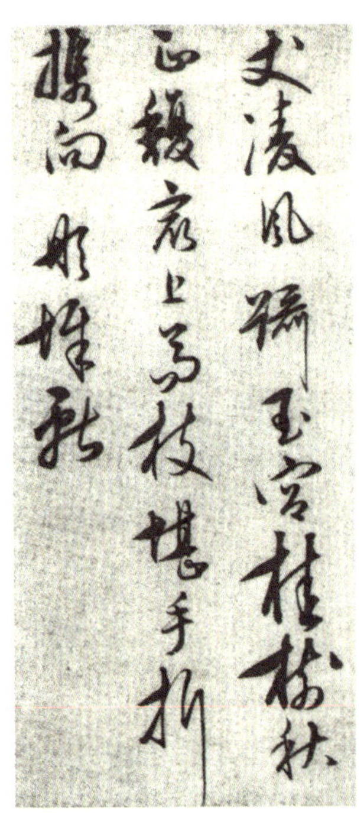

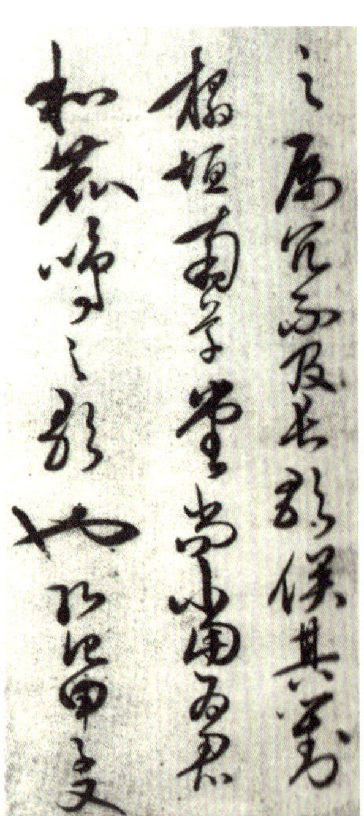

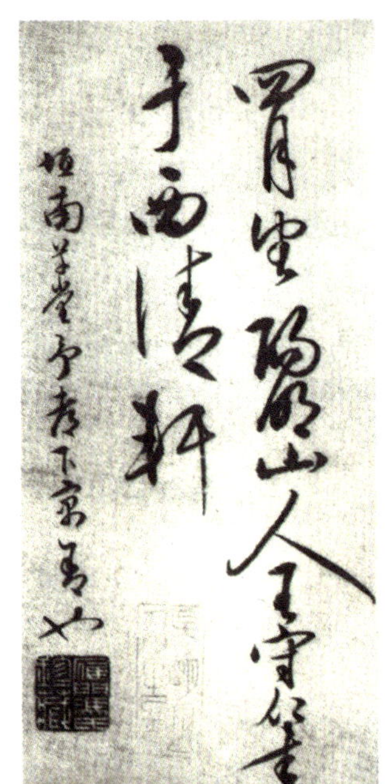

若耶溪上雨初歇采耶
溪边船去发杨枝娟娟
风乍晴杨花漫漫如雪白
渺山滴翠不可收画手难
将写情难寄将深浅照
立疑送君楼作别
长风破浪下蓬城飞帆夜
渡横塘月色遥看扶桑向
滨海翠水金琪见舟湖

天子金陵琅函贮芳盈
内之读日觉怀奇气飘
不年将以老老人今年
归故国莫嫌千别久
耶溪之上同乐高捷
小舫不久当会於春下
结不灌缨之情自无不乐
之也城山苍翠吾华西望
耶溪写赠周韵以送

明 · 戴进
春游晚归图

明 · 沈周
庐山高图

明 · 文徵明
携琴访友图

明 · 唐寅

步溪图

明 · 仇英
临溪水阁图

# 我是王阳明

## 知行合一的心学之旅

宗承灏 / 著

中国大百科全书出版社

图书在版编目（CIP）数据

我是王阳明：知行合一的心学之旅 / 宗承灏著 . --
北京：中国大百科全书出版社，2022.10
ISBN 978-7-5202-1220-5

Ⅰ. ①我… Ⅱ. ①宗… Ⅲ. ①王守仁（1472-1529）
—传记 Ⅳ. ① B248.2

中国版本图书馆 CIP 数据核字（2022）第 180907 号

出 版 人　刘祚臣
策 划 人　赵　易　曾　辉
责任编辑　赵春霞
责任印制　魏　婷
出版发行　中国大百科全书出版社
地　　址　北京市阜成门北大街 17 号　　邮政编码　100037
电　　话　010-88390969
网　　址　http: //www.ecph.com.cn
印　　刷　北京君升印刷有限公司
开　　本　710 毫米 ×1000 毫米　1/16
印　　张　27
字　　数　360 千字
印　　次　2023 年 1 月第 1 版　2023 年 1 月第 1 次印刷
书　　号　ISBN 978-7-5202-1220-5
定　　价　79.00 元

天没有我的灵明，谁去仰他高？

地没有我的灵明，谁去俯他深？

鬼神没有我的灵明，谁去辨他吉凶灾祥？

——王阳明

# 目录

身处于这荒凉的居所，时间像是饱满的果实，轻轻一挤就汁水横流。所谓的生命质感，不过是你与时间的合二为一，彼此拥有。

躺在黑暗的空间，使我瞬间就把握了永恒。人不怕面对世界，怕的是面对自己。一旦终日面对自己，你就无法回避那种来自内心深处的觉悟，它或许是痛苦，但至少是真实的。



从今往后，我所要做的，就是要尽可能地向这个世界解释“心学”为何物。人的内心最容易滋长的，便是对于某种神圣之物的念想与渴望。说到底，圣人与天地万物同体，儒、佛、老、庄皆为我所用，是为之大道。我们都坚信，圣人之道不会坠落，日后相会，终有所获。



一个人的时候，我习惯了静坐，在这样的时间纵深里，那些缠绕自己的现实问题，也慢慢变得不再重要。虽然我还有未竟的政治理想，还有我的知行合一。在去除那些附着于自己身上的标签，我的世界显得格外辽阔与透明。



有弟子问我：“为什么我能够用兵如神，其中有没有什么技巧？”

我告诉他：“并没有什么技巧，我只是一心做学问。……真正的学问不是掉书袋，而是用学问来养心。……在这个世界上，没有真正的傻子，人的智慧都是差不多的。之所以有人胜出，有人失败，区别就在于此心动与不动。”



这些年来，我不停地奔走，从一个讲堂到另一个讲堂，从一个战场到另一个战场，每件事都拿有用和无用的尺子量上好几遍。世间路，哪有那么多有无之别，不过是我们的分别心在作祟。不知别人如何，我是很难找到一条直道，抵达彼岸。

我不由百感交集，人生就像是一场春秋大梦，何处起，何处落，谁也说不清，过去的再也回不来。江涛烟柳，故人倏在百里外，而月在天。

我喜欢弟子们围绕在身边，就算是沉默也是满满的充盈，就算是辩驳也是良知的显现。我告诫在场的弟子们，人只有一次生命，你们要做真正的自己，不要让眼前的幻景遮蔽了良知，不要将时间浪费在无谓的事情上。



人这一生兜兜转转，倏忽千里，时间深处弥漫着美丽的伤感。

往事如同快速倒带的胶片电影，每一格都是转瞬即逝的人生片段：山阴、龙场、书院、京城、南赣、广西、徐爱、湛若水、弟子、家族、儿子……

我艰难地睁开眼睛，嘴里含含糊糊地吐出一句“我要走了”。……用最后一丝气力留下了人生的八个字：“此心光明，亦复何言！”

# 自序 世无阳明，人心如牢笼

哈佛大学教授杜维明说："二十一世纪将是王阳明的世纪。"

有人说，王阳明的横空出世，照亮了中国思想史的天空。

今天当我们走近王阳明的时候，需要打开三重疑问的大门。

第一扇门上写着：为什么是王阳明？

第二扇门上写着：王阳明为什么要创建心学？

最后一扇门上写着：心学到底是一门怎样的学问？

中国儒、释、道思想经历了多个王朝的激荡与融汇后，终于在赵宋王朝迸发出亮丽的火花——理学。儒、释、道各有侧重，各成其法。道家重在天地自然。佛学重在心性意识，而禅宗则冲淡了佛学的宗教精神，回归人之庸常。宋儒沿接禅宗，又重新回到先秦儒生士子们苦苦追寻的家国天下的现实问题，且吸纳、融化佛学上对心性研析的一切成就。宋代理学家以宇宙论为人生哲学之根据，而宇宙论大多采用的是道教先天无极之说，使得儒学有了一番新生命与新迹象。

一个人降临世界是偶然，偶然的生命个体，绽放出必然的思想火花，是个体的造化，也是时代的需要。将王阳明放在明代中叶这样一个混沌的时代背景下，他所掀起的心学革命无异于一场“人的解放”。这也是为什么梁启超先生会说，王阳明“能做五百年道学结束，吐很大光芒”。

明朝自朱元璋开国到正德皇帝即位，思想统一，朱子理学作为官方意识形态已过百年，渐趋僵化，甚至沦为儒生士子科举时的照搬之学。曾历经弘治、正德、嘉靖三朝的大学问家陆深说：“今日举子，不必有融会贯通之功，不必有探讨讲求之力，但诵坊肆所刻软熟烂腐数千余言，习为依稀仿佛、浮靡对偶之语，自足以应有司之选矣。”如此背景下，读书种子们只会死记硬背，何谈创造力。

明代唐宋派代表作家归有光曾言：“近来一种俗学，习为记诵套子，往往能取高第。浅中之徒，转相仿效，更以通经学古为拙。”归有光的忧虑不无道理，而那个以叛逆立世、将自己活成一团火的李贽也毫不讳言，自己就是靠记诵模拟而考中科举的。他的经验之谈是“取时文尖新可爱玩者，日诵数篇，临场得五百。题旨下，但作缮写誊录生，即高中矣”。文化的活力和创新力受到极大束缚。如果说，世无孔子，万古如长夜，那么我要说，世无阳明，人心如牢笼。

王阳明一生历经磨难，居夷处困，始终不改其追求圣人之道的初衷，将良知之教体现在应事接物的具体行动中，主动改造主客观世界，使之达到心物统一、主客统一，有限与无限统一。虽处逆境而不自弃，愈挫愈勇。无论遭遇怎样的困境，始终如一，终化险为夷，从而立下赫赫事功。作为思想巨子，阳明所创立的心学蔚为大观，如滔滔江水，不可用一朵两朵浪花来确定其范围。有人喜欢将王阳明一分为二，半是思想者，半是杀人魔，两个王阳明，前者奔着求圣而去，后者奔着事功而往。

从起意写王阳明，我就在书桌上方贴了个纸条，上面写着：写王阳明时，你想写什么。于心性驽钝的我而言，写什么都不觉轻松，遑论王阳明和心学。九死一生历练的人，得来的是九死一生的学问，让人下笔如千钧。无论怎么写，都觉得轻；无论怎么写，都觉得重。一不留神，弄成了“野狐禅”，不免贻笑大方。

日光之下，并无新事，无新便是常态。今人放大阳明学说的功利性，是因为我们活在一个功利的时代。儒家的最高价值，是让人的精神在日常生活中有所体现，若日常生活无法体现，也算不得最高价值。很多时候，我们对日常生活有一种误读，总认为溺于凡俗，沉于烟火，是生活的本来面目，并为此沾沾自喜。殊不知，人应该活出精神超拔的阳面，而不是活出混同咸鱼的阴面。

王阳明说，人人皆为圣人。每个人、每件事都有它神圣的意义。人常叹，知己难求。连自己都不知自己，你又求个什么劲呢？当有一天，我们将困顿的目光投向传统文化，会惊奇地发现，现实世界难求的知己，其实早就活跃于另一个平行世界。王阳明是最好的倾听者，也是最好的话语者。上至朝廷大臣、学者士大夫，下至贩夫走卒，都有王阳明的信徒，尤其是在中下层民众中，王阳明具有极大的影响。“致良知”“知行合一”等主张，是一种简单直截、当下即是的工夫，引发了中下层民众的极大兴趣，直接推动了儒学平民化运动，构成了对官学也就是朱子学的强烈冲击，起到了解放思想的作用。

嘉靖八年（1529），王阳明心学被禁，朱子学的反对者认为：“守仁放言自肆，诋毁先儒，号召门徒，声附虚和；用诈任情，坏人心术。近年士子传习邪说，皆其倡导。”朝廷要求“都察院榜谕天下，敢有踵袭邪说，果于非圣者，重治不饶”。直到万历十二年（1584），明廷才准许王阳明入祀学宫、孔庙，“（万历十二年）十一月庚寅，准王守仁、陈献章、胡居仁从祀学宫”。这是官方政策的一大转变。

王阳明痛恨那种“后世记诵词章之习起，而先王之教亡”的局面，正因如此，他才顺应时代潮流，提出“致良知”的学说。他要改变朱子学的观念，让格物的方式从“道问学”走向“尊德性”，提倡“致良知”的道德实践，使每个人都成为道德主体，不再一味寻求外在的天理，而是遵从内心的良知，实现知行合一。如此，社会文化才可能避免僵化，重新焕发活力，像儿童初长成时那样，“乐嬉游而惮拘检，如草木之始萌芽，舒畅之则条达，摧挠之则衰痿”，做人也要像孩子那样，“必使其趋向鼓舞，中心喜悦，则其进自不能已”。如果说朱子学是捆绑彼时社会的绳索，那么阳明学说则是一双解绑的巨手。

在中国思想发展史上，王阳明的“良知”说和“知行合一”说，曾激励了明朝中晚期无数读书种子们的矍然奋起。在近代，王阳明学说又被一些进步思想家用来作为变革社会、救国图强的思想武器，并且这种影响超越了国界，阳明良知之说和知行合一之教远播东亚、东南亚，日本的明治维新、中国的戊戌变法、近代中国的资产阶级革命，无不受阳明良知智慧的启发、浸染和影响。

那么，在这个最好且又最坏的时代，“良知说”又有什么价值和意义呢？我们习惯了安身立命，习惯了将生活当作日子过，将视野局限于以自我为中心、以私利为半径的小小圆圈之中。我们在嘲笑庸人哲学不值一提的同时，却又义无反顾地在用世俗的方式体验这个世界。我们在嘲笑别人的可笑之处的同时，又在身体力行地制造着别人围观的笑话。当下是一个知无不言、言无不尽的话语时代，从现实到网络，从旧文本到新媒体，一口唾沫就可以掀起滔天巨浪。虽然王阳明临终之前留下一句话：“此心光明，亦复何言！”但在他活着的时候，他又何尝不是多言之人？连他的朋友都劝他少说话。他主动反省，他说，一个人话一多，必定气浮、志轻，气浮的人热衷于外在炫耀，志轻的人容易自满松懈。

多思多行且多言的王阳明，像极了这个时代的我们。于是，有人将阳明学说理解为心灵鸡汤似的精神诉求，只闻鸡汤美味，不见万物观照。就像俗务缠身的我们，走进阳明心学，何尝不是为了能够明心见性、摒弃杂念？

无论是过去被批判的王阳明，还是被现代人奉为心灵导师的王阳明，都不是王阳明本人。如果给王阳明贴上身份标签，我们可以说他是“十六世纪以来最伟大的演说家、最伟大的哲学家、仕途不如意的官员、二流诗人、道德典范和坚定的行动主义者”。他甚至和我们这些庸常之人有很多共性：和老友喝最辣的酒，好为人师，用世俗的成功标准衡量自己，用不着边际的梦想代替思考，对早已抛弃自己的朝廷抱有不眠不休的幻想，对生养自己的土地有着深刻的感情。

现代性造就物质的极大丰富，人类所拥有的物质财富可以说从未像今时这般丰裕。科学技术一日千里，工具理性向人类世界宣告它的无所不能。工具理性讲求的是功利，趋利是其本质。在工具理性面前，一切都成为相对，包括自然、信仰乃至人本身，因此，尼采无奈地发出“上帝死了”的呼吁。与此同时，人也“死了”。人制造了工具理性，却受制于所造之物。丧失自我的个体在工具理性造就的现代性面前，如无根浮萍，于是良知和现代人渐行渐远，而现代性造就的种种险恶却如影随形：生态的破坏、环境的恶化、道德的失衡和混乱、拜金主义的盛行泛滥、人类自我价值的虚无化、人类心灵最终的安顿……这些已经成为全球性的问题困扰着现代文明。

理性对外界物质关注过多，却很少关注人的内心。人在物质层面的丰裕同精神、价值层面的匮乏与空虚形成强大的张力和鲜明的对比。人们甚至不惜牺牲人性的尊严、自然的完整、价值的可贵，以换取物质的丰富。于是，为了谋求短暂利益而出卖人格、出卖良知的行径也出现了，于是便产生了困扰现代文明的灾难和问题。在王阳明的语境中，心，良知，天理，是同一个意思。当一个人的境界达到这种程度，他的思想，他的行为，他对人对事的态度，全都以良知的形式表达出来，也就可以说，他的一切，都被包在了良知这个圆圈里面，圆圈外面，就什么也没有了，这就是所谓的“心外无物，心外无理”。

当我们生活中的一切内容，都充满了良知，人生就达到了“从心所欲不逾矩”的圣人境界。良知，是大智大勇，是大反思，是一种高级智慧。解决事情的办法千变万化，永远不要去违背自己的良知。如果我们懂得“致良知”，并且能够在生活实践中将自己的良知如实地表现出来，那么我们就享有一种与自己的生命本质相一致的现实生活，我们就是有根基的人，是体现了生命自身的完整性、独立性与自主性的人。如果不是，而总是以私心、私利、私欲的满足为目的，那么我们就会在外物的追逐之中丧失自我生命的本质，就会成为没有生命根基的、东倒西歪的人，就会造成现实生活与生命本质之间的断裂，从而使生活走向生命目的的反面。王阳明说，世界是我心观察出来的，我心污浊，这世界就污浊；我心光明，这世界就光明。

套用一句时髦的话：“读王阳明时，你在读什么？”有人说，与古人对话，只能自己领悟。读王阳明，虽然不能像读哈姆雷特，千人千面，但也各有选择。一曰“小我”，一曰“本我”。“本我”即开放的自我。以开放的自我和阳明对话，你的自我就越来越丰富，越来越开放；你若以“小我”去读阳明，读出来的便是庸俗，便是腥臊，好端端的阳明学说也被弄得庸俗不堪。当然，我喜欢第三种读法，围而共读。即同好者围坐一起，每一句话都讨论，每一句话都辩论。每个参与其中的人，都是对群体的经验的丰富，这样就变成了活的话语。

——什么是圣人之道？王阳明为我们指出了一条圣人之道。

高山仰止，景行行止。虽不能至，心向往之。

谨以此书，献给我那正处于青春凶猛期的女儿宗雪彤，也希望她这一生活出自己的意思来。

是为序。

# 一、我的南方天空

千年江河上漂流的云水一梦

我生在江南，却在成年后的大部分时光里，穿行于异乡的阡陌。我深深地眷恋江南风物，却也常常会被异乡的一株草木劫持，被一方山水俘虏，或者被一片风声拷问。那一声声拷问贯穿时光，让人无所遁形。……我是王阳明，这一刻，我从江南一个叫作余姚的县城出发。

# 1

我生在江南，闭上眼睛，一幅幅熟悉的画卷便会铺展而来。如果人间有天堂，我想天堂不会在别处，一定在江南。黛瓦青墙，绿竹潇湘，屋檐下绽放的苔花，山丘上生长的碧草，以及临窗可见的水道乌篷，让人心清简温润，仿佛入了大美之境。

水是江南人的信仰，江南人的魂魄。它如同一面镜子，本身是空幻，是虚无，可它容纳的却是现实里的生活，是大有之境。世间总有执迷不悟的人，甘愿为了一溪云、一帘梦、一出戏，将全副身心交给这个世界，就好像交出去，才会自得清凉，如云在野。

人生在世，每天被俗物裹挟，像一粒尘埃飘来荡去，寻找着来处与归途。辗转不得，强求不得，好似风尘随身，逢场作戏。一个人走一段寂寞的旅程，倘若无法承担其间的清冷与凉薄，就不要奢求什么山高水长，遁去无痕。

有时候，做个知行合一的人，要比做一个寡淡漠然的人来得欣悦快意。

很多年后，我才意识到，人最大的敌人不是别人，而是自己；自己最大的敌人不是这副皮囊，皮囊能有几斤几两，怎抵得人心万端。我无数次地冥想过死亡，也无数次地在别人的描述中，想象过出生。人的出生地，是风起时，是云开处，虽然只是一块巴掌大的地方，但此处的飞鸟、河流和树木都将成为我们漫长一生的精神图腾。不同的村落，或者不同的休养生息地，有着各自不同的始迁祖，而他们的共同点在于，都选择了江南这个好地方。

我生在江南，却在成年后的大部分时光里，穿行于异乡的阡陌。我深深地眷恋江南风物，却也常常会被异乡的一株草木劫持，被一方山水俘虏，或者被一片风声拷问。那一声声拷问贯穿时光，让人无所遁形。我是谁？我来自何方？归于何处？

人终究无法在此间过得完满，不留遗憾，因为总有一种召唤在遥远的过去，或者未来，让人不得清宁，无法停留。我是王阳明，这一刻，我从江南一个叫作余姚的县城出发。至于下一站要路过哪里，归于何处？我就是想破脑袋也想不通，我不是先知，更做不了当世大贤。

我有时候会觉得自己喋喋不休的叙述毫无意义，山前有路，水穷云起，语言又算得老几。时间不过是一个人生命的旁观者，而我所描述的自己，总有虚妄夸大的成分在里面。一个人的浮世清欢，一个人的山水相逢，就算你能够做到诚实地面对过往，也像是在叙述别人的短短长长，与己无关。

余姚是绍兴府东部的一座小城，一条穿城而过的河流将这座县城自然地分作南北两块。人对于自己的出生地，有着难以言说的情结。余姚，若干年后，我每身陷囹圄，困守黑暗，都会在心中默念这个地名。那一瞬间，就会有一种叫作光明的东西劈面而来，让我产生眩晕，想要流泪。余姚隶属于绍兴府，大禹治水的故事在这片土地上绵延流传。

很小的时候，我无数次地听老人们说起大禹。大禹治水到绍兴，大会诸侯，稽功于涂山（茅山），后来涂山改名为会稽山。那个叫大禹的男人，难以想象，究竟是怎样一个男人，他的身上又背负着怎样的担当，决绝到三过家门而不入。人生云水一梦，我们每个人都是那个寻梦的大禹，在千年的江河上漂流。

从会稽山东面，有一条古运河直通姚江。姚江发源于太平山，一路挟带着绍兴的惠风兰香，东流十八弯，经慈溪北折入海。余姚县城坐落在姚江畔，也是一方钟灵毓秀的吴越要冲之地，在人文儒脉上同会稽城有着千丝万缕的联系。成化八年（1472）九月，秋天是一个饱满的季节，而果实是时间馈赠给人的礼物。秋分刚过，昼夜均而寒暑平，此时的江南，草木繁茂且不说，山色花影也让人眼熟心热。

人是被动地来到这个世界，无从选择来处。无论是帘外落花的南方，还是草木荒芜的北国，都像是设定好的。人说命运无常，是谁编排了我们的来处与归途。世间行走，就像是在前世的记忆里按图索骥，脚步未到，心意已至。

这一天，余姚北城龙泉山东北麓的一栋两层房子里，一声婴儿的啼哭划破仲秋温热的阳光，让人不禁感叹生命的瓜熟蒂落。这婴孩儿好像并不急于投身于这奔腾不息的洪流，据说在母亲的肚子里足足待了十四个月，才悠悠然地来到这个世界。

大凡帝王将相来到这个世界，天上人间总会出现一些奇彩异象，以此佐证此等人物是顶着天命神授的光环来到这个混沌的世间。母亲说那是一场梦，祖母说那是上天的谕旨，与前世有关。梦境、上天、前世，语言真是奇怪的东西，明明说的是一件物事，却换了不同的词。万事百态，各展其美，让人困惑，顿生虚无，又心生欢喜。

这个婴孩不是别人，正是我，一个后来唤作王阳明的男人。长长一生做过的那些梦，无数的人或事或物，组成了一个庞杂无比的世界。我一生与梦痴缠不休，是因为我不愿做一个时光的囚徒。去往现实的路径有千条万条，而我却选择了一场梦境作为开始的地方。

梦里托孤的桥段注定会一直流传下去，在我看来，那不过是祖母睡着以后，一些杂乱无章的梦境片段。人啊，肉身沉重，什么时候都离不开梦的托举。仙乐飘飘，如烟如雾。旗幡招展处，一群仙人驾着七彩云霞，伴着仙乐飘飘踏空而来。

在诸多的仙人中，有一头戴金盔、身穿金甲的天神从天而降，他的怀里抱着一个婴孩，落于这户人家的院落。那天神轻推房门，亮了一嗓子道："贵人来也！"在众人惊愕的目光中，他走进屋来，将怀中婴孩递于祖母之手。

祖母莫名惊诧，然后拒绝，说自己已有孩子，还是将他送给自己的儿媳。仙人同意，转身走出屋子，带着其他神仙驾着烟云而去。那一夜的风很大，造出的动静像是一场传奇故事的序曲。清冽的风，裹着一丝丝草木的气息，只有江南小镇才能分辨出来的气息。那个夜晚，注定不平常，因为我的父亲王华也梦见了文曲星鼓乐下凡。

那个夜晚，我来到这个世界。是的，我来到这个世界，不是你，也不是他。每个人来此世上，都是命运之神的呵护。来了，就要受苦；来了，也同样是幸运。我不知道，离开那个时间，那个地点，我是否是我，还是有了别样的真身？生命像候鸟一样迁徙，土地、河流和山川不动，甚至连时间也是不动的。一个人降临于世，手里攥着钥匙，在村庄的分叉路口徘徊，在爬满青苔的院墙外徘徊。你顺着脐带寻找到这里，或者是那里。

人生天地间，忽如远行客。而那些带有浓厚神秘主义色彩的异梦、预言和占卜，被世人称之为神的谕告，或是上天的谕示，从来都是一段传奇生命的起始，或是终结。这种天降祥瑞的出生方式，恐怕也是出自至亲之人的虚构。

我从不相信命，也从不认命。人来到这个世界，总像是肩负着某种宏大叙事的使命，不然就像是白走了这一遭。我不能像我的祖母和母亲那样，日复一日、年复一年地重复着同样的日子过下去。有一天她们离开这个世界，就像她们从未来过这个世界。她们的朴实，她们的纯良，她们在这个世界做过的梦，无意中成全一个人的命运，可她们自己呢？

## 2

人世苍茫，千年不过一瞬。与大自然的灵动相比，毫无创造性的人类在不知疲倦地重复着同样的故事，相同的冷暖爱恨。我来到这个世界，对于其他先我而来的人，他们并不在意。他们活他们的，临水而居，日出而作，烧饭煮菜，放牧牛羊。

人应该学会回头，往而有返，在人生的尽头寻找来时的路。翻开王氏家谱，溯源而上，能够攀附的最大的名人，就是书法大家王羲之。魏晋时代，衣袂飘飘，给人无限遐想的兰亭集会，深浅浓淡，各有情致。那年的三月初三，王羲之"微醉之中，振笔直遂"，写下了著名的《兰亭集序》。一场春风一场醉，一场笔墨的盛宴，一场诗歌的狂欢。从此，世上再无兰亭。

回望先人遗风，不觉心驰神往。身为家族的一分子，我习惯于逆向阅读家谱，为的是寻找自己与家族的血缘连接点。那些陌生的名字串联成长长的队伍，望不见首尾，也忘了此岸肉身。

寻根是一件神奇的事，你的目光穿越漫长而迷离的时间，最后还是要回到离你最近、最熟悉的开始。父辈是我们最熟悉的起点，而这种感受同样也会存在于父亲的父亲的父亲的父亲之间，他们渐行渐远，逆着时间的河流行走。

对我们来说，每一个名字都与某一个时间点有关，而我所能做的，就是从一个点赶往另一个点。让我们将时间回拨两百年，蒙古铁骑千里奔袭中原，建国立号，中华大地陷入一片狼奔豕突之中。曾经荣耀无限的士大夫阶层也从"四民之首"直接跌落至"九儒十丐"的悲惨境地。

蒙元文人普遍怀有一种末世来临前的绝望心态，寒意彻骨，而我的六世祖王纲就是这些落魄文人中的一员。

汉族原本是世界上最骄傲的民族，中国人也自认为是世界上最文明、最强大、最光荣的种群。宋儒陆九渊说："圣人贵中国，贱夷狄，非私中国也。中国得天地中和之气，固礼仪之所在。贵中国者，非贵中国也，贵礼仪也。"中国之所以伟大，是因为它居天地之中，而其他国家居天地之偏，这是上天对一个优等民族的眷顾。

然而，1276 年，中国人的世界忽然颠倒了，汉人的王朝被掀翻在地，蒙古骑兵的铁蹄踏碎了汉人的迷梦。所谓夷狄，成了这个中央之国的统治者。旧有的纲纪、伦常、道德标准统统被砸得稀巴烂，金钱与物质主宰了这个世界。

因果定律，天道难逆，草原民族从不掩饰他们马刀所向的真正目的，在他们看来，汉人终究不过是他们的长弓、马刀下的猎物。但驱赶猎物的人，总有一天，也将被猎物所驱赶。

元末明初，天下大乱，山头林立。在旁观者看来，先祖王纲是一块未经雕琢的璞玉，只待时势造英雄。他本人并不认同，乱世消磨，精魂入地，他只求像诸葛亮那样"苟全性命于乱世，不求闻达于诸侯"。

他宁愿放逐山水，也不愿成为朝廷的良驹宝马，任人驾驭。他早年曾追随一个终南山隐士，学习《周易》的卜筮法和相面术。学成下山，遇到生命中的第一个贵人——本朝的开国元勋刘伯温。先祖将人生所相的第一面给了刘伯温。他告诉对方，将来定会飞黄腾达，但是要对方记住，到时千万别来找他。

人生没有绝对的安稳，只有相对的改变。年轻时放逐山林的先祖，到了晚年却耐不住人生的寂寞，七十岁的老人被举荐到兵部担任郎中（国防部司长，正五品）。刚好赶上广东潮州地区有苗人叛乱，朝廷擢升其为广东参议，前往广东督兵粮。预感到此行凶多吉少，他与家人诀别："我恐怕很难再活着回来（吾命尽兹行乎）！"

一语成谶，他果然如自己所言，为朝廷尽忠殉职。人生的功名到底是什么？是满足这个世界对自己的期待，还是完成自我期许？一个人是隐是进，是无名还是求名，能活得如此放达吗？如有名，谈何放达？如无名，又何谈放达？

人永远不可能穿越时间抵达永恒，所有个体的努力和挣扎，不过是希望有一天肉体生活的时间消失了。功名可以让自己在另外的时间里接近永恒，可这只是人的一厢情愿，是生而为人者的虚妄执念。

我的先祖王纲死的时候，其子王彦达还是一个十六岁的懵懂少年。父亲的死，让王彦达一夜之间告别少年时光。他千里奔波，用羊皮裹着父亲的尸体，将其背回了家。当地的乱民本想将其一并杀死，结果被领头人劝阻，谓之曰“父忠而子孝，杀之不祥”。

祖父王伦向我说起这些的时候，一脸的骄傲，就好像那个背着先祖尸体的人是他。

作为他们的子孙，我在百年后仍觉得意难平。我的血管里还流淌着他们的血，保留着他们的呼吸和眼泪。王彦达本想学自己的父亲，将文武艺货与帝王家。可是让他想不到的是，朝廷并不识他这个“好货”。从此，王彦达怀着我命由天的心态过起了自己的小日子：躬耕乡间，赡养老母，读书自娱。

一个人无论置身于多高的庙堂，沉沦于多么深重的困境，他都不可能与整个世界对抗。人要摆脱命运的摆布和塑造，唯一的选择就是向乡野民间转身，使自己颠簸不宁的身心，在生生不息的家族血缘中得到安顿。

王彦达临终之际，告诫儿子王与准：“希望你将来不要中断我王家书香世家的传统，更不要出仕为官！”这样的话在我听来，有着难以名状的伤感，此时听故事的我远离他们，又无限地接近他们。

王与准记下了父亲的话，转身闭门谢客，在乡间过起了耕读生活，既不参加科举考试，也不找人引荐，一心当他的隐士，悠然见南山。做一个卧龙岗上散淡的人，日子倒也清澈简单。窗外车水马龙，而自己手里却握着大把的时光，可以用来虚度，不用去担心流年似水，转瞬白头。只是这世上，有多少人可以清醒自持，敢于承担时间所带来的消耗，敢于接受命运所带来的仓促变幻。

人生要耐得住寂寞，话说起来轻松，可实现起来并不容易。在千帆竞发、头角峥嵘的时代里，安然老去，显然是不合时宜的。这世间总是有太多的繁华，撩拨着我们，让生活热气腾腾。我的先祖想的还是自保：活下去。一棵树长在这块土地上，若是有用，都难免刀斧之灾，何况是人。佯装无用，而无用却能够保护他。一个人避世，需要抵达无功无名的境地，但无功无名的前提是要做到“无己”。无己，就不会有分别心，也不会有无法达成的欲望。如果王与准就这样平平淡淡地过一辈子倒也罢了，但是他和他爷爷有着同样的兴趣爱好——喜欢给别人相面。

相面之人只识得他人的面，却未必能够识破自己的面。为了混口饭吃，在乡间相面算卦之人并不在少数，可算得准的却没有几个，先祖王与准是其中名气最大的算卦者之一。卦，这个东西，像是自投罗网的游戏。卜卦昭示天道，谁能钻进去再出来，他就了不得了。万物互联，又相互分离，但我们永远不清楚它们之间的限制与成全。

在这个世界有两种人最相信皮囊下裹着的命运，即做官的与有钱的。他们不甘心只此一生，期盼命运能将这一世的富贵荣华带进茫然无知的来生。而那些穷困潦倒的破落户，早就生无可恋，也懒得再去向命运索取什么。

王与准与其他相面之人不同，并不嫌贫爱富。相面的人相完面后，兜里有钱就丢两枚，没钱就抬腿走人。地方知县派人登门邀请，一心想要从他这里讨一个锦绣前程的彩头。王与准当着来者的面就将卦书烧了，一口回绝。他说，我王与准不能为术士，终日奔走公门谈祸福。

第二天，他便带足干粮，跑到附近四明山的一个山洞里躲了起来。人于天地，处处皆樊笼，躲得了一时，又怎能躲得了一世。正巧朝廷的钦差来到浙江“督有司访求遗逸”，招揽贤才。王与准被带到钦差面前，此钦差并不糊涂，他见王与准像是一个磊落之人，便向他了解了事情的来龙去脉，并派人四处走访。

经过暗访，从地方百姓口中获知，王与准是一个德行操守都不错的年轻人，钦差便放了他。又听说王与准的二儿子王世杰很有出息，便道："你们一家子都当隐士，有悖朝廷用人制度，不如让你的儿子为朝廷效力？"

经此一难，王与准的思想发生了重大的转变。这年大考，其子王世杰去参加考试。按规定，考生需要散发脱衣接受检查。王世杰觉得这是对自己人格的侮辱，连考场的门都没进就转身而去。

王世杰的母亲临终留下遗言："尔贫日益甚，吾死，尔必仕。勿忘吾言！"

母亲不想让儿子过苦日子，命他出仕为官。但终其一生，王世杰也没能实现母亲的临终遗言。在这种情况下，历史只好将目光投向了他的儿子王伦，也就是我的祖父。

## 3

在我的心里，祖父是这个世界最可爱的老头，没有之一。不是因为他是我的祖父，我才这么认为，就像我从不认为那个一天到晚在我面前板着面孔的男人有什么可爱之处，尽管他是我的父亲。

与可爱之人打交道，会让人的整个身心变得内外通透，轻松愉悦。

祖父是个心胸坦荡的老人，正应了那句"相由心生"的老话，老人家生得细目美髯，风度翩翩，与人交往亲切和蔼而又凛然不可侵犯。再加上他博学多才，与人为乐，由此成为远近闻名的博学大儒。由于曾祖父死得早，无所凭依的祖父从小就养成了独立自主的个性。

我们王家是诗书传家，几代人留给孩子的遗产，也不过是几大箱书籍。

或许是先人在某方面吃了亏，后人通常会做出与先人逆向相行的选择，王家的子孙从来没有放弃过对外部世界的探索。他们生在余姚，却要把走出余姚作为自己终生的使命。每个人内心都有一个远方，他们企图走向一个更加深广的世界。

如果说这个世界有一个地方最能体现耕读渔樵的人生理想，非江南莫属。而江南人走出江南的唯一方式，就是科举入仕。祖父酷爱读书，尤其喜欢读《仪礼》《左传》《史记》等书。祖父将读书视为生活中的一场仪式，他让我记住，这些书是先人留下来的财富，如果不去珍惜，就辜负了他们。

很多年过去，我依然清晰地记得，第一次被他带进书房翻看那些旧书籍时的情景。当那个平日活泼好玩的老人收起笑容，板着面孔说起“先人财富”此类的话，我的内心像是一万只虫在挠这个世界的痒痒，只觉得血从五脏六腑咕咚咚地往头上涌，浑身筛糠般地颤抖，有想要流泪的冲动。那种朦胧而强烈的感情冲击着我，而我无法给予确切的说明。

祖父像极了先祖王羲之，身上洋溢着奔放快乐的魏晋遗风，喜欢诗酒临风，在轻盈的酒杯中寻找属于自己的那份恬然和透彻。因为“性爱竹，所居轩外环植之，日夜啸咏其间”，时人称他为竹轩公。

在我的记忆里，我对这个世界的第一感知，便是风拂动竹林发出的蚕噬桑叶一般的沙沙声响。很多时候，我闭着眼睛，心里都能够感觉到阳光透过竹叶映照在身上，留下漾动斑驳的光晕，美得像是一副不够真实的水墨画。

在乡间，像祖父王伦这样的读书人并不在少数。他们志趣高雅而又性情平淡，日子清苦，倒也悠然自得。年方弱冠，浙东、浙西的大家都来延聘他为子弟师。因为家中贫困，母亲年老，祖父做了一辈子的乡村塾师，教导儿子王华和门人弟子，“望之俨然，即之也温”。虽然没有获取功名，但并不妨碍他以民间精英的身份在地方过着满足且快乐的生活。

每当风清月朗之时，老人家都会像所谓的圣贤大儒们那样焚香抚琴、月下吟诗。

在我看来，祖父真是一个神仙般的人物，尤其是在他诵读时，一只手拢在胸前，另一只手背在身后，每至得意之处，右手会自然地移放于胸前，然后轻轻地捻动漂亮的胡须。那一瞬间，我产生一种错觉，这个可爱的老头随时会原地飞升，羽化成仙。

在我的记忆里，祖父和那些地方的士子们总是在有月亮的夜晚，围坐在一起，像是举行一场盛大的仪式。祖父郑重其事地燃起一炷香，精致的熏笼里细细袅袅的烟雾散向四方，琴声铮然而起。琴声毕，士子们长身而立，向着明月大声地吟唱自己的诗文。歌声和着晚风，一时之间，竟不知身在何处。

这一幕，成了我一生难以抹去的记忆，也影响了我的一生。世上的闲人地上的仙，但是我知道，世俗的享乐是春梦一场，祖父并不是一个身心分离、脚不着地的务虚者。我读过他的很多文章，言之有物，充满质感。我的儒学底子也是他给我打下的。

祖父的文章走的是古朴简素的路子，他不喜欢华美浮躁的文风，不拘泥于章法。年幼的我尚不知那些抑扬顿挫的文字里有着怎样的风雅韵致，可我喜欢听他吟诵的长句短句，喜欢字里行间的欢悦明澈。那一刻，闹哄哄的世界，一下子就变得安静起来。

我的第一个名字是祖父取的：王云，云者，说也。世间万千事端，怎可轻言说破。

或是一语成谶，名字有得说，嘴巴没得讲。“王云”附体的我从出生到五岁，嘴巴里没吐出一个字。我经常仰着头，对着空洞的世界张大嘴巴，空气里摩擦不出一种叫作语言的东西。他们说，我在母亲肚子里待得太久，脑子被捂出了毛病。

祖父向家人分析我不说话的原因，不爱说话的小孩并不少见，要么是智障，要么天生聋哑，要么是百年一遇的天才儿童。他们看起来呆若木鸡，其实大脑正一刻不停地处于高速运转状态，此所谓天才与白痴一线间。

祖父说到这里，还故意将头转向祖母和母亲，用不屑的语气言道，我这孙儿绝非人间凡品，他根本没工夫搭理你们这些凡尘俗子。

祖母和母亲使劲地点头，像是得到了某种安慰和启示，跟着开心地笑。她们宁愿相信祖父说的这一切是真的，也不相信王家会生出一个哑巴孩子。

母亲经常将我揽在怀里，一遍又一遍地摩挲我的头顶，一句又一句地教我说话。每次离开她的怀抱，总能听到她在我身后发出的那一声悠长的叹息，像风一样轻的叹息，嵌进我的心底。

击水三千，扶摇万里，不着边际的幻想，八荒之外的无穷。与大自然的奇妙相比，人类的语言是何等苍白。

我始终认为，一个人的童年时光应该是简洁且明快的，不需要有太多的色彩，保有事物初生的样子就可以了。勿忘初心，记忆里留下的也只是单纯的快乐。

也不知道为什么，我会喜欢一个人在家中的园子里转来转去的，然后就忘记了置身何处。直到吃饭或者睡觉时，家人才来找我。

大部分时候，他们总能在竹林里找到我。他们不明白，沉默的我躲在竹林里大半天都在忙活些什么。我在看蚂蚁上树，看各种各样的昆虫飞来飞去，盯着竹叶上的雨滴长久地发呆。尽管这竹园也是方寸之地，可是在我的眼睛里，这小小的竹园藏着一个运行着日月星辰的大世界。像这样快乐的时光于人一生而言，或许并不少，但总让人觉得短暂。人习惯于忘记，他们更倾向于牢记那些作用于他们心灵，使他们从世界的表面得出某种深刻意义的事情。

# 4

“我未生时谁是我，生我之时我是谁。”来到这个世间的每个人，都会直面这样一道无解的命题。不知道我是谁，又不知道谁是我。言不及义，一切又从何说起。

五岁之前，我被祖母和母亲牵着踏遍了这座小城方圆数十里大大小小的寺庙。她们虔诚地礼佛不为别的，只是为了能在大小菩萨面前磕几个头，许几个愿，忏悔前世的罪孽，祈愿我能够早日开口说话。

话语即道路。道可道，非常道。人的道路从某种程度上说，就是话语道路。就连圣人走过的道路，也会被更多的脚印覆盖，而他们的话语却留了下来，铺成了他们的道路。我虽然被世人目为哑巴，但内心里对这个婆娑的世界是感念的。

菩萨本无言，我又怎能在他们的庇护下轻易道出这个世界的凉薄。一个人因机缘巧合来到这个世界，命运不会因为你是聋子，或是哑巴，就轻易地放过你。此时的我失去语言，是因为我还不知道面对这个世界，到底该说些什么。我还那么幼小，清明且混沌。

祖父根本不相信自己的孙儿是个哑巴，他斥责祖母和母亲尽做些无谓的担心：难道你们看不见他在听我读书时的那份专注，以及眼神里流转的灵动之气，我这孙儿不但不是一个哑巴，而且他的内心是一个活泼泼的世界。

很多年后，祖父已经离开这个世界很多年，我仍躲在时间的深处，默念着他。如果没有他，我的命运将会是什么？我还会是你们每个人所熟知的王阳明吗？

世事纷扰无序，而我们每个人来到这个世界都像是带着一个谜，谜面千差万别，可谜底只有一个，并且让人沮丧。

很多时候，总觉得眼前的人好像在哪里见过，而你又可以确定从未曾见过。于是你无法分辨这是昨夜的一场梦境，还是前世的一场路过？

看着别人家的孩子满世界奔跑、呼喊，母亲的眼睛里写满了羡慕，她多么希望自己的孩子也能发出一个简短的音节，甚至祖母还从自己的娘家请来一个摸骨的瞎子。瞎子在我的脑袋上一通乱摸，嘴里絮絮叨叨地说着谁也听不懂的咒语，然后丢下一张符就走了。这些人大多数都是四处混饭吃的骗子。

就在我五岁那年的一天傍晚，我在田野间玩得正欢，一个慈眉善目的老和尚朝我们这帮孩子走来。和尚谁也不理，径直朝我走来。走到近前，那老和尚盯着我，上上下下端详了好一会儿，向我稽首一拜。或许是因为祖母和母亲经常带我去寺庙的关系，我对和尚有一种与生俱来的亲近感。

这和尚生得耳大面阔，由内而外散发着佛祖般的慈悲他将佛珠交于左手，右手在我的头顶上方来回摩挲了两遍。那一刻，我的心好像也被一双手抚摸着，感觉身体里压着的东西云一样散去，身体成了羽毛，被一阵风带着飞向高远处。

这一幕刚好被母亲看见，她拦住游方和尚想要讨一个说法。万法无常，缘起性空。和尚说了一些渡人与渡己、执念难消、妄念难除的佛语。母亲却不这么认为，她只会选择性地相信有利于己方的判断和定义，趋利避害在她这里有着最生动的注解。

和尚说，此儿将来杀人无算，但终成圣人。

母亲脸色大变，五岁的孩子连话都不会说，说什么杀人如麻，成一个圣人。

和尚道：好个孩儿，可惜道破。说完转身离去。

众人不解深意，又觉得此事必有蹊跷，便说与祖父听。祖父捋了捋胡须，皱着眉头琢磨起来。云者，说也，好一个道破了天机，我孙儿果然不是凡人。

或许是受到和尚的启发，我的名字从“王云”变成“王守仁”。从天边的一朵云彩到地上的一个守仁之人，前者缥缈悠远，后者道之所至。家人为我取名“云”字，也是意有所指。

有人说，人只有将今生活成最后一世，再来时才会脚踏莲花。最后一世是如何活法？一千个人怕是有一千个答案。

从天而降的和尚，将我从云端直接打落到尘埃，也是源于爱之深切。孔子说：“知及之，仁不能守之；虽得之，必失之。”无论如何，我拥有了一个自己还算满意的名字。

按照人之常情，长辈给孩子取名自然是寄托了某种情怀和理想。祖父将我取名为“守仁”，也是希望我能够成为一个仁德兼备的谦谦君子。

我开口说话是在见过那个游方和尚之后，没人能说清楚两者之间有着怎样的因果联系。虽说世间万事万物皆有因果，但在这件事上，巧合的因素要远远大于上天的安排。

与同龄孩子相比，我应该是属于早慧的。生于耕读世家，奇书杂书圣贤书也读了不少，塞进脑袋里的奇思妙想也异于常人。在懵懂记事时，有人对我的父母说，这个孩子有富贵相，该让他早点儿识字啊。

父亲告诉我，识字将来可以取功名，功名即大富贵；祖父告诉我，识字可以见人心。

在五岁开口说话之前，我已将祖父经常诵读的书籍默记于心。等到真正打开了话匣子，我将憋在心底的问题一股脑地吐了出来，常常问得祖父哑口无言。因为我已能开口说话，父亲王华便不再外出做子弟师，而是留在家中课教我及一班王氏族子弟。后来，父亲又携我外出任子弟师。有一次，他携我往海盐任子弟师，寓居在资圣寺的杏花楼。钟声梵音，声声入耳，耳濡目染，让我在不知不觉中滋生出好佛道的童心。父亲要参加来年的乡试，我又回到了瑞云楼接受祖父的教育。

我是个喜欢做梦的人，孩童时更是天马行空，无所羁绊。在梦里，我下笔千言，与天才的诗人斗诗，与天才的将领论兵。

人一生都在做梦，在白日里追梦，在暗夜里寻梦。在梦里，平庸的人干着了不起的事，胆小的人也会被一颗勇敢的心绑架。时间有它自己的秩序，明天会发生些什么谁也无法看破。

如果我不小心发出什么痴言狂语，就算所有的人都笑话我，可有一个人永远相信我，这个人就是我的祖父王伦。我从他的眼睛里，读出他对我的宠溺与欣赏。他常说的一句话是：少年人爱做梦是好事。

而在我父亲王华看来，我实在是太过好动，思想活跃，难以把握，就连读书作文也不循常规。更让他忧心不已的是，我对读书的兴趣远不及舞枪弄棒。

他经常趁祖父不在，将我拖到书房训话。这时候，他会花半炷香的工夫酝酿情绪，将自己的面部表情调整到一种苦大仇深的状态，然后再缓缓道来。他说，守仁啊！你整天沉迷于那些顽劣之徒的伎俩，长此以往会违背圣人的教诲的。

这时候，我会拿我的父亲和他的父亲做对比。比较的结果，我羡慕他，他有一个好父亲。祖父每次看着我，眼睛里都透着光，他总说，守仁啊！圣人善于救赎人，而没有被抛弃者，你能行。

在父亲和祖父之间，前者让我懂得了坚守与妥协，而后者让我懂得了身心合一的洒脱。不知从什么时候起，我迷上了用象棋排兵布阵，每日沉浸其中，犹如横刀立马置身于没有硝烟的战场。有一次我在河岸与棋友对弈，忘记回家吃饭，母亲喊破了嗓子。

每个人都是一个寂寞的棋手，以为守住棋子，就能够握住世事命运。这个世界，会下棋的人多如牛毛，而识得棋理之人却稀罕得很。有人下了一辈子的棋，也悟不出棋理；有人小小年纪就在棋盘上找到了属于自己的定位。不回头的卒子，也能成为大英雄。

闷头读圣贤书的父亲从来没有将他的妻子，也就是我的母亲放在平等的位置上，但是母亲对自己的男人却无比崇敬。她希望儿子将来也能成为自己男人那样的男人，不然就算不得一个真正的男人。她有事没事都会在我耳边唠叨，守仁啊！依你天分之高，应该像你父亲那样，成为一个状元郎。你看看你，像个疯子一样，成天不着家，将来可怎么办？

不用母亲提醒，我对自己的将来还是有所构想的，二十年读书求功名，二十年戎马平四方，二十年诗和远方。父亲中了状元，我比任何人都高兴，终于可以放飞自我，不必俯仰之间都是他的影子。父亲的离去，让性情温婉的母亲突然像变了一个人，对我严厉起来。

在这一年里，她经常挂在嘴边的一句话：我若不好好管教你，如何向你父亲交代。

她将我最喜欢的一套象棋扔进河中，看着兵马相士将一个个沉没水中，我站在岸上顿足捶胸。夜晚睡不着觉，吟出一首象棋诗：

象棋在手乐悠悠，苦被严亲一旦丢。
兵卒坠河皆不救，将军溺水一齐休。
马行千里随波去，士人三川逐浪流。
炮响一声天地震，象若心头为人揪。

母亲说我越大越不懂事，越难管教，她甚至威胁我，再不听话就把我送到京城，交给父亲。祖父却不那么看，他劝母亲，守仁若能像他父亲那样习举子业，读书上进固然是正道，但若是一味地读无用书，做八股文，恐怕也算不得珍惜光阴。

我与祖父越来越亲近。祖父虽然年岁渐老，脾气却越来越好。而在平和的背后，有着常人难以理解的刚毅，有时也会让人觉得不怒自威。

## 5

从小跟着祖父长大，父亲于我，就像是一个灰扑扑的影子，模糊不清。我从未走进过他的书房，那里是我的禁地。准确地说，我从未走进过他的世界，而他也从未走进我的世界。当然在他读书的时候，不光是我，就连母亲也不敢近前打扰。有一次，我亲眼看见母亲蹑手蹑脚地进去递茶，结果惹来父亲的一顿咆哮，如同一头被激怒的狮子。母亲手足无措地站在那里，进退不得。

这个叫王华的男人，他的名头在整个绍兴城都是响当当的。每个人都说他是神童转世，刚会说话，即能诵诗，神乎其神。于孩童时期的我而言，他却透着神秘而沉默的气息。

我偶尔会藏身于窗外的竹林，偷偷向书房里张望。父亲总是伏在书案上不停地写着，有时写着写着就揉成一团扔进纸篓里；有时又会将纸团捡起来，皱皱眉头，流露出内心的无奈与焦躁。在我的记忆里，那间终日闭窗的书房大部分时间里都是昏暗的，如同一面孤立于世界之外的湖水，让我觉得深不见底，又平静得可怕。

成化十七年（1481），这个一心苦读的男人终于高中，居然是廷试三甲第一人，也就是民间所谓的状元郎。

寒窗苦读的父亲成就了一个读书人的终极梦想，我看见他骑在披红挂彩的高头大马上，像是戏台子上将要入洞房的新郎官，显得慌乱而紧张。祖父想要将我也放在马背上，说是沾沾喜气，我从他怀里挣脱。我可不愿意骑在那匹马上，像个天大的笑话。

父亲与我想象中的状元相去甚远，他有太多忧患，经常夜半不寐，辗转反侧。他活得太像一个老人，不动声色，暮气弥漫。他与人不多言，也不笑，无声无息。我总觉得他的身边跟着另一个他，那个他敲打着他，那个他叱问着他，那个他捆绑着他。

他走了，骑着他的高头大马，意气风发地走了。我可真希望他一直活在那一刻，那么饱满，那么激动，那么可爱，那么不像他的他，才让我觉得是他。我在他离开家、离开余姚的第一时间里，就像泥鳅一样滑进他的书房。我用他的笔在他的纸上画了一只似鸟非鸟、似鸡非鸡的怪东西，然后又将他书柜里没带走的所谓的圣贤书，一本本都拿出来翻了一遍。不看不知道，世界真奇妙，我还从一本厚厚的书里翻出了一张男女交合的春宫图。我迎着太阳，仔仔细细研究了半天，一无所获，似懂非懂，只好将其放回原处。万物过眼，观之即可，肉身易碎，难作补天裂。

我喜欢自己所处的这个时代，纸醉金迷，放纵而奢靡，俗也俗到家，烂也烂到底。大家都在同一条河流的旋涡里打转转，但谁又不会重复谁，谁又不会裹挟着谁，各自安好。既有枯燥无趣之人，也有狂放落拓的才子，比如父亲，比如后来的江南四大才子。

无论他们以怎样一番面目活在这个世界，就像烟火绽放夜空，有着不一样的颜色。在时间深处，他们肆意地绽放着生命的欲望之花，毫不怜惜自己。无论是繁华深处那一张张得意的面孔，还是秋凉夜雨中一只只迷途的羔羊，只要是为自己而活，又有什么好指摘的呢？

在大道与世故面前，在智慧与俗人的认知面前，我们不要忙着去做选择。有时候不去选择，才是最好的选择。

我永远记得那个下午，我伸展四肢像一摊烂泥糊在父亲的书桌上，迷迷糊糊地睡着了。一觉醒来，隐隐约约听到有人在窗外唱歌，侧耳细辨，是风透过山墙上的瓦缝发出的声音。一块块斑驳的阳光在我的眼前晃动，那光影里慢慢呈现出父亲的样貌，我吓得心里咯噔一下。

从那以后，我再也不敢偷偷摸摸一个人进入父亲的书房了，总觉得他的眼睛无时无刻不在盯着我，虽然此时的他已在千里之外的京城，做他的状元郎。后来我才知道，这只是我的心在作祟，父亲的那双眼睛，不过是我的心眼。

父亲成了状元郎，除了我高兴，祖父也很高兴，我们是不一样的高兴。他扎了纸人纸马，跑到王家祖坟上挨个念叨了一遍。他说，你老子，我儿子，是一个闷头做大事的人物，爷爷不如他。

那段时间里，祖父的文朋诗友络绎不绝，踏破了我家的门槛。从未见到祖父如此兴奋，像是得到心爱玩具的孩子。迎来送往的话还没说上两句，就要当场赋诗，诗里诗外透着家族的荣耀与自傲。我无数次想象着，父亲离开余姚的那个清晨。街道空无一人，也没有任何照明，街道两旁堆砌着灰色的矮墙，让人压抑得有些透不过气来。他站在船头，透过清澈江水浮起的一层水汽，望着那座略显破败的门楼渐渐消隐于一株巨大的老树之后。今日回望，总觉得那些在时间里行走的旧影，有着不为人理解的执念与执形，动摇不得。

父亲被任命为翰林院修撰。明朝翰林院内的职务分为好几类，而修撰只是其中一类。相当于皇帝的私人顾问或文字秘书，并不直接参与政治。这一职务是专门为状元而设的，父亲能够获得这一职位的确是一件非常荣耀的事，仅凭借这一点，他于王氏一门，也算是居功至伟。

我也不太明白，那时自己会如此排斥父亲，总觉得他活得不够真实。当我完全做到理解他的时候，已在茫茫人海里颠簸了好几个来回，在所谓的前程里折磨了好多个春秋。

父亲走了三百多天，于我而言，却像是上一世的事了。在这期间，祖父收到父亲从京城发来的五封信。那个在乡间忙于读书，根本无暇尽孝道的男人终于尝到了思乡之苦。身处京城要地的父亲挂念余姚，挂念着他的亲人，尤其是我和祖父。

我的放纵不羁让父亲忧心不已，隔着千山万水，他也不忘叮嘱祖父，不可宠溺我，不可放纵我。父母总是以爱的名义占有子女，而子女所能做到的，唯有顺从。虽然祖父私下也曾抱怨父亲对我的管教过于严苛，但最后还是听之任之。

在我的教育问题上，父亲希望我将来能够追随他的足迹，就算不能考个状元，最起码也能捞个一官半职。

显然，我是让他失望的，我像是一个患了多动症的孩子，没有一刻让自己的身体和脑子安静下来。让我停下来喘口气，都觉得是在浪费大好时光。手里捧本书，捧的也是兵书战策，而非圣贤之书。

我总觉得，自己是带着某种使命来到这个世界的，有一天，我会在帝国的天空如惊雷般炸响。父亲说我太过冲动，早晚会摔跟头。我不懂他说的话，但我知道，在我瘦弱的身体里藏着一个小怪兽，怎么摁也摁不住，说不定早晚会跑出来。至于摔跟头的事儿，那根本就算不上事儿，摔就摔吧，摔了好长高。

成化十八年（1482）的春天，在京的父亲迎养祖父王伦。在父亲的接连催促之下，祖父带着我踏上了前往京城的道路。在中国文化的源流中，北方始终板着一副面孔，就像我的父亲。若将天地倒悬，北方则是众星环拱的北极星，恒定且威严，天下士子对于人生的终极想象都围绕于此。

可是对于一个孩子来说，我是不情愿离开余姚的。地理与心理有一条神奇的纽带，在纽带的两端，不同的方位有着不同的气质，连接着不同的幻觉。对于那个繁华京都，我虽然有着各种奇美的想象，也充满了好奇，但是一想到父亲那张不怒自威的面庞，我的好奇就会瞬间消遁于无形。

父亲让我跟着祖父一道进京，说是让我见见世面。我才不相信他说的话，还不是为了当面调教我。如果可以选择，我宁愿一辈子待在余姚，待在祖父身边。对我来说，这才是上天入地的好生活。我活得好好的，何须他来调教，教我站，教我坐，教我不扰人，不炫人，像根木头在生活中静默着。

人是活物，呼吸与心跳，可以像野鸟从水面掠过，嘎嘎叫着，冲天而去；人是活物，思想与相思，可以像棵树天性柔顺，好让不争，在天地间自由生发。在时间矩尺的面前，属于人的，一瞬间，一刹那，几同于无，可是小小肉身却生出那么大的虚妄，让人不得清宁，不得自然，不得宽容。

祖父自然明白父亲的意图，也不想耽误我。祖母抹着眼泪，母亲红了眼眶。虽然我的离开让他们有着诸多的不舍，但他们还是要送我上路。

在我有限的认知世界里，那个叫北京的帝都比不上余姚，空气干燥，风沙漫天，更让人受不了的是规矩森严，让人不得自由。父亲到京城是奔着他的状元郎去的，奔着人生的终极目标去的。而我去只有一种下场：结束快乐无忧的童年时光，完成父亲给自己写好的人生剧本。虽然我极不情愿，但是谁又会在乎一个孩童的想法，来去由不得自己。

我第一次出远门，又加上和祖父一道上路，心情和沿途的风光一样旖旎。祖父一路上也是诗不停歌不断，老夫聊发少年狂，毕竟是去往京城领受自己儿子的荣耀。

赴京途中，祖父带着我顺道游览了镇江的金山寺。镇江位于长江南岸，和扬州隔江相望，自古以来就是观景览胜之佳所。妙高峰下，千帆竞流，不尽长江滚滚东去。

那日傍晚，祖父带着我赴友人之邀，在金山寺参加了一场赏月之宴。文人最擅长的莫过于将一个简单的日子置办得充满仪式感，尤其那帮叫作“诗人”的家伙。他们总是对这个世界抱有不切实际的幻想和期待，怀有饱满的激情和好奇，他们能把苦乐参半的人间生活过得飘飘欲仙。他们最中意两样东西，一是天上明月，二是杯中美酒。能够将这两样东西做到身心合一的，莫过于诗仙李白。祖父也喜欢饮酒，但是他最欣赏的饮者不是李白，而是魏晋的风流名士阮籍。

我无数次地听祖父提起阮籍，说他走到哪里都背着一个酒壶，身后跟着一个扛铁锄的仆人，出门前他会叮嘱仆人：“死便埋我。”喝酒到了这样不要命的地步，也算应了太白先生的那句诗：“古来圣贤皆寂寞，唯有饮者留其名。”

文人与酒有着亲密的关系，彼此印证着各自的存在。酒在某种意义上成全了文人，无论是悲愁苦闷，或是明净美好，离开了酒，这世上自由飞扬的人便如同散失了魂魄，成了孤魂野鬼。

会喝酒的人都知道，喝的不仅仅是酒，更多的是心情，而人的心情又往往取决于喝酒的环境，以及人与人之间的交情。若是阮籍遇上李白，那真是千古一场酒。我见祖父已有三分醉意，就想找个机会打断一下他们喝酒的节奏，不然凭祖父的豪爽性情，不喝得烂醉如泥怕是收不了场。

恰巧此时，祖父唤我到近前。或许是烈酒焚心让他诗兴大发，可一时之间又无应景的佳句。他说，孙儿，还能记得爷爷教你的那些吟风诵月的诗词吗？为爷爷吟诵两首，以助酒兴。

我趋步向前，躬身施礼道："爷爷，孙儿可否借你的笔一用。"

满座的宾朋好友大为惊讶，言道："难道你一个小孩子也想当场赋诗吗？"

一阵清风拂过，人间像是被施了魔法，空气里跳动着光影错落的精灵。楼阁参差，浮屠对峙，一派清透之象。欢乐的人群，咫尺百态，他们唱着关于月亮的咏叹调，美妙的诗行在风中流淌，远处是重重叠叠的山影，酒兴正浓，诗兴渐起。而那一刻，金山寺里的僧人想必早已歇息，将这水月山房让于祖父和他的诗朋文友，燃起热烈的火炽。

我接过祖父手中的笔，略作沉思，一挥而就：

金山一点大如拳，打破维扬水底天。
醉倚妙高台上月，玉箫吹彻洞龙眠。

少年人的狂放是可以被原谅的，而成年人的愚蠢是不可以接受的。我的这一举动引得众人啧啧称奇，他们表情略显夸张。他们不相信一个孩子能写出这样一首诗，就算是状元郎的儿子也不可能。于是，有人又以"蔽月山房"为题，让我赋诗一首。

我也学着他们的样子，将自己的表情做了放大与夸张：双眉紧锁，微闭双目，沉吟半晌。在猛然间抬头望天，高声吟诵：

山近月远觉月小，便道此山大于月。
若人有眼大如天，还见山小月更阔。

在诗词行家看来，这未必是一首好诗。过于显山露水，又缺乏诗歌的古意。诗中有画，讲究的是一个“藏”字。若藏不住，诗的意境就显得寡淡无味。

没人会计较这些，也不会拿成名诗人的佳作来与一个孩子的诗做比较。在他们看来，一个十一岁的孩子，能在这种场合即兴写出这样一首诗，已实属不易。

我望着祖父，他老人家脸上写着得意之色，他对我从来都是不吝赞美之意。

很多年后想起那个夜晚，丝丝缕缕的记忆，如同菊花的幽香，在月光下轻浅地浮动。同一轮明月，经朝历代，无所谓新与旧，无所谓圆与缺。属于我王阳明的那轮明月早就悬在那里，悬于我十一岁的夜空，朗照天地。

山和月相顾无言，天与地俯仰对立。我写的是我的山和月，你看见的是你的山和月。而千年以后，山在，月也在，可是你我不在，心境不在。纵然是同一座山，同一轮明月，也会大不相同。至于有人说，诗歌的境界超越了世俗，充满禅诗的意趣。我不否认，也不承认。

评论家总是喜欢用一些大而无当的话语，以显示自己拥有唬人的技能和精明的头脑。十一岁的我未必能有如此深刻的认识，有人却据此推断出我在少时就具备了洞察万物的慧根。我听了，也会感觉到好笑。他们总是习惯用结果来反证过程，他们不是在推断我的慧根，而是为了证明自己屁股后面拖着的才是慧根。

山月相照，大小对比，少年时代的我似乎已参透了《庄子·齐物论》中的理论，其实没有那么玄乎，我只是说了我眼睛里看到的和我心里想到的。至于说人间事理，我哪里会想到那么深远呢？

围观者也是惊叹不已，他们对祖父说："令孙小小年纪能有如此不凡的文采，想他日定当以文章闻名于天下。"

世人最吃不消的是被人夸，夸人的话在一个十一岁的孩子听来，也会让耳朵流油，但最让我在乎的是给祖父带来的满足和快乐。老人家捋着胡子，仰天大笑。儿子是状元，孙子是状元胚子，天下还有比这更荣耀的事吗？想一想，做梦都要笑出声来。

人呀，总是夸夸其谈，其实心并不在话里。说也仅止于说，话也仅止于话，终究跟说的人是没有关系的，而听的人却上了心。

或许是祖父的快乐传染给了我，让我有些飘飘然，不禁脱口而出："文章小事，何足成名？"这句话像是一盆冷水，让现场热闹的气氛瞬间冷却下来。我看着大人的世界，那么近又那么远。前一秒夸我的人，后一秒开始摇头，他们把赞叹化为叹息，把笑话弄成冷笑话。

我说出的话让他们失望了，我没有按照他们的套路出牌。但很快他们又找到新的兴奋点，他们才不屑于和孩童一般见识，尤其是骄傲无礼的孩子。可孩子也不愿和他们一般见识，尤其是不够真实的大人。这真是一个美妙的夜晚。

## 二、我的圣贤大梦

人的心眼，是看世界的天眼

生命就是在喋喋不休的追问中慢慢酝酿发酵……人究竟是为什么而活？很多个夜晚，我总会仰首向天发出一声声追问。是带着各自的使命优游于人间，是为了某种不可言说的信仰，又或者是为了一种简单的存在？总觉得冥冥中有一双手在拨弄我们的命运，究竟是谁的手？你我都无从知晓。

## 6

京城深似海，鱼一样扎进去，才知道自己的渺小，世界的辽阔。

我是神童，我是才子，我带着状元之子的身份光环来到这里。来了之后，我才发现，一个十一二岁的孩子在成人扎堆的世界里什么都不是。别说带光环，自放光芒的都有，这里什么都不缺，更不缺各色人。

父亲供职的翰林院在长安东街，他的官舍居地在长安西街。长安西街有一著名的大坊叫长安街坊，简称长安街，又名时雍坊。

这里是京城最热闹的繁华去处，佛刹道观林立，三教九流杂居。大兴隆寺就在长安街坊北，我和祖父就居住在大兴隆寺旁。地方大员和名贤应召进京多居住在大兴隆寺中。还有规模同样宏阔的朝天宫，是北京城内最大的皇家道观，与大兴隆寺齐名。

我每天穿梭于大兴隆寺和朝天宫之间，学佛问道，讲经谈易，每次当我从弥漫着烟雾的佛道之地走过，飘飘欲举，欲神欲仙，而不远处的城隍庙更是相卜巫祝，杂技戏耍、斗鸡玩鸟的最大活动市场。

人来到这个世界，起点是我们无法选择的。如果我不是王华的儿子，是张华，或者李华的儿子，我的命运之身又将置于何处？这世界还会有我王阳明吗？如果我不是我，我又将是谁？因为父亲，我不再是一个普通人家的孩子，我成为我。

老子说，人来到世间，最初的收获来自母亲，最初的源头也是来自母亲。人无论如何，也要回到母亲那里。如果不能回到母亲那里，就无法回到天地大道那里。

我的最初在哪里？母亲生养我，却无法与我坐在这里对话。每念及此，心里总觉得空落落的。如果有人说我是生于本朝第一流的官僚家庭，也不为过。父亲王华是成化十七年（1481）辛丑科状元，到正德元年（1506）已经担任左侍郎，成为内阁辅臣最重要的候选人之一。

父亲在我住京师的第二年就将我送进了塾馆，让我接受儒家思想教育。面对先生的戒尺和父亲的棍棒，我没有闪转腾挪的空间。父亲告诉我，这样的教育对个人和国家都是很有必要的。我虽然心怀不满，但也只能隐忍不发。

父亲像是看管犯人一样敦促我的功课，让我叫苦不迭，也让我怀念和祖父待在一起的快乐时光。一张作息时间表将一天切成了若干块，而每一块都有一个选项，包括吃饭和睡觉。在这些选项中，不求甚解的四书五经、固定格式的八股文章，占去了我的大部分时间。

他总是说，你看张尚书的儿子以第一名的成绩通过乡试，李侍郎的孙子进了户部，已官升一级。他为我树立了一个又一个假想敌，他说他们都是我人生道路上将要遭遇的对手。他说这些话的时候，眼睛里充满了焦虑。

他总是把出人头地、高人一等视为多么了不起的事。我记得祖父有一段时间痴迷于钓鱼，经常空手而去，又空手而回。父亲总是会问祖父：钓不到鱼为何还要去钓鱼？

祖父总是笑着说，钓鱼的人就算是钓不到鱼，还能钓到白云清风，钓到明月清水。

人是一种很奇怪的动物，凡事总要去寻一个目的。钓鱼，钓不是主要目的，鱼才是想要的，钓到清风明月算哪门子的本事，不过是失败者的托词。

没有比较就没有价值判断，但是价值判断也存在着人为之伪，如同修行不在岁月静好中，而存在于红火热闹处。

我的存在，让父亲无从把握，他不相信他的儿子能够自觉地学习，成长为一个让他满意的王氏子弟。我总在想，王氏子弟有入室门槛吗？如果有的话，我是否具有登堂入室的资格？圣人是如何教育他的儿子的？可能也是失败的吧。不然圣人怎么会教不出来另一个圣人。若是能教育出另一个圣人，那么圣人的技能不就成为家传绝活了吗？代代相传，岂不妙哉？也灭了我等的痴心妄想。

因为有祖父在一旁宠护着，虽然置身于父亲所营造的学习氛围中，我还是有机会忙里偷闲。与父亲相比，祖父在子女的教育问题上显然要宽容许多，他既可以接受一个坚守传统儒学的儿子，又可以接受一个天马行空、不按常理出牌的孙子。

这个世界有两套话语体系，一套是针对成功者，另一套是针对失败者。像我父亲那样的人，他们居于成功者的位置，可以轻易将自己的那套价值标准赋予那些放弃努力的人。这是不公平的，人如果一味地学习强者，就会不可避免地走向争斗、僵化和毁灭。如果人人追求第一，都要像我父亲那样做朝廷的状元郎，那么那些无法实现自己人生期待的读书人，也只能无条件地承受世人的不屑、呵斥，以及侮辱式的要求。

老子说，天之道，就像张弓射箭一样，瞄得弦位高了就压低一些，低了就要升高一些；瞄得过头了，就得收回一些；如果没有达到目标，那就加以补足。属于我的天道在哪里？到底是高了、低了，还是偏了？

对于父亲来说，他宁愿我是隔壁老王家的孩子，因为老王的孩子刚中了进士。他希望王华的儿子是王二华，而不是王守仁。他整天在我面前端着一副架子，一点儿也不觉得累。或许端习惯了，放下才让他觉得累。

这个世界有许多传说和传奇是专门为成功者而设的，我经常听祖父说起父亲小时候的光荣事迹：六岁时，他与小伙伴在水边玩耍。有一醉汉路过，不小心将钱包遗落在地上，里面装有很多金子。父亲怕被人抢去，就将钱包扔进水中。别人问他，丢在水里的是什么东西？他说是石块。

然后他谎称肚子疼，留在原地等失主来寻。好一会儿，醉汉酒醒过来，一路寻来。当父亲将钱包归还时，醉汉取出一锭金子作为酬谢。父亲摆手笑道："我连你的一袋金子都不要，还会收你一锭金子吗？"

还有一次，知县来地方私塾视察工作，正在学习的学生都起身看热闹，只有父亲不为所动，自顾自地读书。私塾先生向祖父说起这一幕时，也不禁感叹："公子德器如是，断非凡儿。"

我虽然在父亲身边待过很多年，但我始终无法理解这个叫王华的男人。他真实具体的不容我去做任何的想象和虚构，也不容我去依恋。他是一个有着精神洁癖的士，一个异常清醒、不怎么顾家的男人。我对父亲无所谓了解，也无所谓爱憎。当祖父向我说起他的那些所谓光荣事迹，我只是当作一个故事在听，故事的主人公叫王华，这就够了。

父子之间是一种久别重逢，是前世与今生的一场接力。既然父亲希望我走举子业这条路，我也拗不过他。即使拗得过他，在我这个年纪终究是要读些书的。我白天跟着其他人一起学习，晚上我搜取经史子集来读，苦熬至夜深。父亲的其他弟子，和我的那些弟弟们见我进步神速，除了羡慕，他们也无法理解。有人说我读书到了另一个境界，不是纯粹为功名而读书的境界。人，总是会将自己达不到的程度，归结为境界。我只是想读书，仅此而已。

对于这样的评价，我还是很满意的，可父亲并不满意。他评判我的标准只有一条，要配得上"状元之子"这顶高帽子。这顶帽子就像是套在孙悟空头上的"紧箍"，他念一念，我的头就痛一痛。父亲，是一项多么无趣的人生事业。

人来到这个世界，带着连环三问：走怎样的路？立怎样的志？成为一个怎样的人？对于一个有着大把时间的少年人来说，人生的主动权尚未完全掌握在自己手中。这时候，摆在我面前的至少有两条路：一是全身心地扑在科举这件事上，像父亲那样取得世俗功名，与世俯仰混一碗现成饭；二是加入主流文化圈，潜心修习辞章之道，成为像李梦阳、何景明那样闻名天下的大文人。

这两条路，都算是人生的正道。所谓正道，不过是全力求取现实世界的荣华。大树有大树的活法，小草有小草的姿态，各取所在，各站其位，宏阔的蓝图，困囿了太多鲜活的生命。

在我看来，历史上那些文人，不见得比庸常之人高明。他们中十之七八为世间功名所累，稍有风吹草动，就耐不住寂寞，一头扎将过去。且不说他们的信仰，就是最为平常地活着，也是茫茫然不知前路何在，退路何往，落得个白茫茫大地真干净。

远的不说，且说本朝读书人“种子”方孝孺，愚忠至死，也难逃文人悲剧。而我心中的大英雄于谦，他已经超出文人的纯粹性，有着侠之大者的一面。书生之勇为知而后勇，而武夫之勇多是出于无知。问题是，书生知了之后，变得畏首畏尾，全无勇气，反倒是无知的武夫，书写了大大的勇字。正因为如此，方孝孺才是难得的种子，于谦才是孤独的英雄。儒学的核心在于一个“仁”字，仁者勇，有几人能够触及核心？

方孝孺成全的是大义，而于谦为的是天下苍生。义无反顾，生死长夜。人，要有些信仰才能活下去，就算成就不了大义，还可以为天下苍生。大义也好，苍生也好，哪一个才是自己想要得到的圆满。我敬奉的英雄于谦不是苍生的代言人吗？最后却落得个鸟尽弓藏的悲惨结局。人生于世，路究竟在何方？个体于宿命而言，难道只有一种选择？

是像孔子那样，上半身如圣贤，下半身如丧家狗；还是像老子那样，留下一部经书后，从此遁迹人间，秋风无痕。如果让我选择，我还是愿意跟从庄子的脚步，物我两忘，人可化人，也可自化。人在没有得道之前，一定是被化的，而无法化人。人要把握住那个“化人与化己”的尺度，也就把握住了所谓的“道”，也就抵近逍遥境了。大到宇宙，小到微生物，“道”是无处不在的。不然世间无道，人心何往？圣贤又将何往？

做不成庄子，去做个夜夜买醉、不知今宵酒醒何处的柳永，落个“且去填词”的下场，也算是对自己的人生做了一个了断。两千年来，无数的文人都这么做过，刘伶醉酒，阮籍狂狷，李白放歌，放浪形骸真的是一个文人理想中的人生姿态吗？我看也未必。

生命就是在喋喋不休的追问中慢慢酝酿发酵，每一个人，无论他是聪明，或是愚笨，美貌，或是丑陋，面对现实世界的复杂，精神世界的困顿，仰望星空问得最多的还是那一句——到底路在何方？

## 7

和余姚相比，京城虽然热闹不止百倍千倍，但也乏味得很。这里有着貌似庄严的神秘气象，几乎每天都会发生一些奇怪的事情、所谓的“大事”。那些阔大、伟岸和堂皇的建筑群在我的仰望中，在父亲的描述中，被镶上了一道金边。就连动辄举起戒尺的私塾先生，在说到那座“蜂巢”似的皇家宫殿时，嘴里也啧啧个不停，口水都要流出来了。我当时觉得特别好笑，现在想来，已不觉得好笑。虽然自己已见识到大世界，但大世界的大，在心不在形，它是天籁自然，是万里长空，是星辰日月，也可以是宫殿的飞檐翘角。当然，十二岁的我还无法理解得更多。

人究竟是为什么而活？很多个夜晚，我总会仰首向天发出一声声追问。是带着各自的使命优游于人间，是为了某种不可言说的信仰，又或者是为了一种简单的存在？总觉得冥冥中有一双手在拨弄我们的命运，究竟是谁的手？你我都无从知晓。

岁月如花，乐何可言。如果说每个人的命运都是注定的，那么我们在这个世界的蹭蹬前行又将去往何处？若是人人都有一方戏台，我想问的是，人为戏台而活，还是戏台为人而生？演来演去，演的是自己，活的还是自己。

成化十九年（1483）三月，有一个重要人物现身京城，我不得不在此说一下。此人叫陈献章，人称白沙先生，我对这个人并无多少了解。说他重要，也只是从父亲在他面前保持的谦卑姿态中读解出来的信息。几年后，我才算真正了解陈白沙这个人。

陈白沙此次入京，落脚地也是大兴隆寺。彼时，住在大兴隆寺附近的还有刑部员外郎林俊，他家与我家是邻居，两家同处熟识。我虽然年纪尚小，对于学问之事已能分辨优劣。林俊兄弟与父亲往来论学，我也经常参与。林俊兄弟博闻强识，让我心悦诚服。

听父亲说，陈白沙早年举乡试，后来三上公车不第，拜大儒吴与弼为师，归白沙林下三十载，成为一代心学大儒，他此次入京，是应广东左布政使彭韶、巡抚右都御史朱英荐举入朝。陈白沙的突然现身，京城士子奔走相告，祭酒邢让更是感叹："真儒复出矣！"陈白沙在京待了半年时间，与他走动最为密切、日日讲论学问的人，正是林俊。

林俊与陈白沙比邻而居，当林俊与陈白沙日日讲学论道时，我也经常出入林俊处问学问道。而父亲在那半年时间里，也显得尤为兴奋。陈白沙应诏入京，海内瞩目，公卿大夫"日造其门数百，咸谓圣人复出"。

对于我来说，那一年除了陈白沙来京，还有我的姻缘之事。诸介庵，父亲的老朋友，也是浙江绍兴府余姚县人。他来见父亲的时候，我正和地上的一群蚂蚁玩得不亦乐乎。蚂蚁搬家，一支浩浩荡荡的队伍，小小的身体扛着大大的包袱。我用手指不断地改变几只领头蚁的行进方向，可怜的微小之物，总是被我的手指戏耍。它要向东，我偏要让他向西，蚂蚁没有虚妄之心，此路不通，便换条道。

父亲迎了出去，我也赶紧起身施礼。

诸介庵的脸上有着难以琢磨的表情，是一种成人对小孩子的欣赏。他将我拉到身边，冲着父亲说，实庵，我喜欢守仁这小子，你看他的机灵劲儿，送给我做女婿吧！我的脸涨得通红，父亲却拍手大笑，像是得了天大的便宜。对于婚姻大事，我还不甚了解，但知道那是成年人的事。大人们就这样开着玩笑，将我的婚姻大事定了下来。

这一年，还有一件值得玩味的事，在这里需要做个交代。有人说，这件事是虚构的，可是被人说得太多，传得太广，连我也分辨不清，它到底是虚构的，还是真实发生的。管它呢，我们每个人身上都附着太多的真实与虚构。谁又敢说，真实就真的真实，虚构就真的虚构。实与虚，有与无，是与非，哪个才是真正的偏见。我还是将这件事说出来，姑妄听之。我曾经与塾馆先生就一个看似简单的问题展开争论，我们每个人都想过这个问题，何为人生第一等事？

我的同桌王小七，他的父亲是京郊的商人，他给出的答案是，赚更多的钱，做一个比他爹更有钱的商人。他的人生小目标是，先赚它一万贯。他还特别强调，这，只是个小目标。

我们听了哄堂大笑，塾馆先生也只摇头，失望地走过他的身边。

我的朋友张小三，他的父亲是个屠夫，他的答案是，长大像他父亲那样，做一个杀猪如麻的人。

我们笑得更厉害了，拍着桌子前仰后合。他的同桌李小四站在板凳上放声大笑，欲罢不能。塾馆先生皱眉摇头，面露愠色，失望地走过他们的身边。

塾馆先生从一个失望走过另一个失望，天晓得他要一个什么样的答案。不要说我们这些孩子，就是那些自以为聪明的成人在解答这个问题时，也是各说各话。

成长环境不同，人生的收获也就不同，对生命的信仰也就不同。既然有那么的不同，为什么需要同一个答案呢？

成人总是习惯于向孩子灌输唯一的答案，并且说那是不容置疑、正确无比的，这是一个让人充满遗憾的世界。

塾馆先生闭目摇头，像是在召唤天地之间的神灵。半晌才说出自己的答案——唯读书登第耳。他的回答并无出格之处，读书做官永远是第一位的人生目标，有饭吃是“第一等事”。我的父亲这么说，我的老师也这么说。

众生万相，情怀不同，人生的际遇也大不相同。塾馆先生给出的答案没有失望，也没有惊喜。他把手指向了我，他想听一听状元郎之子有什么高见。我的答案是——读书做圣贤是第一等事。

当我说出这句话时，先生先是一愣，紧接着嘴角不动声色地挤出一丝笑意。这样一抹稍纵即逝的笑容还是让敏锐的孩子们捕捉到了，于是，学堂成了洗澡堂，学生们笑得更加欢畅。关于人生理想的文章，成了关于圣贤的天方夜谭。或许是联想到我平日里的顽劣行径，塾馆先生的内心恐怕也是灾难性的塌方。他把这句话视作什么？一个少年的无稽之谈。

塾馆先生向我发出一连串的疑问，你小小年纪，知道什么是圣贤？什么样的人才能成为圣贤？怎么做才能成为圣贤？你知道谁是圣贤？回去问问你的父亲，他会告诉你。

这句话显然激怒我了。圣贤，难道我不配知道何为圣贤，需要我的父亲来告诉我。这些大人总是自以为是，以为孩子什么都不懂。即使说中了他们的心思，他们也认为那是童言无忌。更何况我已不是孩子，我都定亲了，都是要娶媳妇的人。

我要给他上一课，一大把岁数还欺少年。我摇头晃脑地说出了老子问道，屈子问天，甚至还道出了朱熹的人欲论。

塾馆先生的脸色越来越难看，喧哗躁动的课堂一下子变得安静。或许为了彻底征服对方，我甚至脱口而出北宋大儒张载的那句名言：为天地立心，为生民立命，为往圣继绝学，为万世开太平。

其实我也是在虚张声势，心里怕得要命。我怕塾馆先生拿大帽子扣在我的头上，拿戒尺打我的手，打我的脸。我要让他哑口无言，找不到惩罚我的任何理由。要让一个自以为是的成人，在他认为的孩子面前低下骄傲的头，是不容易的事。

我搜肠刮肚，把平日里祖父教我的，父亲考我的，我自己从书本里得到的，毫无保留地吐出来。小伙伴们给我鼓掌，不是因为他们听懂了我的话，而是我挑战了他们所畏惧的权威。看似高深的人，他们的内心通常藏着一颗无知的灵魂；看似强大的人，他们的内心通常住着一个脆弱不堪的孩子。

有些人做了才说，有些人说了才做。世事千变万化，猜中开头，猜不中结局，是理所当然的事。我说，做圣贤才是天下第一等事。是因为圣贤把我们的开头和结局全说中了。

人因为有了追求，有了念想，内心才会永远得不到满足。得不到满足，才会上下求索，才会为难自己。父亲一年前刚考中状元，身处状元郎的巨大阴影之下，这让我非常烦恼。尚处于人生懵懂阶段的我很清楚，无论自己多么努力，要想在科场上超越父亲是不可能完成的任务。我只能绕道而行，立志做圣贤是为了能够达到超过父亲社会成功的目标。

我要成为圣贤，这一粒种子从什么时候起就在我的内心播下的？这个问题贯穿了我的少年时代，也折磨了我的一生。成为圣贤是多么风光的事，让刚刚对这个世界有一知半解的我如此执迷。这种执迷给了我一种指引，也给了我一种痛苦，它让我陷入一种难以自拔的忧患之思。我什么也不曾拥有，唯一能够拥有的是思考带来的困惑与解脱。

我在京城塾馆说的这句话像一阵风不胫而走，就连我的出生地绍兴府余姚县，乡野街衢，云水流肆，好像每个人都在谈论。如果我不是王华的儿子，这句话不会引起如此广泛的谈资效应。他们说，余姚已经很多年没有出现有慧根的人，余姚要出大人物了，比王华还要大的大人物，儿子要胜过状元老子了。

我将“做圣贤”置于“登第”之上，我狂妄得要胜过我的父亲，胜过那个登第之人。

圣贤，他到底以何种面目示人？他是人，还是近乎神？他以虹为裳，驱风为马，测天测地测风云，但似乎又不是那么回事。在我看来，他们能把人生道理揉碎了吐出来，然后再用精短的格言诗写出来。能让那些追随者，一下子从生活的泥沼里挣脱出来，然后被带进一个纵身飞翔的世界。那个世界似乎比我们庸常的生活更有色彩，比那些小心翼翼的日子，唯唯诺诺的姿态，更具意义。

在我心中，我像敬畏神灵一样，敬畏着他们。他们是圣贤，他们也是庇佑我们每个人的神灵。我辈文章衣饭，字间偷活，为的是安顿这一世肉身。说容易，谈何如意。安身，不安心，身心两难安。

他们是自然的，也是现实的；他们是用心的，也是入世的。他们点化阴阳谓之道，开合万物谓之道。这世间的道啊！藏在哪里？又附着于何物？看我身边的人，他们一边享受着五蕴之苦的煎熬，一边又在空谈大道。即使拖着蝼蚁般的命运，也要活得美如神，这是好事，还是坏事呢？

父亲经常在我的耳边念叨：守仁啊！读书人要想有所作为，只有登第入仕一条路。

作为一个男人要活得有担当，不能活成浪荡子。你要活成范仲淹，活成朱熹，活成你老子我，唯独不能活成隔壁村的牛二。你是幸运的，你的榜样就在你身边，你要像我一样，先考取功名，拥有实现政治理想的条件，然后再通过呈劄子、条疏，提出的改革方案，那样才是真正的至圣，正所谓“致君尧舜上，再使风俗淳”。

我仰视着父亲，有光从他的头顶上方投射下来。很多年后，那道光还在梦里反复出现。

老子说，道无所不在，无始无终，生命的诞生就含有道的秘密。我想问的是，出现在父亲头顶上方的那道光是“道之所在”吗？如果是，那我愿意追逐那道光；如果不是，那我宁愿避开那道光。很多年后，我才真正了解，功名之中固然有道，但是道之本身并不等于功名。

当我向别人说起父亲头顶上方的那道光时，我看到他们睁大眼睛，相视而笑，然后窃窃私语，我能够猜到他们在说些什么。对于一个孩子来说，那片笑声只会让我更加孤独和骄傲，圣贤不都是这样吗？

我不可能向他们每一个人解释，我为什么有这种想法？我不去解释，不代表将来我要做“圣贤”的想法是一句虚妄之言。大道无言，其实谁也不必大惊小怪。在这混沌的世间活得通透明朗的人多了去了，而将圣贤视为“第一等事”的人，又岂止我王阳明一人，我不过说得早了那么几年。

宋代以来，已不再单纯为了科举考试，成为圣贤才是一些高级知识分子的终极理想。现实非自己所能掌控，成为圣贤才是属于自己的孤独之旅。既然不能左右现实，那就只有点燃自己的精神烛火，去照亮一个成就百世之名的路径。

很小的时候，我做过很多梦，关于父亲的梦境少之又少，即使有，也大半忘却。父子之间，很多时候就像是你中有我、我中有你的一对孪生兄弟，既相互排斥，又相互包容。我与父亲王华的关系便是如此，我们曾就“天下第一等事”和“天下第一等人”有过一番言之有痕的探讨。

父亲说：我们王家历来以诗书传家，取得功名。我不希望你将来坏了家风。

我问：读书有什么用处？

父亲说：读书可以做官，像我这样中状元，得功名，都是因为读书。

我问：父亲中状元，我能成为状元吗？我的子孙后代还是状元吗？

父亲笑着说：当然不可以，只有我一人是状元。你如果要中状元，就要去勤奋读书。

我也笑着答：既然只有父亲一人是状元，对于我王家而言，这个状元也并不是稀罕之物。

这样的话语让父亲大为震怒，我自然免不了一顿皮肉之苦。在他看来，一棵茁壮成长的、日后成为巨材的小树，在那样的时代风气里应该笔直而上，不应旁逸斜出，如我这般，却不知深浅。

当我的叙述成为时过境迁的追忆，时间就失去了存在的意义。小桥流水的江南真的远去了，而我与这片北方的天空，已经近到肌肤相亲，近到可以呼吸相闻。随着北方的荒凉景色的迎面而来，我的童年时代也戛然而止。

我并不喜欢北京城里的这个家，从某种意义上说，这里只是翰林院编修王华的家，而不是我的家。我无比怀念那个烟雨迷蒙的江南小城，想念祖父的竹园和姚江水的清冽甘甜。

不是我一个人这么想，祖父更是不适应京城的生活。他在京城住了没多久，因为不习惯北方的气候和饮食就回到南方老家了。离开祖父，则让我失去精神凭依，也让我一夜之间长大了许多。成长真是一件无奈的事，很多时候由不得自己。

人的许多想法，包括梦境，也如同万物生长。万物生于天地，人的梦想也在天地之间自由舒展，自我成全。人来这世上走一遭，不是为了征服世界，不是为了丈量世界。而是为了用眼睛看，用心去呼应这个世界。读书固然可以知天下事，但若是知了不去行，知也无法成为真正的知。

或许是时间过于久远，我总是对少年时发生在我身上的一些事持怀疑态度，像是一场梦轻飘飘地来了，又轻飘飘地散了。我是如此矛盾的一个人，醒着却又喜欢做梦，无所求却又委曲求全，无所知却又全知全解，无所争却又无所不争，无所思却又无所不思。人啊，终究是俗物和神性的结合体，精明且愚钝。

应该是十二岁那年，一天散学后，百无聊赖的我与小伙伴们在街市上游荡。

如果让我为自己少年时的人生贴一个标签，“游荡”是恰当不过的词。我喜欢游荡，身体的充分放松让我享受到自由的乐趣。游荡于南方与北方之间，游荡于现实与梦境之间。我是充实而欢乐的，也是寂寞而深沉的。众生纷繁，有的人活得迷迷糊糊，有的人活得异常清醒，但也只是一种存活于世间的姿态。过去了很多年，那天所发生的一切仍历历在目。有人在街市的转角处吆喝着卖一种通人性的鸟儿，鸟的羽毛在阳光下散发出鲜艳的光泽。

我从未见过一只鸟会生得如此好看，于是，在好奇心的驱使下围拢上去。我看着很是喜欢，可身上又没带钱，想要上前讨要一只，却又难以启口。卖鸟人很是不屑，说了几句奚落的话。就在这时，有一个道士打扮的人路过此处。

那道士盯着我看了好久，像是发现了一个天大的秘密。他走到卖鸟人的面前，责怪道，你这卖鸟人莫要欺负少年穷，更不可小看了眼前这位少年，此子他日必成大贵之人，当建非常之功。

道士的疯言疯语，卖鸟人又怎会放在心上。道士说完话并不急于离去，而是买下那只鸟，递到我的手里。

我痴痴傻傻地待在原地，道士抚摸着我的脸说：“孩子，我为你相面，你要记住我的话：当你的胡子长到衣服领子上时，你就入了圣境；胡子长到心口窝时，你就结了圣胎；胡子长到肚脐时，你就圣果圆满了。”

我虽然不完全明白道士这句话里的玄机，但知道这是好话。道士接着说道：“你要好好读书，懂得爱人爱己，我所说的话将来一定会得到应验。”

或许正是道士的这番话使我萌发了成为圣贤的念头，而成圣是我毕生的精神动力。自此，我与道教结下了缘分，在我一生的许多重要时刻，都有道教人士的身影出现。我曾经在梦里见过这个道士，我问他，为什么这世间的人都争着显示自己的聪明才华，只有我混沌无知，像个傻子。那只鸟既然是大自然的布施，为什么还会有人卖鸟？

道士神秘地冲我一笑，然后说道：“你的心平静得像没有波澜的湖面，又如天空般的辽阔。每个人都自以为是地聪明，你要保持你的愚顽不灵。”

## 8

漫长的人生之旅，哪一段是活在别人的期待里？哪一段才是活出真正的自己？我明白其中的道理，只是一时难以言说。我做过一个假设，如果让我选择自己所生活的年代，我会选择哪个时期？

各种平衡过后，我还是会选择当下。这个时代好就好在各有活法，谁也不重复谁。

随着年岁将长，我开始练习弓马之术，研读《六韬》《三略》等兵法书籍。父亲说，没有哪个圣贤是打仗打出来的，可又有哪个圣贤是闷头读书读出来的？圣贤并不是光说不练的假把式，他们是天生的行动派。天地日月一样的人物，岂能一天到晚将自己关在屋里思考人生？

此时的我还是一个热血少年，内心经常被所谓的英雄梦激荡得难以自持。无数次，我想象自己是一个来去如风、踏雪无痕的世外高人，有着别人难以预测的命运。我有好几次想要将自己心里的感受说与父亲，可总是被他一脸嫌弃的表情所拒绝。我虽然敬畏父亲，但我认为像父亲那样的当世儒生最大的短板是不懂兵法，更没有实战经验。若是家国丧乱，难道靠他们去力挽狂澜于既倒？

而在父亲看来，兵法者，诡道也。既然是诡道，自然违背了道德与礼仪。他们从圣贤书里读到的是心底无私，是德高望重，是宅心仁厚。而我不安分的举动，显然是犯了儒家大忌，这让他很不理解，也无法接受。肉身俗骨的世人，还是正心诚意格物致知，别想入非非。

王家几代人都沉浸于个人的小世界，唯独我不让人省心。父亲与我有过一次还算平等的交流，他放下平日里端着的架子，我也放下内心对他的戒备。

他问我，你五岁之前不说话，每天安安静静地待在竹园里，我还担心你过于安静，少了孩子的跳脱。好不容易等到你开口说话，却突然像换了一个人，一天到晚闹腾。你对这个世界到底有多少好奇心？凡事不刨根问底就不舒服。你应该将心思放在学业上。

我说，不是孩儿太喜欢闹腾，而是父亲大人太过于沉闷。连孔老夫子都说“有文事者，必有武备”，关起门来读死书是没有用的。两条腿走路才能平衡，一条腿是万万不行的，是要摔跟头的。

父亲摇了摇头，长叹道：一天到晚打打杀杀，你就不能安静一会？一个人安静地独处是最宝贵的人生经验，人要学会独处，不然就难以与他人共处，人心就会变得浮躁。读书人要像个读书人的样子，舞枪弄棒是那些武人的事。齐桓公也说过，金刚则折，革刚则裂，人君刚则国家灭，少年人不要活得太过于刚猛。

我不再为自己解释，也不再试图去说服父亲，就像父亲也不再说服我。或许是这次谈话起到了某种催化作用，父亲对待我的态度有了明显的改观。他看我的眼神里有了几分赏识的光泽，脸上也不再是愁眉苦脸的黯淡。人与人之间应该多一些交流，就算是父子之间。

偶有空闲，父亲便会带着我在京城周边地区纵马畅游，这是我以前想也不敢想的。有一段时间他忙于政务，我就一个人纵马上关，登上烽火台，感受自己在天地间的呼吸。望着万里晴空上自由翱翔的雁阵，内心激荡不已。北国的阳光本来就比南方来得强烈，明晃晃地，刺得我双眼蓄满了泪水。

我想象着自己是卫青，是霍去病，是一个来往于天地间的大英雄。英雄是靠干出来的，而在干之前，人也得有当英雄的梦想。想都不去想，还能指望他去干吗？父亲说我太过于浪漫，他让我及早想清楚自己这辈子到底要做什么，不能混时光。

我打马而来，打马而去，像一阵自由的风。或许是上天故意要考验于我，那天在关外居然真的撞见了鞑靼人。少年人的好斗天性，加上蒙元以来的家国仇恨，我真就将自己视为一个保家卫国的侠士，弯弓搭箭，呼啸着朝鞑靼人冲了过去。鞑靼人措手不及，不知我身后有何等依仗，再加上山谷中有回音激荡，这帮鞑靼人惊得四散奔逃。望着他们远去的背影，我仰天大笑。

对于本朝历史，最让我追慕不已的人物是于谦，对于那场惊心动魄的北京保卫战，我充满了好奇和神往。我已经记不清自己有多少次在京城四处逡巡，想要了解昔日的场景。我经常将自己想象成历史上的某位名将，怀抱经略北国之志，深入少数民族的聚居地进行调查，与人探讨御敌之策。我在阳光灿烂的早晨出发，又在新月当空的夜晚回归，每一天都过得那么充实，每一天都想放声歌唱，这一时期成了我在北京最快乐的时光。

父亲也变得越来越开明，任由我风驰电掣地来往于北国。我数次进出居庸关，足迹踏遍了村村寨寨。我流连于长城外面的世界，与上了年纪的乡村老人结下忘年交，我从他们那里探听到古老部落与天地通灵的秘密。

连日的上下奔波，让我既兴奋又疲惫。我望着远处的山川河流，那山与山之间，水与水之间，有着难以解释的纠缠与爱恋。来往于天地之间，我们每个人若是连自己都看不清，还能看得清这个世界吗？我早就熟悉了古代征战的每一个细节，在古战场凭吊那些消失于时间深处的英雄。我一次次地问自己，如果当年身陷绝境的英雄是我，我该如何去做？又该如何破敌，冲出重围。若是英雄真的冲出了人生的重重包围，英雄还是那个英雄吗？

一日，我躺在长城脚下迷迷糊糊地睡着了，做了一个莫名其妙的梦。梦是现实的延续，我梦见自己去参拜伏波将军马援的庙。在梦里，我写了这样一首诗：

卷甲归来马伏波，早年兵法鬓毛皤。

云埋铜柱雷轰折，六字题文尚不磨。

马援是东汉光武帝时期的名将，王莽朝时出仕为官，后追随光武帝，因讨伐羌族有功，被封为伏波将军。

少年的我尚不知觉，这首诗会成为我一生的写照。将军归来，早就放下了胜负。人不可能一生背负求胜之欲，不然会将自己导向虚妄。作为知兵法的一介武夫，即使是真勇，也要有个归处。

我不能只做英雄梦，却拿不出点实际行动来印证自己的决心。后世有个女作家说，出名要趁早。做英雄又何尝不是越早越好，我要尽快找到一条实现英雄梦的终南捷径。

一觉醒来，我居然天才般地想到了上书朝廷，献上自己的《平安策》。

我还没有进入官场，还没有上书的资格。于是拜托父亲代为上书，为平定陕西的石和尚、刘千斤之乱而出谋献策。父亲无法理解，一个少年人居然要上书朝堂，谈论国家军事战略，这真是一件荒唐可笑之事。

父亲没有同意我的做法，他说："小小年纪不要一天到晚去做无谓的梦，治安缉盗不是说说而已，要拿出具体办法，不然会养成光说不练的毛病。你现在需要做的是涵养你的学问，而不是不切实际的梦想。去吧，去做好你的事情，再来谈其他的。"

父亲的态度早在我的意料之中，他还是不相信他的儿子能有什么建设性的想法。他还是想通过这件事，将我向求取功名的正途上引导。在他看来，我崇拜于谦那样的国家英雄虽然不是什么坏事，但也算不得什么好事。一个时代要成就一个英雄，不仅需要时势的配合，更需要一个平台。更何况一切都具备了，英雄所受的委屈，英雄要演的悲剧，也是需要很大成本的，甚至可能会献出自己的生命。

没有平台，所有的理想只能算是空想，所有的抱负都有可能换来命运之神的报复。父亲的言下之意，是两手空空的我连立足于世的资格都没有，还谈什么建功立业？要实现经略四方、安邦定国的人生理想，只能有一条路可走，那就是像他那样读透圣贤书，在官场上谋个一官半职。

此时的我，像大多数年轻人那样，躁动顽劣而心无定性，沉溺于做一个主持正义、游走四方的侠士；后又沉迷于弓马骑射和兵法，做一个保家卫国的战士；然后修习辞章诗文，回归传统儒生的生活轨迹；接着又执着于道教神仙，想让自己长生不死。自认为有着别人难以企及的梦想，尽干些让父辈感到头痛的事。

在大多数循规蹈矩的人看来，我活得实在是不着边际。人生就是呜呜如歌，人生就是寻找自己的过程，从无到有，积少成多。有一天，我坐在书斋，面对窗外亭前几株绿竹，我想要格竹子中的“理”。

我总觉得一竿竿迎风摆动的绿竹藏着世界的一个秘密，而我想一语道破其中的玄机，可又总是找不到合适的语言。在纷繁复杂的世界面前，语言太过苍白和浅陋。情绪与空气发生的摩擦，就是语言，没有形态，了无所得。

世人总在喋喋不休，自以为真理在握，不过是把自己装进了一个又一个套子里。我们总是习惯于塑造和歌颂坚硬的东西，其实女人、水和婴儿才是大道的承载。道催生了它，而德给了它形体，使其成长。

我在塾馆读书这段时间，读的所谓圣贤书，朱熹是绕不开的。在朱熹的书中，有一句话给我造成了不小的触动。这句话不是朱熹说的，而是程颐说的：“众物必有表里精髓，一草一木，皆涵至理。”理，这个东西存于万事万物中，想要穷尽天下万物之理，必须依照《大学》中言及的格物之法。通过格天下万物，明白各自之理，当积累到一定程度，才会顿悟万理归一，才能做到向圣贤者看齐。

朱熹是一条可能性的路径，而不是打开蒙昧的一味解药。想要有所作为，却让本就不够清醒的人生陷入更大的迷茫与鄙陋。朱熹说的格物穷理，是认为事事物物各具其理，一草一木都有其理，这个“理”是指事物发展运动变化的规则，他称为“理则”“物则”“物理”；所谓格，就是探究，穷究事物的发展运动变化的规则。朱熹说，农作物都有自己的生长规律，何时播种，何时生根发芽，何时开花结果，何时施肥，何时浇水，何时收割，都有一定的规律，这就叫农作物的生长之“理”与种植之“理”。

一直以来，我们对圣贤的生活都有一些神往，总以为他们生活在精神的乐园里，端坐高处，指点江山，眼睛里看到的都是人心的荒凉和短视。果真如此吗？我看未必，其实他们也是有烦恼的，生活也是有不方便的。

在程颐这句话的指引下，我和塾馆同学钱友同开始格竹子。我们每天从早到晚面对沉默的竹子，竭心尽力地来格其中之理。清风徐来，竹影婆娑，事体牵系，心里松动，虽然生出超拔现实之感，总觉得无着无落，怅然寂灭。

所谓“格”不过是盯着竹子看，直到婆娑竹影里浮出世间万物的变化规则。这个时候，一个生命回到了孤寂和天真烂漫的境地，一种过去不曾有过的体验和幻觉正在缓缓堆积，最后一发难收。也说不清楚为了什么，一时之间，月光愈加亮堂，星辰也愈加饱满，一颗颗的，全都像是竹子里生发出的果实。

竹子是我的眼前之物，从眼前之物去捕捉极远的宇宙尽头，去把握天地万物的来处，以及它们的边界，这本身就是玄而又玄的事情。理，是一种很玄的东西，超乎我的想象、感觉和认知，是这个美妙的大千世界的门户和根源。

古往今来的圣贤告诉我们，大道无处不在，它散落于世间的每一个角落。万物依赖它而生，但是它却不去主管万物。它滋生万物，却并不占有它们。万物依附于道，而道却从不捆绑万物。

钱姓朋友给予了我足够的信任，我也同样认为这是一条可以抵达光明的大道。圣贤之路在前方招手，只要没有偏离方向，就可以一通百通。于是我选择了格竹，通过一根根竹子来体悟大千世界万物之理。

人生最痛苦的事莫过于获得了所谓的智慧，很多时候，这种叫作智慧的东西会让我们失去自然赋予的某种能力，不动声色地扼杀我们体内的每一个冲动细胞，教人学会理智与平衡，让人变得唯唯诺诺。它发出的光亮让黑暗中的我们瞬间无所适从，它所倡导的文明与秩序让充满活力的人世逐渐变得死气沉沉。

不是我的想法太过幼稚，它是一个人必须要经历的磨难。我所认可的圣贤，他们说的每一句话对这时候的我来说都是不容置疑的真理。我还是个半大的孩子，在学识和经验上还很不成熟，一门心思想要通过格物悟出所谓的“物之理”。

对于一个心性还未完全沉淀下来的少年，缺乏的是岁月的积淀，拥有的是不切实际的狂想。我还那么年轻，我不应该执着于思考本身，那样只会让我陷入痛苦，或者陷入疯狂。在这样一个缺少智慧观照的年代里，人们习惯了让欲望和本能碰撞出思想的火花。

很多时候，我们是在摸着前人丢下的石头过河，不知深浅，走一步栽一个跟头。每一个跟头都是经验，只有蹚过去了，才知道自己收获了多少。人生短暂，人这一辈子做不了几件事，因此要抓紧时间，守住自己的一亩三分地。

既然朱熹说一草一木皆含至理，那么我便要来一场身体力行的格物之旅。我从来就是行动派，没有行动，我宁愿做一个哑巴，也不会在这个世界上发出声音。后人说，不调研就没有发言权，这句话是有道理的。哪怕自己跳起来摘到的是一个荒诞的果实，我也要去跳，不会坐在那里夸夸其谈。

到了第三天，钱朋友到处乱窜，他说出的话也不成体系，让人感觉魂魄都飞出了身体。他有气无力地说，圣贤之路不是他这个凡夫俗子所能达到的，他是个资质愚钝之人，还是回家关上门啃书本来得实在。于是他说了声抱歉，就踉踉跄跄地退出了格竹子的战场，像是一个丢盔卸甲的逃兵。

对于朋友的半途而废，我只能摇头苦笑。可是撑到第七天，我的眼前出现了一个又一个幻觉，那些竹子就像是已经成精成怪，它们挤眉弄眼地向我不断地发起挑衅。在虚幻的世界里，我就像是堂吉诃德与自己的假想敌作战。

最终，我一头栽倒在地，人事不省，也因此大病一场，差点要了我的半条小命，内心也像是被抽丝剥茧般狠狠地折磨了一回。如果说人心是一面镜子，那么属于我的这面镜子还没有被完全擦亮，还不足以照亮整个世界。

这件事让我明白，在求圣贤的这条路上，光有意志力是远远不够的。

我甚至觉得自己天赋有限，无法参透世界之妙。我对朱子学产生了怀疑，或者说是播下了怀疑的种子。朱熹说，天下万物都有它的道理，包括一草一木一根竹子。如果说格一根竹子都要费那么大劲，那么目之所及，天下之大，就算我们不吃不喝“格物”到死，也无法格尽万物之理。

我并不认为自己是个独来独往的人，置身于大变局中的每个人，谁又能完全代表自己呢？圣贤也不可以。他们头上顶着光环，做什么都是理所当然，不容置疑，内心的膨胀常常把自己无限放大，天上或云端，而所谓的“道”不过是他们生命的一处点缀。

“人”与“需”在一起是“儒”，儒就是有所求，有所为。人有所为，可方正立世，而心有所需，心就会虚弱不堪，而儒也就成了内心懦弱之人。我问自己，这一刻，我的心到底背负了多重的需求？什么时候才能放下心中所需？

我在圣贤的道路上还没真正迈出步伐，就遭此打击，只能自叹没有做圣人的能力。本来准备通过格物来认识这个世界，自己反而被这个世界无情地格了一回。对于我来说，这只是一次失败的尝试，真正的人生需要付出更多的时间和艰辛来经历考验，经历锤炼。

竹子，不再是我的敌人；道，不再是我的敌人。还有什么是我的敌人？

作为圣贤之人，朱熹追求的是这个世界上最为深邃的秘密。他说："且如今为此学而不穷天理、明人伦、讲圣言、通世故，乃兀然存心于一草一木器用之间，此是何学问？"

依照朱圣人的说法，我将全部心思放在一根又一根的竹子上，这能算什么学问？既然算不得学问，我的内心经历了如此荒诞不经的冒险又是为什么？

朱熹的"格物穷理"，穷尽的是天下万事万物之理，并不仅仅局限于某个或某些道理，它是一种全方位的涵盖与包容。虽然范围无所不包，但其根本还是人伦道德。如果舍弃这一根本之物，仅就具体的一草一木去探求其理，也就丧失了朱熹思想的精髓。

格物是儒学之本，有一段时间，它成了儒学与其他学说的区别所在。我无法专注地面对这片竹林，我的目光经常会被一阵风牵引，我的心思会被一只飞翔的虫子摇晃。穷尽天下事物之理，事物不同，"理"也就不同。很多年后，我才意识到，自己当初的格竹之法，远的是天理，近的是禅学之理。

我选择格竹，是因为竹子已经摆在那儿。如果那个地方长出来的不是竹子，而是桑树，我也照样会去格它的。依照我的想法，格什么并不重要，重要的是要通过"格"达到穷尽其理的境界。

如果换作朱熹去"格竹"，将会是怎样一番天地？朱熹应该不会像我，一上来就去"格"，他会搞清楚竹之理与其他草木之理有何不同。这就像是一个大师级的画家，他在动笔之前所想的不是如何运笔，而是先要搞清楚山水之理、木石之理，然后才能绘出最真实的山水木石。

不管人类如何认知这个世界，物是理的载体，理都不能脱离物而存在。在探究竹子之理时，如果忽视了竹子这一客观事物的存在，仅将其视为一种方法或手段，这就不是儒家之道，而是道家或禅宗之道。

圣贤说，在这个世界上，有一种神奇之物，虽然我们看不见它，但是它却无处不在；虽然我们感受不到它的重量，但是它却重如泰山。如果我们能够有幸获取此物，就能解开这个世界的奥秘，剥开这个世界的伪装；就能掌握事物运行的规律，天下万物皆在掌控之中。

什么东西如此玄妙？这是在欺骗世人吗？我没有胡说，圣贤也没有胡说。这是客观存在的事实。就是圣贤不说，我不在这里说，它还是会存在，此物名唤“道”。它将天下所有规律汇集一处，是万事万物运行的法则。

既然“道”如此妙不可言，那怎样才能悟道呢？朱熹在自己的悟道过程中，给出的经验是：格物穷理。宋朝的另一位圣贤程颐给出的经验是：今日格一物，明日又格一物，豁然贯通，终知天理。

而格竹子失败的经历，一时间动摇了我的成圣之心，让我不得不对自己进行重新考量和评估，也让我明白了一个事实：从外部去认识这个世界是一条死胡同。对于心性未定的我来说，一时的挫败只是人生路上的必经阶段，是不得不交的学费，更是求之不得的精神历练。

此路不通的我只有选择另一条路走，专心攻读辞章之学，应付科考。人总是会在碰了南墙之后，赶紧调转方向，哪怕那个方向是另一堵墙。对于我来说，调转方向之后，一切都是朝着世俗所赞誉的标准迈进，也是父亲对我的期望所在。

## 9

弘治元年（1488），这一年我十七岁。我从京师回到家乡余姚。父亲实指望他任京官荫一子入监，让我进太学，但宪宗去世，他的这个愿望一时不能实现。我只是一个塾馆童生，只能走科举这条路。父亲命我返乡入余姚县学，成为县学诸生中的“秀才”，取得下一届乡试考试的资格。

同年七月，我奉父亲之命，只身前往江西洪都（今南昌）完成自己的婚姻大事。母亲在世时，常盼我快快长大，娶妻生子。如今，她已不在人世，没有母亲的家园只剩下满目的凄凉。曾经闭着眼都能摸着走回家的路，没有母亲的召唤，变得越来越模糊。天下的母亲好像用了同一张面孔，不知她们是因为做了母亲才这般，还是因为她们是女人，生来便这般。她们是和所有男人一样的人，可又不一样。她们是面目模糊的影子，是低到尘埃里的花朵。母亲对我寄予厚望，如果违反家风、礼节，她会严厉训诫。日常生活中的待人接物的小事，她也会亦步亦趋地给予指引。她经常在我面前说起自己所经历的贫苦往事，让我知道衣食无忧的生活来之不易。

母亲是一个性情温婉、深谙持家之道的女子。每天早上，在家人还没有起床时，她已经汲水、推磨、纺线，开始了一天的辛苦劳作。她虽然身体多病且严厉，长年挂着一副愁苦的表情，但是她给予我的都是温暖的记忆。

我这次回乡，特地到母亲的坟头说上几句话，告诉她，她的儿子就要结婚。这么大的事，我怎么可以不告诉母亲。母亲经常在我的梦里出现，那是我一个人的母亲。她正在寻找我，可是，我并没有呼应她。我只是听见了她微弱的呼喊，巨大的痛楚便降临于我。

母亲不在的家园，已算不得真正的家园。家园成了荒芜之所，成了没有温度的物理空间，与心无关。我想到了父亲，那个在京城的状元郎为了光耀门楣而大肆增建的“家”，此刻对我来说，这是一种多么残酷的嘲讽。我只觉得与母亲“已不在”这件事相比，那些浮世繁华与自己的内心又有什么关系呢？在死亡面前，我们才会扪心自问，什么才是生命中最重要的？

死亡是一个相当古老的话题，它考验着我们的身心与肉体，拷问着我们的灵魂。我们每天都在练习怎样去活，却从来没有想过，死亡才是我们必须要去面对的一门功课。当一个人学会面对死亡，也就懂得了如何活着。于我而言，已不在此处的母亲，却又无处不在。从此，无论我走向哪里，都会带着母亲。

人活着，比获取功名更重要的是人的存在，而比人的存在更重要的是人能够用心来体悟自己的存在。只有自己感觉到存在，活着才是一件有意义的事。其实在很多时候，活着并不代表自我的存在，这也是为什么很多人活着却始终找不到自己。

母亲去世不久，父亲就将赵姨娘立为正室，这不免让我为母亲感到难过。赵姨娘是父亲纳的小妾，母亲在世时，父亲已将宠爱转移到她的身上。赵氏有自己的孩儿，对我这样一个生来有些叛逆的孩子并不待见，有时候会刻意刁难，对此我也是心有芥蒂。

有一天，我买了一只鸮鸟，然后又买通一个巫婆。我将这只鸮鸟偷偷塞进继母赵氏的被子里，当她掀开被子时，这只外形奇特的野鸟发出一声凄厉的惨叫，飞了出来，惊得赵氏出了一身冷汗。野鸟入室，在古人看来是一种不祥之兆。

我向继母建议，请一个巫婆来家中查看。于是，继母就让我从街上请来那位早已被我用金钱收买的巫婆。巫婆进门，盯着继母看了会儿，就下了断言，说她中了邪。于是，那巫婆借故在室内一番折腾，装神弄鬼。然后又假托我生母的亡灵附体，手指继母，口中念念有词道："你这个女人待我儿太过无礼。如果以后再这样，定会取你性命。"

继母吓得魂不附体，连忙磕头忏悔。经过这件事，继母对我的态度发生了根本性的转变。或许有人认为，我运用权谋之术对待自己的继母太过无礼。我也承认，我活得并不宽容，甚至有些睚眦必报，人性的丑陋这时候在我身上也同样得到应验。

斯人已逝，遗响犹存，时间深处，所有的歌都有可能是一首挽歌，而所有的相遇都可能是一场久别的重逢。命运的奇特文本总是向人间半开半合，待到大幕拉开，我们才能真正体会其中的无常和变易。

我看过太多圣贤者的书，圣贤在他们明亮的文字里也谈论爱情，可从来不去谈论自己的爱情。有趣的圣贤，无趣的生活。他们喋喋不休，像是无所不能的老江湖。真相是，对于爱情，他们还比不上世间的一个情种，他们谈的不是实在具体的爱情，而是阴阳男女化合之道，是别人的爱情，别人的体验。

在江西洪都，我完成了自己人生的另一件大事——结婚，我要学会爱自己的爱情。

青年男女哪个不钟情，哪个不怀春。诚如，我喜欢如花的少女，我也偷偷用眼睛瞄过那些出现在我视线范围内的大部分美丽的、有个性的、独立的女子。她们看着我的时候，也多是安静的，只有调皮的女孩子才会偶尔在我面前开一开玩笑。有人不喜欢开玩笑，她们在心里把自己看得太重。即使有人递给她们一双翅膀，她们也无法轻盈地飞翔。

在这里，我有必要介绍一下我的岳父大人，诸让，字养和，号介庵，也是浙江余姚人。他是父亲的至交好友，时任江西布政司参议。据说，这老先生年轻的时候可不好惹，虽取名“让”，但却争强好胜。后来，又给自己取字“养和”，也算是有自知之明，损有余而补不足吧。

在任何时代里，男人和女人之间的爱情都是一件奢侈品，清风明月下流淌着的很难是爱情的气息。那一年，我曾经在江南的小酒馆里领略过女性的柔美。酒馆很冷清，就我一个客人，店家的女儿在内室弹琴，悠扬的琴声就像是落在身上转瞬即逝的雪。我鼓足勇气唤她到近前，让她陪我喝点酒，她并未拒绝。那天，我喝了很多酒，醉意熏然，突然有一种想要揽她入怀的冲动。

我被自己的想法吓坏了，那一刻，我甚至认为自己是一个品德败坏之人，更别说圣贤之道。但在当时，欲望是如此强烈，闭上眼睛就能看见她光洁的脸，她的眼睛里有一种说不出的缠绵。很多个夜晚，我的梦里都回荡着琴声，让我心里甜蜜而疼痛。

后来我才知道，少年人的情欲就像是身体里塞进了一只老虎，它又挣又跳，张牙舞爪地嘶吼着，让你浑身发抖。无数个日夜，为了困住身体里的这只老虎，我强迫自己坐下来一首接一首地写诗，可写来写去都是梦里的情景。

为了报答诸介庵老先生的知遇之恩，也为了表示尊重，我不远千里，前往南昌迎娶我那被家人念叨了千百遍的媳妇——诸芸。有人说，从小定下娃娃亲，没有感情基础，将来也谈不上幸福。这个社会讲究的是门当户对，两家是世交，家长又都是朝廷命官，这种婚姻形式是传统社会中最常见的，也是最为稳固的。

婚姻就像是家长给儿女出的一道谜题，而谜底要等到成亲的那一天才能揭晓。时间将证明，我和诸氏是外力撮合下最圆满的相遇。新婚之日，我像一个木偶人在婚礼上被人牵来牵去，场面有些滑稽，却让人无法拒绝。

我看着眼前晃动着的一张张笑脸，恍惚觉得这种场合似曾相识，却又与我无关。每个人都笑逐颜开，眼睛里闪烁着幸福的冲动。盲目的欢乐容易让人迷失自己，会将一个人融化于无形。

我先是坐着，然后站起来，来回踱步，最后跟着自己的心迈出了房门。那一刻，我的脑袋嗡嗡作响，内心也是仓皇的。我迈出的右脚踢到了一只花狗，我收回的左脚又绊倒了一个红木凳子，我一只手撑住了门框没让身体倒下去。我听见有人连声说，姑爷喝多了，姑爷喝多了，扶他回房间休息吧。

姑爷是谁？姑爷为什么喝多？每个人都像是有所作为的样子，而我却独自享受格格不入的混沌。在离开婚礼现场时，我回望了一眼那个蒙着红盖头的女人，那一瞬间，我的内心有着难以言明的茫然情绪。虽然在此之前，我曾像每个青春期的男孩子一样，对男女之情有过遐想。但是当婚姻生活突然到来时，我还是对不可知的来日产生了真切的恐惧。

我不确定，这是在梦中，还是在现实里。如果是在梦境之中，那这场大梦就是人生的虚妄；如果是在梦境之外，那即将发生的一切都是现实投映于心。格竹失败后，我一度沉迷于佛老二氏，空而无心，空且有我，无所谓有，无所谓无。人生至此，所有不过有，所无不过无。人生妄念无着相，无有梦便不会醒。想想人不过梦中人，梦外人，到底是梦里走了几遭，还是梦外走了几遭，谁又分得清，理得明。

不过可以肯定是，我真的见过那座名唤铁柱宫的道观。那也是我第一次见无为道长，风姿卓然，逸气高拔，真个神仙般的人物。

道长说，他的道号无为，来自蜀地，因道友之约来到此地。

无为，取自老子的“道常无为而无不为”。有所不为，才有所为，才能够在有为的领域专注、提升，才能在单兵突进后，一通百通。得知道长九十六岁，我不禁大为惊骇。我从未见过真正的神仙，只觉得眼前的道士不是凡人，便向他请教养生求仙之术。

道长看着我，清透的眼神直抵我的内心，让我避无可避。空气中似乎有着无形的气流来回震荡，不疾不徐，散散淡淡。半炷香过后，无为道长开口说话：我见你眉宇间隐然有道家之气，与我道家有缘。可你身形消瘦，面有憔悴之色，应该在养生之道上多下些功夫。

我问他，何谓养生之道？

他告诉我，养生之道，不外乎一个“静”字。老子崇尚清净，庄子追求逍遥。唯有心灵空静，人才可以进入逍遥的境界，实现肉身的不死不灭。所谓养生，养的不只是身体，而是人的心灵。先做到清净自我，才能实现逍遥自我。

我虽然有些迷惑，却觉得道长说得每句话都像是在点拨我这个尘世中的迷途之人。一个人若想摆脱混沌，让自己变得明澈，需要良师和益友。

道长说话的声音不高，慢悠悠的，喜欢垂下眼睛，尽量不去看对方的眼睛，有一种深不见底的安静从他身体里往外散发，像是他已经在这道观里独自修行几百年了。我等着他问我，为什么来到这里。但他似乎并不关心我的样貌，也不关心我从何而来。

无为道长说，所谓圣贤之道，不过是人的一时情绪。你认为对圣贤之道有了认知，就可以自我超脱、实现人性的明亮与清澈、高人一等了吗？不是这样的，人要学会的东西并不在圣贤的手里，而在你的行走里，在你的沉默里，在你的喧哗里，也在你的骄傲里。世人对你的认知，你要学着坦然接受。呼你做牛马，且做牛马；视你为圣人，且做圣人。你不要刻意去求一个“圣人”的帽子戴在头上，顺应万物是自然而然的事，并不是为了顺应而去顺应。

我似有所悟，心里透亮了许多，可又觉得有些不满足。

我与无为道长谈得颇为投机，直到东方之既白。我事后向每一个好奇人士解释当夜奇遇：昨天晚上我在道观遇见了道长，我们将身外之事都抛至九霄云外，全心论道，故乐而忘返。虽然我说得神乎其神，但没人会相信。我说的时候，泪水激动地涌出，身体变得轻盈，在关键处，我还故意卖了个关子。

无为道长的导引之术是一种呼吸吐纳之法，将天地之气导入体内，让它在体内自由地流动，以达到“心神”与“虚无”的合二为一。佛家也通过调节呼吸来达到心志合一，比如打坐，打坐是为了调心。为了“调心”，还要调身和调呼吸，三者融合，才能达到最佳境界。

无为道长告诉我，修身最紧要的是静坐，人只有处于“安定”和“安静”状态，才能找到自己，消除包围身心的污浊之气，找回天地间的清明之气。让自己回到宇宙，也把宇宙摆进自己的身心。

在这一刻，我们把时间分解，哪怕是分解成微小的颗粒，也能够容纳下无限多的事物，诸如穿堂而过的风、草虫的呢喃、花叶间露珠的滚动，以及脑海里碎片似的回忆和幻想。道观和寺院是一个人思想的最佳场所，置身其中，由不得你任性胡为。

有时候觉得清规戒律并不是束缚身心的藩篱、囚禁思想的牢笼。我甚至觉得，它们的存在可以让人抛离世俗生活中不必要投入的累赘，让人的身心轻轻一跃就可以跳进自由的河流。现实世界里，我们所看重的价值法度在这里全都失去了功效，这里是一个完全不同的世界。人的思想可以在这里信马由缰地展开，像原野上的风、海洋里的鱼，自由地来去。

无为道长所说的一切，对我来说都是新鲜的，就像在我懵懂的认知世界里，打开了一扇天窗，天光倏然而落，有一种清透。多年来我上下求索，始终不得其法。

得到点拨之后，我和道长相对而坐开始练习。恍恍惚惚之间，一颗心就脱离了现实的羁绊，将结婚这件事忘得干干净净。待我迷迷瞪瞪醒来，恍惚记得梦见了一个道士模样的老头，须发皆白，眼神却澄澈得如同少年人。四下静悄悄的，只有我一个人，但道观里的那些陈设都清晰地从梦里浮了出来，立于我的眼前。竟然都是真的。我从地上捡起一柄拂尘，一摸，也是真的。我定了定神，出了道观。

耳边全是清幽的鸟叫声，抬眼观看，果然是个很小的道观。清晨的山中，大雾尚未散去，山林还未显形。这时候太阳渐渐升起来了，一缕金色的阳光从东方照过来。铁柱宫周围的大雾正在渐渐散去，苍青色的山林渐渐浮现出来。

“你我若有道缘，二十年后，于海上再见。”就在我陷入痴茫之境，不知何去何往时，无为道长不知什么时候立在我的身旁。他看来极瘦极轻，仿佛连骨头都是轻的。他背着手，气定神闲地看着我，手里的拂尘像个硕大的扫把撑在身后。我真怕一阵山风吹来，他骑着他的扫把飞起来，身后还漂浮着将散未散的大雾。

回到家里，听妻子描述，诸府上下因为我的不辞而别乱作一团，大喜之日，新姑爷逃婚不见了。

我像是从一场大梦中恍然醒来，虽然觉得自己的行为实在太过分，但内心的充实感让我愉悦不已。二十年后于海上相见。这真是一个荒诞的梦啊！谁会相信一个年已近百之人，给你一个时间的承诺，并且是二十年。少年人的二十年尚且可疑，何况是老人。不知为什么，随着时间的流逝，我却越来越相信。对我来说，那不是简单的时间之约，而是一种召唤。我承认，在那个与其相对打坐的夜晚，有那么一两个瞬间，我也不是没有过离开的念头，但我就是没有起身。之所以没有离开，是因为我分明感受到有一种更大的东西吸引着我，拉扯着，让我动弹不得。我觉得当时的自己是往回缩的，没有力量面对他抛给我的那些话题，关于身，关于心，关于呼吸。好生奇怪。

在这之后的很长一段时间里，我慢慢梳理我和他的对话。每次梳理，我都要回到那个夜晚，回到那个似梦非梦的时间里。我也无数次地在冥想中见到他，他的形象一再变幻，时而被浓雾包裹，时而被明月朗照。他清瘦的身影伫立在那里，依然背着两只手。我曾经以为天地万物是有终极的，而他却告诉我，这种来自外部世界的终极就是自己，也就是朱子所说，理虽散在万事而实不外乎一人之心。心与理为二，则生命的意义之源也随之中断，个体成为无源之水、无本之木。正如我们在这个世界所看到的，“物理不外乎吾心”。随着这种思考的折返与溯源，才让我真正觉知，人脱离母胎，落于世间，就像是一个无岸可泊的精神流浪者。时间不是长度，时间是一种体验，我们用难以计数的瞬间拼凑成万物之永恒。

很多年后，我回忆起那个夜晚，大雪一样的月光覆盖了那座名叫铁柱宫的道观，那个名唤无为的道长，平平静静的声音从时间深处传来。除此之外，再无其他，时间就是这么奇怪，你明明是经历过的，却无法将自己与记忆中那样一个时刻的影像重叠起来。

娶妻生子是一个男人人生当中最重要的事，无论是平民子弟，还是帝王之家，延续生命，传承思想，都离不开大自然的馈赠与繁衍。从上古时起，那些风雅之士，用他们的笔墨把对女子的尊重、求婚的神圣和烦琐的仪式咏唱得美如仙乐。我王阳明倒好，一声招呼都不打，就在婚礼现场玩失踪。多么荒诞，多么富于戏剧性，我向新婚妻子诸氏深深地检讨。

诸芸是一个安静的女子，她的眼神里并没有一丝一毫的幽怨。她对我的包容，像远山一样，像深海一样，像春天花开，像白云无心。直到此时，我才认认真真看这个命里早就属于我的女人，她身着红色对襟的夹袄，恬静秀丽，头发高高束起，梳成两朵莲花同心结。她的眉毛是精心修剪过的，她的脸上只是淡淡地着了点色。

我们相互对视，又不约而同地避开，她好像是懂我的，又好像什么都不懂。诸芸，一个温婉的人间女子，就这样走进了我的生命，以身为度。而我所能给予的，是微不足道的爱意。

与诸芸成亲后，我在岳父诸让的官邸住了一年多。婚姻是两个人的事，我们在二人世界里崇拜、感叹、欢愉、疯狂，一时间将所谓的人生理想也抛到九霄云外去了。百无聊赖，我开始练习书法。与其说练习书法，不如说通过书写来凝神聚气，化身心为一。有笔有墨，笔墨磊落，人也活得磊磊落落。

等到第二年年底，当我启程回余姚时，才发现已将岳父的数箱宣纸全部用光。

在这一年多的时间里，我的书法大有长进。写着写着，我的思想就不受自己控制了。一笔一画里藏着一个世界，藏着万物之道。由天地万物会联想到人，联想到那些经历一切又颐养天年的圣人。

书法也是道，道是上下左右无所不在的包容，是古往今来无时不在的恒久。我刚开始学习书法，对模古帖，只是追求形似。练习时间越久，越不敢轻易落笔，要用很长的时间来凝神聚气，将字形化于心，这才算找到练习书法的门道。

我所追求的书法意境与唐代书法家的路子截然不同，更接近于宋代书画家。在我看来，书画的最高境界大多出于宋朝书家和画师之手。我很喜欢北宋画家范宽，尤其是他在绘画时所表现出来的“不求其形，但求走心”的态度。

我的山水画并不仅仅局限于“像”或者“不像”，“像”只是绘画最基本的要求。为了画好山水，我终日静坐于山林中，观察周围的一切，寻求自然的意趣。哪怕是风雪之日，又或者是月行中天，我都会去林中寻找灵感，而我的灵感来自仔细观察，静静的沉思。等回到住处，再将自己的所见所感表现于纸上。

天下一切画，皆是画者的自画像，包括花鸟山水。对于一个画家而言，画山水就要穷尽山水之理和山水之性。而山水之理与山水之性不在山水，在于人。画家画的是“胸中的丘壑”，不是山水的自然形态。

北宋大儒程颢说过：“某写字时甚敬，非是要字好，只此是学。”程颢对于书法的态度，也是我对书法的态度，我们都不把书法视为一种书法技巧。很多时候，书法更接近于心法，而这种心法又是做学问的根本。

我读过这句话后，颇有感触：“既非要字好，又何学也？乃知古人随时随事只在心上学，此心精明，字好亦在其中矣。”在我看来，绘画和书法是我们揭开这个世界秘密的钥匙，是值得我们敬畏、顾惜并遵循的道。

万事万物不是生来就有定理的，而是由于你的一颗心放进来才使得事物本身焕发了生机。这是我看待世界的视角，我认为人的心眼，才是我们用来看世界的那双天眼。

得知祖父病重的消息，我便带着妻子诸芸启程返乡。我们从洪都出发，经过鄱阳湖，然后沿信江逆流而上。数九寒天，恰是一年中最冷的季节。大雪又纷纷扬扬，天地陷入苍茫。人陷入大自然的恶劣场景，人的心情容易沉郁，会有悲怆之感。

我在经过广信（今江西上饶）时，专程拜访了理学大师娄谅。冬天的山中，万径踪灭，山中下了一场薄雪，苍山负雪，巨蟒般绵延千里，青松白石间随处可见晶莹剔透的冰瀑冰河。雪停之后，太阳出来，整个山林熠熠生辉。我早就听说，娄谅建了一座芸阁书院，不想竟藏在这神仙之地！如果将来有人追寻我精神蜕变的轨迹，那么在这里我要告诉他：弘治二年（1489）十二月，我与名儒娄谅的会面是一次不容错过的节点。此次会面之后，我开始大张旗鼓地追逐圣学的梦想，而王守仁也一步步蜕变为王阳明。所谓圣学不是板起面孔的学问，它有着生动的表情，有着生命的温度。圣人并不空谈道德，更要表现在行动上。娄谅，字克贞，号一斋，广信上饶人氏。从某种意义上说，这场会面更像是我刻意为自己安排下的一场精神巡礼。我已读过朱熹的很多书，和大多数读书人一样，读朱熹的书不过是应时应景。儒学是王家的家学，我在内心深处对儒学充满了至信至圣的仪式感。人在没有成为圣人之前，装作假圣人也是一个必经阶段。如果在这个阶段，假圣人被真圣人戳穿，那是要挨骂的。老子不就开骂了，圣人不死，大盗不止。

我一直推崇圣贤，毕竟他们是最高智慧的化身，是天下聪明之士的终极理想。可很多时候，我也会疑惑，天下圣贤到底由谁来定？谁又有资格说孔老二是圣贤，孔老三就不是圣贤？古往今来，那些所谓的圣贤都是自然而然地产生，人们对圣贤也是自然地感受并以其为中心。圣贤在众人之中而非众人之上，众人知贤而不自以为轻，众人从贤而自由自在地发挥自己的天性。

圣贤的产生就像白天过后黑夜，冬天过后是春天，一切都是自然而然的事情。很多事物强求不得、避之不来，自远古到今日，正因为有了圣贤的指引，天道才不至于迷失于某个人某件事某个现象之中。

其实我的心中早就有了答案，我发出的疑问或许不是真的疑问，我只是想从娄谅这里得到一个道之所向的呼应。真正的圣贤走的都是“大隐无迹”的路子，与我们平常人一样自在，追求自己的人生乐趣，监督世人的所作所为，也会在某个历史的节点展现自己天神般的勇力和智慧以力挽狂澜，拯救天下。

可我所生活的这个时代啊！我始终无法把更多光明的词汇献给它，可它又不算是太黑暗。在我们的民众之间、官民之间、人与自然之间，价值已然成为一种奢侈品，甚至已被废弃，许多东西都是以势利、价格来衡量。成功与不成功的标准，都是明码标价的，是个人说了不算的。于是就出现了一种奇怪的想象，圣贤都死在了过去，而活着的，却不值得推崇。

传统社会对礼乐崩坏的应对很简单——“礼失而求诸野”。连孔子都认为，当我们置身于天崩地裂的大时代，变革的力量不是来自上层，而是来自底层。我们要学会从底层获取变革的勇气，学会从底层获取创作礼乐的灵感。外面世界多么纷乱，让暴风雨来得更猛烈些吧。

娄谅是大名鼎鼎的理学家吴与弼的弟子。天下人都知道，吴与弼以朱学为正宗，也有心学倾向。娄谅通达佛道两家，深谙理学三昧，并将静坐视为步入理学殿堂的不二法门。

他坚持认为，在入静的修习中，会让人专注于身体的知觉中，而知觉会让人意识到人身是一个宇宙。当精神意识专注到身体的某一处时，气流也会到达那里，呼吸也会变得通达。

娄谅向我灌输入静的修习时，我仿佛能够听见内心的歌唱：身体、魂魄与大道的合一，这真是一段妙不可言的体验。就像是我在你们中间行走，你们却看不见我。即使你们看见了我，也不知道我是谁。就像几百年后，有个摇滚歌手唱到的那样：我要从南走到北，还要从白走到黑，我要人们都看到我，但不知道我是谁。

但我想问的是，别人不知道你是谁，你自己知道你是谁吗？

人永远不能穿过时间的河流抵达彼岸，这是我们最大的悲哀。庄子说，相濡以沫，不如相忘于江湖，这是知世之言。圣人皆知世，我们不可贸然而入。很多道理，唯有染世渐深，方可领会一二。人的活法有千百种，只有一种活法能让我们摆脱蜉蝣的命运，消解现实的悲凉，那就是成为圣贤。肉体生活的时间迅疾如闪电，若你的名字能活在人们的口耳相传中，也算是一种不朽。

心会迷失方向，时间不会，时间有着一个恒定的方向。我最关心的是如何成为圣人，我对现实表现出来的皮相越来越不以为然，我越来越在意内心的取向。

在娄谅的叙述里，我仿佛看见了他的来时路：那是一条颠簸曲折的弯路，与大多数求取功名的文人一样，他曾经也将自己往死里逼，也将自己往逍遥处赶。他也曾经在无数个不眠夜里，问天问地，也问过宿命和自己。他也不是生来高明，只是千磨百折后，活出通透而已。

所谓的鸿学大儒，他们所传授的大多是举子之学（应考的学问），而非“身心之学”，这是让我失望的地方。那些高居庙堂的知识精英们对民间社会的态度太过于情绪化，忽而仰望，忽而鄙视；他们总是站在道德的制高点上，将自己视为生活的标准答案，对民间社会表现出居高临下的不耐烦，动辄搬出前朝圣贤的话来教训民众。他们需要的是仰望，可是人居仰望处又何来自由？他们将自己视为自由的物化，仰望他们，也就是仰望自由。一个人端坐于某个制高点，时间久了，会忘记自己是谁，从何处而来？认定自己从来就是这般模样。于人而言，这种妄自尊大的羞耻心就是野兽，就是猛虎。我们见识过太多虚张声势的人，他们不是虎，而胜似虎，那是因为他们的外形变成了与内心相一致的模样。最后，连仅有的那点才华也都付之东流。

娄谅是他们中的异类，他反对“举子学”，倡导“心身学”，表面上仍将程朱理学置于主导地位，骨子里却潜行着周敦颐、程颢之学，而周敦颐、程颢正是心学的一个重要来源。我的循“道”轨迹无意间契合了娄谅的心志，是“道”之本身决定了我和娄谅在这条精神跑道上的双向选择。

娄谅能够超拔而出，与吴与弼有着直接的关系。吴与弼追求的是“四体舒泰、心定气清”的境界，经反复用功，能够悟到身心需有安放处，而心本太虚，七情不可有所放。心里塞得太多太满，就装不下其他东西了，连属于自己的空间也没有了。

娄谅在江西临川遇到潜居乡间多年的大儒吴与弼，如同我今日登门求教娄谅一样，电光火石之间就有了心灵的交流。吴与弼接收弟子向来严苛，就算有人千里投奔，只要不入他的法眼，也会被拒之门外。与学问、道理相比，他更看重人品境界。

人在无所闻见、无所事为的时候，也要坚持“存天理去人欲”，以达到圆熟完满的境地。弟子投名师，名师也在选择悟性高的弟子，双向奔赴，没有谁高谁低。娄谅来投，吴与弼迎出去老远，牵着娄谅的手说：“老夫聪明性紧，贤友也聪明性紧。”二人惺惺相惜，都是在学问上精益求精的一等人。儒生的浩然，不胜向往。

英宗天顺七年（1463），娄谅还是一个意气风发的青年，他进京参加会试，走到半路折返回头。身边人很不能理解，以为他哪根神经又错乱了。他一脸紧张地说：“此行非为不第，且有危祸。”

结果一语成籖，会试的贡院果然起了一场莫名其妙的大火，很多举子考试未捷身先死。我从不相信怪力乱神，可我相信娄谅。在没有见到娄谅之前，我已经在心里将对方想象成了神仙般潇洒出尘的人物。

娄谅在书房里接待了我，我们大有相见恨晚之意。我并不喜欢那些被世人奉为名士的文人，他们看上去一本正经，像是在演戏。演戏的，看戏的，都是在戏中。你分不清在你面前的是本人，还是他所扮演的那个角色。娄谅却没让我产生这种感觉，他就像是一个刚喝了点热酒心思翻腾的老友，毫无距离感。

在娄谅府上，我见到了他那个婉丽清雅且能诗善画的女儿。娄谅能为别人占卜未来，却未能算出女儿的命运。他的女儿后来嫁给了反叛的宁王朱宸濠。

在这次会面中，我在精神上得到了强有力的指引。自有人生忧患以来，我就从来没有摆脱过愁苦、困闷、飘忽不宁的情绪。虽然我也有快乐的时光，但那只是稍纵即逝的感受。娄谅以身体力行的求道经验告诉我，圣人必可学而至。

他说，没有人生来就是圣贤，也没有先知先觉，即使先天聪明睿智的圣人也要经历一切。道不远人，观察自身和身边的现象，就可以推测天地万物。我们周围的一切充满了天道的逻辑，只有那些善于阅读和自我反省的人能够明白。而那些不善于自我修行和反观者，即使让他周游世界，读破万卷，也是一无所知。当此之时，我满脑子里想起的，除了更广大的世界，别无其他。

娄谅表现出来的自信坚定了我的信心，也挠到了我要求奋发的痒处。他告诉我，谁能对晦暗不明的事加以处理，让它慢慢地明亮？谁能使混沌的东西沉静，让它慢慢地澄清？谁能使静止的东西摇晃，让它慢慢地生长？是圣人，也只有圣人。

娄谅让我相信，只要通过个人的努力，就一定能够实现自己“圣贤”的理想。

娄谅大声地阐述着他的观点，坚定的语气，夸张的手势，就好像台下有无数双求知的眼睛在虔诚地望着他，鼓动着他。这一切让我感到新鲜而刺激，也给我留下了极为深刻的印象。多年后，等到我登台讲学，举手投足之间竟然也有了娄谅的影子。

我一直在寻找如何成为圣人的方法，听娄谅这么一说，自然是惊喜万分。既然可以通过学习来实现做圣人的理想，那么如何才能走到这一步呢？娄谅给出了两个字：格物。

娄谅说了很多，但大多围绕着“宋儒的格物之学”和“居敬功夫”。于我而言并无新鲜之处，不过是朱熹理学的治学之道。在此之前，我只是浅尝辄止，并不能很好地吃透其中的精神。人对新事物的了解都需要一个过程，试着靠近它，试着摸索它，试着了解它。只有充分认识这个世界的人，方能称之为圣人。

娄谅告诉我，我的身上还有少年人跳脱的心性，需要时间的打磨。如果我想要成为当世的圣贤，就要秉持一颗恒心，严肃地对待“成圣”这件事。必须要有更高的自我期许，用更高的自我期许来证明自己的价值。虽然说人人皆可成为圣贤，但并不意味着人人可以放任自流，也并不意味着人人都能成为圣贤。

这样的话在我听来，无疑是开天窗的话。我如遭当头棒喝，从之前对“圣人很难做到”的困惑中猛然惊醒。那些日子，我和妻子寄宿于芸阁书院。娄谅所住的是一间朝南的书房，每天我去见他都会选择在上午，一缕阳光斜射入室，罩在娄谅的身体上。在明亮的阳光里，他极其安详地坐在那里，一动不动，看起来周身静穆，两只眼睛很静很定地望着前方。我每次推开那扇门，他总是起身连作三个揖，嘴里说，受教了。其实受教的人是我，而他在我这个晚辈面前毫无架子，谦卑得让我感到难为情。

这时的我虽未打开心学之门，但已经懂得了师友之道。修道与修德是我的人生双轨，既然选择了这条路，那么每一次相遇与重逢，都是应该珍惜的。那些修得“人之道”或者“心之德”的人，是师长，是朋友，更是同道中人。

于我而言，当务之急是通过修习格物之学尽快实现自己的圣人理想。拜见娄谅，是我精神世界的一道分水岭，在此之前，我只是一个有着活泼心性的少年人，空有理想，却无所凭依。与娄谅一别，我像是突然变了一个人。家人与朋友无法适应这种变化，在他们的反复追问之下，我面有愧色地说：“吾昔日放逸，今知过矣。”

生命的境界的确有高低之分，你所做的选择，决定了你所能达到的高度。当我听到那句“圣人必可学而至”时，没有忍住，我哭了。是的，我哭了。在我脸上淌得四处都是的，除了泪水，还是泪水。

我带着妻子诸芸离开广信（今江西上饶），从钱塘江上游的常山出发，经过衢州到达杭州，最后回到余姚。余姚进入一年最热闹的季节。春日地气还阳，地气又反过来催动春色。余姚的春天，向来是花叶相貌，而它的颜色是大地元神。元神是身体里的灵光。春天里，万物更新，大地灵光浮动，四野一派活泼泼灵气。

我的祖父，那个叫王伦的老人，身体里的灵光正在一点点流逝。他已不复往日神采，两颊深陷，形容枯槁。我无法将眼前的老人，与那个陪伴我、宠溺我的祖父对应起来。我和诸芸刚回余姚那几日，祖父比吃什么药都灵光，身体有了回春的迹象。

对我来说，祖父是近乎完美之人，格局宏大，气度不俗，虽无功名，但他的德业声名早就传播于世。在我回到祖父身边的那些时日，每天都有人登门探视，他们中有乡绅士子，也有地方官员，他们大多受其恩泽。祖父曾是他们为自家子弟延聘的老师，而经他指点的及门学生，人品学问，往往都极为可观。

我在祖父病榻前打了地铺，每日陪伴着，尽一个孙子的责任。我经常感觉，病榻上躺着的将死之人，不是我的祖父，是另一个人。而我的祖父在不经意时，藏身于竹林、花影或者墙角的暗处，像我小时候那样，陪我玩捉迷藏的游戏。他在暗处，我在明处，他窥视并且了然一切。而我寻他不见，急得大哭。

某个晌午时分，他突然坐了起来，吓我一跳。我伸手刚要托住他的后背，他摆了摆手，把两条腿盘起来，眼睛里闪着奇异的亮光。在阳光里能看到他极苍白的皮肤下面流动着一道道蓝色的血管，我甚至能看到血液在流动。我盯着他看的时候，他与我对视，目光热乎乎的。他让我将酒壶拿过来，陪他喝上几口。他笑着对我说，守仁啊！别怕。酒还没有喝完，我还不能死。

我忙说，爷爷，你瞎想什么呢？

他目光炯炯，笑着对周围的空气说，列祖列宗，你们别着急，你们先等会儿，让我先陪孙儿喝杯酒，到了时辰就跟你们走。

过了几日，他身体又好转了些，兴致也高了一些，偶尔还会摘下他挂在墙上的酒葫芦，和我喝上两杯。他说酒是个好东西，驱寒驱阴气。他年轻的时候酒量可不是一般的好。用他的话说，读书人怎能没有酒。没有酒，少了多少好文章，又少了好多有趣的人和事。

祖父是在某天的后半夜离世的，等我早晨醒来喊他时，已经迟了。父亲接到祖父去世的消息，即日南归。按本朝惯例，内外官员的父母去世后，自闻丧之日起，必须回籍守制二十七个月，在此期间不得与闻公务，期满以后方可起复，是谓“丁忧”。若有官员秘不发丧，就有可能遭到削籍的处罚。

此时的父亲正处于仕途的上升期，一旦离开京城，就有可能让自己多年的奋斗化为泡影。但父亲不以为然，他的理由很简单：自己的老父魂归仙山，身为人子当尽孝守节。即使朝廷法度可以为他网开一面，他也无法说服自己。

父亲将祖父安葬于穴湖山，并在墓旁搭建了一间茅草屋。在守丧期间，父亲变得愈加勤勉，他好像铆足了劲，要将欠父亲的债回报给自己的孩子。我与从姑父牧相、从叔王冕、王阶、王宫，太叔王克彰，从叔王德声都一起进入王氏家塾受教，父亲课督他们讲析经义，勤读经子史书，为下一届乡试做准备。当地人说，穴湖山常有猛虎出现，自从父亲带着我在此守墓，老虎虽然也时有出现，但是从来没有伤害到我们。时隔多年以后，我还记得和父亲一道为祖父守丧。无论是春天的夜晚，还是秋天的早晨。

祖父的去世让我再一次体验到生与死到底意味着什么，可以说，祖父是我和父亲之间的一个重要纽带。他的存在于我而言，亦父亦师亦友。当我不听父亲的话，做出逾规越矩之事时，祖父会在我和父亲之间做一个平衡，借以缓和紧张的父子关系。

与父亲那样功成名就的儒生相比，祖父更像是一个失意的士，一个野花啼鸟、风雅无羁的乡村诗人。听着祖父和他的朋友们抚琴吟诗，我就会变得放松和愉悦。这很容易就让我想起，小时候常常依偎在他的身边，风清月朗，天高地阔。他经常出现在我的梦里，轻盈得像个幽灵。奇怪的是，我看不清他的面孔，却能感觉到他的目光，落在我的身上，脸上。我怔在那里，动弹不得，最后挣脱梦魇醒来。

昨日的一切，仿佛就在眼前浮现。祖父走了，这个世界最疼爱我的人离开了，心里缺失了一大块。我觉得自己的表现有愧于祖父生前对我的厚爱与骄纵，如果说他在离开这个世界之前还有什么遗憾，就是看不到他的孙儿如他所期望的那样，行走于人间。我怎么也不会想到，那么可爱的老头会突然离开这个世界。或许正是他所表现出来的可爱与达观，让我常常会忘记他的年龄。

那些真正自足而快乐的人，时间也拿他们没有办法。他们往往会在生活中表现出孩子的特征，神情专注，想法简单。就连他们的外表也有孩子的特征，嘴角微微扬起，容颜清冽通透，就连眼角眉梢也像孩子一般可爱。他们的神情或是舒展，或是沉静，或是欢悦，唯独没有愁苦之色。祖父就是这样的人，一个像婴孩一样的老人。

一个人最快速的成长，来自亲历死亡，以及对于死亡的观摩。母亲的病亡，祖父的去世，让我觉得人生短促如蜉蝣，经不起几场离别。我第一次深切地感受到了死亡的残酷，这也越发让我觉得，这个世界再多繁华过眼，又与我心有何相干？这个世界的存在是为人而存在，是人赋予它存在的意义。人都不在了，属于人的世界也就烟消云散了。

死亡问题不同于人类的其他问题，所有的论证都是建立在假设的基础上，无法印证，也死无对证。好为人师的孔子站在河边，发出“逝者如斯夫”的感慨；而逍遥游的庄子则要求人们对死亡采取一种超然的态度。他说，人行天地间，犹如一匹白马跨越沟壑，一道光倏忽而过。

生命会大张旗鼓地降临人世，也会悄无声息地抽身离去。情深不寿，或者向死而生，都是无可选择，自自然然发生了的。很多个夜晚，我坐在祖父的坟前，陷入久久的沉思。我在南方带着湿气的风中听到一个熟悉的声音，像是召唤，又像是诉说。明月之下，我想起那个焚香抚琴的老人，想起他把我高高地举过头顶。

生命的真相和根本到底是什么？如果生命有终点，那世俗的努力和苦苦的追寻，又意味着什么？有生有灭的死亡意识不应该成为一道无解的命题，而生命的困惑也绝不仅仅来自死亡的解读。死亡，是一面镜子，它照见生者的是恐惧之心，敬畏由此而生。敬天敬地敬神灵。要知道，我们短暂的生，是处于其前与其后都浩渺无边的“永劫”之中；要知道，我们所居住的狭窄空间，其实是处于我们对其一无所知，它也对我们一无所知的广袤无垠之中。有谁，能不为自己的渺小而感到战栗？如果我们能够成为跨过不生不灭这道门槛的白马，快如闪电，死亡也就不是问题。那么新的问题又来了，那就是：生命的真相还有探究的必要吗？

我毕竟不是出世之人，只是痴迷于各种思想，执着于我所认为的真理。

悲伤的情绪以及对圣贤路径的苦苦追寻引导着我走进道家的庭院，也无意间成全了心学的基础。有人说，“生命意识”是支撑王学体系的根本情绪，所言不虚。而我所得的，不过是助我活下去的深情。

# 三、我的草木至理

儒道仙佛宦海，纷杂人生

人生天地之间有定数，也因此各行各道，最后还是会殊途同归。我告诫自己，光阴似水，不要等到日后留下太多遗憾。如同划破暗夜的流星，刹那间便失去了光芒，天上是这样，人心也是如此，等不得。

# 10

以前的余姚多么热闹，晚风一起，山水廊桥处，皆是看花赏月的文雅少年，一树梨花一角灯，记忆总是比人老得快。想起那些风雅洒落的辰光，我的眼前总是晃动着祖父的影子。恍惚中，像是上一世的事。

就在这一年，我在京城塾馆的老师吴伯通来任浙江提学副使，提督学政，我也得以进入余姚县学为诸生，取得了乡试的资格。八月，我参加了在杭州举行的浙江乡试，主考官正是吴伯通，凡是他拔识的诸士都高中了举人，我也不例外。此次乡试中举，不仅是我科举的一个转折点，也是我在公开文章中第一次发“心体光明”之说，我说：“圣人于心之有主者，而决其心，德之能全焉。夫志士仁人皆心有定主，而不惑于私者也。”

我还写道：“所谓仁人者，以身会天德之全，而心体之光明，必欲有以贞天下之大节。”我以“心”说仁人志士，以“心学”说仁学。在我看来，心是光明的本体，所以能正天下。“心”是身主，圣人心有定主，所以能德全至善；仁人志士心有定主，所以能行仁仗义，不惑于公私。心体要光明，心要有定主，必须要做“存心”的修养工夫。存心即安心，通过存心“以全吾心之仁”“以存吾心之公”，以复心体之光明。

我考中举人，最高兴的莫过于我的父亲王华。他高兴的不仅仅是我中举，而是我将“心学”贯穿于仁人志士的论述，深得他意。当年，他在参加殿试时，也提出这一说法。没错，心学是父亲王华的家学，他经常会在家塾的讲堂上向我们灌输。虽然这里的“心学”，与后来我提出“心即理”的心学与致良知相去甚远，但却是我心学思想的萌芽和初始源头。

我这时仍像其他儒生那样，视程朱理学的“格物”为治学根本，所以，在《中庸》卷中说：“人但见物于物，而不能见道于物；见道于道，而不能见无物不在于道也。”我认为道在天地之间的上下化育流行，显现道由有形到无形，由有象到无象的流布充盈。

无论如何，乡试中举都是人生大喜。十二月，我离开余姚赴京，准备参加来年的会试。所有人都以为，我赴京参加会试（春闱）将会是一场捍卫荣耀之战。或许是上天故意考验我，就在所有人都看好我的时候，我却应声落榜，让他们失望了。

或许我真的是锋芒毕露，为世不容，为忌者黜落。总之，这不是一件让人感到体面的事。时任太常寺少卿的李东阳戏谑道：“你今年落榜，来科必为状元，贤侄何不写一篇《来科状元赋》？”李东阳的这句玩笑话，在我听来尤为刺耳。于是我悬笔立就，当场完成一篇《来科状元赋》。围观看笑话的人见此大惊失色，他们很多人是父亲的同僚。如今见我落榜，仍不肯低下骄傲的头颅，不禁大失所望。他们嘴里说着“贤侄，真乃天才，天才啊”，可转过身，有的人就换上另外一副嘴脸，说：“此子若取第，目中无我辈矣。”

后来父亲将我送入太学，也由此开启三年太学受教的苦寒生活，继续走着未完成的科举之路。此时正处于科举大比的间歇期，父亲将我送入北雍成为上舍生。本朝最高学府，叫国子监，只有北京、南京各一所，称为北雍、南雍。入学难度非常大，得由地方举荐，然后参加入学考试，按优录入。

在我学习期间，我的岳父诸介庵病逝。岳父去世对我是一个很大的打击。我在祭文中哭悼：

> 迢迢万里，溽天角地，生为半子，死不能檖，不见其柩，不哭于次，痛绝关山，中心若刺。我实负公，生有余愧，天长地久，其恨曷既。我父泣曰：尔为公婿，宜先驰奠。我未可遽，哀绪万千，实弗能备。临风一号，不知所自。

我投身太学，但不困于太学。每日习举业，学辞章之学，与友人唱酬交游。游心于举业之外，超然有得。

弘治九年（1496）科场会试，由于忌者作祟，我再次沦为一名不值得别人同情的落榜者。这一次，我被朋友们拖到酒馆里，喝得酩酊大醉。他们高声喧哗，忘乎所以地朗诵诗作，抱着歌伎放肆地大呼小叫。他们不是安慰我的人，他们像我一样需要被安慰，需要一次彻底的释放。

我并没有喝醉，因为我听见自己的内心在说：你不应该在这里。

可是我又应该在哪里呢？

人们总说，这个世道是公平的，有能力有才学就可以进入朝廷吃上一碗官家饭，有本事的人就能得到提拔重用。父亲是有本事的人，他吃上了官饭；父亲又是没本事的人，他并没有获得重用，只是官僚系统中一种色彩的点缀。看上去很美，但毕竟不是主色调。

我在京城与朋友们私下聊过，他们认为，吃上官饭，是一个人展示才能的初始阶段。所谓的才能，不过是低级的奉迎之道，是人性卑劣的自然反应。我的父亲做不到，虽然他拥有吃上官饭的才学，却没有混迹官场的手段与行径。

作为有志于圣人之学的我，即使两次会试都落榜，也并未表现得一蹶不振。当一个同舍生以科举不第为耻时，我安慰他说：“世以不得第为耻，吾以不得第动心为耻。”科举的落榜，太学的肄业，不仅没有让我陷入沉沦，反而使我久被压抑的圣贤之学、心性之学得到了充分释放。我的“古诗文”辞章也呈现出不凡的面目，颇有名士之风。我的落榜，让父亲的脸面有些挂不住。他说我不切实际，一天到晚除了幻想，还是幻想。他让我认清事实：人生来不是造物主的宠儿。人在绝大部分时间里，展示的都是平庸、自私甚至是卑微。乾卦四爻，龙或跃上天空，或停留在深渊，都处于晦暗不明的状态，人必须明了这个道理，才能勤奋进取，才能将自己的责任与理想有机地统一起来，也才能活出正常的人性，才能有无限的生机，并获得立功立德间的一种平衡。

我的父亲从来都是骄傲的，他有资格教训我。更何况，他这时候又迎来了事业上的高峰，先是被任命为日讲官，又被选为东宫辅导。我却成了京城之地游手好闲的“名士”，以善作古诗文而享誉京师文坛。格竹失败，是因为心力不够；科举失败，同样是因为心力不够。身在此端，而心在彼端，只能是顾此失彼，两头失重。我也在夜深人静时问过自己。我既想着圣人之学，又想着科举之业，到底想要什么？当年程颢遇上周敦颐，他认识到圣人之学才是第一学问，于是义无反顾地放弃科举登第。

一个人无论拥有怎样的学识与智慧，都是不完整的，这是一物两面，也是生而为人的局限。我们只有感受到自己的残缺与软弱，才能回归理性。按照圣人的标准，我既然已经坚定“做圣人”的想法，就应该像程颢那样，放弃科举考试。

儒学从来就不是理想主义者的第一选择，经世致用才是第一位的。出仕者的人生理想是登上一级又一级的官阶，终其一生，蹭蹬不休。在他们看来，只有登上更高的台阶，才有机会领略不同的风景。

完成科举考试，成为进士是第一级台阶，只有登上这一级台阶，才能将这场没有退路的游戏进行到底。在这个过程中，有人一脚踏空，有人身不由己，有人如鱼得水。科举之学与圣人之学不同之处在于，前者为道义所绑架；后者才是“为己之学”，重在精神世界的塑造和人格的自我完善。

按照宋代理学的看法，人生及修养的终极目的和理想境界是“心与理一”，心包含一切理。心与理的问题日日困扰着我，让我欲罢不能。

我究竟要去哪里？四顾苍茫，何处供栖息？何物可凭借？我做所有人该做的事，我走所有人该走的路，可那个自诩为我的“我”，又在何处藏身？一个人走过的路是他的命运，密如经络的分布图为他们的命运提供了无数可能性，而每一个偶然又必然会推导出下一个偶然，而每一次出发又隐藏着下一个落脚。如此往复，永无止境。有时候，微不足道的个体也会修改那些确凿无疑的路线，在背景转换之后，在时间和空间的相互作用下，命运也有可能会被重新组装。

我这次离京返乡，按照父亲的意思，办好措置移家山阴的大事。自从祖父去世之后，父亲一直有移居山阴的想法。空荡荡的老宅子里只剩下祖母一人，院中的每一个角落，都会让我想起和祖父在一起的那些美好时光。或许是害怕祖母一个人守着空荡荡的宅院，睹物思人，父亲便有此想法。父亲向来仰慕王氏先祖王羲之，而王羲之的故居也在山阴之地。正好这时候我和父亲的老相识佟珍起复入朝，擢升绍兴知府。

每遇困境，我最想回到的还是自己的生养之地，回到原点。此次返乡，最让我感到愉悦的是，可以与故乡的文人儒士们打成一片，组织龙泉山诗社。忧患是真实的，欢愉也是真实的，我要做自己，而不是做别人眼中的自己。

多年后，当我忆起两次科考失败的经历，难以理解的同时，也对当初的执迷有了一种“没什么大不了”的释然。人在不同阶段，有不同阶段的选择，不可超越。彼时的我做不到守静如一，功名心还在跳动。我格竹子，是为了在圣贤之路上实现一日千里的精进。而参加科考，则是为了博取功名。于我而言，一颗难以平复的功名心，才是需要我去格的物。

我常想，圣人在生活中，跟天地精神相往来。当他看到普通人那种入世的快乐，他会羡慕吗？圣人也是人，他们应该知道，具体而微的日常生活，才有与“道”肌肤相亲的可能性。如果只是远观，只是心里翻腾，又有什么意义呢？

两次科举失利，让向来自信的我对自己产生了严重的怀疑。对于政治理想的渴望，以及体内燃烧的火焰让我根本停不下来。我的身体奔波于京城与南方小城之间，精神也随之从南到北，动荡不宁。今天梦想出入佛老成就长生之术，明天又梦想成为李东阳那样的人，左手握着权柄，右手抓住文名。算了，算了，我还是归山林，做个蛰居待出的“山人”。舟过济宁，我登临太白楼，凭吊李太白。一篇《太白楼赋》中有云：“木萧萧而乱下兮，江浩浩而无穷。鲸敖敖而涌海兮，鹏翼翼而承风。”太白怀才不遇，遭谗被逐，从此天涯漂泊。千古文人，逃不开生死浮沉的命运，我为他们感叹，也为自己悲哀。一个声音说，贤者，不能一条道走到黑，化而改度，规曲以同，若要改变什么？就要从改变自己入手。另一个声音又说，改变若是逼自己融入“同”，结果只能是将自己化为“虚无”。

我经过南京时，去拜访了朝天宫的道士尹真人（尹从龙），向他问道学仙。南京的朝天宫与北京的规制相近，都处于城市的核心地带，为的是方便达官贵人来此修道。朝天宫之名，由太祖朱元璋下诏御赐，取“朝拜上天”“朝见天子”之意，是皇室贵族焚香祈福的道场和节庆前文武百官演习朝拜天子礼仪的场所，与神乐观同为最高等级的皇家道观。迁都北京后，南京的朝天宫仍保留下来。

我要去拜访的尹真人，又名尹蓬头，生于北方，早年在京城传道修仙，名头颇为响亮。成化年间，尹真人来到南京朝天宫传道，已经七十多岁。我在京师时，就听到他的名头，也见过他。

我怀着虔诚之心登门求教，尹真人见我到来，大为欣喜。我说自己此番前来，不为他求，只为求道修仙，希望他指点迷津。尹真人没有回话，陷入静默，我仿佛能听见时间层层剥落的声音，如秋风中的落叶一般，倏然而下。我耐不住性子，打破沉默，让道长但说无妨。尹真人这才开口道：

“你太聪明，按说是一块求道修仙的好材料。不过你生于权贵之家，筋骨脆弱，难以学我。我之所以入道，是因为我生于忧患，耐得苦寒，骨硬志坚，一般人无此遭际。你没有修仙长生的缘分，最后将以功业显名。”这样的话，在别人听来是惊喜，在我听来却怅然若失。尹真人见状道，你虽然没有修炼成仙的缘分，但学道学仙还是可以的。

尹真人著有《性命圭旨》，讲的就是结胎果圆成圣的内丹修炼之术。尹真人告诉我，内丹修炼有六种心法，而以“真空炼形法”为最上乘的法门。修炼这种真空炼形法，可以做到形神俱化，内外洞彻，心身皆空，通体光明，有如水晶塔子，与虚空同体。

尹真人向我传道的过程，也是我修炼的过程，炉膛里的两团火焰，秋风中的两片叶子，相遇过后，各自成形。尹真人说，“七魄忘形”“天地亦空”“形无其形，心无其心”；我理解为“忘已忘物，忘天忘地”。尹真人说，“窈窈冥冥生恍惚，恍恍惚惚结成团”；我说，“恍惚变幻”。尹真人的“真空炼形法”，如一粒种子播撒在我心里的土壤中。他认为，“千圣一心，万古一道”；“百千法门，同归方寸；河沙妙德，尽之心源”。万理归于一心，《性命圭旨》中有《九鼎炼心图》，以心为本体，强调炼心、修心、复心，说“炼丹者也，炼去阴霾之物，以复其心之之本体”。

真空炼形法的修炼就是要静坐，静观内照，静入窈冥。中夜静坐，凝神聚气，收视返听，闭塞其兑，筑固灵株，一念不生，万缘顿息。尹真人还说到以知为心体，故可以前知、预知、先知。他以心为知，知即是心，知为心体。尹真人开启我“溺于神仙之习”的“逃仙”的心理历程。

## 11

弘治十年（1497）春，我在绍兴寻访王羲之故居，想将家移驻于王羲之故居之地。人间如海，一块土地如沉底的贝壳，谁会记得将它捡起。百里家山，叩天发问，兰亭何处。我满怀着希望而来，又揣着失望而归，遍寻不见。一个机缘巧合的机会，我听说东光相坊也有绍兴王氏的旧第。王羲之的后人有迁居于此的。于是，在绍兴知府佟珍的帮助下，我选定了东光相坊这块地方。在冬天来临之前，我如愿搬进新居。

忙完这一切，我便去会稽山中为自己寻访一处导引修炼的洞天。此时，已近暮冬时节，抬头仰望，但见沓峰连天，凝华积铅，嶙峋之势欲倒而下。白鹿饮涧，怨鹤鸣天，仿佛深谷之底寻找各自伴侣。我多次顶风冒雪，踏冰而上，终于发现一方修炼的洞天福地——阳明洞。寻得阳明洞后，我立即在洞里筑室作为静坐修炼之所。

我在选择阳明洞后，便自号“阳明山人”。我要做一个修炼到身心透明的“水晶塔子”，与虚空同体的阳明子，学着尹道人在洞中开始了静坐入窈冥的修炼。在故乡的山水里，我的精魂得到了平复。修炼之余，我还组织了龙泉诗社。诗社成为我与地方文人雅士的交流场所，诗歌的功效有时候类似于致人迷幻的药、让人沉醉不醒的酒。我发现，若是不舍昼夜地将自己浸淫于文章辞藻之中，一个人的本性很容易迷失。

我对自己说，还是少说，还是少做。一味追求虚无缥缈的东西，于我而言有何意义呢？还是让我回到自己所确知的、谈论自己所看见的、重复前人已发现的，那是最稳妥、最安全的地带。随波逐流是一件幸福的事，劈材喂马做一个幸福的人。可我真的能做到吗？

所有人都以为我从此收心敛性，在辞章之学上将有大的突破时，我又有惊人之举，突然宣布解散龙泉诗社，转而拾起我的军事爱好。我掉头改向，是因为一个叫许璋的奇人。此人喜欢独来独往，非世俗凡品。他经常穿一身白衣出没于山林，让人一眼就能发现他的与众不同。此人还是理学高手，曾拜在陈白沙门下。我们的境遇很是相近，都是因为琢磨不透朱熹理学的真谛，才抛弃理学，开始钻研军事和奇幻法术。

许璋的高明之处在于，他知晓天文地理，能预言未来之事。他最为世人所推崇的一是预言了宁王朱宸濠的谋逆，二是预言了本朝十一任皇帝朱厚熜的继位。朱厚熜是以非太子身份当上的皇帝，预言的难度可想而知。有人将他和本朝开国元勋刘伯温相提并论，而在我看来，他的预言不过是对于政治大势的一种把握，与神仙无关。

而我最欣赏此人的是：他是一个懂得奇门遁甲和诸葛亮兵法的军事奇才。

我与许璋的初次会面，就像是被兜头浇了一盆冷水。当他得知我的圣贤梦想，又得知我整日埋首于辞章之学，不禁大摇其头，像是一眼就看穿了我。他告诉我，辞章之学不过是文人的雕虫小技，要想成就一番事业，光靠小技是不行的，成为圣贤更不可能。

他给我指出了一条光明大道，建功立业是成为圣贤的不二法门：你若是一个胸有韬略、有经略天下之志的男儿，就不要将精力浪费在辞章之学这种小技上，而是应该提升自己的军事技能。彼时的我，毕竟是一个年轻人，身体里的血液滋滋地冒着烟，战场的诱惑，远远大于书房的诱惑。

他说了，我信服了，并且去做了。我将辞章之学暂且放在一边，一心一意跟着许璋学习兵法。在许璋的引导下，我对军事的理解得到了极大的提升。可我的父亲并不那么认为，在他看来，真正的风雅之士应该活出两张面孔，一张面孔留给此间的声色与诱惑，而另一张面孔则像是一张紧绷的弓，时刻等待着来自朝廷的召唤，而我只有一张面孔，留给我的内心的召唤，这是他给我的定义。

弘治十一年（1498）八月，朝廷命父亲主持顺天府乡试，这也向我发出了参加科考的信号。随着会试日期的临近，我不得不从洞天修炼回到现实中来。绍兴林下的“山人”修炼生活结束，我走出山林。这一年冬天，我北上京城，投身士林，等待来年的会试。

我开始接受现实，立下探究理学之志，又沉浸于辞章之学。在那些难以入眠的夜晚，我捧读朱熹的《四书集注》，循序致精，居敬持志，常有无语的默契，更有倾心的交流，然物理吾心终若判而为二。

文章求的是功业，但文章本身是空空事业，以空为业，有一些留白的意思就好。我不相信上天对自己如此不公，一直以来，我就像是一个冲锋陷阵的战士，持心中之剑去迎接各种挑战。很多时候，这个世俗世界为我们安排下的“有物之阵”就像一件华美的袍子，掀开来看，里面全是跳蚤。用一把心中之剑去对付跳蚤，实在说不过去，可又不得不如此。

这一期间的大明边境并不安宁，鞑靼进犯凉州，守边将领战死。朝廷起用王越，封为三边（大同、延绥、甘宁）总制。边境烽烟四起，急报频传，朝廷疲于应付，朝中确无良将可用。

对于战争，我有着各种想象，我希望将来所面对的战场，是流动和变化的。可父亲认为，我的想象太过荒诞，不过是一个浪漫主义者的战争狂想，与死亡和鲜血无关，与真正的战争也相去甚远。

钻研辞章之余，我时刻关注着边境动向。面对朝中无将可用的局面，我在与父亲交流时也发出慨叹：“武将之设，仅得骑射击刺之士，而不可以收韬略统驭之才。平时不讲将略，却去仓促之间起用，难矣。”

既然朝中无将帅可用，何不将自己打造成统帅之才？我幻想着有朝一日，朝廷的一纸诏书将我送往战场。左手英雄，右手圣贤，两者并不矛盾。英雄领着千万人去实现自己的理想，而圣贤却将千万人的理想交到自己手上；英雄虽然能够征服天下，但是过不了自己这一关，而圣贤既能过了自己这一关，又能征服天下。从少年时起，我就沉迷于兵法游戏，怀揣安国之志。时势造英雄，风云际会，风云正在酝酿，时势尚未发酵。我相信，总有一天，它们会将我推向前台。而我能做的，就是时刻准备着。

对于读书人来说，重要的不是修身，而是经世致用，去直面冷酷的现实和复杂的人性。兵法，就是经世致用之术，就是为了让人想尽办法应对周围的一切的工具，更要学会使用权谋。

辞章技能助我进入官场，谋个一官半职，却无法让我实现至道。我痴迷于兵书，发奋于文学辞章，也潜心于佛老之学。出世与入世，翻云覆雨之间，着实让我难以应对。人的生命，本来应该奉献给天地神灵、宇宙大道，为了成全人生快乐、逍遥、欢愉的，可我却成了一个墙头草似的妥协者的牺牲品。不能不说是一种悲哀。

弘治十二年（1499）的会试，我考中进士，算是迈进了官场的门槛，“赐二甲进士第六名，观政工部”。本朝的科举台阶，每登上一级都要付出万分的辛劳。乡试合格是举人，殿试合格是进士。我虽然两次落第，但还是登录进士榜，成为工部“观政”的见习官员，终于可以堂堂正正地留在京城，在天子脚下谋一份差事，再也不是随父寄寓的啃老族。

几家欢喜几家愁，这一年的会试发生了一场不小的科场风波。若我是幸运儿，那江南才子唐寅也就是众所周知的唐伯虎便是本次科考最不幸的人。若不是因为在赴京的路上，结识江阴巨富徐经，唐伯虎的命运就不会被改写。这是天才的不幸，还是幸运，谁能看穿时间的把戏？

当徐经将大把金钱掷向主考官程敏政的家童，弄来一份会试的考题，一切就都注定了。皇榜一放，徐经和唐伯虎两人的考卷均为上乘之作。据说，程敏政拿到两份答卷时，禁不住地说了一句：“这必是唐寅与徐经的。”结果，这句话被有心且忌恨他的人听去，告到皇帝那里，掀起了一番滔天巨浪。

皇帝大怒，将程敏政、徐经和唐伯虎打入大牢。徐经经不起严刑拷打，招认买通程敏政的家童泄题一事，并说将窃取试题泄露给了唐伯虎。后来刑部、吏部会审，徐经推翻供词，说是屈打成招。

皇帝下旨“平反”，将程敏政和唐伯虎释放出狱。但从此官场少了一个唐寅，而世上多了一个唐伯虎。故事的结局天下皆知，那个以诗、书、画冠绝天下的才子，不仅这一次功名未就，从此以后，那道为天下士子而设的窄门也彻底向他关闭。

这场科场舞弊案冲淡了我的欢喜，甚至带来几分伤感。

三月中举后，我荣归绍兴故里。到五月，处理好绍兴家事，我又返回京城。回到京城的这一日，恰好又是祖母的八十寿诞，父亲为此举行了一个盛大的祝寿庆宴，并与祝贺我荣登金榜的庆功宴一起举办，宾客登贺如云。这些宾客都是公卿士大夫人物，一时耸动京师。

我似乎能够感觉到，朝廷有无数双挑剔的眼睛在盯着我。虽然工部在本朝的官僚机构中居于六部之末，但对于有心升官发财的人来说，此处不失为上佳之选。它管理着帝国的铁厂制造、漕河运输和屯田铸钱。与我同科的进士也只能感叹，守仁，你的命真好，有一个好父亲。

在他们看来，我能够在这样一个富得流油的部门捞个一官半职，全靠我的父亲。

我无须为自己辩解，听之任之，人不可以活在别人的期待和评价里。以这些人的鼠目寸光，又怎知我心之所向。我和那些刚刚踏入仕途的年轻人并无二致，内心有着饱满的怒放和恣意的张扬，对于未来有着更多不切实际的幻想。如果说我这时候对仕途生涯有着怎样的追求，做于谦式的英雄应该是我最为迫切的想法。

想法终究是好的，可是要成就于谦式的功绩需要时势的助推。而本朝已经失去了由太祖朱元璋和成祖朱棣两任铁血帝王所打下的锐意进取的精神内核。

面对死气沉沉的官场生态，有些话不吐不快，而我从未考虑过这样做将会给自己带来怎样的后果。刚刚进入朝廷官僚体系中的我，不管不顾地上了一篇措辞激烈的奏疏：臣以为今之大患，在于一些大臣外托慎重老成之名，而内为固禄希宠之计。这帮人抑制大公刚正之气，专养怯懦因循之风。于是，忧世者，谓之迂狂；进言者，目以浮躁。长此以往，衰耗颓靡，朝纲不振，有识之士，无不痛心疾首。而近日的边陲之患正是上天在警醒陛下，革故鼎新，改弦易辙的时机到了啊！

对于刚刚进入官僚体系的我，发出此等不自量力的声音，也着实令所有人感到震惊。我很清楚自己处于什么样的位置，但我还是希望皇帝能够将我呈递上去的八项建议交内阁审议，酌情施行。结果令我万分失望，这本就是一个巴掌拍不响的游戏。我做了自己该做的，可能够成全我的人并没有做出任何反应。父亲说，我的做法幼稚得像个小孩子。

这混沌的世道啊！保有一颗赤子之心有何不可？怕的是，有人将成年人的欲望与儿童的心智混作一块，这个世界将会呈现出一副荒诞的乱象。此时的我就像舞台上的戏子一般，必须时刻注意自身形象，乃至举手投足是否合乎礼仪，又是否符合朝中官员对一个新进者的期望和要求。

那封呈上去的奏折，我猜它此刻不会摆在皇帝宽大的御案上，十之八九被扔进了内阁的垃圾桶里。通常情况下，奏折先要呈于内阁，然后再由内阁将一些重要的必须由皇帝亲自批示的分拣出来，呈送到皇宫。

有人告诉我，官场学是所有学问中含金量最高的一门学问，一种摸不着看不见又确实存在的“里子和面子”。而在我看来，不过是一面四处漏风的墙，满是大大小小的窟窿，堵也堵不上。

格竹子，是倒空自己；格官场，是先装满自己，再倒空自己。倒空之前，要懂得如何生存，要学习圣贤书之外的“不成文法”。由此，我也囫囵吞枣地领会了这个时代的生存之道：一个人能够达到什么高度，取决于他是什么样的身份，在什么样的环境里，与什么人在一起。或许是我太悲观，秘事异事是人心的镜像，有另一种人间秩序。

父亲给我的忠告，无非是官场上一些最简捷而有效的利益关系。当然他说的那些话，我还是记住了一点。身在官场，就不要想着做自由人，更不要被自己一时的情绪所左右，偏激永远是因为你看得还不够多，经历得还不够。

在我听来，父亲的话并无新意，归纳起来，无非三点：人不要为自己的情绪所左右，不要为心外之物所困扰，不要破坏中正平和的境界。

实现“三不要”，只有一条路可走——修身。修身，很多时候看起来更像是虚张声势的仪式，一个文人自我标榜、爱惜羽毛的社会性动作。名士风流，也搞得像是道德英雄，甚至透出内衣外穿的虚假与造作。

像父亲这样的官僚精英，奉行的还是朱子的那一套。朱夫子主敬、主静，敬是恭敬的敬，静是安静的静，说是一个人在那里敬重地自我反省，不如说是一个赎罪者的自我忏悔。

刚刚步入仕途的我并不平静，身在观政工部却去考虑户部、兵部的事，我可做不得一个混日子的庸官。本朝言官权重，有点追求的人都希望能够跻身其列，受儒家思想熏陶的我也不例外。

一直以来，我坚守着圣人的理念，今日格一物明日格一物，可是格来格去，内心不见豁然，反而徒增了些许烦恼和痛苦。真是闹不明白，究竟是心头缠物，还是物缠心头。

我很快就厌倦了在工部做一个浑浑噩噩的小公务员，每天端茶递水混资历。庞大的帝国官僚体系就像是一座金字塔，居于塔下的我仰首望去，感到一阵阵头晕目眩。难道在自己有限的生命长度里，就要这样一步步从塔底往上挨。挨到最后是怎样的结局谁也不知道，怕是耗尽这一生也无法达到理想的高度。

像父亲那样做一个官场上的本分人，坚守着自己的信念，唯君唯上，唯独最后撇开的是自己？我很好奇，他们最后能落得什么呢？家有产业可以糊口，却舍水石花鸟之乐，而奔走于劳心费神之所，实在是把人生的手段和目的弄得颠倒过来。

怨不得世道人心，这世间又有几个人不是被生存的本能推着向前走呢？这或许就是一个传统文人的宿命，无须辩解，也无可选择，更无法改变。他们最初的信念应该并不局限于当几品官，拿多少薪水。可是身陷其中，那些人群中的精英分子在不知不觉中失去了精神的根基。

他们在随波逐流的过程中就好像换了一个人，一夜之间抛掉了身上背负的家国情怀，以及流芳千古的虚妄幻想。他们变得庸俗而现实，甚至连一场白日梦都不敢去做，更不要说那些虚构的神圣。

我不要成为这样的人，一个胜利的失败者，同时又是一个失败的胜利者。站在京城最繁华的街头，我扶正自己的官帽，掸去身上的灰尘，我要人们都看到我，还要知道我是谁。我不是他们认为的官场里的那种雅人，也不是他们认为的官场里的那种俗人，我是王阳明，一个一天到晚做梦的人。

就在这时，我被朝廷委派以钦差的身份去督造威宁伯王越的坟墓。我做梦也没有想到自己梦开始的地方，是从给别人修建坟墓开始的，这真是一个巨大的讽刺。所幸，王越是我敬仰的前辈。

作为此次工程的监造者，我格外留心，也想借此机会好好锤炼一下自己。

在紧张的劳作之余，我组织民工演练“八阵图”，这要比我之前在桌上聚果核为戏来得更加真实、直观。这次的监工经历让我明白了一个道理：权力越大，指挥的人越多；指挥的人越多，就越容易成就大事。我为此投入了无限的热情和心力，但在正人君子看来，我真是堕落得不成样子。一个造墓之人，离严峻的学问有着十万八千里的距离。似乎我忙得越欢，堕落得就越快。

人，总要活个名出来。孔子的正名思想是有道理的，凡事名不正则言不顺，言不顺则事不成。荀子也说，王者之制名，名定而实办。这墓的主人王越可不是寻常之辈，他曾经被朝廷任命为三边（大同、延绥、甘宁）总制，三次出兵与鞑靼作战，七十多岁时，还领兵在前线，死后被封为威宁伯。

本朝沿袭的是西周王朝“公侯伯子男”的爵位制，到我所生活的这个时代，掰着手指头也能数得过来，文人获得这一殊荣的不超过十个。而文人能够通过军功获得这一封号的，终本朝之末也就只有三个，竟全是老王家的人：王骥、王越和后来的我。半个世纪前，王骥在云南平定了少数民族的叛乱，被明英宗封为靖远伯。王越因出奇兵突袭威宁海大获全胜，被明宪宗封为威宁伯。

关于王越的种种传说，我早就烂熟于心。最离奇的莫过于考场丢考卷事件。他年轻时参加会试，刚要交卷，考场内刮起一阵旋风。待到风止，王越发现自己的考卷不见了，于是放声痛哭。考官又给他了一份考卷，令其在余下的时间内完成。王越不但在规定时间内完成了答题，并且高中进士。几年后，有朝鲜使者来京，带来一份大明帝国的科举试卷，说是景泰二年（1451），他们的国王在王宫中发现的。

王越见到这份试卷，震骇万分。因为这正是他当年在考场上丢失的那份试卷。这个世界有些事不可不信，也不可全信，就像是天机难破。

在我考中进士的前一年，王越去世。或许我们之间有着某种机缘巧合，此时的我竟然鬼使神差地来到这里为他建墓；待到晚年，我那起伏不平的人生际遇又将我塑造成为另一个“王越”，平乱四方，封侯晋爵。我曾做过一个奇特的梦，在梦里我见到了王越，并接受了他的一柄宝剑。

醒来之后，我将此梦视为王越壮志未酬、将自己的未竟之志托付于我的一个征兆。我不无感慨地说：“吾当效威宁以斧钺之任，垂功名于竹帛，吾志遂矣。”我要向王越学习，成就大明朝的另一段传奇，杀敌于阵前，留名于后世。命运的相契跟骨肉亲情一样深切，或者说，较骨肉亲情更为真切，诚哉是言！

我是矛盾的统一体，一边想着圣贤之道，一边还想着事功之业。我到底是要做一个关怀世运的智者，或者圣徒，还是做一个平乱四方的英雄，或者暴徒。人难道生来就是一个矛盾体吗？一面虔诚守礼，一面任性胡为。

我终究没有辜负这场梦，梦想最终还是变成了现实。世间的种种繁华快活，又有哪一桩不是发端于梦？又有哪一桩不是随着梦一起破灭？十五岁时，我在长城脚下不就做了一个奇怪的梦吗？梦见了东汉名将马援。他坐在高高的战马上，塞外的风将他的战袍鼓动得猎猎作响，在他的身后，飘扬的战旗和喧嚣的人马让一场梦有了更多悲壮的色彩。

王越是我最为敬佩的前辈，能够为他修墓是我的荣幸。接到这项任务后，我的内心也是颇不宁静。如果他还活着该有多好，我会迫不及待地想要见到他。那会是怎样一番情景？我会看见他的沉思，会看见他看我时的不屑神情，我也会将自己当年的那个梦告诉他。

我坚信，他的鼻子里不会只哼哼出两个音节。我想，他会一把将我搂在怀里，像失散多年的兄弟一样。

我和王越终究无法在同一个时空里见面，我们终究无法像兄弟一样搂抱在一起，而我只能遗憾地在梦里见到他。像是冥冥中接受了某种暗示，我专门去拜访了他的后人，收集整理他生前所使用的兵法。了解越多，对他也就越发敬重，越想和他做一回兄弟。我喜欢兵法，但是我并不喜欢战争，战争这种事太过于危险，逆天道而行。

在我看来，兵法不过是一个人应对现实的手段，而人间的战场又无处不在。比如说，我在建造坟墓的过程中，也充分利用了兵法。用“什伍之法”来管理民工，每十个人或五个人分为一组，组内人员负有连带责任。

如此一来，繁杂无序的管理对我来说就变得井然有序，效率也大为提升。我甚至觉得，王越每天都会站在那个监工的高台上看着我以及我所做的这一切。这种落俗老套小说情节里才会出现的画面，我每天都会想一遍。

忙碌之余，我将上千民工集中起来，推演兵法战阵，我最喜欢布的是八阵图。古往今来，八阵图成了古老兵阵中最神秘的部分。对于它的运行原理及训练方法，后人有着各种揣测，见仁见智，更增加了它的神秘性。

对于神秘的东西，我有着与生俱来的偏好，而我追求圣贤之道，也是用心去打开世间一道道神秘的门，想要看一看那里到底藏着什么？

我站在一座土坡的制高点，手中的令旗上下翻飞，千余名民工也不断变换着阵型。迷宫一样的阵型，困住的往往不是身体，而是人心。有人曾经用迷宫来测试人心，那些不用花太多时间走出迷宫的人，大多心思简单透明；而那些不擅长走出迷宫的人，大多心思缜密复杂。

劳累乏味的施工现场在我的调度之下，成为一座充满创意而又灵活机动的校军场。我喜欢站在某个制高点上，让地面上的阵型按照我的想法像水一样流动，那么纯粹美好，能够吸纳人群带来的一切喧嚣和叫喊。

王越的坟墓竣工之后，我又回到京城。可是我的心并没有从王越那里收回来，我花了两个月的时间将王越的兵法和他对大明边疆事务的看法又重新梳理了一遍。一直以来，我对自己遭遇到的人和事始终保持着足够的好奇心，而摇动我心思的无非是尘世间的那点儿热闹。

这一年的八月，帝国的西北天空有彗星掠过，被视为不祥之兆。一时之间，群情汹汹。

此时帝国的西北边疆并不稳定，王越死后，鞑靼人没有了忌惮，呼啸着又卷土重来。由于边事紧迫、灾异频仍，孝宗被迫下诏求言。内忧外患之际，我再也无法安静地困守书房，连夜赶制了一篇《陈言边务疏》，这是一封带着我强烈忧患的政治建言书。在这份六千字的报告中，我从边务不振乃内务腐败所起这一点入手，列出了“边务八策”，直指边境之害、时政之弊。其中最重要的是蓄材以备急，屯田以给食，行法以振威，严守以乘弊四策。

《陈言边务疏》递上去后，就像是将一块石头丢进一个望不见尽头的黑洞，连一点儿声响都没有传回来。我也不确定，弘治皇帝看没看过我苦心草拟的这份奏疏。不过在同僚和上司的眼里，身在工部实习的我却要关心边疆问题，实在是不务正业，建功立业的心态太过急切。

## 12

月光照着庭院，修竹婆娑晃动，恍恍然像是回到了越地的故乡。春天来了又去，长期伏案让我瘦得不成人形。好几次在夜里醒来，听见夜雨敲窗，北方的雨水与南方不同，爽快得毫无缠绵之意。即使在暖暖的被窝里，我的内心仍会升起一种孤身在外的惶然。我开始想念江南。

在京城朋友们的眼里，我不过是一个好谈兵事的儒生，总想着在军功上有番作为。他们不明白，既然不安于室，为什么还要另栖枝头，去做什么圣贤？

父亲虽然是状元郎出身，位居高官，可并不代表我刚一进入官场，就能博得皇帝的信任。父亲是父亲，我是我，各有各的道。我在工部实习的时间并不长，手中有些权力和人脉关系的父亲自然也想过要为自己儿子的官场之路铺设一条相对便捷的通道，可是他心有余却力不足。

我们父子之间的关系很奇怪，就连最简单的交流也成为一种难以达成的愿望。尤其是随着年龄的增长，我明显感觉得到，父亲很多时候在不自觉地抗拒着我对他的某种示好与靠近。一旦我们四目相对，他便会将目光瞬间移向别处。

他总是端着父亲的架子，生怕稍一松懈就会被他的儿子造了反，拉下了神坛。

男人总是这么累，他们总以为自己从生下那一刻就怀揣着打开人生和天理之门的密钥，可惜这只是一厢情愿的虚妄和自负。看着生活中一些中老年男人，磨难和枷锁让他们耗尽了精气，像是一个刚跑完一场马拉松的业余选手，像是一个昨夜刚被霜打过的茄子。孩童时、年轻时的他们可不是这副德行，一个个都是强者。就好像昨天越强的男人，一夜之间老得最不成样子。而那些活在官场上的男人衰老得格外得快。一夜之间可能就白了头，一夜之间可能就要了半条命。

父亲也只是反复叮嘱我，多看少说，更不要盲动，人要做到以静制动。

在六部之中，工部的职司并不是紧要的部门。正因为如此，我在完成王越墓的修建之后，转去刑部，负责审决重犯。这是一个挺锻炼人的岗位，至少会逼着我去熟悉并运用《大明律》。身为官场的人，如果不了解审案件、理刑名，将来是很难有出路的。对于当时的官员来说，工程和刑名是官场入门的两大必修课，将来由京官外放担任地方官员，这两门课的熟练程度将对个人的仕途发展有非常大的帮助。

弘治十三年（1500）六月，我的一年观政工部的试事期结束，循例担任实职，授官刑部云南清吏司主事，这可是个正六品的官，虽然级别不高，但也算得上是实权。明朝刑部下设十三清吏司，负责各省的诉讼事务，云南清吏司是其中最大的一个。

对于一个出身三甲的青年官员来说，最理想的晋升之道是经由馆选，进入翰林院，再分到中央六部进行打磨和历练，一步步熬到进入内阁中枢。也就是说，我在官场上迈出的第一步并没有偏离轨道。至于我会在这条没有跑偏的轨道上蹭蹬多久，则要看自己的造化。

父亲以他的经验告诉我，初入官场，要眼明手快。说我不过是秘书小吏，所做的不过是拿着书袋纸笔，侍立于大臣帝王左右，以便随时记事。他也曾经做过侍笔伴人的辛苦事，要耐得住，不经历数年的沉潜打磨，人是出不来的。

刑部主事要求身处京师而能决断于千里之外。这是一项耗费脑力和心力，也很容易得罪人的工作。更何况，礼与法、情和理的冲突是刑部官员必须时刻去面对的悖论，思考得多，自然也就越来越成熟，越来越深刻。

弘治以来的司法三司已渐成朝中腐败丛生之地。本朝中央正规的司法机构是刑部、都察院、大理寺三法司。地方各省的刑狱都属刑部管辖，先由都察院评议地方上报案件处理刑狱是否平允，然后送大理寺复审，最终由刑部报呈皇帝裁定。但除了正常的司法机构与司法程序外，另还有直属皇帝的特种刑狱机构如锦衣卫，有专办钦定大案要案的诏狱，凌驾于三法司之上的，后来更有东厂、西厂、内行厂，横行跋扈。

我来到刑部任职时，这里早已聚集了一班敢直言有作为的文士，我们在刑部讲学作文，评议朝政，上章抗论，格外引朝内外注目，有人将我们誉为“西翰林”的名士。“西翰林”的核心成员大多为新进文士与新科进士，锐意进取。我一进入刑部，就成为“西翰林”的中坚分子。

我在刑部的职务并不高，只能施展自己的部分才华。也正是基于这一点考虑，我才会全身心地投入其中。作为一个官场新人，我没有理由让自己懈怠，人只有意识到自己的努力时，才会体悟到人生的灵性和无限可能。我不会轻易放过每一份卷宗，每一个证人，每一个冤假错案。刑部管理着本朝最大的监狱提牢厅。我从抓小事入手，整顿了提牢厅的狱事。将凡来提牢厅提牢轮值的官员都题名在厅壁上，以备考取法。命运自有其神奇之处，就算我的身体在这里，我的生活还是在别处，我无法阻止。置身在刑部污浊的官场，我自认“没入污涂之中”。在提牢厅，我亲眼看见狱吏在狱中养着一群猪，用囚犯的饭食喂猪。年轻而不懂潜规则的我当场命令把猪杀了，将猪肉分给囚犯吃。

当我面对鲜血淋漓的刑讯现场，见识了各种超出人类想象极限的刑具，如剥皮、挖眼、剜心用的各式小刀，血迹殷然，令人发指。那些关押犯人的牢房终年不见阳光，墙厚有数尺，两个牢房之间是绝对听不见声音的。进了这里，脱层皮是常规动作，能够活着出去已是非常幸运了。

我将刑部所见所闻告诉父亲时，他也只是淡淡一笑，道：“你如果见过锦衣卫的大牢，就不会有这么多感慨了，那里才是真正的人间地狱。”

“强梁者不得好死”虽是世间最朴素的真理，但每一个投身其中的人还是要装腔作势，将自己打造成一个天人共怨怒的对象。弱能胜强，柔能克刚，可又有几人愿意真的弱？君王不会用它来治理官员，官员不会拿它来治理百姓，百姓不会拿它来讨生活。人类社会从野蛮的丛林走向文明的平原，最大的进步是学会了在劳作之余仰望星空，仰望让我们看见了天地神明，看见了人间英杰。更重要的是，仰望让他们的内心升起了图腾。地上的圣贤既是仰望者，也是被仰望的星辰。

幸好走出刑部，我还可以走入“西翰林”。文人雅聚，唱酬交游，让我可以明心见性。就像刚参加完一场应酬，酒肉腻心，喧躁在耳，推门而出，但见飞雪漫天，人间苍茫。一瞬间，灵魂归位，我还是我。“西翰林”文士群体的存在，让阴森森的刑部呈现出执法明善的温暖之光。

有一天，我到刑部上班，忽然见到来两山的《雪图》挂上刑部大堂，不禁大喜，当即做了一篇《来两山雪图赋》，其中有云：

> 幽朔阴岩地，岁暮常多雪，独无湖山之胜，使我每每对雪长郁结。朝回策马入秋台，高堂大壁寒崔嵬。恍然昔日之湖山，双目惊喜三载又一开。

冬雪，有清白，有苦寒，有高洁。以柔化刚，以仁化人，有峥嵘，有锋芒，有温度，这是“西翰林”文士群体的力量。有同道得罪当朝权贵，无奈归养，我们发起文会相送，吟诗作赋，集成试卷，相勉以道义，相期于德业。

有一天，我站在刑部大牢前的海棠树下发呆，一件奇妙的事情发生了。一只我从未见过的昆虫，微小的身体表面覆盖着一层极其好看而又难以形容的色彩，它悠然地依附于树干上。鲜丽透明的身体与粗糙的树皮形成一种强烈的反差。我惊异于那世所罕见的美，那一瞬间，我仿佛能够听见那梦幻般的色彩下面，血液在微小的身体内流动的声音。

一阵清风拂过，再去寻它，已踪影全无，澄明的空气覆盖了一切记忆。我不知道，那个微小接近于无的生命体试图要向我展示什么？它不过是风的携带物，谈不上自己的命运。人有命运共同体，这世界万物也有相互连接、彼此呼应的命运，你不在意，你看不见，不代表它们就不存在。我对大千世界充满了好奇与敬畏，我想找到让它们彼此联系的那根神秘金线。我不需要去解释它，更不需要像那些圣贤大儒们，去解开一切事物的谜底。

我曾经也试图破解，可是每每总是用被一只无形的手轻轻抹去，让我遍寻不着，就像那只被风携来又卷走的昆虫。如果不是我亲眼所见，谁又能知道它来过这个世界。

我平生最是厌倦决断是非，这世上的是与非本就没有分界线。既然无分解，何来是与非。刑名决断是苦差事，纷扰不绝，让我感到疲顿憔悴。做个小官僚，每日呼来喝去，毫无创造性地按章办事，人生实在无半点乐趣。

每年八九月间，刑部都会遣官到地方各省审案。弘治十四年（1501）八月，我以云南司主事身份往南直隶淮南等府去审决重囚。众所周知，这个时期是决狱的高峰期，我这是第一次独当重任。

约在九月上旬，我到达南都，开始全面的南畿决囚。我主要是会同巡抚、御史审决重囚，平反冤狱。因为审决的冤狱大多在南直隶的各州府，其中池州是重点。我从南京沿着和州、芜湖、庐州一线南下。因为自己是新人，不得不勤勉有加。每天早晨起床，揽镜自顾，我会发自心底为镜中人生出无限的怜惜。这还是当初那个要将圣贤视为人生第一等事的白衣少年吗？这还是那个要将身心交付于天理的年轻人吗？

当我站在运河码头，望着那些负重忙碌的搬运工人，内心颇不平静。辛苦劳累一天，换来的不过是微薄的口粮，他们好像从没有抱怨，也从没有想过要去改变生活。他们会认为这就是自己的命吗？

人生天地之间有定数，也因此各行各道，最后还是会殊途同归。我告诫自己，光阴似水，不要等到日后留下太多遗憾。如同划破暗夜的流星，刹那间便失去了光芒，天上是这样，人心也是如此，等不得。

我自认为做了一些事，尤其是在能力范围内平反了一些冤假错案。之所以说是能力范围内，是因为作为京城派下来的吏员，在地方事务的参与度上有很多局限性，心有余而力不足。

虽然地方大员会象征性地对京官表示尊重，但这种尊重仅限于物质条件的满足，比如衣食住行，适当地送些土特产，以便让来人回京后能够替自己说点好话。但是，在具体的办案过程中，他们不会容忍一个京城派来的六品小吏在自己面前指手画脚。在自己的地盘，他们做自己的主。

我见到了一些冤案错案，产生了一定程度的怀疑与不满，其中也不乏与当地官员发生了争执。我所提的意见并没有被采纳，我的行为并不受经验丰富的地方官员待见。我只能眼睁睁地看着。

我开始习惯随遇而安，在路上，我会受到美好风景的诱惑，在雨雾缭绕的山谷，在流水小桥的地方，常常流连忘返。我实在不明白，在这茫茫不知前路和归途的仕途之上，自己的人生价值又在何方？难道说绵延不绝的人类历史就是人性破产的历史？虽然想象中的前路充满了诱惑，有时这种想象比真实更加真实，但它始终是一种虚妄，无法给人心以光明的指引。

我经常会换位思考，如果那些所谓圣贤者处在我的位置上，他们会怎么想，如何做。圣贤者毕竟不是神仙，一时的崇高感和神圣感能够禁得起日久天长的浸润，经得起生活琐碎与细节的一再打磨吗？这样的疑问是愚蠢的，所以我将它放在自己心里。

我生在信奉儒家的耕读世家里，圣人学说早就烂熟于心。但很多时候，我想的却是摆脱知识赋予的人生经验，用最简单的方式找到那个最简明的精神支点。就像我们抬头望天，星星就在头上，可为什么常常看不到？因为被太多的云层遮住了，一旦遮住就什么都看不见。看不见就可以自欺欺人地以为，这天上是没有星星的。若是不信，你可以自己抬头去看。

九月下旬，我到达池州。池州有名闻天下的佛教圣地九华山，我早就心驰神往。

我沿着石阶上山，先后经过半宵亭、望江亭，又观龙池瀑布，最后到达太白祠和化城寺，在此凭吊了地藏塔。面对幽谷高林，佛光远峰，我感慨不已：

化城天上寺，石磴八星躔。
云外开丹井，峰头耕石田。
月明猿听偈，风静鹤参禅。
今日揩双眼，幽怀二十年。

我八岁好佛，二十多年来怀契佛老二氏之说，如今来到九华山，顿觉气象苍茫，凡眼又开佛学新境界。由于大雨，我在化城寺住了十日，与化城寺西的长生庵主持石庵和尚相谈甚契。我还专门给他写了篇《石庵和尚赞》，其赞曰：

从来不知光闪闪气象，也不知圆陀陀模样。翠竹幻化，说什么蓬莱方丈。看九华山里金地藏。好儿孙，又生个石庵和尚。噫，那些儿妙处，丹青模样。

我几乎游遍了九华山的山山水水，所到之处，皆作诗以记。在《九华山赋》中，我慨叹道：

嗟有生之迫隘，等灭没于风泡；亦富贵其奚为？犹荣瘁之一朝。旷百世而兴感，蔽雄杰于蓬蒿。吾诚不能同草木而腐朽，又何避乎群喙之呶呶！已矣乎！

天地逆旅，光阴过客，到最后还是会如同这山中草木一般慢慢枯萎腐朽。心外无物，心外无我，物我两忘，便是良知本体。一个人要想成就一番大事业，就不要局限于眼前的苟且，更不要将那些似有若无的谤与讥放在心上。

我虽然明白这些，却难以做到真正的超脱。正因为如此，我才会向往有一天自己能抛下尘世的羁绊，做一个飘然若举的仙人。沉浸于佛堂里的诵经声，我的眼前晃动着大千世界里的波光云影。明亮的光线透过木雕的门窗，落在僧人的脸上，全无圣徒自居的傲慢。这安顿世俗人心的诵经声绵延起伏了近千年，从不曾惊扰这个世界。

九华山的无相、化成等著名寺院，都留下了我的足迹。我真的太想留下来了，“九华之矫矫兮，吾将于此巢兮”，我这只绕树三匝、无枝可栖的鸟儿，却想将自己的巢筑于此间。我是如此眷恋这方山水，各有景致，各有骨相，给肉身灵魂以补养。下山后，我在游齐山时，也有“每逢山水地，便有卜居心”这样的话。在寺里待得久了，平日里挤满头脑的俗念，斤斤计较的得失，如同一个人上辈子的前尘往事，根本不值一提。人世间的一切病痛哀愁，也在木鱼与石磬的敲击声中化为一场虚无。

从寺院的青石板路上走过，我的步伐轻快了许多。有时蓦然抬头，正好可以望见寺院里的菩提树，在风中晃动着叶子，沙沙的声响犹如亿万精灵在天空下翻飞着翅膀。这也是人为什么会在极其安静的状态下，觉得身心轻盈而又饱满。

在山水之间徜徉，越发让我体会到了官场的浑浊与无聊。如果说政治是人性的枷锁，那么山水无疑是人性的滋养品。虽然在朝廷待得时间并不长，但是我已经体会到官场的生存不易。自己费尽心力得到的世俗荣华，也不过如此。我感到身体中有一个无法准确指出的部位在源源地释放能量，推动着我向前走去，而我已经不由自主。

对于官场学这门最具实用价值的学问，我并不抱有天真的想法，也不像同时代的李梦阳、唐寅那般不切实际。这个世界是有极限的，人性的极限就是这个世界的极限，只有那些天生爱做梦的人才会抱有无法摧毁的幻想。人生实苦，才会劝人入梦，求个解脱。人们不能去追求那些不可能的可能性，特别是不能把这种渺茫的可能性制度化。对于从小喜欢兵书战策的我来说，官场上的攻伐决断并不输于你死我亡的战场，甚至比战争更让人防不胜防。

我虽然还做不到如鱼得水，但也不至于让自己的人生走进一场困局。我也绝对做不到像朝廷里成千上万的官员，无所事事地将自己耗到油尽灯枯。那样的话，人活着和死了，又有什么区别？尽管我不是一个以山水为业的人，但是在面对自然的草木荣枯和昼夜的往复交替时，内心总是会响起清越嘹亮的歌唱和沉郁难抑的幻想。

清寂的寺院把我们庸常琐屑的生活进行了删繁就简，正因为如此，思维的力量才由此得以凸显和疯长，让我的精神有了质的飞跃。时间在这里也发生了质变，透明、轻巧，而又恍惚，像是天上一日，人间一年。

离京师越远，离天空越近，越觉得自己曾经拥有的蝇营狗苟的官僚生活是如此迂腐，如此可笑。我在寺院后面的山坡上踱步时，心中不由胡思乱想，那些在大雄宝殿里诵经的和尚们，他们内心这一刻有着怎样的斑斓。山寺的阳光有着纯粹的明亮，同时也充满着梦幻般柔和与慈爱。

九华山不仅是佛家圣山，也是修道者的圣境。在这期间，我结交了一位姓蔡的道士。那一日，我夜宿化城寺，刚好遇见这位蔡道士在大堂中静坐。蓬头垢面，像是一个精神不正常的疯癫人士。我隐隐觉得，此人大有来头。于是，我客客气气地上前打躬作揖，并问道："请问神仙可学否？"我当初拜访娄谅时，也是如此，不过问的是"圣贤可学否"？

在我看来，圣贤之道可学，神仙之术也同样可学。走进大自然，成仙成佛的欲望变得愈发强烈；而回归现实，则又会沉迷于圣贤之学。

我诚意十足的问话，并没引起道士的注意，他甚至没有搭理我。

我并没有生气，让身边的随从退到大殿外。我将道士引入后庭，然后躬身施礼，将同样的问题又问了一遍——请问神仙可学否？

那蓬头垢面的道士沉默良久，才轻轻地吐出两个字：尚未。待我想要继续追问之时，他已起身走到后厅。我不甘心，又跟到后厅追问，等待着我的还是那两个字——尚未。

现在想起来，当时的我其实并不清楚内心的困惑。对于一个处于思想不断起伏中的人而言，思想本身就是一种修炼，就是一种自我觉悟。诚如这蓬头道士所言："你虽然以如此隆重的礼仪待我，终究还是生得一副官相。"

这句话戳中了我的要害，是啊，我到底想要什么？其实连我自己也没有搞清楚。

或许在这道士看来，官场之人大多是聪明的傻子，凭着他们聪明的大脑本应该选择更好的人生，但他们却被欲望的鞭子赶着走进官场。

蔡蓬头告诉我，人生天地之间，人与天地其实是一体的。人生于自然，死于自然，任其自然，遵循自然，人的本性就不会受到破坏。如果不得自然，不得自由，就会增添无穷的烦恼。权力那么美妙，你的理想只有在官场上才能得到实现，山林古刹不适合此时的你。

一边是入世的美妙，一边是出世的超脱，我以为自己的内心早已不存在选择的两难，但此刻它居然为之一动，而且是地动山摇。

生活在一个貌似变通而又形格势禁的时代，想要有一番作为是一件万分困难的事。有的人本来做阁臣，却注定四处碰壁。有的人本来可以给别人以指引，却成为这个世界的累赘……

不断地自我反思，可又不愿去面对。即便是在一个人静下来的时候，一旦面对那些本质性的问题，我的脑子里就会乱作一团，或者说是一片空白。

很多很多的问题，积累已久，一直没工夫好好梳理。虽然隐隐意识到，这些年来，我的生活方式有些问题，心里也觉得不踏实，但是我并不清楚问题的根源在哪里，也无法下定决心去改变现状。我打心里不愿意认同蔡蓬头给自己下的定论，这么多年来，我学习老庄哲学，实践养生之术，花了时间和精力不说，如今却被一个看上去疯疯癫癫的道士全盘否定，心里多少有些不爽。

在南方的时候，我经常陪着祖母和母亲去道观和寺庙。每次走进略显空旷和阴郁的殿堂，心里就压抑得很，仿佛迎面撞见了神仙、佛祖，这时候便会不由自主地点上一炷香。

这时候我便会想，那些罗汉、菩萨的初衷应该不是这样吧？这么做的应该是泥塑的神佛，而不是被世人赋予了无边法力的救世主。小时候不懂母亲为什么只拜菩萨，不拜罗汉。菩萨跟罗汉不同，罗汉好像自己解决问题，求得清净，而菩萨是不舍众生，他要回到世间来。佛教徒得从两面看，小乘讲究出世，世间就是生灭，出世就是不生不灭；大乘则不出世，它要回到人间，不舍众生。信奉之人，总能找到属于他的法门。佛不是神，也不是万物主宰。佛是宇宙本体，万事万物都在内，五颜六色都在内。既然什么都在内，它也就是什么都没有。一面是森罗万象，一面是空无所有，这个两面是一回事。

佛与道是一种特殊的人生思考方式，是关于生命的一种另辟蹊径的实验。虽然我做了自己该做的，但还是希望蔡蓬头能够为我指引，让我的内心从此变得丰富、深厚与辽阔，以真实和美好的心态面对这苍茫人世。

我向蔡蓬头询问，眼下的我遇到这些问题，能否有破解之法。他先是摇头，可在我的一再追问之下，他才像是道破天机似地开口道：“九华山列仙峰旁有个地藏洞，洞里住着一位高僧，平日里坐卧松毛，不吃熟食。你去找他，如果有缘得见，也许对你有些帮助。”

地藏洞位于峭壁之上，坐落于九华山列仙峰旁的隐秘处，绝不张扬。我在蔡蓬头这里碰了壁，一心想着要从得道的高僧那里得到补偿，便不顾身体的虚弱往山上爬，手上脸上被树条荆棘划出一道道血印子，好不容易才见到蔡蓬头说的“高僧”。

我见到怪和尚的时候，他正闭着眼，像是一尊木雕的佛像。我不动声色地坐在他的身边。或许是觉得我不像是俗世里的酸腐文人，他微微睁开双目，问道："如此险要的路径，你是怎么上来的？是想偷我的东西吗？"

我笑着答道："我一心想着与前辈论道，就是再苦再累也会来此。"

我说自己想要讨教修炼上乘功夫的方法，不要说攀崖，就是登天，我也敢一试。

和尚说："你还是想从我这里偷东西，希望你偷取的东西是有用的。"

和尚与我谈论大乘教义。大乘教义是以佛说的《大集经》与《般若经》为依据，以实相真心为根本。实相无相，实相无不相，实相无相无不相。

我和他越聊越投缘，大有相见恨晚之意。我希望像他那样将时间和精力用来修炼最上层的工夫，请他指点迷津。

和尚并未接话，而是顾左右而言他，说："北宋的周濂溪、程明道是儒家两个好秀才。朱熹是个讲师，只不过未到最上一乘。"

周濂溪名敦颐，是儒家理学一派的开山鼻祖。程明道名叫程颢，是周敦颐的弟子，也是鸿学大儒。他们是北宋年间的古人，连朱熹都是他们的后学晚辈。想不到在这和尚的嘴里，几百年前的大学问家居然成了两个好秀才。

我并不觉得和尚说的是疯癫之语，反而更生崇敬之意。我知道眼前并非普通的游方和尚，所以对他的话格外留意。这一留意就品出味道，他说的每一句话都看似轻描淡写，却能句句点拨到位。

周濂溪、程明道……他们都是好秀才！和尚说的话虽然没有给我指明前进的方向，却让我重新回到儒学的心学领域，周濂溪是儒学和心学的精神导师，而程明道则是心学鼻祖。周濂溪融化释道，开辟出宋代理学的新世界。如果说，蔡蓬头否定了修道之路，那么绝壁之上的高僧则又让我回到儒学的正轨上来，不再瞎耽误功夫。很多年后，当我重游九华山，高僧早已远去。九华山的两次奇特的经历让我看清了道家和佛家各自的局限，同时又吸取了两家的精华，逐步形成了自己的思想体系。

我用心聆听僧侣诵经，浅吟低回，流水潺湲，既像来自遥远的时光，又像来自身旁，让我感受到某种难以言说的神秘力量。我从幽暗所在，走到阳光底下，从高处降临的阳光驱走我胸中积郁多年的阴影。我至今认为，僧侣们的诵经声是这个世界上最能打动人心的合唱。

从九月到十一月，我在九华山，几乎游遍了各处名胜，留下大量题诗。到十二月，我才在池州结束诉讼案件的审判，起程北返。于我而言，这是一趟求仙之旅，“仙人招我去，挥手青云端。”审理诉讼案件，让我见识到太多的人间凶险；而求佛求道，则让我遗世而独立。我的心放不下九华山，“九华之矫矫兮，吾将于此巢兮”，哪里也不去，我就在此安身，寻访仙人足迹。回程北归，我心仍走不出九华山，索性就再次登游。十二月，我循长江南下，在青阳县境内登陆，先从五溪入山，夜晚抵达九华山山麓，到秀才柯乔之家，随后投宿于无相寺。无相寺初为唐代进士王季文的书堂，王季文辞官隐居于此。据传王后来修道成仙，临终时舍宅为寺，宋时朝廷赐名无相寺。我投宿于此，即有寻访王季文遗踪之意。

弘治十五年（1502）二月，我到达镇江府，立即往丹阳访汤云谷。彼时，汤云谷正在修习神仙之术。汤云谷于弘治九年（1496）举进士，任行人，在朝直道敢言，尤慕神仙之学。此人好神仙之术，但并不排斥官场。官场于他，不是束缚自由的枷锁，而是修习神仙之术的魔障。这家伙行事真是怪诞，身在官场，又超脱官场，游走于出世与入世之间。与我相比，他是一个真正的觉悟者，而我不过是在假装清醒。能够与之同行，让我心生愉悦，我们一起登上道教名山茅山（句曲山）之巅。

一路上，我与他慨叹现实世界的诸般污浊，恨不得能够一步登天入了仙界。

一直以来，我对仙道之界充满了无限向往。而与我相伴而行的汤云谷也同样如此，他在很多年前也是带着自己的神仙梦，一头扎进了茫茫宦海。

所谓的仙人，不过是有着一颗自如、自由、自在之心的凡人。为了走进仙道之境，我只要有机会就会遍访古刹道观。

我听从一朵花的教诲，享受一阵风的指引，我的身心在这里得到了很好的释放。我像一只自由的鸟儿，孤独地飞翔，在天空等待一朵缥缈虚幻的云。

三月，我北上到达扬州，怎奈劳累成疾，不得不在扬州滞留了三月。直到五月才又起程北返，回京复命。这两年的刑部生活，我过得并不轻松。作为官场上的新人，我想要有一番作为，于是白天在刑部伏案草拟公文，处理公务，晚上回到家中还要做功课，挑灯夜读“五经”以及历朝卷宗案例。

这种搏命式的读书方法让状元出身的父亲也无法接受，他经常命佣人将我书房里的烛火移走。尽管如此，我还是会趁他就寝之后，挑灯夜读。我的诗文在这一时期进步很大，衙门办事能力也得到提升。可身体却在这一时期落下病症，经常会大口吐血。一团团殷红的血，让我嗅到了死亡的气息。

# 四、我的水云自由

格物不如格心，龙场悟道

身处于这荒凉的居所，时间像是饱满的果实，轻轻一挤就汁水横流。所谓的生命质感，不过是你与时间的合二为一，彼此拥有。

躺在黑暗的空间，使我瞬间就把握了永恒。人不怕面对世界，怕的是面对自己。一旦终日面对自己，你就无法回避那种来自内心深处的觉悟，它或许是痛苦，但至少是真实的。

## 13

回到京城，我又开始在刑部埋头日理案牍。每天无论忙到多晚，回到家中，必燃灯读“五经”及先秦、两汉书。父亲担心我旧疾复发，告诉家人书房不许置灯。可是他又怎知，待他熟睡之后，我还是会偷偷点亮书房里的灯，直至夜深。有人说，我的呕血之症，与此有关。其实我最清楚，病根是在南畿审理案件的忙碌奔波中种下的。

京城寒冷干燥的气候，加剧了我的病情。每次吐痰，我都会躲开父亲，不忍让他见到痰里殷红的血迹。我决意回到南方，湿润温暖的气候对我的身体会有所裨益。

八月，我上《乞养病疏》，说道：

切缘臣自去岁三月，忽患虚弱咳嗽之疾，剂灸交攻，入秋稍愈。遽欲谢去药石，医师不可，以为病根既植，当复萌芽。勉强服饮，颇亦臻效。及奉命南行，渐益平复。遂以为无复他虑，竟废医言，捐弃药饵，冲冒风寒，恬无顾忌，内耗外侵，旧患仍作。

获得朝廷允准后，我准备离京归越。

九月，我回到绍兴。时隔三年，我从京城官场归居林下，又恢复了“阳明山人”的本来面目。回到这里，月光和水声都在证实乡愁的重要性，我像一个幽灵一样潜入故乡。这一时期，我将大部分精力用于追求内心的平静，希望自己能够超越这红尘俗世中的一切羁绊。

我做的第一件事就是上会稽山清理了荒废已久的阳明洞，筑室其间，究极道经密旨，行导引术，静坐习定，开始“静入窈冥”的养生修炼。

阳明洞天，有无之境。我向往道教的养生术，并生出遗世入山的念想，不过是体弱多病者的自救之道。至于个体心的感悟，则是体用一源，体用不二的结果，即道家所说的道本体。

多少个静穆的日与夜，我就这样被吱扭一声关在了某个安静的所在。那绿叶蔓枝遮挡的山门如同圣俗两界的分界线，跨过那道门槛的时候，刚好有风吹过辽远的世界。

无论怎样，我在这种静养中，身心得到了极大的释放。调身、调息、调神，去除各种杂念，然后再专注于精、气、神合一的内丹修炼，并往心上去下功夫，达到炼神还虚的境界。

四面有窗，可通日月星辰之光。这真是一个仙境一般的地方，白云为顶，日月为灯。越地的夏日是一年中最盛大的季节，田野里弥漫着生命勃发的气息，蛙鸣蝉嘶，草木疯长，大自然永远是治疗精神痛苦的一剂良药，尤其是身在故土。正可谓：

人间酷暑避不得，清风都在深山中。
池边一坐即三日，忽见岩头碧树红。
两到浮峰兴转剧，醉眠三日不知还。
眼前风景色色异，惟有人声似世间。

深山之中，一坐三日，醉眠三日；弃绝一切俗念，在融通无碍的世界中畅游。衣袖飘摇如风行水上，草木向荣，人面欣欣。在这深山之中，浅水岸边，满目翠绿。鸟鸣清幽，肉身一轻，翩然欲飞。置身于草木世界，人的身心还有何用？所能感知的，除了自然，还是自然。既然是自然，还需要刻意地用心感受吗？若感受了，还是真的自然吗？

我在此处修习神仙导引之术，虽然只有四十余天，但进步神速。事后，有人怀疑我是不是在修行"坐忘"之功。何为"坐忘"，《庄子·大宗师》记载了一段孔子与弟子颜回的对话，言及于此。

颜回说："我感觉到有所进步。"

孔子说："怎么说呢？"

颜回说："我已经忘掉仁义了。"

孔子说："可矣，但还不够。"

过了几天，颜回又去拜见孔子，说："我又感觉到进步。"

孔子说："怎么说呢？"

颜回说："我已经忘掉礼乐了。"

孔子说："忘掉礼乐，有可能入道，但还是没有进入大道。"

过了几天，颜回又去拜见孔子，说："我又感觉到进步。"

孔子说："这又从何说起？"

颜回说："回坐忘矣（我静坐而忘掉一切）。"

孔子惊奇而变容地说："何谓坐忘（什么叫静坐而忘掉一切）？"

颜回说："毁废形体，泯灭见闻，抛弃形智，与大道浑然一体，这就叫静坐而忘掉一切。"

孔子说："同则无好也，化则无常也，而果其贤乎！丘也请从而后也。"

孔子认为，颜回与大道浑同则无偏好，顺应大道的变化就不会滞守常理。因此，孔子惊呼，颜回啊！你果真成为贤人了！我孔丘也要步你后尘。无论《庄子》中的"坐忘"，还是佛教中的"无相无想"，都是为了摆脱物质束缚，悟出万法皆空，求得内心的清宁。人无妄念，人无着相，人无牢骚心，人无矜夸心。山间明月，不知它照着水，水也不知有月照着，此谓明在天，润在地，自自然然，无取无舍，各好其好，各美其美。如果说，这时候，我还有什么坐着忘不了的。无非是八十多岁的祖母，以及父亲龙山公的养育之恩。可我转念想，这份来自情感的念想，又何尝不是自然之物："此孝弟一念，生于孩提，此念若可去，断灭种性矣。此吾儒所以辟二氏。"

独夜残灯，石屋草深，我在阳明洞中寂寞修炼，倍加思念亲人。我无法放弃对亲人的恩爱之念，人若是连人伦之情都坐而忘之，泯灭的是人的本性，而不是清宁之修。我在洞中沉潜在静入窈冥的心斋修炼中，内心交织着痛苦的矛盾：绝情与念亲，待时与出仕，出世与入世。

我一度想要摆脱人欲的遮蔽，大隐息声，不再与这个世界相携而行。可是我又无法隔断与尘世的血缘纠葛与种种联系，尤其是祖母岑氏和父亲都还在世，我又怎能做到撒手不管。

自幼饱读孔孟之书通达周公之礼的我，又怎不知晓血缘关系的重要性。在我看来，人的亲情与生俱来，如果不管不顾，甚至于抛弃，无异于断灭种性。我经常会想起祖母向我描述的那个梦境，关于我的出生。在梦里，江南的天空如同水洗过一样，一道光亮过处，天空打开了一扇又一扇窗户，从每一扇窗户垂下成千上万只乳房，一点点慢慢拉长，一直垂到余姚王家大宅的屋瓦上。

无数从天而降的白衣女子，她们吟唱着，翩翩起舞着，仔细听那词，却原来是陶渊明的归去来兮。突然一阵风吹来，一切都消失不见。我醒来，唯见半窗明月，一只白鸟斜着翅膀飞上了林梢。

一边是俗世，一边是仙界，该如何取舍，如何平衡？置身于十丈红尘的喧嚣，我们也要能看出其中的"好"来。我们既要学会抬头望月，也要懂得低头看人。人最怕的不是真的飞升，而是离地三尺装神仙。

我的妻弟诸经寄信给我，劝我出仕。他说：“岁月不待，再过数年，精神益弊，虽欲勉进而有所不能，则将终于无成，皆吾所以势又不容已成。但老祖而下，意皆不悦，今亦岂能决然而行？”

他质问我，生而为人，岂能轻易辜负亲人期望，你的祖母、父亲都在翘首以盼，你却躲在这里修炼。时不我与，岁月无情，将来只怕你想奋进，也没这个机会。

在这山中岭上，犹如置身于悬天净土，偶尔有灵魂出窍，阳神自由出入身体之感，甚至预知未来。一日，我正在与弟子交流参佛修道的经验，忽然感觉有故人来访，我便告诉弟子，将有四位老友来此，让他们往五云门迎接。

弟子们满怀狐疑来到五云门，半炷香的工夫，果然见四人朝这边走来。走到近前，有弟子认出他们。原来这四个人正是我的好友王文辕、许璋等人。弟子将我预感到有老朋友前来，派他们在此守候的事告诉了四人。

四人大为惊骇，见到我之后，问我如何知晓他们今日会来此处。

我用两个字回复他们：“心清。”

“心清”这两个字并不是我的发现，比如前朝大贤程颐就曾经听说，有一位隐士具有“千里眼”和“顺风耳”的超能力，他特意前去拜访，结果令他大为失望。那位隐士非但不是圣贤，连高明都谈不上。

有人问程颐，在这个世界上，有没有人能够做到先知先觉？

程颐肯定地回答，当然有这样的人存在，他曾经前往嵩山拜访董五能，人还未动，董五能就已经预知到他要前往。

有人问他，难道只有圣人才能做到吗？

程颐说，只要一个人心静，保持心境的透明，就可以预知未来。

我的“心清”与程颐的“心静”并无本质上的区别，有的只是等级上的不同。

置身于此，山间弥漫着一股清凉，内心也跟着清凉。人生至此，与天地合，与万物合，不复有我。如果说良知是一面镜子，心清能看见世间万象，而心静则能看见世间万象里的美好。心静之极则明，明则能照见世间万物，如镜子一般。这正如在安静的房间里，地板上掉下一枚细针，你能听到响声，而置身于嘈杂的人群，即便丢在地上的是一枚铁球，你也会毫无知觉。圣人的治理之道，就是要让自己清心寡欲，不要轻举妄动。唯有让心清得像明镜，静得像空谷，才能顺应自然，照见万物。

天地无人转而自行，日月无人燃而自明，星辰无人列而自序，这既是自然，也同样是天道。利欲熏心，功利缚身，人之所以生，之所以无，之所以荣，之所以辱，都是因为顺应了自然之理。

我最初修习气功，是为了调养自己的身体。一个人过分劳累，容易患上一种肺病，治疗不及时就会吐血，甚至死亡。不管死亡离我有多近，我要做的是回到那片生养我的土地。

我追求内心世界的平静，希望自己可以超越世俗的羁绊，但这是不可能的。我坐在幽暗的洞中，思想却越发澄明。我难道不比那些道教徒更热爱老子吗？但我爱的不是死而复活的老子，而是道成肉身的老子。在我看来，老子的心里没有恨，没有爱，没有善也没有恶。他就是那个道，那个必然律，那个永远转动的轮子。我不指望他的指引，他的拯救，我看见他，我爱他，我投身于他。这种感情不同于世俗的情缘，比如说我的祖母已经八十多岁，对我疼爱有加，父亲对我也是寄予厚望。可我心里最清楚，如果一个人不能真正打开自己的情感枷锁，就不可能达到出世的状态。我一直努力地学着放下，但越是刻意去做，心中的牵挂就越发缠绵不绝。

就在我犹豫不决之际，修习的道教告诉我，真正的超脱之道蕴藏在天地万物之中。于是，我开始反思自己的行径，我认为自己修炼的这些所谓导引之术，不是心中所追求的成圣之境。

道在哪里？路又在何方？

我走出了阳明洞，伸了一下因久坐而僵硬的腰肢，以一个道家叛逆者的姿态，走出了四明山。但我并不是要重回苍茫世道，而是要去佛门里转转，看看自己心中的向往是否就藏在那里。

弘治十六年（1503）三月，我到了钱塘，开始了我在钱塘礼佛养病的生活。我刚从阳明洞中道家的静修中走出来，又走进钱塘佛寺习禅的生活。难怪有人说我，变化屡迁，逃仙逃释。他们甚至算出变化的次数，四溺于神仙之习，五溺于佛氏之习。

我将自己的养病之所，搬到南屏净慈寺的藕花居，坐落于西湖雷峰之畔。来到这人间天堂，心情也随之明亮起来。

十里湖光放小舟，谩寻春事及西畴。
江鸥意到忽飞去，野老情深只自留。
日暮草香含雨气，九峰晴色散溪流。
吾侪是处皆行乐，何必兰亭说旧游。

眼前的水秀山明，让我暂时忘却了内心世界的困闷忧愤。西湖周边，寺院多林立，净香共氤氲，我也有选择地去了几处。穿行于出家人修行的场所，那些投射在我身上的每一片太阳的光斑都充满着佛的启示；对于我们这些凡尘中的众生来说，有着平凡的世俗意义。

一天，我去虎跑寺游玩，听说那里有一僧人已闭关三年，不言不语，不视不闻，每天只是闭目静坐。我半是怀疑半是好奇，走到近前大喝一声："这和尚终日口巴巴说什么？终日眼睁睁看什么？"

我这一声断喝，并不是莽撞人发出的莽撞之声，其中暗含玄机。在佛、道面前，我始终无法做到循规蹈矩。大多数时候，我觉得自己更像是一匹顽劣难驯的野马，信马由缰不可羁。

正在打坐的僧人被我的一声断喝拉回现实之中，他睁开眼看着我，眼神里慢慢流露出惊恐之色。

他想站起来，或许是打坐的时间太久，几次都没有成功。我面露惭愧之色，顺口问道："你是哪里人，离家多少年？"

僧人答道："我是河南人，离开家已有十多年。"

我追问道："你家中还有什么亲人？"

僧人并无隐瞒，答道："只有老母亲一人，不知道还在不在人世间。"

我继续问道："你还会想她吗。"

僧人道："生为人子，哪有不想自己母亲的道理。"

我说："你既然无法做到不想念，虽然终日不言不语，可在内心世界里，你还是会说个不停；终日闭目不见，可在内心世界，你还是会瞪着眼看着这个世界。"

僧人听了我的一番言语，似有所悟道："阁下精妙之语，希望能够明示。"

我喟然而叹，道："父母天性，岂能断灭？既然你不能不想念（母亲），便是真性发现。虽然终日呆坐，可内心早就沸腾起来。民间有句俗话，爹娘便是灵山佛，不敬爹娘敬何人。既然你已经发现了，那就不如听从内心的召唤，又何必终日呆坐在这里，徒乱心曲。"

我的话还没有说完，僧人便放声大哭起来，像是一个被大人抢走了糖果的孩子。佛教主张悟性，那些深奥的教义，同人间的实际生活其实是紧密相连的，它的本质是引导人心向善，而不是用好听的禅语来美化苦难。

僧人虽然三年不语，但是他的内心仍被佛的光芒濯洗和照亮。我说的那几句话只是俗世的话题，可还是让僧人骤然间领会到佛的启示。那一刻，我逆光站在太阳的光圈中，面向僧人。我看见自己长长的影子，与僧人构成一个直角。影子因地面的不平而略微变形，显得神秘而古怪，好像是在故意解构僧人脸上呈现出来的哀伤。或许是太长时间没有说话，僧人连流泪也是沉默的。

待我第二天再次拜访该寺，发现昨天在此处坐禅的僧人已经不见了。

我们还未道别，各自的身影就消失在彼此的视线里，而此时的星辰和大地正按照它自身的节奏发生着变化。

在世人心间，神祇绝不是多么神秘的存在，他们有着与常人一样的情感与肉身，既可以膜拜，也可以对视与交谈。如王维所说：“举足下足，长在道场；是心是情，同归性海。”

寺院里的其他僧人告诉我，他早晨天还没亮就收拾行李启程回家了。听到这里，我不禁开怀一笑。我借助禅机，无意间点化了那个一心打坐的和尚。这一声断喝只能让他醒一次，能让他一世清醒的人，只能是他自己。

据说佛家修炼，有初禅、二禅、三禅、四禅之分。守住自己的清净之心，不生烦恼，即为修初禅。那僧人试图断绝天性，背离凡心情欲生活。如此，他与佛法的缘分也就断绝了。我虽然点拨于他，但当我遇到如花影的色相，明白自己也只是在初禅的门前打转。可见渡人容易，渡己难。

佛法说，人的肉眼见近不见远，见前不见后，见上不见下，所以人应该求得一双天眼。我自己是肉眼凡胎，识不得天人，也破不了天机。我在创立心学之后，也经常会拨弄禅机，借以点化那些混沌未开的弟子。任何一种宗教，无论它有多么深刻的教义，如果不能与人性相结合，那么迟早会因失去人心的滋润而枯萎。

人生无意义，并不代表人不想活在这个世界。本朝多的是这种人，他们读过书，做过官，再回到家乡当绅士，阅尽人世百态，到最后对儒释道三教都失去信心。这与我们的前辈，先秦至汉唐诸子的自然康健之风相比，有着多么大的距离啊！

晨钟再度敲响的时刻，我又重新投入到这滚滚红尘之中，回到那费神劳心的官场中。

我之所以会选择放弃曾经看重的外在修行，是因为这时候的我已经认识到，这么多年所做的这一切与道体无关，很多时候，我更像是在耍弄精神的杂术。我决定，暂时放弃修习道术，重新返回人生的主航道。我返回北京，销了这不长不短的病假，重新回到刑部主事的位置上。

耳畔还回响着梵音与风声，但最摇动心思的还是尘世的这点热闹，皮相上的恭敬是入不了法眼的。就像是俗世的一个午后，当你面对神祇，心里藏着的几乎全是俗世的话题。而那一刻，你是否相信神祇能够听得见尘世中的一声低语，万丈红尘中的一切喧嚣？反正，我是相信的。

在西湖疗养期间，恰逢会稽地区遭遇大旱。我受会稽太守佟珍之邀，从杭州前往会稽山为百姓祈雨。我与佟公是旧相识，成化十八年（1482），祖父带着我到北京定居，后来佟公也搬到了我家隔壁。佟公可不是一个庸碌之人，虽然我那时还是个孩子，但经常听父亲夸赞他。说他吏治严明，刚健果敢，实乃帝国官场难得的人才。果不其然，他后来转任苏州，政绩斐然，深得地方士绅和百姓的认可。我对他更加信任。此后，佟公又转任我的老家为官，任绍兴府太守。我对他充满期待，特意送序一首。在那篇序的末尾，我如此写道："公虽不久于吾郡矣，如其不得公也，则如之何！"

古代祈雨多用书符或者咒水，方术之士有时也会通过法术来求雨，但是儒家对此并无良方。我曾听说过本朝太祖皇帝祈雨之事，太祖朱元璋出身贫民，亲历田间农事，深知物力维艰，更了解民间疾苦。洪武三年（1370）初夏，天气大旱。他领着子女以及后妃，穿着麻衣草鞋从皇城步行十几里前往山川坛。他此行的目的只有一个，为天下苍生祈雨，以解严酷的旱灾。历朝历代的有道君王都会在旱灾时举行祈雨活动。

那天，太祖皇帝登上祭坛，敞开上身，像一个罗汉似的盘坐于青石板上，将自己的身体曝晒于炎炎烈日之下。儿子们也都模仿他的做法虔诚地陪侍左右。马皇后带着后宫嫔妃，在祈祷现场临时搭砌的灶台上烧制农家饭。麦饭菽豆煮熟后，皇太子先捧过一碗给太祖皇帝品尝，然后一家人坐于烈日下吞咽粗糙的饭食。这种状态一直要持续三天，白天袒背曝晒，夜里原地和衣而卧。老天爷或许真的被皇帝的诚心感动，居然下起了大雨，几个月的旱情得以缓解。

我问佟公，怎会想起邀请我来祈雨。

佟公说，他早就听说我在阳明洞中修行道术。

我说祈雨之事，事关民生，岂能如同儿戏。祈雨，乃天道。古代占星师子产曾说过："天道远，人道迩，非所及也，何以知之？"意思是天道悠远难知，人事切近可为，天道不涉及人事，凭什么由人事而知道天道？

佟公说，守仁啊！你莫要推脱。你难道没听说过另一位占星师子韦，他就说过"天之处高而听卑"，天高高在上，却能听到下界细微的声音。

上古之时，人人皆知天文。天象示警，或者拿天象说事是传统政治的一部分，官府向来禁止人民"私习天文"，轻者流放，重者处死。虽然祈雨算不得占星，但也占云占雾占天象。不同的是，祈雨者并不道出天机，而是将世间的命运告知于天，求得天的怜悯。佟公希望我能发挥自身修行得来的灵能，解老百姓于水火。我太了解佟公的才德，不得不为他的爱民之心所感动，最终答应了他的请求。我在当天的日记中写道："昨杨、李二丞来，备传尊教，且询致雨之术，不胜惭悚！"

我虽然答应了佟太守的邀请，但在内心却排斥异端之术。我在所写《答佟太守求雨》的文章中，明白无误地阐述我的观点。我说："一二日内，仆亦将祷于南镇，以助执事之诚。执事其但为民悉心以请，毋惑于邪说，毋急于近名，天道虽远，至诚而不动者，未之有也！"我要告诉世人，我祈雨，不是播弄邪说，不是急于求名，而是为民解困。我既不画符念咒，也不请神佛相助。真正的天道寓于人事之中，真正的神明寓于人心之中。祈雨，与其是向天求，不如向自己求；与其向神求，不如向自己的心中求。天道虽远，诚心守道，修好人事，从而感动上天，降下及时雨。

我相信，天道虽远，至诚而不动者，未之有也。

弘治十六年（1503）九月，我告别钱塘回到绍兴。人生的每一段经历都不白走，我在钱塘待的这七个月时间，让我又走出了一段明心修禅的觉悟之路。父亲奉命祭江淮诸神，便道归省，也回到绍兴。父亲身为礼部侍郎，已在考虑明年各省的乡试与我的“出仕”，他说他已向御史陆偁暗示建议山东聘用我主考乡试。我明白他的良苦用心，不免愧疚。父亲老了，略显严肃的面目，更添愁苦之色。在处理好一应家事以后，我送他往江淮祭神。

弘治十七年（1504）七月中旬，我到达济南，出任山东乡试的主考官。本朝，在我生活的数十年间，乡试主考官大多是由负责教学的官员担任。我当时是刑部主事，按说不应该派我出任主考官。谁也没想到，本年礼部建议用京官主持各省乡试，浙江聘请了南京光禄少卿杨廉，山东聘请的是我。这是一次打破常规的任命。我能够出任主考官和时任巡按山东的监察御史陆偁有着很大关系。他说，他早就听说过我，所以特派使者来到京城，邀请我出任山东乡试的主考官。

读书人的命运从生下来就被规定好了的，而架床叠屋的官场就像是一只巨大的蚂蟥，紧紧地吸附于我们每个人的身上，即使你能意识到它的存在，仍难以摆脱，它无时无地不在控制着一个人。

这一次，和我以刑部主事的身份赴地方处理冤狱不同，它至少满足了一个文官长久以来看重并积淀的虚荣心。以刑部官员的身份到地方巡视，我有着满腹的牢骚和纠缠不休的烦恼，而这一次，我是欣然前往。置身于齐鲁大地，孔孟儒家文化的浓郁氛围感染了我。

来到圣人的故乡，选拔朝廷需要的人才，而在这人才之中会有圣人出现吗?

乡试的主考官要有一流的文采，要是一等一的饱学之士，而我去的地方又是孔孟之乡。能够出任山东乡试的主考官，对于官场上的人来说，是至高无上的荣誉。我是江南人，可对于大部分读书人来说，山东或许才是他们的精神原乡。读书人在世，当归于圣人之地。即使归不得，也要与其发生某种关联。至于我，半吊子的学问事业是羞于见圣人的。

我只是一个刑部主事，按照本朝用人的规则，我是不应该出任主考官的。这次任命是一次打破常规的人事变动，这一破例的荣选所带来的荣耀感使我暂时摆脱了逃禅学仙的心境。人真是一种奇怪的不得了的动物，当现实有了安顿，精神也会跟着安顿下来，好了伤疤忘了疼。

我内心的愉悦来自两方面，一是可以借此离开自己不喜欢的岗位，从求仙得道的超现实主义状态中抽离出来；二是可以把握这样一次机会，在孔子的故乡去实践自己的圣贤梦。这样经历对于我来说，既深感荣耀，又感到奇怪。像大多数儒生士子那样，我所扮演的角色是双重的，既是弈者，又是一枚棋子。我站在孔子的故乡，睡不着觉的时候望天，白天有一朵云，夜晚有一颗星。每颗星星引领一个人，它们在天上分配着我们，也指引着我们。一个都不会少。我们每个人都是自己的星辰，在各自的黑暗中，悄无声息，做着不同于别人的梦。对于那些埋首功名的士子而言，我是披着官僚外衣的“执棋人”，但对于铁桶般的官僚体系来说，我又是一颗生死不由命的“棋子”。棋子如星，我是自己的星辰，但对于他们，我来，或者不来，都不是重要的。我不来，我的路，被另一个人走过，我的话被另一个人说过。至于他们的命运，在于他们自己，而不在我。每个朝代的统治者和官僚机构都有扩权的冲动，都有一些人员扩编的名目和制度。本朝虽有皇族和功臣的世袭爵位，功臣却大多凋零于洪武、永乐年间，所谓的接班人制也就成了虚设。最苦的是他们，或者说我们，识文断字，开智启蒙，各种忧患也就招惹上身，挣脱不得。

如果说，非要找出我来此，和其他人来此的不同，那就是所出题目的不同。所谓不同，只是甲题和乙题的不同，不是更大的不同。都在一个锅里煮饭，青豆煮的，和青菜煮的，只是味道不同，仅此而已。我所出的题目围绕着当下知识分子道德滑坡和风俗之美恶与天下之治的关系，带有明显的个人好恶。一直以来，那些厚如砖块的经史子集都在向天下的读书人宣扬一种忘我的崇高，而这种崇高虽然有着令人望而生畏的高度，却没有体贴人心的温度。它更像是一张无法兑现的银票，是念念不忘也难有回响的一道道紧箍咒。

我在决定考生命运的“四书文”（八股文）中给出的题目是论述“所谓大臣者以道事君，不可则止。”也就是说，身为人臣应该以仁义之言来引导君王，如果君王听不进去，那么做臣子的就要抽身离去。这个题目具有一定的风险，虽然符合儒学教义，但是并不讨好当国者，甚至透着一股“书生要革命”的反叛精神。其实我的本意并非如此，这是读书人应该具有的价值观和道德标准。有时候，我们不能因为适应了黑暗，就要站出来为黑暗辩护，至少我是做不到的。

再比如，我在《易》二题中就出了一道“先天而天弗违，后天而奉天时”。在圣人眼里，人道即天道，道从来没有天人之别，本就浑然一体。只是我们这些庸常之人私欲太重，肉身太沉，将天人分别视之，只知其分，而不知其有理。五岁那年，祖父带我出远门。所谓远门，不过是相对的远，多翻了几座山，多蹚几条河。由于路途较远，我是在迷迷糊糊中被母亲抱到马车上。我睁开眼睛的时候，看见人的脚，马的腿，还有车轱辘，在路上动。我看见马屁股后面扬起的灰尘，分作两道，一道往天上飘，一道往远处扬。飘到天上的，慢慢往地上落，一粒一粒地落。那时候，我总在想，不是每一粒都属于大地，总有那么一两粒，是属于天空的，它要飘在云彩里，孤独地睁开眼睛，看着地面上行走的我们。

这样的念头，我经常还是会有。其实那一两粒灰尘，不正是我们的良知吗？我没有见过自己在太阳行走的样子，难道说，我们就不在行走了吗？那粒飘在天上的灰尘，会慢慢从人群里认出我，知道我的名字，看见我的脚印。天与人，不就是影子与影子的关系吗？互相成全，又互相照应。

我要让那些参与科试的儒生士子们明白，一个人的地位将会决定他所要承担的责任和义务。上古时代的大禹和后稷身居要职，也要搞清楚一点，治国安民是他们应尽的本分。等到有一天他们身居高位，不要一味地沉溺于虚荣，不要忘记职位与责任的关系。不能既想做范仲淹，又想做陶渊明。

让我深感惋惜的是，自己不过是一个书生气重的小官，主持的不过是区区一省的乡试。如果自己有机会为国家选拔豪杰俊才，那该有多好。我也只是想想，如果真有那么一个机会摆在我的面前，我会为这个有了衰老迹象的帝国选择什么样的人才呢？这个王朝虽然从不缺少人才，但也从不爱惜人才。

我借着这次乡试，向那些地方考生们抛出了另一个问题："佛道二教到底有没有弊害？"

我不光向那些考生发问，也向从前的自己发问。佛道二教本身并不存在弊害，即使有弊害，也是人为因素。人在学习和传承的过程中，使得佛教与道教产生了有毒的部分。比如说，道教驱使人去修炼成神仙，而佛教则让人相信只要努力，平常人也能成佛，而这些认识显然是荒谬的。

从儒学风骨到佛道二教，我又回到朱熹理学面前。我问考生："求古人之志者，必将先自求其志，而后能辨其出处之是非。论古人之学者，必先自论其学，而后能识其造诣之深浅。此伊尹之志，颜子之学，所以未易于窥测也。"

这道题像是我在为天下儒生号脉，也算是再现了儒生们内心世界的两极。为了世俗标准，我们既要像伊尹那样成为当国的宰相，内心又要奉颜回为楷模。我对考生们说，天下之事，有的看上去像是"礼"，但并不是礼；有的看上去不是"礼"，但实质上是礼。如果不能用心去研究它们，将会产生大困惑，就不能找到通往真理的路径。

## 14

一个人从一个地方走向另一个地方，从一个时间滑向另一个时间，他的命运是完全不同的。每个人的时间只属于他自己，里面隐藏着许多无比复杂的命运公式，你的时间破解不了我的命运，而我的时间也无法抵达你的命运。也就是说，许多彼此不同的时刻表里藏着每个人的命签，在某个时间，某个地点，等待着抽取他的那个人。

主试山东时的任性而为让我受到了来自各方面的攻击，但总算躲过了牢狱之灾。父亲说，他在京城为我周旋了好多，让我在做任何事情之前都要告知于他。我虽然心里有诸多抵触，但还是不忍让他难过。

主持完乡试，我并没有急于返京，而是登临泰山。面对雄奇壮阔的景色与神奥变幻的自然，我不由挥笔写下《登泰山五首》。在诗中，我完全抛却世俗之心，展开飞翔的翅膀。我的内心激荡无比，不由得慨叹人生于世不过沧海一粟，半生浮沉尽作云烟散。真是“我才不救时，匡扶志空大。置我有无间，缓急非所赖。”这世间没有人能够真正理解自己，或许只有孔老夫子活着，才能体会我此时此刻的心境。

我的烦恼，我的沮丧，我的抱怨，又何尝不是精神锤炼不够而造成的“动心”。而君子在任何情况下都能做到“不动心”。不动心，何其难哉！

我坐在碧霞元君祠的台阶上，遥望着对面的青山，看见失重的云彩从山峰之上一头栽了下来，像是喝醉了酒似的；我看见万物在某一个时刻里骤然改变它们的形状，像是时间在脱胎换骨。

我见到了泰山神女碧霞元君，这个在民间信仰中属于生育与平安的保佑神。我焚香，在心里向她敬告一声，希望早日能有自己的孩子。按说我是不信邪说的，但我信的是什么呢？是天道。生命的起始，与道的萌发与消散有着同一个方向的神奇。道，这个东西，恍恍惚惚，在无边而辽阔的虚空中，运行着宇宙万物，就算是虚空，也有着自我解读的抽象、图案和规律。我在诗里写道“遥见碧霞君，翩翩起圆峤。从此炼金砂，人间迹如扫”。就像我出远门的那个五岁的早晨，看着自己跟着那些老去以及正在老去的人，去了我不知道的远处。我想要一个孩子，因为我看见天上有他的影子，地上还没有他的足迹。人站在泰山上，飘飘欲举，像是在天上，又像是在地上，也难怪古往今来，那些帝王会在此祭天。这里离天最近，离地也最近，人踩着地，摸着了天。人终其一生，只能占据这个世界的一个角落；人终其一生，人间留迹人间扫，就像那天空中的灰尘，不过是借了风势，最后还是尘归尘，土归土，天空归了天空。

站在泰山顶上，我浮想联翩，写下《登泰山五首》，其中有言：

我才不救时，匡扶志空大。
置我有无间，缓急非所赖。
孤坐万峰颠，嗒然遗下块。
已矣复何求，至精谅斯在。
淡泊非虚杳，洒脱无蒂芥。
世人闻予言，不笑即吁怪。
吾亦不强语，惟复笑相待。
鲁叟不可作，此意聊自快。

人在世俗的高处，难免会有抛却世俗之心。乘风而来，乘风而往，洒脱无羁。肉身安妥，静气自然来，静则能安。

俯仰古今，我多么想成为孔子的弟子，哪怕忝居末席也好。我效法欧阳修的《庐山高》，作了一篇《泰山高》：欧生诚楚人，但识庐山高。庐山之高犹可计寻丈，若夫泰山，仰视恍惚，吾不知尚在青天之下乎，其已直出青天之上？

我认为，泰山高，高出青天，是因为这里出了个泰山北斗式的圣人，我将孔子尊仰为高不可及的泰山。此境与我，两两相托。我在孔子门墙之外，渴望入其堂室，能够进入孔子三千弟子的圣贤行列。若说，我游九华山为“游禅”，游茅山为“游道”，游泰山则为“游儒”。于是，我发出“嗟予瞻眺门墙外，何能仿佛窥室堂？也来攀附摄遗迹，三千之下，不知亦许再拜占末行”的觉醒之声。儒学之高，高过泰山入云霄，自然也高过佛、道之学。这是我的一条觉醒之路，我以孔子弟子自许，却溺于仙佛之习，由此踏上归儒之路。忽然回首，此身不觉已靠近泰山北斗。泰山入我心，入我耳，入我喉，入我的格格不入，入我的面目全非。我站在泰山之巅，发出的狮子吼，空山呼应，如同一和无的呼应。佛老似无，儒学为一。

当妻侄诸偁离京，我在《赠阳伯》的诗里写道：

阳伯即伯阳，伯阳竟安在？
大道即人心，万古未尝改。
长生在求仁，金丹非外待。
缪矣三十年，于今吾始悔！

我陷溺仙佛三十年，一朝觉醒，发现错了。朝闻道夕死可矣，吾将进之于道。此道，乃儒家的圣贤之道。

弘治十七年（1504）秋天，我从山东回到北京，转任兵部武选清吏司主事，负责选拔武官的考试。我不得不离开“西翰林”，在京城唱游交酬的生活结束了。

我进入的武选司是兵部最有实权的一个部门，掌管着武官的选任、袭替和功赏之事，类似于兵部的组织部门。我总算披上了一袭绣有鹭鸶的青袍，成为一名从六品官员。在层层叠叠的帝国官僚体系里，迈出了至关重要的一步。

按理说，兵部也可以给我一个施展抱负的空间，本来修习兵学就一直是我的梦想。但现实却并非如此，对我来说，这依然是一项毫无挑战性的工作，离我内心的自我期许还隔着千山万水。

在外人看来，这是一个有着美好前途的岗位，但我并不这么认为。官场生涯百转千回，一切还是未知数，更何况我所向往的高处并不在朝廷。百无聊赖的京城生活并不能给我带来更多新鲜，尤其精神世界。

好运气与我若即若离，而我想要去实现的功名就像那天边的星辰一样遥不可及。

我挺看不起自己，总觉得眼前的一切就像是一条勒得我喘不过气的软绳索，可我又舍不得扯断它，只能任它越勒越紧。

这是一个一体两面的世界，除了可见的世界之外，还有暗网一样的隐形世界存在，那里面的勾当实在是我难以理解、难以接近的。只要想到那个世界，我就会知道，它会吞噬试图靠近它的一切。我后来看到它带走了很多人。

都城的文人除了养尊处优，就是将大把的时间花在辞章之学上，无人去真正关注身心的修行。仕途之路走得晃晃悠悠，我索性又重新投入理学之路的探索，并渴望能够寻找更多的同路人。我的朋友王缜在写给我的诗中有言：善学亦善变，大鹏其自生。神化固玄妙，天地终有形。说我善学，真是让我感到惭愧。大鹏自生，也入不了云霄。

一个人走在求索的路上，难免孤独，也会被视为异端。官场所呈现出的金字塔结构，越往上越难攀登。根据本朝官僚制度的设置，五品以下官员，每六年才有一次京察的机会，我暂时还没找到突破的路径。

我不能接受自己在闲坐中打发时光，与那些眼睁睁看着青春流逝的宫女一样。人生何其短暂！

既然没有终南捷径，自己又不愿混日子，就只有重新拾起圣贤之学。

我决定开门收徒，讲授儒家的正经深义。既然官场无法安放我的良知，我只有试着向外突围。我告诉自己，既然选择了这条路，就要适应沿途风景的变化，就像一只蝴蝶要习惯死亡的虫蛹空壳。

我开始在京城开坛讲课，希望能够扩大影响力，让更多的人关注身心之学。让他们真正明白，所谓圣人之志，不在辞章之学上，更不在官场的尔虞我诈中，而在于我们自己。此时的我已经没有早年心急火燎的激动与百思不得其解的困惑，更多的是内心的体验与平静。

也有人质疑我的师友之道，说我如此经营，不过是为了建立一种可以与官场相抗衡的“道场”，打造一张特殊的社会关系网。当时社会已经逐渐形成了一种风雅的“趣”文化，那些身受官场羁绊之苦的人将时间浪费在书画古董的把玩上，焚香煮茶的慢生活上，时间也是他们的消耗品，是用来赏玩的，不带有任何生产性或经营性的功利意义。虽然我并不排斥这种皮相的、低级的文雅生活，但我总觉得，身体的抽离，空间与时间的交换，并不能让一个人的良知有所获取。不要说是良知，就是想要亲近山水草木也是不可得的。

弘治十八年（1505）夏天，我遇上了一个特别的人——湛若水，这是我人生中的一件大事。我记得那个夏日的黄昏，夕阳将人的影子拉得好长。当我转过青砖灰瓦的胡同口时，看到一群谈笑风生的新科进士迎面走来，而其中就有湛若水。

京城的生活并没有想象中那般风光，不但不风光，甚至庸碌不堪。若不出意外，我能够一眼看透自己的后半生。很多时候，我们总在批判这种生活，但是细想来，它也没有什么不好。我丝毫不怀疑自己会像蜗牛散步一样在官场慢慢地获得晋升，可我始终无法接受自己用最好的时光换来一张最平庸的脸。

每天并不忙，如果不是往来应酬，我会拥有大量的时间。很多时候，我会一个人漫步于京城的街道，北方的皇家宫廷与南方的乡土建筑竟有许多细节的吻合之处，比如紫禁城那高高的宫墙，与余姚民居的夸张线条十分相像；从宫殿的重檐中，我居然看出了余姚山东西两坡的形态，甚至我老家南北大屋的檐廊，以及起着装饰和支撑作用的廊柱，也与紫禁城内一个个蟠龙绕柱的栏杆有着相近的建筑风格，不同的是宫殿建立在高高的台基上，每个棱角都透着威严嚣张的权威罢了。

如果说空间的转换，在无形之中塑造了时间，那么身居其中的每个人，也就有了各自不同的命运。好在这里还有我许多好朋友，不然走在京城繁华之地，内心也是无比荒凉的。

很多时候，我以为官场之人都长着差别不大的一张脸，一张被冗长、无聊、刻板的官场生活涂抹得失去色彩的脸。可是在见到湛若水的那一瞬间，我的想法变了。眼前的中年男人脸上并没有留下多少岁月的痕迹，他看上去更像是一轮通透的明月，让人心生喜悦。

湛若水，字元明，号甘泉，广州府增城县甘泉都（今广州市增城区新塘）人。湛若水在中进士后入选为翰林庶吉士，弘治十八年（1505）五六月间由增城北上赴京。此人的到来，给程朱理学笼罩的京都投进一道岭南白沙心学的亮光。据说，他在春闱会试中写的文章，就借助陈白沙的心学："喜怒哀乐未发之理，蕴诸其心也……寂然不动而遂通天下之故也，然后其理始著……夫理一而已矣。自其太虚无形者谓之天，自其赋予万物者谓之命，自其合虚与气者谓之心，自其具于心者谓之性。"

他选为翰林庶吉士后，写了一系列鼓吹陈白沙心学的文章，引起朝士的注目，一些和他一起选为翰林庶吉士的同年，成了他讲论圣学的"讲友"，日日切磋。我未见其人，已读其文。

在与湛若水的第一次见面中，我就认定他就是我一直在寻找的、可以共倡圣学的人。当湛若水看到我挂在书房里的"默坐澄心，体认天理"的座右铭时，也面露喜色。"默坐澄心，体认天理"这几个字，是陈白沙心学的宗旨。湛若水是陈白沙的门人，得白沙真传。我和湛若水的缘分，除了陈白沙，与本朝最著名的两位理学实践家薛瑄和吴与弼也有着莫大关系。薛瑄是山西人，吴与弼是江西人。前辈们如朗月悬空，明照一时，让我心驰神往。

薛瑄曾说过一句话，深得我心。他说："时时处处是做工夫处，虽至鄙至陋处，皆当存谨畏之心而不可忽。且如就枕时，手足不敢乱动，心不敢乱想，这便是睡时做工夫，以至无时无事不然。”也就是说，无论何时何地何事，我们所要做的都是完善自我，不可懈怠，甚至连睡觉时都要严格要求自己，不能胡思乱想，都要保持一颗“谨畏之心”。

吴与弼的名头更响，我曾拜会过的理学大师娄谅就是他的弟子，理学泰斗级人物陈白沙也师从吴与弼。湛若水二十九岁往江门就学于陈白沙，为表明自己献身于道的决心，他一把火焚掉“路引”（赴考证件）以表学习决心。湛若水是个很有悟性的人，数年间学业大进。

湛若水说他与我“共尊明道‘仁者浑然与天地万物为一体’之学”，他要和我共尊共倡陈白沙的“心理物我浑然一体”的心学。对于陈白沙的心学，我了然于心。当年他在京期间，我和父亲都曾当面请教于他，我读过他的《白沙先生全集》，并从中汲取“默坐澄心，体认天理”的心泉。

在陈白沙的心学视阈中，道在吾心，道心合一；道又在万物，道物合一。因此从道在吾心的一头言，须默坐澄心，静中体认；从道在万物的一头言，须随处体认，分殊穷理。“仁者浑然与天地万物为一体”的本体论，与“默坐澄心，体认天理”的心学工夫论，都是陈白沙心学。

一直以来，我陷溺佛老，使得心路迷茫，精神徘徊，深感自己圣贤之学的不完善。我和湛若水一见如故，击掌盟誓，从此在心学之路上，风雨兼程携手共进。

无论一个人强大到何种地步，如果仅凭一己之力，想要逆转时代的潮流是根本不可能完成的任务。这时候我已经三十四岁，而湛若水比我大六岁，这样的人不引以为知己，天下谁人是知己？

我在京城最应该感谢之人，当属湛若水，他是最了解我的人，惺惺相惜。即便如此，我们对于格物之辩也有不同的理解。湛若水认为，格物是在物上体认天理，这样格物就有了具体的指向，不至于茫然无归。在他看来，心是涵盖宇宙万物并与之浑然一体的大心，在大心的意义上，万物并不在心外，而在心中，因而格万物并不等于求之于“外”。如果把万物视为

“外”，那就是“自小其心”。

我已隐约地意识到，格物不应向外求理，而应反求诸心，格物不如格心。

人在世间行走，就算是心如止水，也有不甘寂寞的时刻，就连曲高和寡者也在寻找知音。我们总是希望有人理解自己，当有一天，你有机会站在那个人面前时，又会表现得惶惑不安，生怕被他看透识破。很多年后，当我已经离开这个世界，我的这个老朋友湛若水为我的一生做了盖棺定论。他说，（王阳明）初溺于任侠之气，再溺于骑射之习，三溺于辞章之习，四溺于神仙之习，五溺于佛氏之习。

湛若水与我一样，执迷于道。在他的安排下，我再次入驻大兴隆寺。有人说，北京，自古是英雄们的勇气、意志与胆识的试金石，它成就了无数英雄，也让英雄在这里折腰，而北京于我而言又将意味着什么呢？我为什么心里发虚，难道是怕自己配不上这堂皇的际遇，还是怕活不出更好的自己？

在很多人的心里，我王守仁是一介狂生，他们并不了解我的大愿本心。生而为人，有难有苦，我们只能以身渡己。至于我们占有他人，消解他们，犯下的吉凶业报也有待我们自己去偿还。

因为父亲的关系，我在京城认识诸多名公巨卿、当世俊杰。如李东阳，还有文学名家如李梦阳、何景明、徐祯卿等前七子。在我看来，这些人只能算是炫目一时的明星而非圣贤，前者擦亮的是自己的名字，而后者点亮的是他人的良知。

湛若水与他们不同，他的学问唯求“自得”，却真正体现了圣人之学。

很多年后，我还记得那个夏日的午后，我们没有说太多的话，却提到了“大道即人心”“人同此心”“心同此理”。也就是说，我们都认同一个理，那就是“天下事理不在外，而在于内”。有了这种最基本的认知，我们就好像找到了认同对方的密码。深谷飞鸟，嘤其鸣矣，求其友声，相彼鸟矣，犹求友声。

朱熹曾说："人之所以为学，心与理而已矣。心虽主乎一身，而其体之虚灵足以管乎天下之理。理虽散在万事，而其用之微妙实不外乎一人之心。"按照朱子所说，心本来包含众理，但理在心中是作为"性"存在的，"心"在这里则是一个涵有经验意识的范畴。

我虽然确立了"心即理"的基本立场，但是对于朱子提出的"格物穷理"的问题还是没有找到理论上的解决或批判方法。我与湛若水的相逢，使得我对心与理，心与物的关系进行了重新定位与思考。

湛若水曾对人感慨与我相识的欣喜，他说：若水泛观于四方，未见此人。

我也曾对人说：自己来京二三十年，从未见过此等人物。

我们都是不会讨好别人的人，他对我的赞赏，我对他的叹服，都是发自心底的真实感受。一路走来，阅人无数，所谓名公巨卿，无法引起我的兴趣和由衷的佩服。他们每一张面孔都散发着浮华与油腻，说话时刻意放缓的语气，眉宇间难以掩饰的敏感和多疑，就像有人在他们心里播下了同一粒种子。作为他们生命中的极端行为之一，把权力运用得上天入地、无所不能，如此便映照出他们内心的荒凉。

我和湛若水之所以能够在万千儒生士子中，视对方为知己，是因为我们有着共同的精神理想。我们已从口耳之学的八股化的朱子理学中突围而出，奔向身心之学的自由天地。

对于我和他来说，这样一次恰如其分的相遇，也为我们各自的思想发展打开了一扇窗户。正因为有了湛若水的出现，我对生活也有了新的认知，胡同街巷里也藏着大海和山岳。

我和湛若水会面的时候，对心学的认识还不够深刻。没想到的是，我们之间的渊源，发端不在此，终点也不在此。此时此刻，我们意气相投，一见如故，而这一切源于我们内心对于"体认为本"的学说，有一种双向奔赴的吸引。就像两个人，一人站在屋里，一人站在屋外，屋外的人在门口喊："嗨，有人吗？"里面的人回应道："嗨，我到了。"人行走于世间，有人回应，自有欢喜。

虽然不敢想象，若干年后，世上还会有人说，我和湛若水的这次见面是明朝思想界的一次大事件。而在那一刻，我们的内心是愉悦且美好的。这种难得的愉悦让我们暂时越过时间结出的果实，把目光直接停留在每个过程的细节里。从日出到日落，我们聊得没完没了，不约而同地认为彼此的经验和智慧已经远远高出了对方。

湛若水甚至认为，我身上因为具备了这种深不可测的高超能力，所以在他面前表现得有些漫不经心的骄傲。我听到这句话，发自内心地大笑起来，这分明是他给我的感受。两个骄傲的灵魂碰撞出的火花，也让人感觉到美好。

这段难得的时光是我在北京最为舒心的日子，与湛若水交流学说、诗词唱和，向弟子们讲授身心之学，切磋学术。在一场场面红耳赤的争论中加深了理解，碰撞了思想。虽然每天都是忙忙碌碌，但内心却是充实丰盈的。

上至王公大臣，下至平民百姓，人人都像是着了魔道，飘忽无根；人人都心急火燎地想要去抓住什么，急切躁动。对于朝廷内的权力纷争，我也是有心无力，退隐的念头不时在脑海中像是暗夜里的一只蝙蝠上下盘旋，却总是见不得光明。

西湖友人发现，我在那首写给他的诗中，流露出隐遁之意：

予有西湖梦，西湖亦梦予。
三年成阔别，近事竟何如？
况有诸贤在，他时终卜庐。
但恐吾归日，君还轩冕拘。

梦中醒来，常常以为自己还身在西湖旧居。世事短如春梦，一杯新茶，几声鸟鸣，无论春风得意，还是愁肠百结，都化为清风明月。我发现与父亲来往的那些身居高位的官员也是劳累不堪，他们整天对着空气长吁短叹，像是身后跟了一个难以摆脱的讨债鬼。看着他们，我像是看见了二十年后的自己。如果让我给这时候的自己画一幅自画像，画出来的也只能是一个四不像：做官不像官，为儒不圣贤，信佛根不净，修真道不深。可是谁又能说四不像就不是一种活法。其实在这四不像中，还是藏着一个最像我的自己。

我追慕身心之学，而这个世界流行训诂的朱子学说。若是朱子学说是正途，那么我所坚持的便是异端。刘勰说，人虽集万物之灵，却像草木一样脆弱，所以要留下文章，名逾金石之坚。

像我和湛若水这种人，致力于复兴圣学。可我们致力的圣学是同一学问，还是同一学问的不同侧面，它的结果是什么呢？是殊途同归，还是南辕北辙，谁也不知道。

弘治十八年（1505）初夏的一天，我们的皇帝朱祐樘因过多服用含有毒素的丹药踏入生命的末途。据说，他在临终时召见了大学士刘健、李东阳和谢迁，将十五岁的太子朱厚照托付给这些肱股之臣，并指出太子身上最致命的毛病："东宫聪明，好逸乐……"

随着朱祐樘的暴亡，一个承平时代随之画上并不完满的句号。遗诏太子朱厚照即帝位，大学士刘健、李东阳、谢迁为顾命大臣。

朱厚照十五岁登基，正值一个男人的青春期。对他本人和整个帝国的权力核心层而言，他的继位看起来更像是一件既无奈而又别无选择的事。先皇（明孝宗朱祐樘）只有他这么一个皇子，无论是好是坏，皇位这个天上掉下来的馅饼都会毫无悬念地砸在他一个人的脑袋上。

在本朝历任皇帝中，这位刚刚继任皇位的朱厚照（明武宗）应该是个异类。或许正是因为他的异类，他居然为这个暮气沉沉的王朝留下一段最不正经的岁月，反倒让王朝平添了几分生机。他真是个天才，是个不折不扣的无赖。能够与他生活在同一个时代里，我就像是经历了一场久久缓不过的噩梦。

这年夏天，京城下了一场大雨，经久不休，京城许多地方传言淹死了人。于是，有大臣进言，此乃阴阳不调，天象示警。希望新皇不要辜负四海之望，也不要辜负了先帝的期望。朱厚照收敛了一阵子，很快便又在一群小内侍的唆使下闹腾开来。他先是将经筵、日讲都停了，取而代之的是每日里和内侍们在宫廷内苑大玩飞禽走兽。这个荒诞的君王，其实是不适合成为这个伟大帝国的主人的。紫禁城里到处是门、是墙；是清规、是戒律；是无法摆脱的身份限制，他宁愿与动物们待在一起，也不愿与人待在一起，尤其是那些板着面孔的文官。

他登基不到一年，就几乎将前朝旧臣全部罢免，他觉得这帮不知死活的大臣，动不动就抬出先帝来压他，使他不得开心颜。他做梦都想做个自由的人，而不是一个正儿八经的皇帝。他曾经做过一个梦，在梦里，他看到一簇微小绚烂的火花，突然绽放于宫殿的飞檐之上。很快，火花在风的搅动下，开遍了整个紫禁城，宫殿成了火灾现场。在火焰的背景下，宫殿显示出它从未有过的恢宏气度，而他趁乱带着他的鹰犬虎豹消失在所有人的目光之外。他居然逃出了紫禁城，他甚至撕烂了裹在身上的龙袍，从此成了一个马戏团的班主。

无论是宪宗朱见深，还是他的孙子朱厚照，这爷孙俩像是商量好了似的，对当皇帝这件事都不是太投入，随心所欲的成分太大。朱厚照执政时期，帝国的权力集团分化为两大派。一派是以内阁大学士刘健、谢迁、李东阳等为首的文官集团；另一派则是以刘瑾为首的宦官。

这帮宦官从他做太子时就整日围绕在身边，其中以“八虎”势力为主。刘瑾幼年进宫为太监，是朱厚照的儿时玩伴。当时受朱厚照宠幸的除刘瑾之外，还有另外七人，他们分别是：马永成、丘聚、魏彬、张永、谷大用、高凤、罗祥。

朱厚照两岁时被立为皇太子，终日与其厮混的就是这八个人。朱厚照喜欢把自己的职业当作一种冒险，一种穿越宫廷禁令的趣味游戏，这为他枯燥的宫廷岁月平添了几许刺激。大臣们越阻拦的，他越要去尝试。他像是一个急着要去赶写回忆录的人，忙着为自己攒履历。那时的他根本不会想到，时间将不会给他这样一个夸耀履历的机会。

与皇帝身边的红人“八虎”相比，刘健等顾命大臣却成了可有可无的边缘人物。对于这帮有着强烈的责任感与使命感的顾命大臣来说，他们内心的痛苦可想而知。他们要求朱厚照能够尽快进入皇帝的角色，不要将精力和时间浪费在内苑那些珍禽异兽身上。

顾命大臣们连自己的命都顾不上，又何来能力将朱厚照教育成一个好皇帝。他们只能眼睁睁地看着那帮宵小之徒将这个十五岁的少年皇帝塑造成一个流氓，一个本朝历史上最大的顽主。

“八虎”日日侍武宗宴游嬉戏，诱引武宗斗鸡走马，放鹰逐兔，舞唱角抵，形同倡优，丝竹钟鼓之声响彻宫外。又造豹房供少年天子淫乱，招引善秘术的番僧入宫。刘瑾等人还处处干预朝政，引发了内阁大臣刘健、谢迁、李东阳等人的强烈不满。一场你死我活的政治斗争也就此拉开序幕。

“八虎”大权在握，炙手可热，大臣纷纷攀援结托，加深了朝臣间的钩心斗角。父亲王华身为三朝元老，升任吏部左侍郎，大有入阁之势。这被入阁心切的焦芳视为眼中钉，暗中唆使科道官再弹劾父亲。

由于皇帝的屁股没有坐正，文官集团从一开始就处于劣势。为了自保，他们只能选择反击。刘健、谢迁、李东阳等顾命大臣相继上疏：“皇上视朝太迟，免朝太数，奏事渐晚，游戏渐广。”

相对于陪皇帝愉快玩耍的宦官，这帮空有抱负却无办法的官员只能用他们的碎碎念，或是极端的方式来匡正皇帝的行为。这让朱厚照不胜其烦，可又发作不得，只能应付了事。他常常喝得酩酊大醉，说出一些与身份不相符的让人惊讶万分的话。据说，他经常在刘瑾的怂恿下，化装离开皇城，趁着夜色在北京的街道上闲逛。

岁在丙寅的1506年注定是一个多事之秋，接二连三的异常天象仿佛在向人间发出预警。先是云南地界地震不断，再是山东莱州大小余震数十次。老天爷觉得还不过瘾，一场电闪雷鸣，太庙琉璃顶上依次排列的脊兽应声而落，就连禁门房柱和天坛的一些树木也毁于天火。

年轻的皇帝并没有醒悟过来，顾命老臣则多次上疏，话说得越来越重，甚至出现大逆之言："近者地动天鸣，五星侵犯，星斗昼见，白虹贯日，群灾叠现，并在一时，诸司弊政，日益月增，百孔千疮，随补随漏……"最后他们得出结论，如果要改变这种倒行逆施的局面，只有一个法子，那就是将围绕在皇帝身边的几个宦官清理出内廷。

那些自以为是的官员，还以为自己面对的是仁慈宽厚的弘治皇帝。他们哪里知晓，本朝再也不会出现那么好脾气、有耐心听取批评意见的皇帝了。在呈送给朱厚照的奏疏中，基本上就一个调调：宦官祸国。内容大多集中于太祖皇帝开国时的警告，"不许和宦官结交"，甚至将前朝所发生的"宦官祸国"的真实事件一一陈列出来。

文官们越是拼命上疏，朱厚照就越是反感。刘健还将那些规劝皇帝的奏章分门别类地整理出来，直接呈递到朱厚照的面前。对于一个正处于青春逆反期，沉溺于玩乐的少年来说，那些板着面孔、循规蹈矩的言论，无疑是让人反感的，像是故意和他过不去。既然宫殿里的主人是皇帝，那么这里的一切都要以皇帝为中心，应该围着他转，而不是让他怎么转。这帮不知死活的大臣每天吃饱了没事干，却要来干涉他的自由。

朱厚照两岁的时候就被立为皇太子了，终日与其厮混的都是这帮太监，关系密切程度可见一斑。在他的成长过程中，宫殿始终是作为一个巨大的枷锁存在的，这个巨大而沉重的枷锁，对于他这样一个从两岁就被剥夺了做一个正常孩童资格的人来说，冷冰冰近乎无情。只有那几个陪伴他成长的太监，愿意变着花样逗他开心，让他觉得做一个有意义的君王，不如做一个有意思的人。

在这个野兽丛林般的宫殿中，我们的皇帝表现得如此荒唐。在做皇帝和饲养动物之间，他显然更热爱后者。这个年轻人，有一颗自由奔放的灵魂，可惜他生错了地方。在他看来，紫禁城就是一座巨大的游乐场，他是驯兽师，他是暴发户，他是无赖，他从来就不像是个皇帝。

顾命大臣之一的刘健跑到祖庙以头抢地号啕大哭，哭自己未能将皇帝教育成一个有德之君，哭自己辜负了临终托孤的先帝。户部尚书韩文每次退朝与同僚们说起此事，都是忧心忡忡。说到激动之处，也是涕泗横流。户部主事李梦阳看着这几位内阁老臣除了哭，就没有其他办法，实在看不下去，就对韩文说：韩公何必哭，官员们正在弹劾这批把持朝政的阉宦，当此之际，你应该率领大臣与其斗争，除去“八虎”并非难事。

李梦阳这句话说到了韩文的心坎里，他就是在等这句话，等有人站出来和自己并肩作战。他对李梦阳说：“你说得对，就是功败垂成，我能活到这把年纪也够了，不死不足以报国。”

第二天早朝，韩文与三位阁老密谈，得到他们的支持，再去征求其他大臣的意见，大臣们无不鼎力相助。虽然他们中的大部分人都是这么想的，但若是无人站出来振臂一呼，日光之下，也并无新事发生。于是由韩文领衔各部大臣联署，文章高手李梦阳亲自操刀，一篇《劾宦官状》就这样问世了：

（太监马永成、张永、刘瑾等八人）置造巧伪，淫荡上心，或击球走马，或放鹰逐兔，或俳优杂剧错呈于前，或导万乘之尊与人交易，狎昵媟亵，无复礼体。日游不足，夜以继之，劳耗精神，亏损圣德。遂使天道失序，地气靡宁，雷异星变，桃李秋花，考厥占候，咸非吉祥……

这样的吊诡之辞，在朱厚照看来，都像是在说他。据说我们的皇帝在读完后，放声大哭，连饭也吃不下，不知是因悔恨而痛哭，还是被奏章里的预言吓哭了。宫殿中存在一条食物链，一个血连环，所有人都只是其中的一个环节而已。为了应付愤然而起的舆论，朱厚照主动提出要将“八虎”安置在南京。眼不见心不烦，待得风平浪静之后再从长计议。

“八虎”闻讯，惊恐不已，离开皇帝，也就意味着他们的末日就要到来。他们一致推举“巧佞狠戾，敢于作恶”的刘瑾，由他来夺取宦官的最高权力机构——司礼监的位子，掌握实权。

刘瑾们深知自己正置身于一个血淋淋的现场，每个人都企图占据食物链的上游，这样不仅可以获得更多的食物资源，而且使自身的安全系数得以增加，然而，保护他们的只有皇帝。

他们在皇帝面前痛哭流涕，指责大臣们对他们的诬陷。朱厚照看着这群忠心耿耿的玩伴，又决定让他们留下来。一夜之间，帝国的政治形势发生了惊天逆转。第二天，大臣们奉诏入宫，他们满怀信心地等待着皇帝朱厚照下达最后的诏书。但结果却和他们所期待的完全相反，朱厚照的旨意是：诸大臣爱君忧国，所言极是，可这几个奴才长期在朕身边服侍，朕实在不忍心用重典将他们治罪，希望能够从宽发落，由朕亲自处置。

既然是皇帝颁下的圣旨，大臣们就算心有不满，也不敢反驳。朱厚照当即任命刘瑾为司礼监掌印太监兼任团营提督，马永成为东厂提督，谷大用为西厂提督，张永等人掌管京营军队，分别把守权力的各个要害部位。

一夜之间，宫廷的机要、特务及警卫，统统落入“八虎”之手。朝臣们本来指望能够联手将“八虎”踢出朝廷，结果却成全了他们。他们以闪电般的速度获取了前所未有的巨大权力，刘瑾更是坐上了帝国宦官的头把交椅。

内阁大学士刘健等“倒虎派”官员见无力挽回败局，只好选择明哲保身。他们纷纷向皇帝提请辞职，以避“八虎”的锋芒。正德皇帝顺水推舟做出批示：李东阳留任，刘健、谢迁等阁臣退休。在这个巨大的食物链体系里，文官们没有想到，他们会成为太监们的猎物，暴露在皇帝的射程之内。据说前顾命大臣刘健、谢迁离开京城前，李东阳为他们饯行。席间，李东阳数度呜咽出声。刘健说：你现在还有什么好哭的，要是当初你多说一句话，你也要和我们一起回老家了。

对李东阳在“倒虎”行动中的表现，我听到许多议论，誉之者说他忍辱负重保全善类；诟之者说他委蛇避祸，保全禄位，全无操守。但我还听说，李梦阳事后上疏，要求与刘、谢二人共进退，但是朱厚照并没有同意。

在这次请留辅臣的运动中，南京六科给事中几乎全都卷入其中。南京户科给事中戴铣，御史李光翰、徐藩等接连上奏请留刘、谢二人。南京十三道御使薄彦徽、陆昆、蒋钦等人，则联名上疏，要求将刘瑾等人赶出京师，重用那些有能力又够忠心的大臣。

南京言官们泣血上奏，不仅没有感动皇帝，反而让他心生厌烦。刘瑾对这帮言官采取了“廷杖除名”的狠辣手段，廷杖无情，打得他们皮开肉绽。打完之后，或是除名罢官，或是逮捕，投进锦衣卫的大牢。而在这其中，最为惨烈的莫过于蒋钦。

他被杖废为平民后，隔了一天，又上了一份言辞犀利的奏折。后来我听人说，当某个夜晚蒋钦伏案起草奏折时，灯下窸窸窣窣似有鬼声。蒋钦想，这可能是哪位先人的灵魂深夜造访，让自己停止上奏，以免罹祸吧。他赶紧整了整衣冠说，若是先人，就请言语一声。不一会儿，从墙壁中间传出一个凄怆的声音，说，既然你已决定捐躯，那就切不可再有私心杂念了，这样的紧要关头若你沉默不言，那才真的让先人蒙羞，那才是更大的不孝。于是，蒋钦坐下奋笔疾书：“刘瑾，窃国小贼。陛下亲以腹心，倚以耳目，待以股肱。你这么做完全是在用贼坏天下事，乱祖宗法。如果你能够听进去我说的这番话，那就赶快诛杀刘瑾以谢天下人，然后再杀了我以谢刘瑾。”

蒋钦铁了心，要用自己的一腔热血唤醒昏聩不明的皇帝。可是对于空有热血的蒋钦来说，热血仅止于热血。他的那份奏疏递上去后，刘瑾毫发未伤，而他反被投入牢狱。在狱中，蒋钦又上奏疏质问皇帝："刘瑾与我，到底谁对你更忠心。臣今日能做出请杀刘瑾的举动，就是舍身求仁，哪怕骨肉分离，家中七十二岁老父，不顾养矣。"三日后，蒋钦带着他的一腔热血离开了这个世界。

那天，我看见紫禁城上空飞来了许多乌鸦，围绕着宫殿的屋脊盘旋良久，呱呱叫着，久久不愿离去。这时候，一阵风掠过京城的上空，我闻到了呛人的血腥味，以及死亡的气息。我记不得哪个诗人说过，无论谁死了，我都觉得是我自己的一部分在死亡。因为我包含在人类这个概念里。因此我从不问丧钟为谁而鸣，它为我，也为你。

从紫禁城的旧宫殿到大大小小的府衙，每天都在上演同样的戏码，猖狂的得意者和落魄的失意人在这里相互斗争，又相互融合。文官集团自然不肯善罢甘休，在这种情况下，他们也只能退而求其次要求皇帝留下刘健、谢迁等倒台的内阁。而此时的我则在这紧张的气氛中，默默地观察着，寻找着属于自己的坐标。我经常会在半夜醒来，无法合拢的睡眠让每一个梦都残缺不全。窗外的风声，像混沌的河流，不断地形成旋涡，难以流淌得畅快。

梦境里，我看见一片血光，一把雪亮的钢刀在我的梦里杀机四伏，最终还是飞向我的胸口。我大叫一声，捂着胸口从床上翻滚而下，醒来，额头沁出一层细密的汗珠。醒来，我为自己占了一卦，一卦凶一卦吉，不敢再继续下去，生怕就此定下生死。

随着刘瑾大权在握，整个朝堂陷入死一般的寂静。朝堂已非旧日朝堂，秩序已被扯得支离破碎，而新的平衡尚未形成。李东阳留在朝廷，还是可以尽自己所能做一些力所能及的事。

这时候的文官集团处于一种分裂状态，并不是所有人都能做到像谢迁、刘健那样，敢拿身家性命与刘瑾等人对抗。朝廷上永远不缺乏投机钻营的无骨奴才，毕竟生存才是第一选择。在刘瑾倒台之后，从他的豪宅内查抄出大量文武官员巴结他的信件。有人主张将这些人全部按阉党处置，李东阳却不同意。他认为，在当时那种情况下，连自己也要屈从让步，更何况那些进取无门的中下级官员。他命令将查收出的信件统统销毁。

虽然这时候的我只是一个区区六品官，但是立场坚定，也绝对做不出屈身事贼之事。在京官的品级中，我只是一个小吏，日日以笔札事人。有人劝我不要学我那状元郎出身的父亲不通人情世故，要学会与上司交好，与朋友觥筹交错，要为自己在官场中晋升打好基础。

平生乱梦三千，皆有因果。在我看来，言官以谏为职，言者无罪，如以言定罪，摧残杀戮言官，乱了朝纲国法，使得朝臣人人自危，今后谁来正君心、纠君过。于是，当戴铣等几个言官从南方逮至京城，并下狱。道义的冲动使我不知天高地厚地向皇帝递交了一封奏折《乞侑言官去权奸以彰圣德疏》。这封奏疏并没有多少火药味，看上去更像是一篇晓之以理的政论文。

我在奏折里说，君仁臣直，戴铣等六人以言获罪，想必触犯了皇帝，但他们身为言官，对朝廷提出批评意见本就是职责所系，所以，其言如善，自应嘉纳，即便说错了或者说的不完全对，皇上也应该宽容他们，以开忠谏之路。现在却派锦衣卫把他们押解赴京，在皇上或许只是稍示惩创，并非有意要拒绝一切不同意见。但群臣由此产生恐慌，如果再有关乎国家安危，不合祖宗体统的事情发生，皇上再也听不见恳切的谏议，这将是多么遗憾的事啊！

我采用的手法更像是以柔克刚的太极，凡事讲究阴阳平衡，很多人将官场视为硝烟弥漫的战场，而在我看来官场并不是让人赤膊上阵的战场，它讲究的是一种平衡。这与我所崇尚的身心之学有着异曲同工之妙，万法自然，皆在人心。

我思考人生的方式和一般人本就不太一样，我将矛头直接对准了南京监察官事件。我请求皇帝追收前旨，恢复戴铣等人的名誉和地位。其他人将弹劾的矛头指向刘瑾等八虎，而我却是武宗。我批评武宗“赫然下令，远事拘囚”，“使陛下有杀谏臣之名，兴群臣纷纷之议”，圣德有亏。我上奏之前，有人劝我不要蹚浑水。说我不过是一个小小的兵部主事，人微言轻，不要将自己本就晦暗不明的前途也葬送了，现在大局已定，小人得势，你却逆风而行，撄触龙鳞，究竟图的是什么？

对于一个官场新人来说，我这么做有自毁前程、自绝人世之嫌。可是对于了解我的身边人而言，这就是我，一个他们所熟悉的、真实的王阳明。此时围绕在武宗身边的是以刘瑾为首的“八虎”，而身为皇权代理人的刘瑾有权批阅奏章，尤其是那些针对他的奏章，更是一封不落地到了他的手上。

刘瑾所要做的，是像捏死一只蚂蚁一样捏死他们，反抗是徒劳的。

我的那篇奏疏虽然没有太大的杀伤力，却足以把那个叫王阳明的家伙划到“反刘瑾阵营”里，也将不出意外地将自己送进监狱。

我本可以躲过这场灾难，可我没有选择闪躲。如果说，我的良知是一汪碧水，那么这个事件就如同一枚石子。就像是一位诗人所说，无论那波纹如何扩散或消逝，都是从这里起始的。

我在奏折中，不知天高地厚地劝说皇帝释放戴铣等人：听说君主对自己的臣子要有仁爱之心，才会刚直方正；大舜之所以能够成为圣人，就是因为他能隐恶扬善；戴铣等人虽然触犯了皇上，但是他们以言为责，出发点是好的，即使有不到之处，也应该得到皇上的谅解和包容，这样才能让那些忠君之臣敢于谏言。

我在这封奏折中用了“去权奸”一词，虽然没有涉及弹劾刘瑾的词句，但还是触怒了如日中天的刘瑾。

父亲应该也是懂我的，他并没有阻拦我。如果说，在此之前，我们陌生得如同路人，那么从这一刻起，我们有了某种不言自明的默契。他也清楚，在这样一个强权而无公理的时代，他的儿子在做一件极其危险的事，或许会殃及池鱼。我记得父亲看我时那双冷峻的目光，饱含着无奈和无助，也同时饱含着鼓舞和赞许。

或许在他看来，我还是当初那个被个人英雄主义烧红了眼睛的少年，一骑绝尘奔关外。他或许会在某个深夜，在灯下好好地琢磨他的儿子。我的人生大道与强权所推崇的那一套硬桥硬马的东西正好相反，我讲究平衡，而强权讲究打破平衡，一党独大。我做不到完全地妥协，无法像他那样沉浸于波澜不兴的官场生活，我的第一等事与他的第一等事是两回事。每个人都拥有双重身份，一个是作为芸芸众生中一个普通人的身份，还有一个是特定环境中的一个特殊人的身份。我即我，我即你和他。

我无意给自己贴上一个高大全的标签，我只是在良知的驱使下，去做自己该做的事。我记得老子说过，了解别人的人有眼光，而了解自己的人有智慧。战胜别人的人，叫作有力，而战胜自己的人才真正的强大。

正德元年（1506）十一月，我被打入大牢，关在如洞穴一般的囚室里，暗无天日，无秋无冬，每天思咎省罪。

我开始了漫长的囚徒生活，外面已是隆冬时节，冰天雪地，寒冷彻骨。黑暗带来的恐惧裹挟着我，心头某个瞬间掠过一丝悔意。

最痛苦的不是我的身体，作为一个平日以圣贤自期的苦修者，却发现自己所遵循的圣人之道丝毫无济于当下之事。身心之苦可以忍耐，而信仰坍塌了却难以忍耐。当监狱的那扇铁门轰然合上，仿佛要关停我脑子里思想的大门。

我不喜欢一个人待在如此狭小的空间，我希望他们将我关在很大的笼子里，里面的每个犯人都像是一头失去自由的野兽。犯人们很容易就能识别出彼此的身份，他们中有的是杀人越货者，有的是官逼民反者，有的是受人陷害者，有的是权力游戏者，有的是这个世界的喧哗与骚动者。

虫豸蝶变，大人虎变，小人革面，君子豹变。大人坐拥权位，变化如虎，虎威抖擞。小人变换甚多，看人脸色，一日几变。唯君子不变，漫长而艰辛。我做不了虎豹，也做不得君子，我还是做一只轻盈的虫豸，在阳光下蝶变。

听着京城里或远或近的鞭炮声，我的内心生出难以名状的苦痛。逝者不可追，来者犹未卜。如果说此时的我有什么追悔莫及的，应该不是因为上了那道该死的奏折，而是因为自己剪掉了自由飞翔的羽翅，一头钻进官场的罗网。

我意识到，自己所面临的灾祸远比预想得更复杂、更严重。此时此刻，以前的经历、学识以及思考，全都变成无用之物。我像是坠入万丈深渊，不知生路在何处?

坐在冷酷如冰的黑暗里，我难以做到心如止水。最让我牵肠挂肚的是亲人：祖母、父亲，还有妻子。他们虽然与我置身于同一片天空，但此刻却被这冰冷的现实隔绝为两个世界。

幽禁的日子将成块的时间变成难以揉捏成型的粉末，在无形之中放大了一个人内心的孤独。我想的最多的是，自己什么时候能够走出这里。如果刘瑾不除，这里或许将是自己人生的最终归宿。

我昏睡了两天，像是从鬼门关里走了一遭，醒转后半天没有言语，然后不眠不休又是两天。想到自己才三十五岁，就沦落至此，不禁悲从中来。我写下了《不寐》一诗：

天寒岁云暮，冰雪关河迥。
幽室魍魉生，不寐知夜永。
惊风起林木，骤若波浪汹。
我心良匪石，讵为戚欣动。
滔滔眼前事，逝者去相踵。
崖穷犹可陟，水深犹可泳。

焉知非日月，故为乱予衷？
深谷自逶迤，烟霞日悠永。
匡时在贤达，归哉盍耕垄。

身心被困于黑暗的囚笼之中，眼前是暗黑色的沉寂。一个人陷入绝境时，生存的信念会因此而动摇。当某一刻意识到，绝境不是死亡本身，绝境被时间抻成了一根长绳，那么将熄未熄的生存信念又会被重新点燃。这就像一个人从光明的所在，突然被置于黑屋子里，当蒙在脸上的布被取下时，那种恐惧很容易让人绝望。当适应之后，心情就会慢慢平静下来。

尽管遭受了如此不公平的待遇，但我对那个荒诞得近乎有些变态的皇帝却没有丝毫的怨恨。我也知道，刘瑾这帮人固然可恨，但如果没有皇帝的支持，他们也不至于狂妄到如此地步。其实大明王朝走到今天，文官体系也已开始慢慢溃烂。

那些言官是一群坚持理想的人，也同样是固执己见的人，他们认的是死理。从汉武帝“罢黜百家，独尊儒术”的那一天起，我们这些读书人的精神就被强行纳入一个坚硬的盒子里，任何一个朝代出现的变化只是城头的大王旗，其他方面基本上都是照搬照套的复制，就连人的思想也是如此。整齐划一固然是一种平庸，但它却是最安全的；各有千秋固然是崇尚了个性，但它有着生长的风险。对于君王而言，他愿意选择安全，而不愿选择风险。

本朝的文官尤其是一些言官，在皇权与宦官的双重挤压之下，不得不屈从于官场规则，在可有可无的进谏中找到了存在的价值，以及权力的乐趣。他们就算向皇帝展开激烈的进谏，最多也不过是落个皮开肉绽，或是流放外地的惩罚，投入的成本尚可接受。

这也是正德皇帝朱厚照在文官与宦官之间，将信任票投向宦官的原因之一。刘瑾曾说过：言官懂什么国家法度，好端端的朝堂被他们搅得鸡犬不宁。

刘瑾说的未尝不是皇帝的心里话。在皇帝看来，那些整天奏疏不断的言官只会和自己争夺权力，他要从文官手中夺回掌管国家的权力。

## 15

北京的冬天冷得本来就让人度日如年，而牢笼世界更是冰冷到极致，让人根本无法入睡，越是睡不着，越觉得长夜漫漫。在那牢笼之内，我依然不忘讲学布道，让自己的内心游走于昂扬高远的圣道之中，这也是世俗之人无法理解，也理解不透的精神愉悦。

我刚刚被投入监狱，以为置身人间地狱，谁也不认识，每日打坐默念。与我一同关在这里的八名“罪犯”，大都是被刘瑾借各种缘由关进来的人，有朝廷命官和普通读书人。他们或因为不慎议论了朝政，或被“奸党案”所株连。他们是和我有着相同命运的人，而壁垒森严的监狱就这样成了我们论道讲学的书院。在这如鬼魅般冷寂阴沉的囚室中，我和他们同声响应，同声相求。

虽然身陷囹圄，但是与这些同道之人切磋交流圣贤之道，让我暂时忘记自己是个待罪之人，精神世界的满足给了我无形的力量和愉悦。后来离开监狱，我心有不舍，写下《别友狱中》。其中写道：“累累囹圄间，讲诵未能辍。桎梏敢忘罪，至道良足悦。”

我们也明白，无论怎样效忠于这个王朝和君王，无论怎样完善个人的道德，我们所沉溺的儒家精神世界正在发生着急剧的变化。与主流意识形态并行的，完全是一套更贴合现实的所谓的潜规则。在大多数情况下，维系政治运作的力量，正是后者，而并非那些冠冕堂皇的道德教条。

我喜欢读《周易》，虽然对我来说，这是人生的至暗时刻，但我并没有选择佛教和道教的书，而是选择精微深奥充满处世哲学的上古典籍《周易》。在监狱中，大理寺评事林富与我最为投契。我们学着当年周文王被囚羑里城而演《周易》，昼夜不倦，洗心见微，忘了今夕何夕。我与他志同道合、同病相怜。两人戴着枷锁相对讲论《周易》一个多月，直到出狱。“日月之谓易”，它是太阳、月亮天体系统之下的学问法则。在陷入艰难困苦之际，很多人都会选择读《周易》，我也不例外。

我为自己占得两卦，《遁》四获我心，《蛊》上庸自保。《遁》卦的九四说“好遁，君子吉，小人否”，此卦说君子在应当隐遁时，必须断然隐去，不可留恋。《蛊》卦的上九说：“不事王侯，高尚其事。”此卦说，人要葆有隐士的高尚气节，不为王侯所用，隐遁自保。

两卦皆让我隐遁自保，不可贪恋，方可脱离险恶。我在狱中预卜命运吉凶，也在为自己寻找路径。

我经常会在梦里回到上古黄金时代，我们的先人一生辛劳，却在茹毛饮血的活命生计之余，将生命中的大部分时间用于传道、神灵献祭和身心清修。他们唱着歌投入劳作，在尽了世俗的责任后，内心是丰盈的、愉悦的，不像我们这些后人从生到死都在忙着媚世媚俗。

我希望自己能够在会稽山的阳明洞中逍遥自在地度过一生，小小的世外乐园，安放身心足矣。我喜欢读《周易》，它让我忘却了狱中的烦恼和人生的忧患。这本上古的典籍里包含着伟大的玄机，要破译出先知留给我们的秘密，就要将其读通读透。除了在《周易》之理中释放自己的精神力量，我还修习过周敦颐和邵雍的“宇宙生成论”。

我梦见自己和湛甘泉、汪抑之、崔子钟等友人纵论天地、神游八荒。一个认真生活的人，不会把人生的相遇视为一件平常小事，转身就抛诸脑后。人的一生会遭遇无数次相逢，有些人，是路过的风景；有些人，则是你心里生根抽芽的生命。

正德元年（1506）十二月二十一日，我被定为“奸党”中人，出狱，在午门廷杖三十，谪为贵州龙场驿丞。

当行刑官将我像死狗一样拖到午门，我居然笑出了声。若是我的性命在此刻戛然而止，该有多么遗憾，也该有多么荒诞。这难道就是我的英雄梦想？是我追逐圣人之道的下场？最难熬的是让我拖着病体挨板子，即廷杖。一年前，挨打的人还能穿着厚厚的衣服，棍子也用毡层层裹起来。如今换了皇帝，连廷杖的打法也换了。朝堂混沌，人神鬼魔共存，我实实在在地挨了三十大板。行刑中，几度昏死过去。

驿丞，算不上官员，只是一个普通的役吏。对于我来说，能够活着走出牢狱，已是不幸中的万幸。比那些杖毙于阙下，或者被折磨死于牢狱中的言官要强上千万倍。远在天涯的龙场驿会是自己命运的终结之地吗？

听人说，我离开京城时，最高兴的莫过于我的父亲。我离开京城的那个晚上，父亲喝得烂醉如泥，甚至还激动地流下了眼泪。这个从不轻言儿女情长的男人，头一次站在人前骄傲地说："我的儿子成为忠臣，名垂青史，我这个当父亲的替他骄傲，也替他感到满足。"

如果有一天，水上无波，月中无树，或许也就没有了困惑人心的情。可是我想知道的是真的会有那么一天吗？很多时候，人生所谓的苦难，又何尝不是一种情感作祟。爱情固然动人心魄，可亲情更让人体味冷暖。

正德二年闰正月初一，我离京赴龙场驿谪地。我在离开北京之前，写过一首诗，其中有两句："贤圣可期先立志，尘凡未脱漫言心。"山遥水远的贵州龙场驿站对我来说，不过是另一处修贤得道之所。身处何地并不重要，重要的是心在哪里？

湛若水、汪抑之、崔子钟……朋友们赶来相送，他们都是宦游的士子，长亭短亭，也只有以诗相酬，互道珍重，我一一回赠。从今往后，我就不能再与朋友们一起交流儒学之道。如此一来，生有何趣？

来日未卜，生命未明。我终于明白，山高水长的世间路，没人能替你走。你只能一个人走，而那些与你相约前行的人，有一天终究会在某个渡口散失。别人就算会有送君千里的情分，可也无法替你完成救赎，一切只有靠自己。

时光无涯，聚散有时。送君千里终须一别，自己不过是这北方天空下的匆匆过客，带不来什么，也送不走什么。短短数载的光阴，就好像岁月跟自己开了个不大不小的玩笑。我始终相信，这幅皮囊不过是装饰，带走的唯有良知，不需要给任何人交代。我对送行的伙伴们说："你们还是请回吧，难道你们没有看到，你们为我所做的诗句只能让我更加伤怀，更添忧愁？"

朋友们嘱咐我，一路上千万要小心，得罪刘瑾的人，往往都会死得不明不白。对于刘瑾那样的人，他的人生哲学其实很简单：既然不能为他所用，那就是他的敌人。很多持异议的文官，都遭到秘密杀害。不要说，京都之地笼罩在一片白色恐怖之下，就是千里之外，他派出的锦衣卫也能随时取人性命。

如果说，这段并不长的狱中生活，能够让我收获什么，两个字可以概括——心力。何谓"心力"？人作为个体，当身陷囹圄时，那种无所凭依的茫然感，会让自己很容易就触摸到内心的力量。

人在天地之间，如一粒微尘，于愁风苦雨之中，还能岿然不动地立在那里，靠的是什么？很多时候，没人能够帮得了你，只有自己拯救自己，靠的是什么？靠的就是心力，除此之外，不要指望有什么外在力量来支撑你自己。

没过多久，父亲也被赶出京师，担任南京吏部尚书。虽然说是平调，但是官场之人一眼就看出，刘瑾这么做，分明是在打压我们父子。当然他要打压的人太多，树立的敌人也太多。放眼朝堂之上，除了他的干儿义子，没有几个不是他的敌人。这个无根之人，每日幻想着在权力和财富的世界能够扎下根。可夜深人静，空荡荡的裤裆总是提醒着他，他所有的努力都是一场枉然的游戏。这也是他的痛处，而这种痛让他变得更加疯狂。

我带着一身棒伤匆匆南下，内心既有重生的喜悦，又有前途未知的茫然。对于不可知命运的惊惧，我觉得自己三十五年的生命恍若一场梦境。这人间，最苍茫也最是无情，关于人生的输赢，我们总是有心无力。晚上睡下的时候，我对自己说：不怕，他们这么做，是因为他们怕了你，而不是你怕了他们。

离开京都的我并没有急于奔往目的地——贵州龙场驿，而是沿着运河南下。暮春三月，我来到了杭州钱塘。这是一年里最为曼妙的季节，这个季节像是专门为江南而量身定做的。河畔的柳丝已经吐绿，带着新鲜的泥土腥味的河水流得更畅。大自然是疗治精神痛苦的一剂良药，我那颗冰冻多日的心也出现了一丝暖意。

之所以取道杭州，一是这里与我的故土余姚相去不远。我在重获新生之后，想返乡见一见自己的亲人，以慰思乡之苦。本来我准备前往南京，再见父亲一面，又怕自己的戴罪之身给父亲带来麻烦。二是我想在杭州做短暂的停留，这些时日以来，牢狱生活让我瘦弱的身体受到了重创，我本就肺病缠身，而杭州是最佳的疗养之地，在这里将养一段时日，再赶赴龙场。

当我乘坐的船只抵达杭州北新关时，弟弟守章、守俭、守文等人早就等候在那里。劫后余生的我能够和亲人再次见面，自然兴奋，免不了一番唏嘘。从他们口中得知，朝中已将我和尚书韩文、林瀚，都御史张敷华、郎中李梦阳在内的五十三名言官同列“奸人榜”，已榜示朝堂。

我笑了，我居然活成我所鄙视的奸人。不由让我想起北宋元祐党人与南宋庆元党人的历史故事。把反对派言官、谏官、朝官作为一个“奸党”“乱党”的群体加以禁锢，开列党人的名籍，榜示朝堂，诏告天下，永不叙用。这是昏君权奸惯用的伎俩。

当夜，弟弟们陪我聊到很晚。我们喝着家乡余姚的杨梅酒，不觉已至微醺，然后倒头便睡。

等身上的酒劲慢慢散去，我才起身。看着弟弟们，恍然之间觉得自己就像是醒在一场梦中，不觉内心翻腾。我说，世道如此艰难，我和诸弟差点就阴阳两隔。如今我又被朝廷贬谪龙场，就算有心报国也无门。等我熬过这几年，咱们就一起回乡种田去。

按说我是不应该向弟弟们灌输消极的思想，守文当时准备参加乡试。一次次折戟沉沙，坏了他的一双眼睛，也让他落下一身病痛。他也向我抱怨过，身为状元郎的儿子还不如生在普通的农民家庭，他看不得父亲对功名的热望，就连哥哥们获取的那点微不足道的功名也让他倍感压力。一个弱者，最好不要心存高远，最好不要强迫自己去干力有不逮的事，否则他就会为自己与理想之间的差距之大而绝望，最终可能会选择放弃。

此一时彼一时，也就在四年前，同样是在这里，同样的场景里，我却有着不同的心情。那时，我到杭州西湖纯粹是为了疗养身心，准备进京大干一番。我当时的日记里甚至出现过“十年尘海劳魂梦，此日重来眼倍清”这样昂然奋进的诗句。

为什么我会沉湎往事？难道仅仅是因为回忆能够给我带来快乐吗？回忆改变不了现实，也无法赋予自己飞翔的可能。

随着天气转热，我的肺病越发严重。这一年的六月份，我又迁居胜果寺。这里是纳凉避暑的好去处，同时也远离尘嚣，可以让我静心养病，更重要的是，我想让自己的内心保持一种纯净的状态。我依旧以陈白沙“静坐澄心，体认天理”为座右铭“洗心”。

江山俱知山色好，峰回始见寺门开。
半空虚阁有云住，六月深松无暑来。
病肺正思移枕簟，洗心兼得远尘埃。
富春咫尺烟涛外，时倚层霞望钓台。

迁居胜果寺，让我身心得以舒展。钱塘学子士人纷纷登门论道，胜果寺成了我的讲学之地。我享受讲学时的分分秒秒，它将我的时间分割成两半，前一半的“身不能至”落脚于后一半的“心向往之”中，真理就像是一面铜镜，被语言擦拭得锃亮。

我在杭州讲学，一时之间成为地方热点事件，“湖山如旧我重来”“卧病空山春复夏”。我得的是肺病，需要静养。不仅要养生，还要养心。在人间天堂过一种心魂相守的宁静的书生日子，是我一直以来的心愿。

很多时候，我追求内心纯净，但行事绝不低调。一路走来，我并没有放弃自己的求圣之心。在这一时期，我收了自己人生当中最初的三个学生。他们分别是徐爱、蔡宗衮和朱节。

这一年八月，他们来钱塘参加乡试，考前来向我问学，执弟子礼。此时的我已经触怒了刘瑾，前路风雨摇荡，谁靠近我，谁就可能会触霉头，但这三人却偏要和我走到一起，不能不说是需要很大的勇气。

他们在我心目中性格迥异，各有所长，徐爱性温恭，蔡宗衮性沉潜，朱节性明敏。我珍惜和他们在一起的时光，内心充盈。我们是一群失去真趣的大人，我们背叛了自然，背叛了童年不意拥有而今孜孜所求却一天天远离了我们的人性，我们在一起就是要寻找良知世界里那份渐行渐远的真实。

三人中，我与徐爱的关系最为特殊。他是我最欣赏的弟子，也是我的妹婿，有人甚至将我们之间的关系比作孔子与颜回。他与我是同乡。他和他的叔叔都喜欢上了我的妹妹王守让。父亲喜欢徐爱身上那种朴素的单纯，说他的性格犹如一张白纸，可以在上面勾画出无限可能，于是将妹妹许配给他。

徐爱对待学术到了执迷的地步，有时候会不由自主地将自己的命运与那些圣贤联系起来。有一次他在衡山游玩，晚上投宿于寺庙，做了一个梦。在梦中，一个老僧亲切地拍着他的背说：“你与颜子（孔子的弟子颜回）

同德。”

老僧继续道：“也与颜子同寿。”徐爱很不高兴，这是在诅咒自己是短命鬼啊，因为颜回只活了三十二岁。

本来也就是一个梦，可徐爱始终无法释怀。

很多人并不认可我的学说，徐爱却能很好地理解我所遵循的天理，明白其要旨。

我接受了徐爱等三人的拜师礼，得知他们来年就要赴京城参加会试，我给湛若水写了封信，让他替我照顾好他们。临行前，我还特意交代：“增城湛原明宦于京师，这是我的同道好友，你们三人去见他，如同见我。”

树欲静，风不止。我在杭州经历了一个夏天和半个秋天，沉浸于学术氛围的我忽略了一件事，那就是京城还有一双想要吃人的眼睛在盯着我，那是刘瑾的眼睛。这家伙本来就对朝廷释放我这种死不悔改的政治犯持反对意见，如今我滞留杭州，迟迟不到贬谪之地，让他早就心生不满。

杭州与南京近在咫尺，我在杭州与一帮地方文人走动频繁。文人扎堆，无非是骂天骂地骂太监，恨皇帝瞎了眼睛，朝廷无有用之臣。我在北京能够死而复生，活着走出监狱，并不是因为刘瑾动了善念，而是因为身为皇帝的朱厚照并不想处死我，是因为我并没有什么激烈的行为，一封奏疏写得也是有理有据。既然皇帝不想让我死在监狱，刘瑾也就不好在京城动手。人在杭州，心绪难安。我面临着两难抉择：不赴龙场，抗拒朝命，必将有更严厉的惩罚，甚至将我置于死地；如赴龙场谪地，则将万劫不复，生死难料，永无出头之日。权衡之下，我决意远遁避祸。

这一天我正在胜果寺里读书纳凉，身边并无其他人。满城举子全进了考场，与我同居的徐爱以及来受学的朱节、蔡宗兖等弟子也都入场考试，万松岭上空寂无人。这时候，有两名鬼鬼祟祟、身着紧衣黑衫的北方大汉突然出现在我的眼前。

我虽有警觉，但已经来不及躲避。还未等我做出反应，两名大汉一左一右将我挟持。

我的身体动弹不得，只能任由他们裹挟前行。出了胜果寺，两名大汉脚步更急。走出去有三里地，后面气喘吁吁追上来两个人。到得近前，我觉得二人面熟。其中一人言道：“先生认识我们吗？我们就住在胜果寺旁边，我叫沈玉，他叫殷计，早就听闻先生的大名。平时不敢打扰先生，刚才听人说，先生被两位官差大人带走，我们想跟着过来看看。”

两名黑衣人没想到半路会杀出程咬金，沉下脸色，威胁二人不要多管闲事，说这个人是朝廷重犯。这句话让我悬着的心也随之一沉，该来的终于来了。我不想连累其他人，示意沈、殷二人离开。

沈、殷二人并不退让，齐声反驳道：“既然朝廷已经罢免了先生的官职，又何来他罪？”

黑衣人哪里听得进他们在这里啰唆，继续挟持着我前行。沈、殷二人并没有被吓退，还是紧随其后。至暮色时分，我被他们带到了河边的一处空房子内。

两名黑衣人这才亮出自己的身份，他们是京城派来的锦衣卫，此行是奉刘瑾之命，特地来此取我的性命。他们即使什么也不说，我也能猜出他们的身份。我冲他们笑了一下，表示知道了。我没有慌张，也没有求生者乞怜的泪水。我和他们仿佛井水和河水那样置身于不同的地方，一个想着井水的事，一个想着河水的事。倒是吓坏了一路追随到这里的沈玉和殷计。他们看向我，想从我的眼睛里找到解决问题的答案，我笑着冲他们摇了摇头。

沈玉和殷计掏出随身携带的钱物，并承诺事后定有重谢。两位锦衣卫虽然见钱眼开，但也不敢将我放了。最后，他们同意将我沉江溺死，以此造成一个自杀的伪现场。如此一来，他们既可以回京复命，又保全了杭州地域的声誉。

说服了两位锦衣卫之后，沈玉又提议，他们要为我置酒送别。人生真的很奇怪，几个身份各异的人居然会为了我的生死大事，在这荒村野外开怀畅饮。在酒的刺激下，我们忘了为什么会来到这里，为什么会共同举杯，我们甚至谈起了各自的人生理想。你说着风的话，我说着马的话，他说着牛的话，各说各话。不同的人，不同的人生轨迹，在人生的某一个点上重合的时候，其实并不存在想象中的冲突，看上去是那么自然。

两名锦衣卫自认为有官差的身份，又有刀傍身，量眼前这三个手无缚鸡之力的书生也不敢造次。酒至酣处，沈玉将笔和纸递到我的手中，希望我能够在人生的最后时刻留下几句话。我略作沉思，一挥而就。

面对此情此景，我也是感慨万千，将自己的人生遗言化作一首诗。

自信孤忠悬日月，岂论遗骨葬江鱼。
百年臣子悲何极，日夜潮声泣子胥。

我的人生际遇和伍子胥何其相似，伍子胥当年辅佐吴王夫差击败越国，帮助吴国成为春秋霸主。为绝后患，他要杀掉越王勾践，但是夫差没有同意。夫差听信太宰伯嚭谗言，称伍子胥将联合齐国灭吴国。于是，吴王派人送一把宝剑给伍子胥，令其自杀。伍子胥自杀前对门客说："请将我的眼睛挖出置于东门之上，我要看着吴国灭亡。"吴王夫差听闻后，下令将伍子胥的遗骸装入皮囊内，投入长江。九年之后，吴国被越国所灭。越王勾践并没手下留情，而是干净痛快地将吴王夫差杀了。

随后，我写了一篇很长的绝命辞，其中有言"阳明公入水，沈玉、殷计报"。在这篇绝命辞中，我明确无误地表明了自己投水自杀之意。我要让那些替我收尸的人了解，曾经附着于这具尸身之上的是一颗怎样的灵魂。我不能让他们轻贱了我，这也算是我对自己的最后拯救。

我又开始吟诵，四人一边听我吟诵，一边推杯换盏，只喝得昏昏然。不知过了多久，窗外月色黯淡下去，凉风扑面，酒意已醒了大半。满天星斗，不知今夕是何夕。我扶着墙慢慢立起身来，向着酒兴正浓的锦衣卫道："二位官差大人，守仁该走了。"

然后又对沈玉和殷计言道："萍水相逢，感谢二位送守仁最后一程，也烦请二位能将我的死讯告知家人，记住，必报我家，必报我家！"说完，我头也不回地向着无边的黑暗走去。这个悲哀的时刻，我的耳朵里嗡嗡作响，许多人喊着我的名字，他们都是我最亲的人，也是我最愧对的人。我的身体前行之时，我的思维却在往回走。或者说，我的身体在走向死路，而我的思维却在寻找活路。黑暗中，河流的声音越来越清晰，我距离死亡渐行渐近。

两名锦衣卫刚开始还在后面跟了一段，但是由于喝了不少酒，东摇西晃的他们很快就被我甩开一段距离。时逢江水涨潮，他们便不敢跟得太近。我估摸着走出百丈开外，转过身去看见他们还留在原地，影影绰绰。我的纵身一跃并不是多么美妙的姿态，耳听得"扑通"一声，天地之间又归于沉寂。

我死了，从理论上说，那一刻我是应该死的。在我这样陷入死亡冥想的伤感时刻，有人正在花树下祝愿她的亲人长命百岁。在那花树之下，有我的夫人诸芸。她的眼泪在月下泛着微微的光，想到她，我就更不想去死了。

"王阳明已死"的消息很快传遍浙江，又传至京师。我看着"我"死亡，那一刻是那么虚幻，虚幻得令人感到无比忧伤。我只是作为具象化的时间而存在，"我"从来没有属于过我，我只是时间的物质对应物。我杀死了自己，也同样复活了另一个自己。

流水是时间的赋形，其实这天地之间的万事万物莫不如此，包括我以及"我"。我无数次地想象过"我"的死亡，那一刻，我游离出"我"，看着"我"死在我的面前。我摸摸"我"的脸颊，然后狠狠地抽了它一耳光，它让活着的我承受了多少赞美与诅咒；我摸摸"我"的身体，然后看着它一点点失去温度。它曾让多少烈酒烧过我的心，曾让多少春风灌满我的梦境，可现在它丢下了我，也同样丢下了自己，它成了一截没有生命的木头，一块没有语言的泥土，而我也成了“我”的孤魂野鬼，烈酒还在烧，春风去又来，不过已经与我无关，因为我死了。

对于我的死，最高兴的莫过于刘瑾那帮人，而最悲痛的除了我的家人，便是湛若水那帮至交好友和我的弟子们。我瞒得了天地，也瞒不住这两个人，一个是湛若水，另一个是徐爱。

人生如果能够真正拥有一个知己，就好像在怀里揣了一面镜子，随时拿出来照照，往往能反映出我们天性中最善良的部分。人留在这清冷的世间，总是需要一些实实在在的温暖，让人心生挂牵。湛若水看完我的遗书，就将其丢在一边，然后哈哈大笑道：“如此不着边际的传说，居然也有人相信，守仁欺骗了世人。”

多年以后，当我和这家伙再度相见时，他还将这件事作为一个笑话说与我听。守仁啊，你的手段固然高明，骗得了那帮蠢猪，可骗不了我湛若水。

徐爱也是如此，他说：“先生必不死。天生阳明，倡千古之绝学，岂如是而已耶！”

弟弟王守文将我的两首诗和我留下的绝命辞寄回老家，家人看后悲痛欲绝，只有父亲沉默不言，他不相信自己的儿子就这样不明不白地死了。生要见人，死要见尸，他开出了高额的赏金，让当地的渔夫到我落水处打捞，一连数日，也毫无所获。

当时的浙江藩、臬以及郡守杨孟瑛也认为我死在杭州之地，专门在钱塘江边设立灵堂凭吊，我的家人也身着丧服出席。我的爱人诸芸哭得最为断肠，就好像她的哭声能把自己的爱人从另一个世界唤回似的。后来当我站在她的面前时，她还嗔怒不已。

兵法，诡道也。我从少年时代起就修习兵法，而兵法讲究的是虚实结合，实则虚也，虚者实也。从喝下沈、殷二人为自己斟满的第一杯酒时起，我就已经打定了主意。我要想办法脱身，同时还要造成一个跳河身亡的假象，让这个假象看上去就像真的一样。

我就像是一个借助了法力的魔术师，逃过了现场每一双眼睛的审视，也因此脱离了险境。我像是一个潜入暗夜的幽灵，步履间没有发出一丝声息，生怕辗转间会不小心震落漫天露水似的星辰。这一日，一直走到天色暗黑，疲惫的我只好投宿于江边的一座野庙。此时月光愈加皎洁，照在雾气凝重的水面上，远处江涛吞吐，气象更是万千。

虽是一座野庙，其规模却也凛然可见。进入大殿，月光疏疏如残雪一般洒落在地面。刚进入庙里，奔波劳顿的我倚靠着佛龛沉沉睡去。不知睡了多长时间，被几个僧人推醒。我见他们每个人的脸上写满惊恐不安，忙问此处何地？

僧人答道："这里是虎穴，阁下是非常之人，入虎穴，而毫发未损。"

我吓了一跳，不解地问道："这里何处是虎穴？我怎么看不见。"

僧人更是一脸茫然道："阁下所待的佛龛神座下就是虎穴。"

虎穴不见虎，而我早已深入虎穴，这话听起来简直是天方夜谭。僧人端来素食斋饭招待我，吃完饭，我在庙里闲庭信步。夜已深，万物隐遁，一轮巨大的明月高悬在头顶，马上又要满月了。月圆月缺，方生方死。真不知天上人间，今夕何年？我望向那略显破败的佛殿，不知那殿内立着的是佛祖，还是菩萨，在黑暗中隐隐绰绰，散发着神秘的气息。令人不解的是，我总会在这种时候遇上和尚、道士之类的世外之人为自己的前途命运做一番指引。当我穿过大殿来到后院，禅灯如豆，看见了一个正在打坐的道士。尽管须发皆白，我还是觉得像是在哪里见过。我正盯着他看到额时候，他忽然睁开眼睛，望向我这里。

只见那道士长身而起，向我走来，我这才恍然醒悟，这正是自己结婚当日在铁柱宫见到的那位无为道长。我心中感慨不已，觉得自己突然闯进一个不真实的时空里。一个死而复活的人，走进一个包裹着时空的时空。还没等对方开口，我就先说出自己此行的目的：今天我不问道长该何去何从，我得罪了刘瑾这帮小人，早就不去想什么功名利禄，只希望能够避祸于乱世。

道长笑而不语，他取过纸笔，写了一首诗，其中言道：

二十年前已识君，今来消息我先闻。
君将性命轻毫发，谁把纲常重一分。
寰海已知夸令德，皇天终不丧斯文。
英雄自古多磨折，好拂青萍建大勋。

道长是在告诉我：你王阳明来这个世界，就算你不将自己的身家性命放在心上，不在乎什么功名富贵，但你不要忘了自己的使命，那就是维护世间正道，建立不世功勋。

不知什么时候，寂静的大殿被挂在柱子上的灯笼生生地扯开了几道光亮。我突然像是被闪电击中，猛然间想起，道长二十年前为我留下一句，“二十年，与君海上见”的卦言。

这一切都太不可思议了，亦在世间亦在世外，亦非世间亦非世外，倒像是一个虚无之境。我敢肯定，当我说起这番奇遇，一定有人不会相信。我身处此境，都认为这一切有多么不真实。肉身俗骨的人，何来此等神仙遭遇。

与当年的新婚夜逃不同，此时的我也不再是那个为了实现圣贤理想，做些令人哭笑不得的荒唐事的少年人。我现在奔向的荒僻之所，并不是我的精神归宿，而是为了避祸。就算自己贱命一条，也要想尽一切办法保护自己的亲人。我也不敢肯定，这茫茫的贬谪之路，和自己一直以来求索的圣贤之路是不是同一条路，又或者殊途同归？

二十年前，我从无为道长这里得到的是：养生的秘诀独在一“静”字，唯有清净后才能达到逍遥的状态。而今日，同一个“静”字，我得到的则是人生的指引。

二十年前是养生，二十年后是“静坐悟入”。静坐悟入和佛教的坐禅入定是两码事，前者悟的是儒学讲的理，后者悟的是脱离尘世之道。

佛家喜欢用“境界”一词，而儒家用的是“胸次”，也就是精神境界。我真的希望有那么一天，一切纷嚣俗染不再让我劳心费神。我取过纸笔，回赠道长一首题为《泛海》的诗：

险夷原不滞胸中，何异浮云过太空。
夜静海涛三万里，月明飞锡下天风。

我用这首诗直抒胸臆的同时，也在向无为道长展示自己这些年来的悟道心得。无论身处何种处境，在我看来都无足轻重了。在生死面前，一切都成了浮云。如此美妙的夜晚，就像在茫茫三万里的海上航行，那种逍遥自在如同乘着天风，插上翅膀，从高山之巅疾驰而下。

人的力量来自内心，既然避无可避，我必须正视眼前的现实。本朝官员升沉起伏具有很大的戏剧性，身为朝廷之人，不必为一时的荣辱而就此沉沦。人只要还活着，有些地方注定是要去的，有些事情也注定是要去经历的。而在这一路上，我也听到关于自己投身钱塘江的各种传闻。那一瞬间，我就像是一个第三者在听一段与己无关的传奇故事。我转念，如果自己真的投钱塘江而死，价值又有几何？我的死也不能唤醒这个混沌帝国的半点良知。像刘瑾这样的恶人是不相信眼泪的，这个步履蹒跚的帝国更不相信眼泪。而我所能做的只有等待。人，向来如此，只要明天有希望，今天就可以忍受，而心学从某种意义上说就是给人希望的光明哲学。在这个充满荒诞和希望的人世间，人需要一种自救的智慧。

我在江边花钱搭乘了一艘商船向南而行，一天又一天过去，漫漫水路之后，我不知去往何处。结果阴差阳错，这艘从钱塘江出海的商船并没有到达舟山，而是顺风漂流到了福建的中部沿海。

我在福建的武夷山盘桓了数日，紧接着又北上鄱阳湖。随后，又离开鄱阳湖，转道南京。一路上，颠沛流离，我并不认为自己是在吃人生的苦，相反，我很是享受这种近乎流浪的生活。这种“在路上”的状态，让我找到了一种生命本真的感觉。那一夜，我真的投河而亡。载我之舟便不会行驶于水面上，而是穿行于水面之下。生死颠倒，天地会不会也跟着倒悬，若是那般，我该在水面之上，还是水面之下？正像我在诗里所写到的：“山行风雪瘦能当，会喜江花照野航。”

我转道南京去看望了父亲和祖母，数月不见，父亲神情憔悴，眼眶深陷。看着这个日渐衰老的男人，我不由得心生愧疚。自己从小到大，真的没让父亲省心过。人只有经历过生死难关，才能真正体会到亲情的可贵。

从父亲口中得知，就在我入狱不久，刘瑾派人传话于他，只要他能够做出妥协，说些服软的话，不但可以让我免于牢狱之灾，还可以让我们父子两人同步得到升迁。父亲骂了句脏话，慨然道，我为我的儿子骄傲，他没让我失望。

父亲的脸上始终挂着淡淡的笑容，语气也显得轻描淡写，好像在说一件和自己无关的事。虽然我了解父亲的性情，但父亲当面向我提起此事，还是让我大为吃惊，父亲的形象在我面前也瞬间高大起来。一直以来，父亲与我的关系都是一种僵持状态，长年父权的高压态势在我的内心产生了无形的阴影。

我们之间的关系说是父子，很多时候更像是一对路人，即使有交谈，也是简短而客气的。父亲小心翼翼地守护着属于自己的尊严，尽量不让我发现他内心脆弱的另一面；我也在用努力和行动证明，我已经在向父亲理想中的儿子靠近，并且大有超越的可能。

我出狱后也听弟弟妹妹说过，在我身陷牢狱的那些时日里，父亲整日不说一句话，面色黯淡，让他们托人打探我在监狱里的情况。

这一刻父子相对，百感交集。父亲最担心的是我的身体，经历生死大劫，我的肺病愈发严重。父亲嘱咐我，要保重身体，刘瑾这帮人将我打发到蛮荒边地，是要将我置于死地。

天地茫茫，我绕了一个封闭的圈子，除了赴谪，也无别路可走。十月初，我陪着父亲和祖母归绍兴。父亲安然过起了侍亲养老的生活。我决意明年开春再赴龙场驿，剩下几个月时间，我又投入紧张的讲学与修炼的生活。我经过这场磨难，对前途命运感到分外迷惘，修禅炼道思想又回潮泛起，成为我在贬谪困顿生活中最大的精神慰藉。我再度登临阳明洞，开始导引炼气的修行。

徐爱、朱节、蔡宗兖等弟子，他们在秋试中都中举，自钱塘回来后，又一起来绍兴问学。他们准备在十二月一起赴京师，参加明春的会试。正德三年（1508）正月初一日，春天阳光正好，江南开始弥漫兴发之气，暖风湿润，一年中最好的季节就要到了，而我也要启程赴谪。告别父亲和祖母，我向千里之外的流放地缓慢前行。客船启动的一霎，四周的风一下子活跃起来，就像是内心蓄积了很久的情绪。我站在船头，看到父亲的身影逐渐模糊起来。这个有着足够骄傲资本的男人，留给世界的形象与他那些闪光的履历极不相配，大部分时间里活得谨小慎微，生怕会在不经意之处抖搂出自己的棱角与才华。

我从浙江进入江西地界，又从江西进入湖南地界。这时候，我已经走出了那夜投身钱塘江所产生的心理阴影，我要活在阳光下，做一个狂放洒脱之人。更何况，想置我于死地的是刘瑾这帮人，并不是大明法纪。如果自己一味躲藏，那么无疑给了那帮习惯于在黑暗处搞谋杀的锦衣卫们以可乘之机。相反，自己越活在阳光下，活到人群中，就越安全。

到了长沙之后，我的心情格外好。我特地渡过湘江，拜访了坐落于岳麓山的岳麓书院。岳麓书院位于长沙的西部，当年朱熹和张栻在此讲学，我此行也有向两位先贤致敬的意思。

湖南学子听说我到了长沙，也纷纷来到岳麓书院。在切磋学问的过程中，我告诉他们，理学的根基就在湖南，伟大的周敦颐和朱熹在这里留下了不朽的学风，身为湖南士子，你们有责任，也有义务捍卫这份荣耀。

虽然闻名天下的岳麓书院已呈破败之相，但能够有幸至此，也让我感到无比欢欣。我想象着，朱熹在此讲学时的难得盛况，不禁心向往之。

这是一个万物舒展的春天，风中荡漾着湿润的气息。我始终放不下对前辈学人的尊崇之心，在当地年轻学人的陪同下登上了岳麓山。立于山巅，举目四望，一派苍翠，空气里流淌着清新而甘甜的味道。

长沙的赵太守也闻讯赶到，此人也是好学之人。我们相谈甚欢，他陪着我喝酒，一直喝到山下城里万家灯火才相扶着踉跄下山。我在贬谪途中，最想祭拜的还是屈原，为此，我取道沅水、湘水，访游洞庭湖，凭吊屈原，在诗中喟叹："望遁迹兮渭阳，箕羁囚兮其佯以狂。"与其说我凭吊屈原，不如说我是在自悼。走出洞庭湖，又转道武陵，寻访桃花源。当年陶渊明笔下的桃花源已杳不可觅，但却让我想起自己的阳明洞。人生浮沉，归隐田园，躬耕陇亩，做个避世隐居的修行者。此身如野鹤，人间随地可淹留。

我的学术名声因一波三折的传奇性政治遭遇，已在学界流传开来。我本来就是一个好为人师、喜欢讲学的人，湛若水曾笑话我——"病在好讲学"。他说，你王守仁将来成也这张嘴，败也这张嘴。

赴谪途中，总有慕名而来的地方官员将我奉为座上宾。我从不是一个喜欢呼朋唤友的酒肉之徒，但通过这样一种世俗的方式，与人切磋学问，交流学理，我还是乐意去做的。更何况，漫长的旅途有着各种未知的艰险，和不为外人所道的困苦寂寞。那些相识或者不相识的人，他们提供的帮助，就像是旅途中的加油站。经过广信时，当地的蒋姓太守亲自登船与我相见。

我们两人对着江风明月诗酒唱和，一派古君子之风，让我很是感动。

## 16

京师的繁华，江南的绮丽，已成为遥不可及的梦乡。我已经不再期待朝廷的恩泽，决定义无反顾地往前走，走自己的路。我倒想看一看，一个人走到无路可走，前方还有什么在等着他去面对。万里投荒，使我隐约意识到，自己多年来关于生命的追问或许会在这荒僻之所得到一个答案。

正德三年（1508）三月上旬，我到达贬谪之地龙场驿。龙场离贵阳约四十公里，地处山区，是个连地图上都没有标注的小地方。远山近岭沉浸在安逸里，茂盛的树木覆盖了起伏的山峰，竹林分布其间，在树木绵延的绿色里伸出它们不同的绿。溪水流淌，鸟儿在枝头或在飞翔中鸣叫，它们是在提醒我这样刚落脚的异乡人，此处的宁静与美好。当时的龙场驿站只有一名驿丞，二十匹马。

在这个世界，有很多事是我们始终无法理解的。有些风物，有些人，尽管他们之间相隔着时间和空间上的距离，在此之前，你也从未留意过他们。但这并不重要，重要的是他们存在于世的目的只有一个，与你发生某种必然的联系，逃也逃不开。

对于我来说，正德元年（1506）之前的贵州修文县龙场驿是不存在的，不存在是因为我的心里从来就没有意识到有这样一个地方。就算我神游八荒，也想不到自己的生命河流会在这个地方来一场弯道超越，向着一个更为陌生也更为广阔的世界奔流。

我本以为，只要恢复自由身，哪里都比监狱强。可是到了这里，我才发现，这里真的不比监狱好多少，恶劣的自然环境随时会夺去人的生命。

而监狱里的后期生活，已经没有死亡的威胁，甚至还有和我谈儒论经的同道中人。

到了这里，语言不通，交通闭塞，瘴疠之气随时要人命，连最基本的生活都难以维系，我似乎在这一刻嗅到了死亡的气息，甚至为自己备了一口石棺。若有不测，青山绿野埋骨处，也不失为上佳选择。

死人的绝好归处，往往是活人的鬼门关。这里的生存环境真的让我绝望，本以为逃脱牢笼，来到天高地远的地方，享受诗意和远方，谁知道跨越九死一生还是落进了死亡的口袋，而我所能做的，难道只有在这里“等死”吗？

人只有将苦难坐断，才可以重拾康安；将粗粝不堪的日子耗尽，才可以重见欢颜。信了这些，你就可以更坦然地面对人生的起伏。我刚到时，连个落脚的地方都没有，在当地百姓的帮助之下，搭起了一个茅草棚。

我非常喜欢这巧夺天工的绝妙之所，也为自己远离京城，还能找到这样一个远离俗世之所而感到高兴，一扫刚来时的心头阴霾，这种略带远古色彩的生活正是上天赐予我的涵养身心之所。我是龙场驿的驿丞，芝麻绿豆大的官也是官，又是京都下放的名人，无辜的谪臣，我自嘲“却喜官卑得自由”。话虽如此，地方上的官民对我还是尊敬有加。

与冷酷的人性相比，大自然给予人类的永远是宽恕与仁慈。那些日子，越来越折磨我的一个问题是：如果那些前朝的圣贤像自己一样置身于此，他们会如何应对眼前的困境？是就此沉沦，还是完成精神的涅槃？

我经常做这种换位思考，经常不由自主地拿自己和圣人相比。圣人也吃喝拉撒睡，圣人也是一样的肉体凡胎，圣人在现实世界也会像当下的我一样处处碰壁，如丧家犬。一个人所能拥有的最高成就是什么？应该怎样去抵达彼处？此时的我也算是经历了生死考验的过来人，如果说这种险象环生的考验是通向彼处的唯一通道，那么我是否应该感谢命运带来的这些考验？

身处于这荒凉的居所，时间像是饱满的果实，轻轻一挤就汁水横流。所谓的生命质感，不过是你与时间的合二为一，彼此拥有。我梦见自己站在高山之巅，放眼望去满眼都是白云，我吃掉一捧又一捧白云，连一个人影都没有。我的舌头长出了草木，说不出一句话。我惊醒了，吐了吐舌头，舌头还在，可转念一想，在这样一个地方，我的舌头还能派上用场吗？

在日夜冥思中，我的内心胀鼓鼓的，似乎什么都想明白了。等到转念再回头想时，又觉得自己所谓的明白，不过是一个光溜溜的零。当我从万山丛蹙之中探出头来，看见一群白鸟正从远处林中掠出，轻灵的啼鸣像是生命的雀跃。

不久，我在东峰寻得一处叫东洞的石穴，高敞深广，洞岩上建有僧寺与文昌阁。我将东洞改名为“阳明小洞天”，从草庵移居到洞穴中。这里既是我的起居室，又是修炼所。我要像在绍兴阳明洞中一样，在阳明小洞天中端居静坐，进行“默坐澄心”“真空炼形法”的修炼。时空改易，无论是龙场驿，还是余姚，或者我走过的任何地方，我都渴盼能有一处洞天仙居。

世上的事情就是这样玄妙，有些场景，有些转弯的小道，有些路边肆意开放的野花，有些阳光下微笑的脸庞，尽管你们之间隔着千山万水，但是在相遇的那一瞬间，你会肯定地认为，你们之间是有某种命定的联系。不在今天，就在昨日；不在今世，就在来生。

二十年了，时间倏忽而过。当年“格”竹子的少年渐行渐远，娄谅让我知道“圣人必可学而至”，我一直在这条路上摸索前行，等我慢慢适应了这里的环境，忽然觉得，这样的隐居生活是多少财富也买不来的。这种生活既可以让自己保全名节，又可以将自己隐藏起来，如同一只豹子不轻易展露自己的身形，以防自己的毛皮花纹被雨雾损坏；又像是一条龙蛰伏起来，以保证自己的身体完好。

如果说人生有高低起伏，这时候的我应该算是跌到了谷底，生活水准还不如那些山谷里的夷民。前有“蛇虺魍魉，蛊毒瘴疠”，后有刘瑾派来的杀手，死亡不知道在什么地方等着我。我并不害怕死亡，而是害怕在死亡降临时，我还处于混沌未明的状态里。我经常会来到那口自己打造的石棺面前，日夜端居澄默，我要克服内心对于死亡的恐惧，也要尽快走出这混沌未明的内心疆域。

或许有人认为，在这蛮荒之所，一个人的精神世界里除了失意、悲凉、疲惫，以及对未知凶险的恐惧，不会再有其他关键词。但现实并非如此，通过与苗夷群众的零距离接触，我发现这些边民根本不像外界传说的那样凶悍。

当地人每天都会送食物给我，我也会拿出自己带来的美酒与他们分享，有时会喝到酩酊大醉。石洞虽好，但寒气伤身，我本就羸弱不堪的身体在这里受到更大的摧挫，落下的病根不离不弃地伴随着我。我后来屡屡上书请病假，一直到致仕，都会拿龙场这段日子对身体的损伤作为理由。

当地百姓也逐渐与我熟悉、亲近起来。既来之则安之，我主动融入当地的生活，在耕作的过程中，我向当地的山民学习语言，只要有时间就和他们交流，熟悉他们的风土人情。这一年雨季，山民见我所住的石洞潮气较重，对健康不利，他们就给我建了一个结实的木屋，造型古朴，与周围的自然环境浑然一体。

为了静坐导引修炼，我又在阳明小洞天附近找到一石洞，同样宽敞高深，可容纳百人。我将石洞命名为“玩易窝”，在洞石上镌刻“阳明玩易窝”五字，洞口也镌刻上“阳明小洞”四字。

我经常在这里玩《易》用《易》，为此还写了一篇《玩易窝记》。我从少年时代便沿家学对《易》有思考，玩易窝静处玩味《易》，所得亦多。观象玩辞、观变玩占，“体”立，“用”才能行；“用”行，“体”方可显。《易》之变化，让人玩味不已，推物及人，推人及事。美不胜收的风光，热心淳朴的乡民，让身处逆境的我渐渐趋于平静。我开始审视朱熹的“格物致知”，也开始重新审视自己。由于语言不太通，我大多时候是沉默的，或者用表情代替了语言。彼此也不讲什么礼数，自由自在。

我后来所坚持的道，良知、善行这样的词汇开始在我精神世界里如同草木疯长，而这一切与我置身此处有着密切的关系。为了排除生死的焦虑，我“日夜端居默坐，澄心精虑，以求诸静一之中”。

这里真是“端居”的好地方，那些干扰自己的人和事都被屏蔽在时间之外，空间之外。人一旦放空自己，也就意味着充实自己。以前所储备的各种人生理论包括格物之论，腾笼换鸟般地涌进我的意识之中。

在龙场这种既安静又艰难的环境里，我结合自己多年来的遭遇，日夜反省。身处龙场驿，我并没有觉得自己被这个世界抛弃，反而因为内心世界的饱满，觉得自己又重新返回赤子时代的云端，世间万物皆在眼底，皆在心头。

我坐在那里，回想着以前的热泪和喧嚣，眼前的寂然让我觉得充盈。群山仿佛波涛，星光亮在天上，我以此体验着先民们当年的动荡与漂泊。我多么希望这个世界有鬼魂啊！圣贤们的鬼魂都在这里，他们并不事先告知，也不以任何方式向我昭明。我与他们安静地相处，他们偶尔借助一阵风，摇落一只山果敲打我的脑袋；他们偶尔借助一只昆虫悲伤的鸣叫，在我的心头制造莫名的悲哀；或者他们什么都不做，就让我一个人空空荡荡，或者满满堂堂。

广袤大地上的龙场，是我一个人的龙场。我在这里体会到了颜回的快乐。

何为“颜回的快乐”？孔子曾经对自己的弟子颜回有过评价：“贤哉回也！一箪食，一瓢饮，在陋巷，人不堪其忧，回也不改其乐。贤哉回也！”颜回用非常简陋的竹器吃饭，用瓢饮水，住在陋巷，别人受不了这种困苦，颜回却不改变乐观的态度。人的快乐不是物质的堆积，而是精神的富足。很多人身陷物质的泥沼不可自拔，但是快乐的时光总是少之又少。

这时候的我幡然醒悟，身处世外荒僻之所，我的内心却从未如此笃定。我决定不再向外求理，不再依附于人、追随于人，而笃信“心即理”。也正因为如此，我才会写出“邈矣箪瓢子，此心期与论”这样的诗。

宋儒自周敦颐、二程，即把“寻孔颜乐处”作为精神生活中具有首要意义的课题。乐，人生的高级境界，超越了个体名利贫富穷达的束缚，把心灵提升到天地同流的境地。人由闻道进而在精神上与道合而为一，这样一种经过长期修养才能实现的自由怡悦、充实活泼的心境，完全是一种高级的精神境界之乐。

我此时的处境和孔子夸赞的颜回极其相似，但是我觉得要想在龙场这个地方让自己的精神层面得到质的飞跃，还是要找到生活中的“乐”。我向当地人学习种粮的方法，焚烧草木，开垦、耕作土地。这样一来，谷物就有了剩余。我用剩余的粮食接济穷人和孤儿寡母，有时还会举办宴会，甚至用遗漏的稻穗喂那些觅食的小鸟。

在摸索和实践中，我发现，把杉树叶和松叶集在一起焚烧，有一种仿佛置身于京城“香坊”的清新气息。把百合花与某种不知名的山花同焚，也殊有情致，我将其取名为“撷灵”，意为采撷天地之灵气，化而为香。

在我看来，这世间的洒落者，也绝不是我们所认为的那般纵情肆意。李太白，真狂士也，即使贬谪夜郎，也要放情诗酒，不戚戚于困穷。揽镜自照，此时此地的我又是怎样一副不堪的面容？

有时我到小溪中戏水，溪水清澈见底，可以洗涤冠缨。当我看到澄清的溪水映出的白发，愕然不已，颓然吟诵：“年华若流水，一去无回停。悠悠百年内，吾道终何成！”我慨叹时间都去哪儿了？在这里虚度年华，一事无成。我到龙场的一个月后，当地夷民就为我建了龙冈书院，请我主持书院。龙冈书院在龙冈山下，书院中建有西园，是我的起居之所。从木屋搬到了西园，我的生活才算真正安顿下来。孔子当年想要居住在九夷，有人劝他放弃这个想法，因为那个地方太过简陋。孔子却说：“君子居之，何陋之有？”如果可以，我真的愿意做这蛮荒之地的“孔老夫子”。在龙冈书院，建有何陋轩、君子亭、宾阳堂等，都是为书院来学诸生而设的。

我想起一位诗人的话，大意是，当生活变得完全黑暗，你已经能够冷静而又理性地接受这黑暗以后，那种感受是很有意思的。我知道，五百年后有人也会循着我的足迹来到这里，那一刻，时间的深度消失了，由于“道”的存在，它让时间像空间一样凝住了，可以随意抵达。

所谓悟道，就是找到了打开这个世界的本源，洞见了心与物之间的根本关系。古来圣贤都善于观察自然，他们用山川河流的道理来打量这苍茫无尽的人世。但又有几人能够从红尘深处探出头来，脱去华服锦衣，来不管不顾地成全一段简约美丽的际遇呢？

很多时候，我们习惯于越简单的事，就越复杂地对待；越复杂的事，就越草率地敷衍。

龙场虽然地处荒僻，但毕竟是人居之地。早在洪武年间，大量的江南军民在贵州驻屯，并世世代代居住了下来。我这个驿丞并无太多的工作可做，大部分时间用于乡俗调查、散步、静坐、思考等。

如水的光阴，本该是绵延柔软，而它却偏生就一副硬邦邦的外壳。人在这样的环境里，与身处京城大都会有着不同的精神诉求。如果内心变得强大，曾经所看重的一切也会变得轻了，曾经以为的得失荣辱也变得不值一提了。

在我早年修习的佛道中，生死是超越一切的大事，就连儒家也无法回避生死之道。正因为如此，孔子在回答弟子提问时才会说：“未知生，焉知死？”即如果一个人不能实实在在地活过，又怎能超脱生死之道。

为了体验死亡，我甚至做出了一个让人吃惊的决定：躺进自己准备的那口石棺，然后让人盖上棺盖，并嘱咐身边人，千万不要打扰我。人不应该只一心听从天地万物的召唤，只听从功利世界的诱惑，也应该有足够的精力来关注身体，来倾听内心的声音。

随从以为我受不了这种苦难的折磨，选择了自杀，急得只抹眼泪。我告诉他们，自己已沦落到这步田地，还有什么看不开的，更不会轻易选择死亡。自杀是懦夫的表现，你们觉得我是那样人吗？

他们在听了我的承诺后，才犹豫着将石棺盖轻轻地合上。那一瞬间，黑暗裹挟着死亡的气息泰山压顶。我感到自己的生命重量正从身体里一点点地抽离，像一只蝙蝠，虽然一头扎进包围着它的黑暗，但却感觉不到黑暗的存在。

万物遁形，时间凝固，这人消物尽的世界没有起始之处，也没有终结之时。从大千世界，功名事业，直至生死存亡，进与退根本就没有边界，进到进无可进，退到无可再退。

不知道过了多久，我整个人处于一种眩晕状态，身体像是从山崖向谷底坠落，这才让人打开石棺。如果说在此之前，我是通过外物来探索天理，但是从这一刻起，天地万物都在我的眼前化为乌有。我的内心体验到了从未有过的活跃，像是一只飞鸟得到了某种神秘的暗示，落于人的手掌之中。我甚至做了一个梦，梦见我的脑袋里储存了一汪湖泊，湖泊荡起细密的波纹，很多气泡从湖底升起，它们钻进我的脑袋里，一颗一颗，亮晶晶的。早上起来，我昏昏沉沉的脑袋轻快许多，像是被新鲜的泉水冲刷了好多遍。仆人咧着嘴笑，我也笑，我觉得自己的心比眼睛还要明亮。

我曾经学人家用眼睛去照见竹子，傻想七天七夜也没格出一个所以然。从今以后，我要把这颠倒的路子再重新颠倒过来。这一刻，我终于得到了指引。指引我的人并不是什么圣贤，而是我自己。我本以为，天下万物只要用眼睛去格，就能格出那一个“理”字来。但是当我躺进石棺，盖上棺盖的那一瞬间，一切都变了。原来重要的事物不是用眼睛去看的，而是以心为本体，下功夫擦亮眼睛。

儒生做学问的目的，就是要穷尽天下万物之理，探寻天下万物之本源。我躺在黑暗中，耳边总有声音在说，王守仁，用你的眼睛和心盯住。

本以为黑暗空无一物，本以为黑暗中的眼睛是无用之物。可眼睛真就看见了，黑暗中万物生长，黑暗中到处都是眼睛。王守仁，用你的眼睛和心盯住。那声音响起来，那声音低下去。我为此夜不能寐。

终于有一天晚上，我从一场大梦中挣脱出来，喊了一声："我明白了，明白了！"我像是在一场意外事故中被无意间打通了任督二脉，从此武功精进，一日千里，终成正果。

"圣人至此，更有何道？"是楔入我心深处的念想，一处透，千处万处一时透；一机明，千机万机一时明。我的"龙场悟道"，到底悟出了什么？有人说是"禅"，有人说是道家精华，也有人说，是儒家思想和陆九渊心学的重新组合所产生的碰撞，当然也会有人说是我在身心困顿之下大脑产生的一种幻觉。如果非要让我描述那一瞬间的感受，或许我还会告诉你，我的脑子被雷劈了，闪电穿过我的身体，而我的身体在那一瞬间的感受里任意穿行。

我通过"主静修行"超脱了生死之念，又以此为媒介，在实现"心"与"理"统一的过程中，体悟到"格物致知"之理不应该像朱熹那样是从"心外求理"，而应该向自己的心内求理。

时间似乎凝滞了，躺在黑暗的空间，使我瞬间就把握了永恒。人不怕面对世界，怕的是面对自己。一旦终日面对自己，你就无法回避那种来自内心深处的觉悟，它或许是痛苦，但至少是真实的。读懂其中的奥义，就如同将心中的碎碎念组合成无数斑斓的蝴蝶，而它们飞翔的姿态早就存在于圣贤者的智慧里。

如果说，在此之前的所有思考是一种积累，那么在这样一个夜晚，所有的积累犹如决堤之水，冲垮了我内心设置的大大小小的障碍。这一切，都与我身处龙场之地有着莫大的关系。远离京城，让我成了一个无所羁绊的政治边缘人。身处边缘最大的好处在于我可以看清自己。

我觉悟到：原来圣人之道蕴藏于我们每个人的心中，而我一直以来所使用的向心外求理的方法是一个天大的错误。圣人之道，吾性自足。我们每个人来到这个世界上都有成为圣贤的可能，而做圣贤就是要通过自身的努力实现真正的自我。孔子处于逆境，也会忠诚于自己内心的召唤，不为外界所动。

虽然我还会为五斗米折腰，但已经是外折内不折。人毕竟不是神仙，就算是自己抓住头发离地三尺，也还是需要接地气，做回普通人。有一回，孔子和他的学生谈人生理想。其中有人想做军事家、经济家和外交家，唯有曾点说，他的人生理想是暮春三月，轻装出发，约上几个朋友到河边盥洗，在林下乘凉，一路唱着歌回来。

孔子听完弟子的发言，喟然叹曰："我和曾点想的一样。"

曾点的洒脱同样对我的胃口，我也经常与学生一起骑马、投壶、鸣琴、饮酒，可我们这样的人，骨子里还是想要得到朝廷的认可，缺乏的是庄子的空灵洒脱。人是万物之一，人是可以自化的。在没有得道之前是被化，如果见道了，我们就可以自化，把有限的世界变成无限的可能。

记不清是谁说过，所谓全部的哲学，就是学习死亡。一个人只有学会面对死亡，才能懂得如何更好地活。一年多的时间，我从生死的边界跨过去，伸出脑袋对这个世界张望了一眼，又缩了回去。误会了，整个儿都误会了。

以前的我迷恋的是从外物去寻求天理，可是今天我发现，这种由外及内的做法原来是颠倒的。生与死对于我来说，就像并排而立的两个房间，我没有贸然踏进另一个房间，因为我还眷恋着此间的风景。

我在龙场通过"澄默静一"的修习而跨越了三重境界，才算超脱了生死之念。禅宗也认为人要活出三重境界，见山是山，见水是水，取决于你所达到的境界。人的境界决定于"小我"与"大我"的分界。"小我"则是以自我为中心，"大我"则是把小我放大到与时间、空间等量齐观，小我融于宇宙之中而与宇宙合一。

在这种境界中，与“小我”有关的一切都全部消失，人从“小我”的烦恼中得到解脱。于我而言，悟出“格物致知”之旨是最大的收获。

龙场顿悟，让我第一次体认到良知是“心”与“理”的融合。良知是从百死千难中得来，不是随随便便就能得到的。从哲学观念来讲，人生是痛苦的累积。人若知这良知诀窍，随他多少邪思妄念，美美地睡上一觉，一切都会烟消云散。

我们每个人都要在心里弄明白什么是道，如何才能见道、修道，不然的话，面前堆满了黄金也不知道它的贵重。其实早在龙场顿悟之前，我就已经通过和一些同道中人的交游及自身的体验，或多或少对“格物致知”有了一些想法。所谓“格物致知”，本来就不应该一味地靠“理性主义”去实现，它主要还是对“理”的体认。尽管我此时已经有了这样的想法，但是苦于未能实现“物之理”与“人之心”的融合贯通。

龙场顿悟，我用脑海中的“五经”之言去验证自己顿悟的成果，结果一一契合。我还发现，朱熹的注释和我的所悟完全不是一回事。虽然从朱熹出发，但是我不想归于朱熹，我要找的是自己。

关于我的龙场悟道，有各种版本的解读。但我要说的是，我真的发现了身心之学的精妙所在，也就是“心即理”。如果至善是我们人生追求的最高目标，定理或理是道德法则，那么我反对的是事事物物上有理，或是像朱熹那样到事事物物上寻求道德法则。道德之理究竟在哪里？它根植于我们每个人的心里。

龙场那个昏暗的山洞也跟着我的心光明起来，我已经慢慢适应了这个地方。也由此确认了自己身上与生俱来的优秀的品质，从此我终于能够平静地以自己的内心来面对整个世界。于是，龙场，这个几乎被地理坐标和历史坐标完全忽视的地方，因为我而发生了奇特的转变。对于我来说，它不再是一个困苦的贬谪之地；对于龙场来说，我也不再只是一个可有可无的天涯过客。我与龙场，逐步完成了一个相互接纳而又彼此成全的进化过程。

人说，背上行囊，就是过客；放下包袱，就回到了故乡。其实我们都明白，人这一生很难找到绝对的安稳，既然都是南来北往的过客，那么这风尘起落的人间处处都是自己的故乡。

在这里，我的内心是孤独的，我虽然学着做一个农夫，学着和当地人友好地相处，但内心几乎没有一个人可以和我展开一场精神上的对话。早晨起来的时候，我看见草叶上慢慢凝结成露水，露水又变成了地上亮晶晶的星辰。没人看它们，它们亮自己的；待到太阳升起来的时候，它们又各自熄灭。它们亮的时候，并不欢欣喜悦；它们不亮的时候，也并不黯淡忧伤。

就在不久前，我收到徐爱寄来的一封信。在这封信里，他的情绪很是低落，因为他刚刚又经历了一场科考的挫败，不知道人生之路该何去何从？徐爱是个上进之人，可人生顺遂与否并不以他的意志为转移，这让他很是苦恼。

我给他的回信也多是客套之言，无非是让他重新振作起来，在道德和学问的道路上继续努力，以求大成。这时候的我还无法告诉他，平常人的烦恼、沮丧、不快和怨恨，都是因为精神历练不够造成的“动心”。而我安慰他的那些话，也大多是让他继续“动心”的虚妄之言。我还向他发出了邀请，龙场虽然地处荒僻之所，生活也极为艰苦，但却少了些外在的羁绊，也是可以静心读书的好所在。

我虽然希望徐爱能够来到我身边，但是并没抱多大的希望，从吴越之地到贵州，山水迢迢，相距又何止千里。让我万万没有想到的是，几个月后的某一天傍晚时分，徐爱真的从天而降，出现在我的面前。当他走进驿站的时候，我还没有认出他，以为又是问路的外乡人。他低低地唤了我一声，似笑非笑地望着我。

我以为自己置身于一场梦境，我狠狠地将拳头砸在徐爱的肩头，直到他在我面前一个趔趄，我才确认眼前的一切是真实的。我连声说道：徐爱！你小子太让我意外，也太让我感动了。

我们像魏晋的风流雅士那样狂放地大笑，席地而坐，彻夜长谈，不谈眼前的苟且，只谈远方的诗意和内心的快意。科场失意算什么？龙场失意又算什么？与天地辽阔、内心自由相比，根本不值一提。我告诉他，我在龙场悟出了知行合一的要义。

很多人得知我在心学上又有大的发现和精进，就怀着好奇之心来找我论道。一传十，十传百，当这些人得知我创出的学说不同于朱熹的理学时，更是好奇之至。他们的到来，不是为了关心我身陷艰难困境时的冷清与沮丧。他们相信，外在世界的艰难并不能将我这样一个人打倒。

我让他们坐下听听我在龙场所悟之道，何谓“心即理”。

我说，自己心中有个能知是非善恶的良知，所以世间一切道理都在自己的心上，这就是——心即理。我的这一说法虽然让围坐在身边想要得到更多指引和解读的弟子们兴奋不已，但他们内心还是会有解不开的谜团。交流时，我忽而说旧话，忽而吐新词，或者将它们搅拌在一起，这使得弟子们跟不上我的思路。我明白他们的感受，他们的思路如同走路不稳的人一样磕磕绊绊，但无论怎样，他们还是愿意接受我送来的新鲜东西。

徐爱率先打破沉寂，问我：“既然先生说心即理，无须向外面世界寻求答案，但生活中很多事情好像并不是这样的。比如我孝顺父亲的种种行为，这样的事不能只在心里想吧？总要去外面世界求取。如果一个人生下来，未经世事，他又怎么知道去孝顺父母呢？”

我摇摇头，对徐爱说，如果你真是一个孝子，那就去做孝顺父母的事。天气冷了给父母添置取暖避寒之物，天热了就给父母准备避暑纳凉之物。这种礼节顺应天理人性，根本不需要去外面世界寻求答案。“孝顺”这个道理本来就植根于心中。如果让它表露于外，就会体现在你父母的身上。当然它也不会因为有一天父母不在了，而消失不见。

在我看来，儒家伦理的外在形式，如果不是发自于心，只是徒有其表，那么所谓的孝道也就不值一提。所谓“心即理”，就是要将外部世界聚焦于自己的心，将内心所有的疑问汇集成一个疑问，而这个疑问也就是所有的疑问，一解百解，一堵百不疏。

这次和徐爱同来的还有我的一个旧日相识——傅凤。傅凤是安徽祁门人，当地出了名的孝子。但就是这样一个孝子，却苦于没有能力让自己的父母过上安逸富足的生活而内心痛苦不已。

他听了我的心学，也很有收获，但是回归到现实，他内心的坚持又发生了动摇。因为除了年迈的父母需要他去尽孝，家里还有一个痴呆的弟弟也同样需要他的照顾。傅凤一度想要放弃研修心学，希望通过一番苦读，能够进入官场，这样就可以不用为生活所累，改变当下的生存条件。或许是用力、用心过度，傅凤竟然患了一场大病，差点儿要了他的命。

傅凤很是苦恼，他需要我给他指引出新的方向。我说："你虽然有心尽孝，却差一点陷自己于不孝的境地。"

傅凤闻言大惊，他反问道："难道我不去奋斗，不去做升官发财的梦，让父母和弟弟过着穷困的生活，就是孝了吗？"

我说："你为了能够让父母和弟弟过上富足的生活，却把自己搞得差点儿丢了性命，这是孝道吗？"言下之意，你把自己的身体搞垮了，却没能实现改变命运的理想，还有可能让你的父母和弟弟来照顾你，你这不是孝，而是大大的不孝。

傅凤脸色大变，然后痛哭失声，他恳求我为他指点迷津。

我说，这个世界上最大的孝，就是不让父母为我们担惊受怕。

我喜欢上了这里出尘般的宁静，在山林里打坐、散步成了我每日必修的功课，用心体会花开花落和水声流逝间包含的生命的情意。距离不是问题，我召唤弟子们带上各自的行囊和书，与我一起攀登周围的山，享受心学带来的极乐和欢悦。

对我来说，将来的"行"，都将取决于当下的"知"，可我的"知"是真知，还是假知，也只有靠"行"去印证。不行，不可妄言"知"。

## 五、我的素心难问

做官讲学，庐陵、京城与滁州

从今往后，我所要做的，就是要尽可能地向这个世界解释“心学”为何物。人的内心最容易滋长的，便是对于某种神圣之物的念想与渴望。说到底，圣人与天地万物同体，儒、佛、老、庄皆为我所用，是为之大道。我们都坚信，圣人之道不会坠落，日后相会，终有所获。

## 17

随着内心世界的明亮，我所生活的这方世界也明亮起来。“知”是内心的烛火，一知，烛火微明；千知万知，烛火通明。人生的每一个“知”，都要与我们的“行”合一。那样的话，我们知也光明，行也光明，我们就是一个实实在在光明的人。

在龙场待得越久，我对这里就越有感情，而感情这种东西会让人更加投入地生活。

在劳作之余，我会用浅显的道理向当地山民传道讲学。我会试着用刚学会的地方方言，用我的手势和眼神，传递我所领悟的道理。他们似懂非懂，可是我能够从他们的表情里，接收到他们内心的愉悦。

龙冈书院开学了，我邀请苗民们来听讲座。苗民们抱着好奇之心而来，来的大部分都是苗民学子，他们都会说汉话、识汉字，同汉人学子一样。他们想听一听这个贸然闯入他们世界里的读书人究竟会说些什么。或许有人隐隐不安，以为我会像他们印象中的朝廷官员那样，态度蛮横、颐指气使地向他们训话。

我是个不拘泥于形式的人，最常用的是“处处是讲坛，时时点化人”的教学方法。

我虽然和他们一样耕作，吃着粗粝不堪的食物，可他们似乎也知道我跟他们过着不一样的生活。我用并不标准的土著语言，告诉他们大千世界的本源，他们似乎也明白了一些。

所谓的大千世界，不过是他们每天要爬的那座山，走的那条路，遇见的那个人。除此，他们似乎还有另外一个专属于他们的世界。在那里，他们可以见识到先人的魂魄，可以献祭赎罪，可以得到神的帮助和指点。他们祭山，祭火，祭天地，他们骑着追风马在云上巡行。这是我羡慕他们的地方，也是我永远无法抵达的地方。

我曾以为是自己点化了他们，却不知实际上是他们点化了我。没过多久，一些慕名而来的儒生陆续抵达龙场。我给他们制定了必须遵守的教条——《教条示龙场诸生》，类似于今天的学生守则，内容包括“立志、勤学、改过和责善”四个方面。

我告诉他们，一个人无论愚钝和聪慧，都具有良知，良知是我们的内心。让我们对这个世界产生无知而又全知、无为而无不为的能力，是我们的是非之心，是我们的价值判断。我告诉弟子：判断一种价值观的是与非，不在于它是由谁说出来的，而在于内心的取舍。孔子说的话和山民说的话是等价的，不应成为判断是非的标准。正所谓“求之于心而非也，虽其言之出于孔子，不敢以为是；求之于心而是也，虽其言之出于庸常，不敢以为非”。

身处这蛮荒之地，我从未放弃自己传学布道的初衷。我本来以为，被贬谪到龙场担任驿丞是我讲学的终结之日。我所谈的经，所论的道，在这蛮荒之所再也找不到与之回应的人。何曾想到，龙场苗民的关爱以及那些远道而来的儒生，让我的讲学之路又变得柳暗花明，龙冈书院也名声大噪。一个驿丞抓起书院教育，如我这般与苗民相处，随地讲学，在整个贵州都是从来没有的新鲜事。我在一首《诸生夜坐》的诗中描述了我与诸生讲论学问、教学相长的生活：

谪居澹虚寂，眇然怀同游。
日入山气夕，孤亭俯平畴。
草际见数骑，取径如相求。
渐近识颜面，隔树停鸣驺。
投辔雁鹜进，携盖各有羞。
分席夜堂坐，绛蜡清樽浮。
鸣琴复散帙，壶矢交觥筹。
夜弄溪上月，晓陟林间丘。
村翁或招饮，洞客偕探幽。
讲习有真乐，谈笑无俗流。
缅怀风沂兴，千载相为谋。

因为我的存在，龙场不再是默默无闻的闭塞之地。前来拜访的人中，有好学的书生，也有贵州的各级行政官员，贵州世袭军政长官安贵荣就是其中之一。

安贵荣，人如其名，既贵且荣，他是彝族首领，水西土司中的上层人物。他的祖上奢香夫人是彝族女政治家，为本朝在这一地区创建了大量的驿站，龙场驿（今修文县）就属于水西土司的辖区。在安贵荣看来，贵州的驿站相当于祖上留下来的家族资产。他来到龙场当面请教我一些有关驿站的事情。

他说，祖上创建的贵州驿站本来是想替朝廷分忧，可现在贵州通往中原地区的驿站数量太多，反而成了朝廷的财政负担，所以他想撤去一些。

我并不认同他的观点，裁减驿站对于其他省份来说是可行的，但是对于贵州这样的边疆之地，要慎重行事。贵州境内的驿站类似于长城上的烽火台，撤并驿站，就会弱化朝廷对贵州边境的控制力，后果不堪设想。

或许是我的观点触动了安贵荣，他叹道：“祖上创建驿站以来，贵州地区的驿站大多被一些贪图蝇头小利的吏员掌控，从未有过像先生这样的大才之人。就依先生所言，从今往后再不提裁减驿站之事。”

不久，贵州境内发生了少数民族叛乱。安贵荣按兵不动，任由事态发展下去。我写信给安贵荣，明确地告诉他：叛乱之事发生在你所分管的领地，你不管不问，如果朝廷追究下来，就难辞其咎。作为地方上的军事长官，管辖的土地有方圆上千里，属地的农民也有四十多万。这场战事关系着无数百姓的身家性命，在这个时候，你还是应该将“私心”放下，多问问“良知”。

我只是就事说理，而不是就理说事，安贵荣听从我的意见，出兵平定了叛乱。

传经布道让我的影响力得到了极大提升，向地方政府建言献策又让我扮演了一个政治家的角色。如此一来，我想要做一个隐于野的讲学者已是万万不可能的事。

我只是大明王朝的一枚小小螺丝钉，一个被执政者遗忘的小吏，无意间形成的大鸣大放让那些和我同样身份的地方小吏们感觉不舒服。如果风头都被我一个人抢去，那么他们所做的努力都会付诸东流。

人在大部分时间里呈现出的状态，是卑微的、平常的，人必须明了这个道理。思州有个小吏从社会上招募了一些地痞流氓，隔三岔五就来龙场羞辱我。虽然我已经练就了“动忍增益”的功夫，不屑于和这些地方势力做过多的纠缠，但龙场周围的夷民实在看不惯。

他们见不得有人在他们的地盘上欺负我，他们视我为自己人，自己人受外人欺负，当然要拿起武器去抵抗，当地山民抱团打跑了上门欺负我的“官匪”。山民这么做无形中扩大了事态，也让思州太守觉得很没有面子，自己的手下居然奈何不了一个区区不入品秩的驿丞。

思州太守传话于我，让我必须登门谢罪，给此次骚乱事件一个说法。时任贵州按察副使毛科是我的同乡，他给我写了一封信，劝我当着山民的面做出郑重道歉，赔礼了事，不然的话，难逃官府的追究。

毛科一方面在太守面前为我疏通，另一方面劝我主动赔礼道歉，希望能够大事化小，小事化无。因为龙场的争斗是以官府大败收场，为此我还专门写了一封所谓的“道歉信”。我说，自己与太守没有任何冲突，不存在当面谢罪的问题。然后，我又语带双关：“某之居此，盖瘴疠虫毒之与处，魑魅魍魉之与游，日有三死焉。而我居之泰然，盖在于我无动于心。”自己在恶劣的龙场什么事没有遇到过？能够达到一日三死的境界，人生遇到再大的风暴对自己而言也是虫豸。自己虽然是一个流放官员，但也应该得到最起码的尊重；虽然“谪居两年，无可与语者”，但我并没有枯守孤寂，而是让心底生明。

我能够想象得到，思州太守在看完这封信后的心情，可他又说不出所以然，也只好无奈地接受尊严被侵犯这一现实。这一小小的胜利为我在贵州官场赢得了一席之地，一些将我视为高人的当地秀才、卫所官员纷纷上门求教。

此时的龙场虽然不能说是群贤毕至，但也可以说是百鸟来栖。有了他们的陪伴，我的内心世界愈发光明起来。

夏去秋来，我在自己的舞台上春风化雨，一点一滴地影响着贵州的学子。既不耽误修习心学，又不耽误讲学布道，我早已忘了自己身处化外之地，无市尘之纷扰，无入耳之噪音，可我不能一个人躲在这里当“自了汉”。若要超凡入圣，我还是要与众生一起普法入道，这是我的人生理想，也是我无法躲开的功利心。

龙冈书院成了我播撒儒学和心学的文化传送站，成了我的讲坛，我的精神寄托。因为我的出现，这里的人才知道人来到这个世界除了口中食、身上衣，还有良知，还有一个“理”字。

紫禁城里端坐在龙椅上的那个人，一定不会想到，在他的王国里，有一个叫作王阳明的家伙正用自己的思想影响着偏远山区的人们。

精神或许可以超越环境，但对于意志薄弱之人来说，恶劣的环境也有可能会给他的肉体造成毁灭性的打击。

人与人之间的某种联系不过是命运之手的随意拨弄，有时候成就的是一段故事，有时候成就的是一份心情，而我的这段叙述却是一段悲情的往事。

山中不知日月深，正德四年（1509）秋季的某天，我已经记不得具体的日子。主人公无名无姓，且用他在这世间的身份来称呼他——“吏目”。这个吏目带着一个儿子、一个仆人，从中原地区来这蛮荒之所上任，路过龙场附近，晚上投宿于一户苗族人家。巧合的是，那一天我刚巧从篱笆中间探出了脑袋，刚好就望见那个匆匆忙忙投宿的吏目。他的儿子紧跟在他后面，瘦弱的身体像树叶一样在风中瑟瑟发抖，还伴随着剧烈的咳嗽声。我离开京城已经有三年时间，音讯阻隔，隔山隔水的北方中原地区就像是另一个陌生的国度。能够在这蛮荒之地见到中原来的人，我难掩内心的激动之情。如果有幸能够与其坐下来谈谈京城旧事风物，也不失为一件快事。但当夜风雨大作，我也就没有及时出门去找他。

没有人会知道，死亡这头怪兽会从何处跳出来，吞掉我们本就脆弱的生命，就像是无情的秋风掠走了树上最后一枚泛黄的叶子。第二天早晨，我派人去探望，吏目不知何时已经离去。

近午时刻，有人从蜈蚣坡走来，带来一个消息：一个老人死于坡下，旁边两个人哭得很是伤心。我隐约觉得，这一定是昨夜的那个吏目死了。人生如此脆弱，命若琴弦，生如蝼蚁。生命对于有些人来说，是件忧伤愁苦的事，是场无可奈何的美丽错误，就像风中飞舞的蝴蝶，误落了尘网；一苇渡江的小舟，泊错了港湾。

傍晚时分，又有人来说：“坡下死了两个人，旁边一人坐着叹息。”

我问明他们的情状，才知道吏目的儿子也死了。我的脑海里出现了那个像树叶一样在风中瑟瑟发抖的瘦弱身影，它还是难逃落叶的命运。在无常的人生面前，个体的存在只是一种偶然。

第二天，又有人来说："看到坡下堆了三具尸体。"我知道，吏目的仆人也死了。

想到他们的尸骨暴露于荒野，无人认领，我带着两个仆人，拿着畚箕和铁锹，前去埋葬他们。两个仆人脸上流露出为难的情绪，他们怕触了霉头，于己不利。

我说："我和你们，与他们并无多少区别啊！安葬的是他们，放生的却是我们的良知。"

两个仆人面有愧色，拿起工具跟着我一起出去。我们在旁边的山脚下挖了三个坑，让死去的三人入土为安。随即供上一只鸡、三碗饭。我面向荒野，口中念念有词。生与死，不仅是一个永恒的哲学话题，更是每个人都无法回避的现实问题。

我要把昨夜没有完成的一场对话弥补上，尽管已经天人永隔。我在心底问，你是谁？从哪里来？为什么偏偏要到这里做山中之鬼。没人会给出一个合理的答案，只有秋风掠过荒草的肃杀，像是有人在黑暗里发出一声长叹。

吏目的死让我倍感凄凉，很容易就让我联想到自身飘若浮萍的命运。我边叹息，边流着眼泪向死者祭告。孤身一人，在贵州待了三年。天晓得，自己什么时候才能重返京都；天晓得，这里的哪抔黄土又将掩埋自己。我十三岁丧母，几年后祖父又去世，颠沛流离的生活让我患上了重症。正因为如此，我对死亡的感受来得比任何人都深刻。命运无常，谁也不知道下一秒会发生什么？死亡会在何处等待着自己？我会不会像吏目那样，抛尸异乡？

人生就像是没有返场的演出，龙场也不过就是一个驿站。这个世界妙不可言，却又如此冷酷。那么多中土人士从千里之外奔波而来，不过是赴一场死亡的盛宴。而我拖着多病的躯体，在这里与天斗与人斗与己斗，居然还在龙场实现了精神涅槃，不知是天开了心眼，还是良知开了天眼。

我无力掩饰心头的那份悲哀，只能用自己的秃笔，写下一篇祭文，祭奠像自己一样千里投荒的三名死者，也祭奠过往的自己。如今，我身处异乡，难免一死，死后也必定是孤独的。在这篇名为《瘗旅文》的祭文里，我和死者说着话，死者成了我久未谋面的旧友。祭文的大致内容是：

我们都来自中原地区，你的家乡在哪里？为何要来到这里，做这座山上的孤魂野鬼？古人不会轻率地离开自己的故乡，即使他们外出做官也不会超过千里。我是因为流放来到此地，无法选择自己的命运。听说你的官职仅是一个小小的吏目而已。薪俸只有五斗米，你领着老婆孩子种田就能得到这些。为什么要用五斗米换你堂堂七尺躯？你为什么还要带上你的儿子和仆人？如果你是为这五斗米而来，那就应该欢欢喜喜地上路。为什么我昨天看见你的时候，你显得那样的忧愁，眉头紧锁，愁容满面，似乎有着难以承受的生命之重？一路上我们迎着雾气露水，攀援悬崖峭壁，以致饥渴劳累，筋骨疲惫，瘴疬侵其外，忧郁攻其中，难道能免于一死吗？我虽然知道你一定会死在这里，但没想到会这么快，更没有想到你的儿子、你的仆人也会很快地追你而去。既然你是自寻死路，我在这里说什么，都已经没有意义。

我之所以为素不相识的吏目写一篇悼文，是希望通过安慰死者来安慰这一刻的自己。一个人走到了人生的绝境处，方有直指心性的返本观照。对于无法确定的事，只能用不即不离的态度去面对，少跟风，少钻牛角尖，唯有料理好“我心”才是第一等事。

我提出“心即理”就是告诉世人，每个人都要做好自己，不要活在世俗的评价中。至此，我决意给以前的思考做一个总结，解决人生中最重要的问题。一个人所能达到最高的成就是什么？一个读书人的最高成就是成为圣贤吗？

有学生问我，为什么老师总是想要离开这里呢？

我言不由衷地道，我身体吃不消，所以想要离开。

学生又问，是否因为过去贵现在贱，过去在朝内现在放于外？孔子不也当过小吏吗？

我说，话不应该这么说，君子出仕为行道，不以道而仕者，是“窃”。我家有田产，没必要为了五斗米而当官。我到这里来，是被遣送于此，不是来当官的。我要是不当官，也不可能来到这里。所以，我现在还算是“仕”，而不是“役”。“役者以力，仕者以道；力可屈也，道不可屈也”。我之所以想要离开这里，是因为“不得其职”，再委屈下去只是“妾妇之”，是有悖于道。

学生说，如果圣贤都像你这样离职而去，国君靠谁治理国家呢？而且贤人是但求有益于人，无论干大事小事都一样的。

我长叹道，我哪里是什么圣贤，你们对我的要求也太高了。

很多时候，人的思想并不能代表真正的自己，也就是你所意识到的“你”，并不是真正的“你”。持续的思维活动使人无法抵达平静的内心，我思故我在，我的思维创造了一连串的概念、标签、定义和好恶，阻挡在你和自己之间、你和他人之间、你和万物之间。于是才有了“你所见，并非你所见；你所闻，并非你所闻”。

你通过别人的眼睛认识自己，你通过别人的嘴巴认识自己，你通过世界对你的审视认识自己，其实你接收的全部关于你的信息，都无法拼凑出一个完整的自己、一个足够真实的自己。而那些碎片化的信息，也扰乱了你对于自己的认识。

如果人能够打破这种阻碍，就能实现与真我的合一、与世界的合一，实现“万物一体”的圆满境界。身处僻壤的我，潜意识里一直是以“圣贤”自许的，更何况这是从我少年时就立下的宏愿。

很多求学之人不畏山高水远来到这个地方也是为了求得真解，抚慰心灵。我在龙场讲学期间，曾经有机会离开龙场去迎接更大的讲台。不久，贵州提学副使毛科来到龙场听我讲学，或许是被我自由飞扬的心学理念所感染，我们两人大有相见恨晚之意。他邀请我到省城贵阳去开坛讲学。我对他发出的邀请持怀疑态度，于是婉言拒绝了对方的好意。

我之所以会拒绝，是因为我觉得毛科邀请我的动机不够纯粹。我讲学的目的是为了传播自己的心学理念，而毛科邀请我前往，是希望我能够在程朱理学所框定的范围内给那些身在官场，或正在准备进入官场的儒生士子来一场头脑风暴，这显然违背了我讲学的初衷。我的学说直指内心，而毛科却希望借我的学说，让读书人收心敛性为朝廷所用。这显然是河水说河水的话，井水说井水的话，虽然都是说，但各说各话。

毛科对此深以为憾，他被调离贵州时，还心有不甘。很多年后，想起他来看我时的情景，我还心存愧疚。临行之时，他向他的继任者席书推荐我——王阳明有经世之才，留在龙场这个地方太可惜了。

我真的要感谢这些人，他们或与我有过一面之缘，或听我说过几句不着调的话，就向我伸出援助之手。如果说我王阳明之所以成为王阳明，不是自己成就了自己，而是他们成就了我。没有他们，我又在哪里？

席书上任不久，就专程跑到龙场来向我讨教朱熹理学与陆九渊心学的不同之处。我并没有正面回答他的问题，而是借着朱陆学理，向席书阐述了自己的心学之理。

我认为知和理都存在于人的心中，而朱熹则认为存在于万物之中。朱熹认为“格物穷理”，通过研究万事万物来弄清楚，而我对此持怀疑态度，天下本无物可格，一切的知和理都在人的心中，是为“心即理”。知行合一是读书人修养身心的不二法门，我们每个人都要用现实世界的“行”来说话，用“行”来做检验真伪是非的标准。

席书由疑惑转为顿悟，我在他面前铺展开了一片新的天地，是朱熹和陆九渊曾经说过又似乎没有说过的东西。我的这一套心学之说显然是挠着了他的痒处，可他又觉得不够解渴。他坐在我的对面，坐在强烈的日光底下，一言不发。尽管他只要欠一下身子，就能将自己挪到阴凉下面，可他一动未动。

席书不是读死书、死读书的泛泛之辈，要说服他不是简单的事。他是弘治三年（1490）的进士，比我早九年进入大明官场。在我出道之前，他就已名声在外。虽然他的官阶比我高，但是精神世界的开悟显然要比我来得晚。

他能够屈身向我讨教，也足见其胸怀之广，绝非庸碌混沌之辈可以相提并论的。

席书先后四次来到龙场，与我的交流也一次比一次深入。说到尽兴处，他也不无感慨："圣人之学复睹于今日，朱陆异同，各有得失，没必要辨析再纠缠下去，求之吾性本自可以明了。"

席书是一个明心见性的率真之人，回到贵阳，他与按察副使毛科修复了贵阳的文明书院，并正式礼聘我主持书院。席书年长于我，官高于我，始终以师礼待我。由此，我也算正式拉开在贵阳书院讲学的序幕。于我而言，贵阳书院是一个再好不过的去处。能够离开龙场这个蛮荒之所，是我人生的巨大转折。这里是我精神的涅槃之地，我在进出之间，已经发生了质的转变。两年多所经历的艰难与困苦，也将随着时间的流逝而告一段落。

席书请我到他的辖区内讲学，希望能够通过我，让辖区内能够多出几个高中的举人。在我看来，自己所创建的心学是帮助士子们通往圣贤之路的，如果仅仅是为了在官场混个一官半职，绝非是我所愿。如果只是一门心思向学生们灌输有别于程朱理学的心学，有可能会让那些十年寒窗苦读的莘莘学子无法通过科考，因为心学本就不是应试学说。

席书好像并不在意我说什么，或者说他也在暗示我，说你想说的。这一天，席书像往常一样，处理完公务来到书院与我交流学术。他来的时候，那些听讲座的儒生们还没散去。他们见我与席书自顾自地相互交流，也安静地围坐四周听了起来。

席书让我为他讲解朱熹和陆九渊的不同，或者说阳明心学与陆九渊的不同。

我心里明白，这是席书故意给我创造一个向儒生士子们解释心学的机会，让我将自己的心学理念与朱熹、陆九渊区别开来。也就是说，让贵州的儒生士子们知晓心性之学是有别于朱、陆学说的真知。

我心里很是感激，于是顺着席书的话题就说开了："朱熹是通过圣贤书得到的天理，然后去执行；陆九渊则是通过静坐得到的天理，然后去执行。这两个人得到天理的方式虽有不同，但有一个共同点，那就是他们都认为知与行是有先后之分的。而我则认为，知行是一体的，没有先后之分。"

席书道："你在教育学生时也说，通过静坐来认知世界，认知自己。陆九渊也提倡静坐，你们在这一点上其实并没有什么不同之处。"

我说："我并没有让人一味地静坐，而是通过静坐让浮躁的心沉静下来。人心只有沉静下来，才能听见这个世界最微小的声音。而陆九渊则是希望通过静坐直接获知真理。"

席书疑惑道："既然你无法获得真理，可你在这里又向在座的儒生们传播心学，那你的心学依据究竟是从哪里来的？这能算是真理吗？"

我回答："真理的标准是什么？我的真理就在我的心中，通过实践，在事上磨炼，然后达到知行合一。没有行，何谈知？没有知，又何谈行？"

人生真是一场福祸相依的旅程，如果当初我没有上疏营救戴铣，便不会得罪刘瑾；如果没有得罪刘瑾，也就不会被贬谪到贵州龙场；如果没有被贬谪到贵州龙场，我便不能悟出"圣人之道，吾性自足"的妙义。

人心不过是天地万物得以呈现其意义的"发窍处"，是让阳光投射于内心的那个"缝隙"，没有它，天地万物也是混沌不清的，也是没有意义的。

我的龙场大悟，结束了我的精神修炼期。从苦学程朱，出入佛老，到现在开悟"格物致知"的主旨，登坛大讲知行合一。至此，我的心学创建之路算是修成正果。

我反思了自己的人生道路，意识到自己在官场的幼稚和不成熟，于是做出了一个重要决定，从此选择支持王道，无论我所效忠的那位皇帝有多么荒诞不经。荒诞是大多数皇帝的墓志铭，而忠诚才是臣子的人生通行证。在做出这个决定后，我的心情是愉悦的。我在书院广场那株苍劲的老柏树前坐下，看那些欲言又止的求学者进进出出。他们并不靠近，我也不主动召唤他们，怕这相互观望的情景，像幻觉一样突然就消散了。

此时的我，已不再是那个离经叛道的少年，也不再是那个指点江山的青年。我像是一条冬眠的蛇，蜕去不适宜环境和温度的表皮，从一个性情明朗的文人，摇身一变，成了一个符合帝国标准的政治家。

有一个画家朋友给我画了一张像，他画笔下的我，有着一张深沉、不苟言笑，甚至还有些阴郁的脸。如果说这是一副现实主义作品，那么我所认识的自己，绝对是超现实主义的自己，或者根本就不是画中的自己。

如果说"相由心生"，那么我绝对不会承认，我的心体能够塑造出这样一张不堪的面孔。

## 18

正德五年（1510）春天，大明的政治格局发生了颠覆性的变化：世居甘肃的安化王朱寘鐇以刘瑾乱政为名，举兵造反，给本朝历史增添一抹复杂的颜色。

朝廷派总制延绥、宁夏、甘肃三镇军务的杨一清前往讨伐朱寘鐇，又派宦官张永监军。平叛结束，正德皇帝设宴犒赏张永等人。宴席上，早就被杨一清做通工作的张永献上朱寘鐇讨伐刘瑾的檄文，并揭露刘瑾所犯下的十七宗罪。据说，正德皇帝在听完张永的汇报之后，沉吟半晌，嘴里蹦出三个字："奴负我。"

皇帝并不想杀了这个从东宫起就服侍自己的老奴，只打算将其安置到凤阳闲住。当他看到锦衣卫抄其家时收缴上来的数百万金银，无数珠玉宝玩，衮衣玉带、甲仗弓弩等违禁物品，尤其是从刘瑾经常把玩的一把扇子里搜出两把锋利的匕首，他这才动了杀机，盛怒之下又说了三个字“奴果反”，便将刘瑾下了诏狱。

我每次听到别人向我说起这两句话都感到好笑，奴负我，奴果反。笑完，心生悲凉。不知是为一个奴，还是为自己。人生枯荣，本是寻常事。言官们纷纷上疏请求杀了刘瑾，听说也闹了不少笑话。一个叫李宪的都给事中，原是刘瑾提拔的人，也在上疏者名单中。刘瑾见了他的名字就笑道，这家伙居然也来弹劾我。刑部、都察院、大理寺三堂会审之日，在场多名官员都是阉宦集团成员。刘瑾大喝道：“公卿多出于我的门下，谁敢审我！”

听说第一个将头垂下去的是刑部尚书刘璟，其他人也纷纷躲闪着刘瑾的目光。只有驸马都尉蔡震站出来说：“我是国戚，并非出自你的门下，该有资格审判你了吧？”随即命人左右开弓地扇他的耳光。

有人根据刘瑾的贪赃数目，将其列为古往今来最大的贪污犯。几天之后，刘瑾的心腹党羽焦芳、刘宇、张彩、刘璟等六十余人全部被逮捕。在刘瑾这张大网中，牵连者众。其中内阁大学士有三人，北京及南京六部尚书九人，侍郎十二人，都察院十九人，大理寺四人，翰林院四人，通政司三人，太常寺二人，尚宝司二人等。

作为刘瑾的党羽，这些人或被诛杀，或被下狱，或被贬谪，或被罢黜。刘瑾在生命的最后一刻享受到的是本朝刑罚中的顶级待遇——凌迟处死。据说刽子手对刘瑾施刑整整用了三天，从头到尾共剐了他三千三百五十七刀，而他的每一片肉，都被那些蜂拥而来的围观者一文钱一文钱地买回去吃掉了。我听后，只觉得毛骨悚然。

刘瑾倒台，起因于宦官集团的内讧，内外廷对立的情况并无改观。或许在皇帝看来，这种对立和冲突才是权力运行的常态。更何况，他自己本来就是一个好冒险、易冲动、极富想象力的人，他才不想踏入那些大学士们为他预设的人生轨道，做一个所谓的明君。相反，他更乐意以一种几乎是恶作剧式的心态，干出一些让朝臣们瞠目结舌的事来。据说，他爱着戎装，喜欢举行军事行动，身边亲信也多是一些年轻的军官。无论怎样，刘瑾集团的覆亡，使得像我这样因刘瑾而遭到贬谪之人看到了曙光。

正德五年（1510）三月，这是一个百花烂漫的春天，我终于到达了江西庐陵，自去年九月我被任命为庐陵知县后，就告别生活了两年多的龙场，经湖南界，一路讲学，一路来到了这里。

三十九岁的我终于可以告别艰辛的贬谪生活。人生在世，虽然过去心不可得，现在心不可得，未来心不可得，但我们依然能够如实知见，依然需要把握过去、现在和未来。就像我在这个春天的夜晚，卧床听见夜雨敲窗，枝叶生长，还听见仆人在说，这雨下得大极了，不知明日还能上路吗？

我昏昏沉沉地睡着了，如同野老村夫，世道再糟，仍要安稳地睡上一觉。

我到庐陵（今吉安）当了一个亲民之官——知县，与我在龙场担任龙场驿丞不可同日而语。最重要的是，我身上背的朝廷处分已经被撤掉了。

庐陵县衙在府城南门的欧家祠路，我坐在县衙里，坐在正午的阳光里，一切都好像不太真实。我的耳边总是会传来啾啾的鸟鸣和飞虫振翅时发出的嗡嗡声，丝丝缕缕，嘈嘈切切，好像是从很幽远的时间深处传来。

仆人也产生类似的幻听，他说，他的耳朵里总是发出嗡嗡声，一刻也安静不下来。记忆是浮在水面上的半截木头，有时候也是一束稻草。人生有那么多沉痛，最后不都是化为快意了吗。

我告诉他，那是来自龙场驿的声音，我也偶尔会听见这种声音。回望龙场驿的七百多个日日夜夜，不禁心生感慨，这多像是上天刻意安排好的一场劫难。我不仅度过了这场劫难，更体悟出心学的要义，明确了“知行合一”才是打开圣学之门的那把钥匙。

龙场是一个荒僻艰苦的地方，两年多来，我无时无刻不在想着有一天离开这里。可是真的要到离别的时刻，我也心有不舍。这里的一草一木，沿途风光和那些帮助过我的乡民都给我留下了美好的回忆。

也知世上风波满，还恋山中木石居。我知道，自己这一生再也离不开龙场这个地方，自己的心已经留在了那里。

虽然求取功名才是知识分子的正道，但是在前往庐陵的路途中，当看见渔歌唱晚，樵夫在大自然中安逸生活的美好画卷，我的内心也不禁会生出出仕无用的感慨。我虽然相信自己有一天也会回归田园，但不知是何年何月。

我还没到庐陵，幕僚已经将该地的民风及地方乡绅的势力告诉了我。我向他们询问安民之法，他们告诉我八个字，别无他法，唯有强权。

就连前任的许知县也说，他在庐陵待了三年，身心备受煎熬，再不将他调离，恐怕会被忙不完的公务折磨而死。每天案上都会堆积上千份诉讼案卷，这些人先是在县内上访，如果不能达到满意的结果，就会离开庐陵跑到省城去上访。

说到最后，许知县居然将自己感动得涕泪交加。他说，如果让他在庐陵和地狱之间二选一，他宁愿选择下地狱，也不愿在此处停留。

他的眼泪博取了我的同情，但是他的话并没有吓倒我，连龙场那种非人类居住之地，我都能身心愉悦地活着走出来，更何况我是做庐陵的知县。我从不相信上天的眷顾，我只相信用良知，用行动才能赢得上天的恩宠。

很多年后，我依然会清晰地想起龙场驿上空飘荡着的干净的云，云下面起伏的森林，陡立的山峰。人，行走于大地，每一棵树，每一朵花，每一条河，每一脉山都有独特的气息，那些气息，丝丝缕缕，灌注于我们的身心，给灵魂以补养。无数个夜晚，我想起悟道的那一刻，整个人像是被雷电击中。记忆真是一件神奇的作品，它让曾经诅咒过的时光，也变得值得赞美。而龙场的日与夜，是担得起这份赞美的。

如果一个人能够把握自己，那么这个世界就会变得容易把握。如果一个人连自己都把握不了，那么这个世界对他来说，也同样变得无从把握。人的良知是一把双刃剑，而自己是剑体本身。在经历了官场的颠沛流离之后，我深感命运无常。在强大的世俗压力之下，个人的力量是多么的微不足道。

虽然现实无奈，让我对乌托邦世界有着无限的向往，但如果真让我放下一切，回到家乡耕作度日，做一个真正的隐士，显然是不现实的。

自从我被任命为庐陵知县后，本以为平静的内心又重新燃起希望之火。如果有机会，我想尽快返回京城，与湛甘泉等一帮老友，为复兴圣学而努力。

对我而言，当下要做的是扮演好庐陵知县这个角色。从一个差点被踢出官场的驿站吏员到七品知县，虽然在求取功名这条路上走得磕磕绊绊，但还是有收获的，至少今日的我已非昨日的我。在贵州山地蔽天的雾障中，我已经磨炼了一双锐利的眼睛，这双眼睛让我看到常人所看不到的另一个世界。

在我看来，良知就像是天空中的那轮明月，也同时是指向明月的那根手指。天生明月，若没有那根手指的指引，人的眼睛里也是空空荡荡的。

庐陵虽然只是一个偏远的小县城，但这里却是四省交汇之处，俗话说是码头口子，行政辖区里的三不管地带。地方虽小，世风凶悍，盗匪横行。各方利益在此纠缠不休，苛捐杂税名目繁多，官府有官府的问题，百姓有百姓的问题，各守其利。

我始终坚信一点，与强大的国家机器相比，平民永远是弱势群体，如果不是被逼得走投无路，谁会装疯卖傻地来衙门找麻烦。当然这只是我一厢情愿的想法，现实却不是那么简单的是非划分。

我前脚刚到县衙，地方乡民就给了我一个下马威：上千乡民拥入县衙。搞不清楚这些人为何而来，我并不急躁，搬了张椅子在那里静坐，耐心地倾听他们的呼号。这些人是要宽免一项征收葛布的摊派，因为本地不出产此物。乡民的要求合情合理，既然地方不出此物，官府的征收是不合情理的，我同意了乡民的请求。

庐陵是有名的“健讼”之区，为了平息事态，我下了第一道“告谕庐陵父老子弟书”，内容就是息讼。我对那些带头闹事的讼棍们说：“我到这里时间不长，你们还不相信我。未有德治先有法治，我实在于心不忍。但你们要是不听我的，那么我也没办法保护你们。”

老百姓向来是最单纯的，只要官府能让他们感受到关爱，他们就很满足了。

天下既是家，家既是天下，天子、诸侯、大夫、士，打断骨头连着筋。我也由此陷入政治困局：赋税任务是朝廷摊派下来的，身为基层官员唯一能做的就是保证完成任务，没有讨价还价的理由。但有的赋税是不合理的，如果强行征收，只会酿成民变。

死里逃生的磨难让我更加懂得生命的可贵，也更懂得珍惜老百姓的生命。我经常会走到阳光下面，摊开自己的四肢，躺在四下无人的草地上，天上散落的阳光将我胸中郁积的阴影蒸发得干干净净。

重新履职的我很快就找到了决定自己人生高度的两大关键词：冲突与良知。

冲突起于一个人在面对现实与理想的分裂时所产生的碰撞。碰撞的力度取决于现实与理想的差距有多大，差距越大，碰撞就越强烈。当这种碰撞到了不可调和、难以承受的地步，就会转而诉诸人的内心。在这种情况下，人的内心就成了现实的减压器，成了精神的抚慰品。

我一方面对那些挑事的所谓刁民进行劝谕，另一方面我希望为他们争取相对宽容些的生存空间，从而赢取民心，拉近与老百姓的距离。我一边做好百姓的安抚工作，一边向上级打报告，请求减免赋税。

我的话说得也很实在，府衙的主管者们听着却未必舒服。我说单是每年购置各种木材、炭、牲口，旧额不到四千两，现在增加到了万余两，是过去的三倍。其他公差往来，县里也要供奉财物，日甚一日。再加上旱灾、瘟疫不断，很多家庭都死得绝户了，而那些幸存者还要完成官府的征粮纳税任务。在这种情况下，弱者逃窜流离，强者群聚为盗，四处劫掠。上级若不宽免，将有可能激起大变。

当上级催逼紧迫时，我非常动情地说了三句话。

我说，不但于心不忍，而且势有难行，实在无法称职地完成任务。

我说，自己坐视民困而不能救，心切时弊而不敢言，内心实在痛苦。

我说，既不能善事上官，又何以安处下位？上下不得，我做这个县官还有意义吗？

我恳求，朝廷应垂怜小民之穷苦，俯念时事之难为，宽免百姓赋税。要抓人，就请立即将我罢免。在我的不懈坚持下，朝廷终于免了庐陵县民的葛布税，降低了其他税负。

官员说好当也好当，无非是考验一个人处理各种关系的能力，中国社会就是考验人际关系的。对于我这样的基层官员，处理好与上级的关系，才能保住自己的乌纱帽。《诗经》里说："鸿雁于飞，哀鸣嗷嗷。"《诗经》里还说，一个有人情味的社会，在七月看见大火星西沉时就要有所准备，这样到了九月深秋时就要让百姓添衣。但我知道，这些我都无法满足，那些流离失所、衣不蔽体的人，我无法为他们置下半亩田，无法为他们添上一件衣。而我所能做的，便是将我的全副身心都放在如何妥善处理与地方老百姓的关系上。

就在庐陵人感激涕零之际，我贴出一张安民告示："我不反对你们打官司，但我看你们之前的状子是专业人士撰写的，空洞无物，又臭又长。今后你们如果再告状，要遵守以下几点。首先，一次只能上诉一件事；其次，内容不得超过两行，每行不得超过三十字；最后，你认为和对方可以私下里解决的事，就不要来告状。如果有违反这三条的，我不但不理会，还要给相应的处罚。”

我这么做，是让地方乡民认识到，暴力抗税和打官司都是没有良知的表现。

龙场悟道后的我已经有了质的飞越，也让我变得自信满满，却又敛而不发。当别人向我道贺时，我也只是低调地回应。

我经常一个人走出困顿身心的公馆，或者漫无目的地走到大自然里，或者在寺院中小憩身心。这与我的身体状况有关，也与我此时的心态有关。我知道，如果按照大多数文官的活法，我会成为“劳臣”，一辈子辛辛苦苦，哪里有水灾、旱灾、匪灾，就会被派到哪里去。

我曾经以为，官场上密如经络的职位分布图为我们的命运提供了无数可能性，而每一个偶然又必然会推导出下一个偶然，而每一次出发又隐藏着下一个落脚。如此往复，永无止境。我们的人生也因此在这张分布图上闪转腾挪，由不得自己。

现在我才明白，有时候，微不足道的个体也会修改那些确凿无疑的路线，在背景转换之后，在时间和空间的相互作用下，命运也有可能会被重新组装。

父亲经常说起他的一个同僚，七十五岁的高龄，在三伏天的淮河流域，踩在泥水里督导修堤，上了岸还要赈灾放粮。他从二十四岁进入官场，辛辛苦苦一直工作到死前一个月。官位不高，一辈子做了该做的，死后也不过得到一个“国之劳臣”的封号。哎，对于像父亲这样学优而仕的人，难以有出位之思。他们不理解，那些在乡间看似碌碌无为的布衣在立功立德方面并不比王侯将相做得差多少。

北宋的理学大师张载将文人分为四种类型，分别是“为天地立心”“为生民立命”“为往圣继绝学”“为万世开太平”。有的人能够兼顾两个类型，甚至更多，而大多数人只能做好其中的一种类型。我不想成为大多数，也不想将自己单一化，我还是想多元化发展。

我的公馆旁边是一座寺院，虽然我从理论上排斥社会上崇拜佛老的风气，但内心还是认同佛教教义里包含着的善意的成分，即使对于那些不相信佛教的人，也是有意义的。我喜欢这里的幽静与肃穆，喜欢寺院墙壁上那副几近斑驳的佛像，那么静默美好，像是能够将世人所承受的苦难、身上所绑缚的枷锁，都一一卸去。一个人要涵养高洁之智，还真是离不开寺院或道观。这份难得的宁静，对现实中的我是一份奢侈。

我在庐陵担任知县的时间并不长，只有短短的七个月时间。而这七个月时间里，有将近六个月，我都处于静卧治疗状态。龙场生活给我的身体造成了巨大的伤害，我是拖着病体离开龙场来到庐陵的。尽管如此，我的办事效率并没受到丝毫影响，还是为庐陵的百姓做了许多事。

正德五年（1510）十月，我离开庐陵回到京城述职。重新回到京城的我，与老友们再度重逢，大有恍如隔世之感。与四年前相比，今日的我多了许多的拥趸。当一个人天杀不得，地杀不得，人杀不得，他在别人眼里也就成了神。

回到京城的我暂时寓居大兴隆寺，这也是我多年来养成的习惯。我在京城的弟子和朋友们几乎踏破了大兴隆寺的门槛，他们与我朝夕畅谈。四年前的那道上疏差点毁了我的政治前途，可上天毕竟是公平的，此处失，便会在彼处让人得到补偿。

或许没有这样一次失落的机会，我这一生也将与心学擦肩而过。

我站在阳光下，看见了昨天就见过的那些花，那些昨天来过又走了的香客。我清楚地记得，就是在这一天，我遇见了黄绾。

黄绾，字宗贤，号石龙，是个风雅之士，他比我小五岁，我们两家虽然算是世交，但我和他并没有多少交往。我听父亲说过，黄绾这个人非常有主见，从不迷信权威，喜欢与人辩论，口才也极好。曾经师从当时的朱子学大家谢铎，尤其在“克己”“去欲”上下过一番功夫。

黄绾得知我回到京城后，就让我们共同的好友储柴墟引见认识。那一天，我刚刚起床洗漱完毕，就看见他跟在储柴墟后面向我走来，他的步履阔达有力，张开的衣襟里好像灌满了自由的风，眼睛里有着愉悦明亮的神采。

黄绾是一个有着侠义之风的人，身在京城之地，他居然不去好好经营升官发财的“实学”，却要上门跟着我“蹈虚”，这让那些看好他的人颇为失望。

和他初次相见，这家伙就向我大谈特谈孔孟之道。他根本不管人与人之间交浅言不可深的套路，只管敞开心扉向我倾诉为学之道。

他说自己多年来遍读古代典籍，却又苦于找不到方向，就像是一个人到了陌生的地方，从一个路口到另一个路口，看着都像是能够走出去，可是太多的岔路让他不知到底该选择哪一条路。有些岔路走下去，就成了找不到出口的死胡同。

经过一番交流，我很快摸清了黄绾的学问家底。我常想，如果我是生于宋明时代的一个普通儒者，应该也会不自觉地对我所提出的心学产生怀疑：这样一种为学方法如何能够涵盖一个士大夫精神发展的多面需要？

黄绾对我的心学颇感兴趣，也没有妄加评议。我向他谈了“立志”对于一个人的重要性。就像活在当下，一个貌似平静实则危机四伏的时代，贤能之士要想成就一番作为是困难的。有的人本来可以成为朝廷梁柱，却注定被人踩在脚下。有的人本来可以让别人轻装上路，结果却成了精神的累赘……

黄绾虽然也认同我的大部分观点，但是他所理解的“立志”与我还是有很大的不同。

他所理解的是成圣的方向，而我则是心学的立场，也就是“心即理”所倡导的，天地万物都可以归于“吾心”，只要自己相信“心”的力量，任何想要实现的目标都可以水到渠成。

黄绾问我，阳明心学与朱熹的那一套理论有什么不同。

我告诉他，我是拿理来体会道，而朱熹是拿理来解释一切；我把理拿到里面来，而朱熹则是将理推到外面去。我们都试图以“天理”与沦落的“人欲”对抗，我们都无法接受现实世界里那些目光短浅的人，无法接受他们只看到威福和口腹之欲，而忽视了天下最宝贵的“道”，他们不知道，殊途同归，天下最终归于道。

第一次见面，我毫无保留地将自己的心学之道倾囊相授。我从不认为，自己悟出的“道”是私有之物，树木之所以生长，日月之所以明朗，都是顺从自然之理。

第二天下午，黄绾又带着我们共同的好友湛若水来见我。三个男人心智的真诚碰撞，使得那个下午成为我一生当中最美好的时辰之一。我们倾心交谈，也就此定下“终身相与共学”的寻道誓言，就此结为精神盟友。一个时代的斯文不坠，固然会出现超拔之人只手撑天的神话，但大多时候，还是众人拾柴。

一直以来，我认为在京城学界能够与自己展开精神对话的只有湛若水。而黄绾的出现，让我京城论道的密友，又添了重要的一员。我们交流碰撞所有的问题，内心滚烫不已，身体里的每个毛孔都激动地迸发着热量，如同火焰燃烧，噼噼啪啪。

这时候的湛若水名气要比我大，尤其在官僚缙绅的圈子里。他生性超然，与他相比，我反倒显得有几分狂狷。他不爱参与政治事务，与朝廷保持着一种若即若离的状态，境界显得更为高远。

“理在于我，性在于我，天在于我，命在于我”，黄绾对待俗世生活已有足够的定力，但他还是认为，这一切就像是一张薄如蝉翼的纸，吹弹可破，他需要真正能让自己燃烧，能让自己的精神追随前行的圣学。而我的出现，或许让他看见了一线曙光，他已经做好了准备，敞开自己的心扉让更广大的世界进来。

最高兴的事，莫过于又见到了湛若水。如果说，我和黄绾是水与水的相容，那么我和湛若水则是火与火的碰撞，显然后者更让我有灼热感，有欢喜心。我与湛若水在京师日夜论学，共同践修。我记得当时我提出“佛老是圣之枝叶”的观点，佛老与儒学并行不悖，在根本上是一致的，佛老可以看作是圣学主干上旁出的一枝。

湛若水在我面前恨不得跳脚，他是个性情中人，对不赞同的观点绝不妥协，就算我们是好朋友。他认为槐树不可能旁出柳枝，圣学这棵大树旁出的枝叶只能是儒学的圣贤，比如伊尹、伯夷、柳下惠等。儒与佛老在根本思想上不同，如果说佛老是圣学之枝叶，那就意味着否认儒与佛老在思想上有根本分歧，实际上儒佛并不同根。

我们曾执着于格物之辨。在格物的问题上，我们有同有异，而在儒佛的问题上，我和他的立场完全不同。但这又有什么关系呢？无论是禅宗的生存智慧，还是儒家的道德境界，不都是我们内心深处的天理吗？只要不把毒品当补药，孰是孰非都是个人修道的领悟。

黄绾身上有着“侠儒”的气质，虽然这时候他已身居军都督府都事一职，但是他并没有把自己的心思放在求取功名的“显学”上，而是跑到我这里，和我、湛若水一起追求精神世界的“潜学”。在时人看来，他也算是一个不务正业的儒生。

黄绾是一个能力很强的人，也是想要有所作为之人。就算是投身心学，他也想要一个实实在在的结果。他不轻易相信别人，有他自己的想法和见解。

庐陵，我没有回去继续做知县，而是被任命为南京刑部四川清吏司主事，却很快又被调回京城。原来是湛若水、黄绾两人一起出面找到了当时的吏部尚书杨一清，要求将我调回京城。此时的我刚上任不久，按照正常途径，一时半会很难再做调整。

经过湛、黄二人的一番活动，杨一清居然爽快地应承下来。之所以会有如此皆大欢喜的结果，一是看在我父亲的面子上，二是我曾经因为对抗刘瑾而遭到贬谪，这赢得了杨一清的好感。在杨一清的帮助下，我被任命为吏部验封清吏司主事。吏部为六部之首，下设四个司：文选、验封、稽勋和考功（排名要分先后）。验封司就是管封爵和褒赏的，有实权，是一个肥差，在四个司中排名第二。

正德六年（1511）正月，我重新回到京师。这时候湛若水在翰林院担任一个闲职，黄绾也是闲职，我们三人有更多的时间聚在一起，同行同饮，谈经论道，其乐陶陶。时间似乎总与空间相矛盾，它沉默无声地消解着现实带来的种种困惑。虽然身在官场，但是我们在一起好像很少谈及京城里的人和事。

三人的小沙龙不知从什么时候起成为京城名气最大的沙龙，一些有抱负而又对现实不满的低级文官也加入进来。于是，沙龙的规模越来越大，影响力也越来越大。甚至有人将我们视为洪水猛兽、帝国权力系统内的异己分子。这让我们感到快乐的同时，也心生忧虑。

虽然讲学已成为一种时尚风气，但是在京城，在官场，还是被主流社会所不容。原因很简单，朱子的理学体系代表了儒家文化的发展方向，已经成为官家文化的一张名片。而我另立山头，认为朱子的那一套理论不够科学，这么做等于是在向天下儒生士子发起挑战。如此一来，朝廷所豢养的那些所谓的知识精英又怎能容得下我。

正德六年（1511）十月，我升任吏部文选清吏司员外郎。文选清吏司是负责文官铨考的机构。在这繁华热闹的背后，我内心却有着难以名状的虚空之感。

这难道就是自己想要的人生？现实的功德在哪里？精神的归宿又会在哪里？作为一个四十不惑的男人，经历了生死一线、颠沛流离的贬谪岁月，这时候的我更像是一个站在华山之巅的侠士，拔剑四顾心茫然，我已经不需要再去向谁证明自己，也不需要再去讨好这个世界以获得现实的利益。

从今往后，我所要做的，就是要尽可能地向这个世界解释“心学”为何物。

## 19

其实人的内心与现实世界有着异曲同工的玄妙，它们都会在某一个偶然事件的策动之下，去做一些微不足道的调整。而这种调整，有可能是突然拐了一道弯，然后便不动声色走向另一个方向。

人心的偏离，往往带动着时间和空间一起偏离。就像很多年后，黄绾否定了我的学说并进行批判，而这一切源于我们对“心”的理解发生了分歧。但是此刻，我所说的每一句话对他来说，都像是无法摆脱的咒语，让他沉迷不已。

在我居留大兴隆寺的这段时间里，辩诘与争论几乎每天都在进行着。人的舌头真是一件可怕的利器，它可以传播真理，也可以误导真理。舌尖上的观点碰撞，有时发生在学生们中间，有时则发生在我和某个学生之间，其他人或附和，或参与。这样的话题讨论是只有开始，没有终结，我与弟子们乐此不疲。在一往一复的语言运动中，我也像是一张处于紧绷状态的弓弦。

我需要这样的生活，唯有如此，才能让我身居繁华之地而神游龙场，才能让我的精神不至于松懈委顿，内心也不至于像官衙前那块长满杂草的空地。

有人响应，也就会有人提出质疑。质疑之声大多围绕着我的心学与陆九渊的心学有何异同。

一段时期以来，我并没有直面这个问题，我在倡导自己创建的心学时，并没有提及陆九渊。于是有人抓住这一点大做文章，说我是在故意回避，不愿意承认自己心学的来源。

尊朱乎？尊陆乎？这实在是异常尖锐、异常敏感、异常具有炒作价值的话题。

该来的总会要来，绕也绕不过去。我知道京城那些所谓的知识精英们都将目光投向大兴隆寺，自己出言稍有不慎，就可能带来意想不到的后果。从我踏足京城的那一刻起，他们的目光就投向了我。

我回答道："是朱非陆，天下论定久矣。久则难变也。"对我而言，给出这样一个只有结果没有求证过程的答案，必然会引起大部分人的不满，舆论也会随之哗然。那些参加过大兴隆寺讲学的人，早就感觉到了我的心学不符合朱熹的理学思想，而是脱胎于陆九渊的心学。

我不希望和他们陷入一场不对等的精神影响力的比拼，人心毕竟是自由的。在与他们中的大多数人见面时，我也只是说些升官发财的无聊话而已，相见寒暄作揖，然后就是互相恭维。明知庸俗不堪，却也不得不为之。虽然我竭力掩饰，但他们还是奔着我的心学而来。

呼啸而来的质疑声音，逼着我不得不做出调整，该到下结论的时候了，我并不评判对错，只是阐述观点。

我说："朱熹和陆九渊各有得失，二人的学说相互融会贯通，不存在非黑即白，你错我对。但是，朱学早已风行天下，再去讨论他的存在价值已经没有任何意义，而陆学蒙受不白之冤已有四百年，应该到了正本清源的时候。"

我将这番言论的"大旗"往那里一插，朝野上下为之哗然，一时之间，舆论汹涌。

我的观点呼之欲出，那就是我尊崇的不是朱熹，而是陆九渊。按照正常的逻辑推理，我既然支持陆九渊，那就应该去否定朱熹，但我并没有那么做。这让他们感到不解和疑惑，也让他们感到不满。

朱陆之争是儒学界的一桩公案，我的态度是：领会精神、坚持原则，我不会去做学案式的梳理，这不符合我的为学之道，也不符合我的处世哲学。陆九渊没有著书立说的习惯，主要靠自身修养立境界，然后靠门徒扩大他的影响。他和朱熹之间并不是水火不容的对立，而是一种互补性的关系。

十岁的陆九渊某个夜晚仰望星空时，用他那稚嫩而悠远的声音发出“天地何所穷际”的疑问。这让我想起童年时，自己睁大眼睛直视月亮，能够清楚地看到细微的东西。见到渺小如蚁的微小生物，就仔细观察它的纹理结构。就连夏日里，让人厌烦的蚊虫，在我看来也是青云白鹤之类的通灵之物。它们向我俯身、向我摇曳，用饱满的姿态诱惑我。哎，万物永恒，却只能短暂地栖居于人心，人醒于万物，也盲于万物。很多时候，我们习惯于盯着自己的同类，而忽略了除了人之外的光影。其实大多时候，人，无须通过人来雕刻自己的形态。

人的想法无贵贱之分，而任何一种世界观都是一种玄想，一种姿态，一种坚持。就像我用整整二十年时间，都在潜心追求圣贤之道，而陆九渊则是不知疲倦地研究他的“本心”。我沉迷于盲人摸象的游戏，以为高大的事物可以覆盖万物，摸着了眼睛、鼻子和耳朵，就可以切中要害。殊不知，我的“本心”已遍布眼睛、鼻子和耳朵，它们在我这里获取人类对自然的猜测和爱。

十岁孩子仰天俯地发出的疑问，或许只是童年时期的闲趣之事。可是对于陆九渊来说，他的心灵绝不仅仅限于一时的好奇，而是陷入苦思冥想，以致不食不眠。就连平日里无所不知的父亲也无法回答他的问题，只能打断他的胡思乱想。十岁孩子好吃好玩才是天性，想什么“天地何所穷际”，真是吃饱了撑的。

本以为只是一时的胡思乱想，谁曾想这个问题萦绕在陆九渊的心头，久久散之不去。

有一天，他看到古书中“宇宙”二字的注解“四方上下曰宇，古往今来曰宙”，好似醍醐灌顶，他笑了，发自内心的真正欢快的笑，那笑声像水声一样清越，他激动地说：“原来无穷，人与天地万物，皆在无穷的推理。”

他取过纸笔，写下这样一句话：宇宙内事乃己分内事，己分内事乃宇宙内事。

他抛出那句石破天惊的话：“宇宙便是吾心，吾心便是宇宙。”这是十三岁的陆九渊喊出的口号，在一个讲究天人合一观念恒久的国度里，一个少年居然冒出这么一句惊世之语，也着实令人难以理解。

陆九渊从十三岁顿悟到三十四岁出仕，一直没有断绝心学的念头。在他看来，宇宙的穷际无边来自“吾心”，正所谓：“宇宙不曾限人，人自限隔宇宙。”他将自己从现实的困境里超拔出来，用他自己的话说：万物森然于方寸之间，满心而发，充塞宇宙，无非此理。

我怀念那些已经在这个世界消失的文字，它们是一个人用心喂养后又散失的孩子。它们曾经顺着人类心性的必然方向，指引过迷茫的灵魂。我做过一个梦，来到一座深山，山里有一处幽深的洞穴，封住洞穴的是一扇难以打开的石门。当我费了九牛二虎之力，挪开那扇山门时，我看见洞里飞翔着无数有漂亮羽毛的鸟儿。那些鸟儿会说话，它们说是我释放的精灵，是我的魂魄。我丢下它们，飞一般地逃出那个山洞，逃出那个梦境。

宇宙如此广阔，置身于其中，能够由着性子撒一会野是多么快意的事啊！世人说陆九渊凡事必求于心，修的不过是野狐禅。在我看来，陆九渊的价值指向依然是儒家。有人先是跟着朱熹，又转而跟了陆九渊，两边转来转去，只为让自己的儒学理念更为完整。

我质疑朱熹的学说，与当初朱熹颠覆流行官学如出一辙，都是对当时的儒家正统提出质疑。朱夫子承认理的一元论，人与天之间的沟通，人通过内省可以触摸到天理。他一直坚持“存天理，去人欲”，认为这么做，活泼泼的理就会从心里跳出来。

陆九渊把心看成一元，干脆说这世界本来就是主观的世界，一切天地都存在于我心。

在朱熹看来，这天地之间随时、随处都有理的存在。心灵的容积是有限的，人欲多占了地方，天理就被排挤掉了。当然“人欲”并不仅仅是情欲，它包括情欲在内的一切个人欲望。他们甚至将对身体的不贞和对君王的不忠等同起来，于是，他们打着“存天理，灭人欲”的旗号制造清心寡欲的活标本。

其实连朱熹这样的圣人也无法灭了自己的人欲，他不仅“诱引尼姑二人以为宠妾，每之官则偕行”，而且“家妇不夫而孕”。他用自己的下半身对上半身的背叛，来实现自我的背叛。

很多人无法理解我“逆势而动”的目的何在，就连我的至交好友汪抑之、崔子钟、储瓘等人也无法理解，毕竟他们都是理学专家。为了捍卫所谓的真理，他们与我划清界限，甚至写信与我断交。我可以理解他们的做法，就像今日之我也无法接受昨日之我；我无法说服他们，就像今日之我也无法说服昨日之我。

如果说每一道质疑是一小股一小股的溪流，越往前，就要汇入更大的河流。堵住质疑的溪流，也就断了河流的源头。龙场悟道之后，我更倾向于陆九渊的心学。其实早在龙场时，贵州提督席书登门拜访时就曾经向我请教过这个问题，我当时转移了话题，谈起了自己的“知行合一”理论。

自元代以来，“朱陆同异”就成为儒学界常辩常新的话题。辩来辩去，辩出一个“朱陆同调”论。朱子学说的支持者奉行这一论调，既然朱陆是一个调调，也就意味着他们也是陆学的支持者。两边都站队，也就真的辩无可辩，无敌于天下了。

批判并不是超越前人的唯一办法，有时候整合消化才能真正实现超越。舍朱熹而尊陆九渊，让我不出意外地成为众矢之的，攻击我的文章像一支支密集发射的箭矢扑面而来。可对我来说，这并不是我的战场，那些呼啸而来的箭矢可以存在，但与我无关。我的战场不在外部世界，不在他人，而在于自己，准确地说，在心之本体。心为主体，我这么做，也是意在抬高自己心学的地位。我和陆九渊的心学有着太多的相似之处，支持陆九渊就是要唤醒世人重新认识心学。

当时的学界觉得陆九渊的心学专注于“尊德性”，更像是务虚的禅学。在儒家人士看来，禅修并不是务实之学，修的不过是德性和修养，而得来的学问是空洞的。而我所创建的心学并不是务虚之学，既讲究人的德行操守，又饱含问道之学。一句话，禅修让人退一步，心学让人进一步。

我也曾沉迷于佛、道世界，追究起来，佛、道为我创建心学提供了营养基础。而此时的我，则一心推广心学，若有人这时候在我面前说起佛、道二教，我一定会劝说对方不可沉迷其中，应该修正自己的内心。后来，朝廷准备举行一场大型佛事迎接佛祖，我还为此写了一道奏疏。其中大意是，佛是夷狄的圣人，我们的圣人是孔夫子。作为一国之君怎么可以放下自己的圣人不去祭拜，却要祭拜夷狄的圣人？

我举了一个例子，让夷狄的圣人来到我们的土地上，就好像陆地上用船，水上用车。船放在陆地上就无法航行，车推进水里就会下沉。我担心佛来到我们的土地上会水土不服。既然陛下有一颗敬佛拜圣的心，那就应该拜祭我们自己的圣人。

这道奏疏虽然没有递上去，但是很多人都知道了我的态度。有人反对，也有人支持，最起码那些来大兴隆寺听我讲学的人中，绝大多数是支持我的。或许他们是带着疑惑前来，或许是为了砸场子而来。可是随着接触日久，他们最初的理学信仰发生了动摇。最后发展到他们在公开场合支持我，他们指责当今朝野上下都不讲学，只以记诵辞章为乐。他们甚至表示，程朱理学谬误百出，其存在价值连佛、老都不如。

眼见得大兴隆寺的“狂徒们”如此不敬，那些早就视我为眼中钉的理学捍卫者们开始采取行动。他们首先要做的就是拆散我、湛若水、黄绾的

“三人小组”，一直以来，湛若水、黄绾为了能够将我留在京城，想出各种办法。

正德七年（1512）三月，我被擢升为考功清吏司郎中，职级又升了半阶。我虽然对仕途升迁并不刻意追逐，但是如果能够有机会为国为民做些事，我也欣然接受。外在功业虽然有让人留恋之处，但是让我真正感到满足的还是在心学这条路上的收获。

这时候的我，真正收获的是结识了一批志同道合的挚友与门徒。越来越多的人追随着我，心学的影响力也越来越大，我的良知世界也变得愈发辽阔高远。

在经历了身心的艰难历练之后，尤其是在过了“朱陆之辩”这一关，已经没有什么能够阻挡我在心学之路上的狂奔。我已经摆脱了朱熹理学的围剿，尤其是朱子的牵绊，正走在通向圣贤的道路上。我认定程颐与朱子的路线不是儒学正宗，周敦颐、程颢才是正宗，陆九渊虽然没有偏离方向，但是在心学上所下的功夫还是远远不够的。

不讲学，圣学不明；讲学，就得开口说话。只有那些面对自己的人，才敢于面对众人。

有人说，我是天底下说话最多的那个人，不光别人这么说，就连我的朋友湛甘泉也这么认为。不过让人感到不解的是，一向以清癯淡雅示人的湛甘泉也同样被很多人视为多言之人。

我们这个民族的文化气质早就渗透了沉默的基因，世人也早已习惯面对饱学之士看上去略显低调和谦逊的面目。突然斜刺里杀出我这么一个喋喋不休的另类，对大家公认的大圣大贤之人指手画脚，一副自己是圣贤中的圣贤的狂妄姿态。如此做派，自然会引发诸多的批评之声，我却不以为意。

我曾经不无嘲讽地对好朋友湛若水说：“我们这帮人是不是话说得太多了？”

湛若水没有正面回答我的这个问题，而是问我：你怎么看待世人对我们的评论？

我说，我讨厌聒噪多言之人，早就想沉默不言了。话一多，必定气浮，志轻，气浮的人热衷于外在的炫耀，志轻的人容易自满松懈。所谓言日茂而行日荒，那些所谓务实的人，不过是在忙着追逐名利罢了。这是学术不明的缘故，在这样的环境下，我们也只能去做一只一天到晚聒噪、令人讨厌的乌鸦。

我选择走一条布满荆棘的圣贤之路，也就注定了无法做一个沉默的袖手旁观者。不但不能沉默，而且还要装一个喇叭大鸣大放地说。我有一个叫梁仲用的朋友，在官场上混得不错。他又是一个自省之人，厚黑学和抚慰心灵的文字也读过不少，但纸上得来终觉浅，一些疑问不能释然，便经常来找我释疑解惑。

他说，他今天来找我，不是为别的，而是专门来向我讨教沉默之道的。

看着他认真的表情，我不由地笑了起来，然后也故作认真地说："你向一个天下最多言之人讨教沉默之道，岂不是笑话。如果沉默真的能使你充实的话，你可以一言不语。但沉默之人也同样面临着四种危险。"

梁仲用不禁问道："哪四种呢？"

我继续言道："如果你疑而不知问，蔽而不知辩，是谓愚蠢的沉默；如果你用不说话来讨好别人是谓狡猾的沉默；如果你害怕别人摸清你的底细，故作高深掩盖你的无能，是谓捉弄人的沉默；如果你深知内情却要装糊涂，布置陷阱，默售其奸，那你就是沉默之贼了。"

对于我这样一个视讲学为毕生事业的布道者，就要知无不言，言无不尽。如果有人做过统计，我应该算得上是当时最多言的人之一。

在心学这条路上，我选择的是孤身上路，所幸的是一路上总会有人不断地与我相知相随，让我有了更大的精神动力。有弟子问过我，放眼天下，几乎所有的政府官员和读书人都是朱熹的门徒，对你的心学持有一种敌视态度，身居官场，你和他们争儒学之理的话语权，实在是以卵击石，太过于冒险。

每每遇到这种情况，我总是会告诉他们，人只要狠下功夫致良知，就可以获得不动如山的智慧，就可以避免被人欺骗，避免被别人攻击。

正德七年（1512）一个春风沉醉的夜晚，一对老友坐在京城街头的酒馆里咽下苦涩的滋味。湛若水奉朝廷之命即将出使安南。当我们拱手道别时，谁都没有说伤感的话。我们并不认同这个世界赋予我们的秩序，虽然眼前我们所能做的只是等待。我和湛若水都有一种心气，那就是都不愿白来这世上走一遭。于我而言，我身上背负着成圣人或者成英雄的双重压力。蹉跎半世，却还是看不见现世的成功之路。

我在送别湛若水的诗里，写道：

行子朝欲发，驱车不得留。驱车下长阪，顾见城东楼。
远别情已惨，况此艰难秋。分手诀河梁，涕下不可收。
车行望渐杳，飞埃越尘丘。迟回歧路侧，孰知我心忧？

如果说这是一首送别诗，那么送的不只是湛若水，还有我。很多年后，有一个西方诗人在给友人的信中写道："我咀嚼一下自己的滋味，尝到的只是忍耐，纯净的、平淡的、没有一点拌料的忍耐。"而在我所生活的这个时代，忍耐，是一切。万事万物恒定如斯，我们的体悟，让天地有了新的变化。没有一种体悟之学可以超逾界限伸展到边缘，没有一个人不是在动荡之中把握生，走向死。

人的内心最容易滋长的，便是对于某种神圣之物的念想与渴望。说到底，圣人与天地万物同体，儒、佛、老、庄皆为我所用，是为之大道。我们都坚信，圣人之道不会坠落，日后相会，终有所获。

很多年后，当我再度回忆起那个春天，很多东西和记忆都发生了变化。

而我写给湛若水的那篇充满了告别和总结意味的文字，记下了我对他的嘱托，以及期待。春光易老，若水弥漫，无处不在，另有一番快意萧瑟。落落千载，几人知音，我在《别湛甘泉序》中说：

颜回去世，孔子学说亡失。曾子将践行忠恕贯通终生这个宗旨，传于孟珂。两千多年后，周（敦颐）程（程颢、程颐）才完成接续。从此之后，圣人学说面目难辨，不是言论烦冗，道义隐晦，就是分析精微，支离无本，使得求学益繁以难。当世学者，皆知尊崇孔孟，鄙视杨朱、墨翟，更排斥释迦牟尼和老子。圣人之道，虽早已明白于世，但我追随世人去探求，却难以抵近圣人之境。

圣人之境能达到墨家“兼爱”之境吗？能达到杨朱“为我”之境吗？能达到老子“清静自守”之境吗？能达到佛家“究心性命”之境吗？我为什么使用杨朱、墨家、老子、佛家的思想？是因为他们跟圣人的学问有别，主张不同，有属于自己的心得。放眼世间求学之人，只知雕琢文辞，修饰章句，用作世俗夸耀；他们隐藏真实的自己，只知寻章摘句，相饰以伪，说圣人之道劳苦而无功，不是普通人能够做到的。对于圣人之学，古人尚且不能打通，我们却能轻松谈论它的要点，并且自以为是。今日之患，患在记诵辞章的习惯！此弊病之所以会有，皆因我们言之过详，析之过细。杨朱、墨子、老子、释迦牟尼学习仁义，探求性命，因不得其法而偏离各自的境界。尽管如此，我却认为这是天大的好事，求学之道在于自得，唯有自得，才可以说自己在探求圣人之道。

处在如今这个时代，若是有人因为学习仁义，探求性命，而抛弃默记背诵辞章。即使他陷入杨朱、墨子、老子、释迦牟尼的片面之学，我仍然认为他是有道德的。他们探求学问，为的是心有体会。唯有如此，我才能和他讨论圣人之道。我年少时没有考察学问，沉溺于邪辟之学二十年。幸得上天指引，于是醒悟，开始追随周子和程子探索学问，似有收获。除了一两个志同道合的朋友，无人给予帮助，快要摔倒又站了起来。与湛甘泉结交，使得吾志更坚，不可阻挡。

湛若水求学，探求自己的心得体会。不理解他的人，怀疑他是禅宗。即使是禅宗，我也无法领会，更何况他追求的事物如此超群出众。若这世上有超过湛若水的人，除了圣人的弟子，还会有谁呢？谤言伤害不到湛若水。我跟湛若水结交，不用语言，也能心意相通；我们看重的事物，不用约定，也能相互一致。我们对彼此报以期望，为圣学之道而努力，至死方休。今日离别，湛若水并不需要我用这些话为他壮色送行。因为，圣人之学难辨，容易让人迷失；习俗降至低处，无法回归。路途遥远，责任重大，湛若水对我说的这些话并无期待，不过，我的心，好像有着无法平息的波澜，不吐不快。湛若水，你且将它视为点缀吧？

我借着送别湛若水，叩古问今，所叩所问皆是圣学。我遗世独立，并非标新立异，这是我发自心底的自问，也是天问。道学茫茫，上下求索，这是生之痛，亦是生之苦。我坚信斯文不坠，来日方长，世间学问，风格多样，品类不一，若是自得自悟，便可将人的心魄带上九天。我告诉湛若水，我在浙江的萧山和湘湖附近买了一块山水相宜之地，建了一座草庵。待数年后，我和他，还有黄绾一起在此养老。

这一年冬天，黄绾也因病返乡。楼台外，冬雨敲窗，又是一番不舍与感伤。经过我、湛若水和黄绾等人的齐心协力，复兴圣学的学术氛围在京城已初现端倪。随着两位精神盟友的先后离去，我心里不免产生了空荡荡的失落感。尽管如此，我仍然坚信自己与他们还会再见面，到那时就可以选择一处远离尘世喧嚣的纯净之所，交流学问。为此，我还委托黄绾在天台上和雁荡山附近购买土地，修建房屋，以便将来一起养老。天台山与雁荡山是浙江的两座名山。功名之士，若是不携功名返乡，无异于锦衣夜行。对于我和黄绾，将来若是不携体悟之学返乡，怕是对自己这一生也无法交代。临别之际，得诗数行：

古人戒从恶，今人戒从善。
从恶乃同污，从善翻滋怨。
纷纷嫉娼兴，指谪相非讪。
自非笃信士，依违多背面。
宁知竟漂流，沦胥亦污贱。
卓哉汪陂子，奋身勇厥践。
拂衣还旧山，雾隐期豹变。
嗟嗟吾党贤，白黑匪难辩。

黄绾吾友，抛弃俗学，不入俗流，立志于圣学，并且笃志于圣人之道。不舍，一千个不舍，一万个不舍，怎奈人生聚散无常，好在天大，心也大，无穷无尽，无阻无隔。黄绾说，他此行先探探路，打好前站，如果真找到了一个山明水秀的好去处，就再来邀请我与湛若水一起去快活逍遥。黄绾的这番话让我感动得落下了泪。我想象着，将来重聚时能将今日的眼泪，当笑话一样说。尽管黄绾所说的“逍遥之所”不过是一张充饥的画饼，在这人情薄、世情恶的天地之间，谁又能说这不是一点难得的安慰呢？真是知我者，黄绾也。

临行前，黄绾让我给他写几句指明方向的话。这一时期，我的内心意旨表现为两个字——自得，张口闭口就是这个主题。我心污浊，这世界就污浊；我心光明，这世界也就变得光明。

我对黄绾说：“心之本体是光明的，只是人心长出欲望挡住了本应光明的地方，人生经验污染了它本应光明的地方。要想重现光明，唯有清除人心长出的欲望，消除所谓的人生经验，使之重放光明，从外部入手是没有用的。人的心犹如一汪清泉，有了污染就成了浊流；人的心犹如一面镜子，蒙了尘埃就会失去光亮。如果只是从清理外物入手，一个一个对付，显然是不现实的。那样就得先下水，就等于入污以求清，积累尘垢以求明。”

我告诉他，要从“克己”做起，从人的本心出发，不依赖于外界就能改善自己的德性。主体高大了，外界就会变得渺小。

黄绾对我的心学很是信服，他总是如饥似渴地听从于我的教诲。用他的话说，每次听完都觉得内心丰盈，天地豁然。

黄绾也走了，窗外市井喧哗，人来人往，各自冷暖，各自悲欢。不管我和湛若水、黄绾等人对未来有着怎样的憧憬，不过这时候，我们在京城组建的学术小团体就这样暂时性地结束了，等待着我们的，又将是未卜的前程。

## 20

地理坐标记载了一个人的成长历程，一次次地离开，又一次次地抵达。对于生活过的每个地方，我都有一种身份认同和记忆追索，不管是小城余姚，还是天子脚下，抑或是边远之地的龙场、庐陵，它们就像是自己生命地图上密致的网络，复杂的圆点。

在每个地方，我都会结交一批志同道合的朋友，与他们共同探讨学问，诗酒唱和。

有的人行拜师礼将我认作老师，有的人将我引为知己，有的人视我为异类。一路走来，我已经记不起有多少人来听我讲学，将我尊为老师，这些记名或者不记名的弟子们，就像是我播撒的一粒粒火种，只待一夜之间燎原。

正德七年（1512）十二月时，我不得不停下讲学活动，因为我被任命为南京太仆寺少卿。经过这么多年的起起伏伏，此时的我也算“资位稍崇”了，当然只是名义上如此，并无多少实际的权力。

尽管这只是一个闲职，但这次升迁总算让我进入了真正的帝国权力阶层，毕竟是四品正卿，也算是勉强入了“九卿”的行列，在本朝也算是十八卿行列，进入了最高层的视野。我需要的只是一个大显身手的机会，一个特擢要职的机会。可是从我的感受，以及同僚们看我的那一双双怀疑的眼睛，我找到了自己的位置：我并没有成为真正的局中人，只是一个边缘人，一个局外的看客而已。用父亲的话说，你还早着呢！我不是起早了，就是来晚了，总归不是时候。

或许会有人认为，如果我不执着于讲学，我的升迁要比现在来得更快。如果真是如此，庞大的官僚体系里，不过又多出一个叫“王阳明”的人而已。别说哪一个才是真正的我，我的存在与否，和历史，以及明日的世界并没有太大的关系，而我的存在与我的心在哪里却有着最为直接的关系。心不在此，谁又能感知出哪个是“我”。既然我无法感知“我”的存在，我又在哪里？

所有不成立的假设，都像是一个蓄谋已久的谎言，它并不能给我们吃过的苦受过的累找到存在的价值与意义。少了阳明心学，这个世界本应开花的心灵并不会变得荒芜与枯寂。只不过，人们在看这个世界的时候，或许会少了一种颜色。而没有见过的颜色，人也无法觉知它是多了，还是少了。

关于我获得的太仆寺少卿一职在这里多说两句。太仆在古代是掌马政之官，本朝的太仆寺是从三品的官阶，主要职责是给国家养马，地点是在南京北面的滁州。马者，国之武备也，在当时马匹的多少与强壮是一个国家国防战斗力的具体体现。马匹固然重要，但是让我去做一个侍弄马匹的官，真是一个天大的讽刺。

欧阳修由枢密副使、参知政事贬为滁州太守，心里郁闷而常游滁山，留下千古名篇《醉翁亭记》。本朝太祖朱元璋刚起兵时，也曾以此为根据地。我想象着自己登临醉翁亭，与三五好友在秋风中品酒，风致无边，风月无边。我的滁州生活将被分割成两半，前一半是对于现实的忧患，而后一半则是月光和山色相伴而生的梦幻曲。这一半一半的生活，亦真亦幻。虽然过上了官宦生活，我经常羡慕隐士的生活。每逢山水地，便有卜居心。在京城的时候，我一有闲暇就会去游山玩水，尤其钟情于深山幽静之处。京城西郊的香山，就是我经常去的地方。我在香山写过《香山次韵》一诗：

寻山到山寺，得意却忘山。
岩树坐来静，壁萝春自闲。
楼台星斗上，钟磬翠微间。
顿息尘寰思，清溪踏月还。

一个人静坐于幽境，气息安宁，身心解脱，望着天上的星辰，听着佛寺传来的钟声，只觉天地安然，让人体会到“物外之情”。我宁愿用我的官场得意换取内心的安宁，若是能换得欧阳修的半句辞章，那更是妙不可言。就在这时，我接到了徐爱的来信，他将从祁州知州任上调升为南京工部员外郎。我为他有个好前程感到高兴，又担心他勤于政务，疏忽了学理。

想找个机会，与徐爱好好聊一聊，于是与他相约一同南下。我们先回余姚老家，看望了我的父亲王华。

正德八年（1513）阳春三月，又是一个草长莺飞、桃红柳绿的好时节，我和徐爱回到了久违的家乡浙江余姚。

一切都没有变，姚江之水仍是蜿蜒向东流去，山上的翠竹依然郁郁葱葱，迎风挺立。

一切又都变了，至亲的人一个个离开了这个世界，曾经意气风发的状元郎父亲已是年近七旬的老人，不复有当年的书生意气。这让我看到了时光的断层。今天与昨天的关系既是联系的又是隔断的，一些人停留在早已泛黄的时间里，他们的只言片语都暗藏着往事的索引。

父亲已在我调到北京吏部任职的那一年致仕，结束了他光荣而落寞的官场生涯。无所依托的老人将他没有实现的政治抱负全都寄托在了他的儿子和女婿身上，对我和徐爱的前途有着深切的期望。

很多时候，我和父亲就像是活在两个世界的人。从小到大，我这个儿子既让他感到骄傲，又让他操心不已。他也清楚，我的文学天赋并不输于他，甚至大有赶超之势。最令他放心不下的，还是我身上所表现出来的那种与生俱来的顽劣与叛逆。他一生肃然持重，见素抱朴，偏偏生得我这样一个露才扬己、率性而为的儿子。就连苏东坡都说："惟愿孩儿愚且鲁，无灾无难到公卿。"看来，天下的父亲都是一样的。

父亲曾经感慨地说，他这一生如果不是因为有我这样一个儿子，也算是功德圆满了。

父亲本以为，龙场的艰难岁月或许能让我跳脱不羁的性格得到打磨，身心得到收敛。谁知道，回到京城的我不但没有收敛的迹象，更是掀起一波又一波狂潮。登坛讲学，一呼百应，最后居然将矛头指向朱熹。朱夫子是天下儒生立起的一块牌坊，是一般人可以随便批评的吗？这下可好了，本来在北京吏部待得好好的，现在却外放到南京。

我从小到大习惯了面对父亲的冷面与不理解，只要父亲一切安好，我的世界便是晴天。父亲曾经试探过我，他想知道我一天到晚在瞎琢磨些什么。有一次，父亲摆放了两把椅子，我第一次面对面地和父亲坐着，很是感动。这说明在父亲的心里，已经认可了我的成长，给了我一种平等相待的感觉。

父亲问："能跟我说说你的'心外无物，心外无理'吗？"

父亲指着院子里的几块石头，继续道："你心里没有这几块石头，难道它们就真的不存在？你看不见它们，你的心里没有，但并不是它们真的不存在，所以'心外无物'这样的话是不是欠妥？"

我反驳道："父亲所言才欠妥，比如说，你没有到过龙场驿，知道那里是什么样子吗？你在认识徐爱之前，知道他是高是矮、是胖是瘦吗？人要想认识那个事物，首先要用眼睛看，要用手触摸，要让知与行结合起来。一个人要想获得知，那就非行不可，从行中得到知识；没有知，不能行，即使勉强行之，也行不好。”

他说：“你讲那么多，还是归结到一个‘心’字上，似乎除了一个‘心’字，其他都不重要了，是不是过于简单？”

我说：“我们习惯把简单的事情说得很复杂，很玄妙，实际上是自己没想清楚，心里无数，才说得复杂烦琐。世上事无可计数，一‘心’字，便包含一切。”

我接着道：“父亲大人是否还记得守仁当年格竹子一事？有人从中格得真知，有人就像孩儿那般越格越糊涂，结果格到歪道上去。人人皆可成为圣人，重要的是有没有一颗圣心。所谓圣心，是没有私欲的心。朱子说，圣人是极少数人，我不同意他的这个观点。唐尧、虞舜、孔子、孟子与我们并无不同，不同的是他们的心没有私欲，存了天理。如果能够真正做到去私欲，存天理，你我皆是圣人。如果只有几个人能成为圣人，绝大多数只能做一个庸常之人，那圣贤之路还有必要吗？”

父亲说：“你的想法是好的，但真能做得到吗？如今这个世道，官场像一摊烂泥，到处充满着贪污腐化，人与人之间尔虞我诈，人还能回到本初，去掉内心的私欲吗？”

父亲所说的这番话，我不知道听过多少人说过。我坚信，不管有多难，只要有人开始做，就会有希望。人们的所有行动，都如一呼一吸一样，与天地万物遥相呼应，他们有自己的准则，从不慌张，也从不盲从。因为他们从自己的良知中得到了足够的供养，而这种供养带来的自信足以同来自外部的诱惑相对抗。

我说：“如果人人不说，人人不做，这世道更没有希望。”

父亲盯着我愣了半天，像是不认识眼前之人。他真的了解自己的儿子吗？想到这些，我总是心痛不已。人来这世上一遭，父子也好，母女也罢，若只能以血缘亲情的关系，以爱易爱，而无法做更深入的情感体验和角色互换，那该有多遗憾。我真希望王华除了是我父亲，还是我的兄弟，我的知己，我的恩师，我的弟子。那些的话，我们就可以成为彼此最信任和了解的人。

我在余姚老家住了几个月，每日与故交旧知往来，处处不忘推广自己的“心即理”。在这期间，我收了几个弟子，徜徉于山水，游走于良知。

我和徐爱一起上路，徐爱前往南京履新，我则要去滁州。我们并不急于赶路，徐爱的身体不太好，走陆路会让他吃不消，于是选择坐船沿着运河南下。船慢悠悠的，在波光云影之上穿行，让人忘记了现实的困顿，也忘记了外界俗务的纠缠，我们从容面对，坐而论道。这是多好的一段时光啊！让人难忘又不舍。徐爱兴奋得像一个孩子，他说，这么多年宦海沉浮，心里长满了各种各样的杂草，能够行一路，向先生讨教一路，这真是最好不过的事。

我们沿着河流行走，一座座码头，一段段故事，有利益的交换，有情人的离别。自从三十年前跟着祖父第一次坐运河的船北上，我记不清有多少次在这条水道上往返颠簸。我熟悉每一处转弯，熟悉扑面而来的潮湿气息，我熟悉它，就像熟悉一个老朋友喜怒无常的脾性。

不知为什么，每次靠近运河，我躁厉的心就会变得平静，变得柔情似水。在故乡度过的每一秒钟都是幸福的，而这种幸福把人的五脏六腑也撑得饱满起来。很多个夜晚，船在黑暗的水面上平滑地前进，我都会有一种恍惚，就好像它正载着自己穿越时间的隧道，回到生命的初始。

望着身边亦步亦趋、敦厚好学的徐爱，我也是感慨万千。此情此景，我有感而发：“这两岸的风光是何等美妙，山谷里有花有草，水中有嬉戏的鱼虾，天空有振翅的飞鸟，这是一个充满了生机的世界。如果我们没有出现在这里，没有看见眼前的一切，这生机勃发的世界也就不会存在于我们的内心。”

徐爱问："什么才是真正的美呢？美是心里感受到的，还是这个世界本就如此？"

我说："美，在于简单，最简单莫过于无，那是最美的。世界本来就在这里，你没有看见它，它美它的，一切与你无关。而我们来到这里，看见这美好的世界，这美好的一切便是我们内心的一部分。"

徐爱又问："如果这美好世界的起始是一个比针尖还小的圆点，它究竟存于何处？又将归于何处？"我心中凛然一震，很多时候，我真的搞不清楚，究竟是徐爱这样的弟子需要我这样一个老师，还是我需要徐爱这样一个可以与自己进行心灵对话的学生。

或许是南方人的缘故，我生活的所有细节都合乎水的秉性，水总是会以它的方式介入我的生活，使我那原本混沌难明的生活变得洁净、明亮和润泽起来。日光之下，早已没有什么新鲜之事，这是喜新厌旧的人类发出的悲鸣。坐在船舷上，看着冉冉升起的红日，你会觉得身边摇动的风是新的，流动的云和水也是新的，而你的心和这个世界同样是新的。

这一刻，自然界饱含的生命的情意深深触动了我，一直以来，我离开京城时的心境都是执着于一念，向内收缩，而现在的它被完全打开了。徐爱是最理想的谈话对象，在他的身上已经出现了成为一个长于内省的思想家的苗头。我们相互启发，我们相互点拨，我搬开了压在心底的石头，让自己变得释然。

很多时候，我们之间的对话都是从朱子开始的，然后转入关于心灵空间的讨论。

徐爱用"自长眠中醒来而觉混沌初开"来形容自己此时此刻的感受。对于我抛出的新观点，他在感到震惊的同时，又有着某种程度的认同和难以理解的疑惑，就像是画家笔下抽象的线条一样，各种不明就里的缠绕，为的是一个等待中的奇迹，不动声色地突然降临在我们的眼前。

滁州已进入初冬时节，对于偏北的南方地区，天气仍以晴好为主。本朝开国皇帝朱元璋曾站在战略的高度给这个地方以准确定位。滁，山城也，舟楫不通，商贾不集，地无形胜可据，不足据也。

陪我到滁州的，有不少是我浙江山阴的弟子，到了滁州后，又新收了不少弟子，他们从四面八方赶过来。天高皇帝远，我无须再去理会那些平日眼里只能容得下自己，再也容不下他人的言官。他们的孤傲清高是我永远不懂的世界，其实在很多人的眼里，我又何尝不是一个无可救药的异类。

眼下正是吃官粮讲私学的好时节，滁州又居于帝国水陆交汇点上，即使四面环山，也有往来不绝的游人。滁州更是一个适合讲学之所，很多弟子也就是从滁州时期开始追随于我。

带着弟子们登琅琊山，游醉翁亭，饮醴泉之水。每逢明月高悬之夜，我总会领着百十名弟子环坐于丰山脚下的龙潭问学论道，或纵情吟唱，或振衣起舞，忘记了现实的种种不快，好不快哉！

有人对我的讲学方式提出质疑，认为这不是在讲学，而是纵情山水，游戏人间。

我不以为意，读书是为了明智，习礼是为了整肃威仪，放声歌唱是为了将平日里内心郁积的情绪释放出来。我所要做的就是放空自己的心，让新知新觉能够像阳光一样照进来。既然如此，何乐而不为?

朝廷将我派到滁州任职，名为提拔，实为贬降。我也顾不了许多，身不由己的升升降降让我产生了一种恍惚感。不知从什么时候开始，这种恍惚感成了我的生存常态，也成了我所喜欢的生活方式，它使我的旅行永不疲倦。

我在京城讲学的日子里，尤其是在抛出“朱陆异同”这枚重磅炸弹后，整个京城学术界为之震动。所谓学术界，不过是以朝廷文职官员为主的儒学弟子。有人说，我的心外无物，心外无理，是将自己的思想安置在一个并不完全合适的命题形式之下，就像是一个瘦骨嶙峋之人身上套了一件肥大的衣服。

朝廷重臣有人想用这样一个闲职来慢慢消磨我与官场格格不入的锋芒，以及我在文官中的影响力。对我这样一个喜欢折腾的人，那些大佬们是既爱且恨，爱是因为我的身上或许有他们所欣赏的气节与才华；恨是因为我的身上或许有他们所讨厌的狂狷与锋芒。在这种情况下，将我放到一个安静闲适的地方暂且养起来也是一个不错的选择。

当然这种宁养不用的状态也视个人的表现而定，在这段时间里，朝廷并不指望我们这种人为国家出多大的力，只要能够安于现状，不要生事，读读书，磨磨性子就够了。

耗上十年八载，就算是一块棱角分明的石头也被打磨得光滑圆润，更何况是一个人。当然，这种培养人才的方法并不是那些当权者拍脑袋拍出来的，存在即合理。长时间系统的读书学习，既能奠定人的学问基础，又能磨炼人的意志，后者尤为重要。

能够拥有时间，又拥有这如画的美景。进入滁州之地，我才切身体会到，自己得来的这个差事比在京城清闲多了。我甚至会在某个时刻产生一种错觉，朝廷将我安排到这个地方，是要将我颐养天年。我并不觉得，这是在浪费我的时光，人只有在时间面前束手无策时，才能感觉到它的存在。在光影的重叠与发散处，感受着时间的质地和体积感，我的表情、肢体和行为习惯都发生了变化，甚至连思维也跟着慢吞吞的。

到了滁州没多久，我已经将此处的山山水水看了个遍，去的最多的当数醉翁亭。环滁皆山也，我总会不自然地将自己与欧阳修的命运做一比较。我发现，我们的命运还真有许多相似之处。官做得好好的，偏要强出头为人鸣不平，终于将自己也搭进去。

欧阳修不后悔自己所做的一切，而我也同样不后悔自己所做的一切。如果时光倒流，欧阳修还是欧阳修，我还是我，我们都不会做出改变。

曾几何时，我能真切地感受到对手扼住了我的喉咙，要置我于死地。幸而经历了龙场的生死磨砺，自己已经被打磨得相当强硬，且有韧性；又经历了庐陵的施政磨炼，只要能有一个适合自己的平台，我相信自己能够有一番作为。

我也能清醒地认识到，在朝廷，我并非不可替代。朝廷有我和无我，都改变不了眼前的格局，更不会为混沌难开的官场带来拨云见日的变化。古往今来，胜过我，或者不输于我的智者多如天上的繁星，我不是没有想过，有一天会义无反顾地离开官场，放纵山林，了此一生，但这样的想法也仅止于内心。

很多时候，我活得像一个波澜不惊的局外人，在替一个叫王阳明的家伙活着，而那个家伙与我没有任何关系。该喝酒喝酒，该浪荡浪荡，该点卯点卯。弟子们觉得朝廷对我这样一位鸿学大儒太过薄情，而我倒觉得朝廷对我还是厚待的。

有一次，我要去养马场看看的时候，徐爱替我不值，他激动地说："将才当马伕，这简直是天下奇闻！"

我微笑着，摇头道："你千万别这么说，了解情况的人知道了，说你在替为师打抱不平；不了解情况的人还以为为师狂妄，藏着什么野心呢。"

他们说的并没有错，而我故作谦卑的姿态也没有错。人套在不同的皮囊里，就要说各自不同的话语；人处于不同的屋檐下，就要适应各自不同的高度。与其说我已经习惯了官场的颠沛流离，不如说我对自己的前途不再抱有不切实际的幻想。

与滁州讲学相比，京城与浙江山阴都是小范围的讲论。我的身边聚集上百名学生，他们都是纯粹慕名而来的自由学子，与贵州的龙岗书院也大不相同。那里是借船出海，而现在则是独自扬帆。

不论在哪里讲学，我都不愿意丢掉自己的风格。人为了适应自己身处的时代和社会大环境，会不断地调整自己的状态，改变自己的风格。但是我做不到。在滁州讲学期间，我提倡的是静坐悟道。

长时间的静坐让有些弟子无法理解，在滁州所收的弟子孟源就曾经向我质疑，他说："人在静坐的时候，思虑纷杂，这样是很难做到入心定性的。"

我喜欢弟子们向我发出质疑，在我看来，"理"只有越辩越真，而那些未辩之理才是最让人怀疑的。对于孟源的质疑，我的回答是，人处于思虑纷杂状态，是无法安定下来的，也强制不得。这时候你所能做的就是在思虑萌动处省察克治，等到内心澄明，条清缕析，纷杂的念头也会慢慢消融。

有弟子问我，将大把的时间浪费在静坐上，会不会耽误了悟道的主业。

我告诉他们，将注意力放在理论争辩上，并不利于自身悟道。你们要通过静坐来悟道，刚开始时，或许觉得毫无功效，没有什么改变。不过，等到习惯了，并且静坐的时间越来越长，就会变得喜静而不喜动。有人会达到物我两忘的境地，有人会在这种状态下发出惊世之语。而到了这个阶段，也正是我为你们讲说"致良知"的时候。

从龙场走出来之后，我就一直倡导静坐悟道。无论社会怎么变，人心怎么变，我的气质、秉性决定了我的教学风格是一以贯之的。我既不照本宣科地死抠经义，也不像朱子那样用注解经书的方式，建立自己的哲学体系，我更不会为了科举考试而外结学官内搞填鸭式教学。

我奉行的是心灵至上的教育，采取的是散养式教育。我自认为，听我讲学是一件并不枯燥的事，多思多悟多交流的学生可以与我一起徜徉于山水之间。

每逢月上中天，我就与学生上山，环坐于龙潭，彻夜放歌，饮酒赋诗。那高亢嘹亮的声音在山谷间回荡，令人神往。这是一段神仙般的日子，我每天都会一觉睡到自然醒，睁开眼，看看天色，猜想已是日近晌午。推开窗，举目远望，草木繁茂，山花点点。如此良辰美景，让我不自主地会联想到自己壮志未酬，却已闲云野鹤一般。

这样的日子对我是幸，还是不幸？长此以往，我的锐气磨尽，我的理想散尽。我这一生难道就此隐逸山野，了此一生？每念及此，我的内心总会涌上一阵酸楚。

翻身下床，取过纸笔，在砚里放水研墨，笔下自然流淌出一首七律，名曰《林中睡起》：

林间尽日扫花眠，只是官闲愧俸钱。
门径不妨春草合，斋居长对晚山妍。
每疑方朔非真隐，始信杨雄误太玄。
混世亦能随地得，野情终是爱邱园。

据说这首诗传到黄绾的手里，黄绾只给了一句评语：心有不甘，壮志难酬。

## 21

在山水之间悟道、讲学的方式成了我追逐圣贤之路上的特色与标签。我并不是刻意做出另类的选择，更多是听从内心的召唤。在我看来，人的心并不是血肉一块，凡知觉处便是心。

面对山水，人才会发现自己的无知，并从无中寻求有的欢乐。人总说要接地气，其实接的不过是天地自然，而不是沸腾身心的欲望。人在山水之间，总是以过客的方式在穿行，等待一段旅途，或是等待一艘航船，将生命中的际遇安排妥当。

我很怀念在龙场书院讲学的日子，怀念那里的何陋轩、君子亭，怀念我亲手打造出来的玩易窝和初到龙场时所建的茅草棚。对于我来说，那里留下的除了伤痛，更多的是精神上的愉悦，有值得我永远记怀的东西，可以说，山洞、茅舍、山野再也不能和我分开，我对自然产生了一种精神依赖。

滁州东南面有琅琊山，山上有琅琊寺、永乐寺，我不愿意待在一个地方。对于山水，我有着宿命般的眷念。这一生若能了却尘事，守着一方山水入静，那该有多好。每个人的一生，都是为了最终的那个结果而匆匆赶赴。如果因果早已注定，还有谁会不厌其烦地计较得失？我虽然贪恋这良辰美景，但是我不知道自己要在这里为官多久，将太多的时间和精力浪费在这里，于我而言，是得到的多，还是失去的多？

随着心学的影响力越来越大，我的弟子也越来越多，甚至朝廷的一些高官显贵也放下身段加入听课的行列中，并成为我的入室弟子，当时的吏部尚书方献夫就是其中之一。

看着围坐在我身边听我讲学的弟子们的痴迷的表情，虽然说得口干舌燥，咳个不停，但内心愉悦带来的满足感让我忘记了身体的疲倦。很多时候，都是徐爱催我歇息才尽兴散去。我喜欢和弟子们待在一起，或吟诗作赋，或相聚畅饮，我会将心学之道渗透到与他们相处的分分秒秒。

我要让更多的人知道，自己所创建的心学才是圣贤之道。在这期间里，我将主要精力放在“克己”二字上。有人告诉我，我的一些弟子平日不注重实践，喜欢聚在一起高谈阔论，违背了我所倡导的知行合一。

我认为，所谓克己就是知天理，而天理就存在于人的心中。心即理，只有自己真正看清楚自己，才能真正做到知天理。

天没有我的灵明，谁去仰它高？

地没有我的灵明，谁去俯它深？

天地万物离却我的灵明，便没有天地万物。

我的灵明离开天地万物，也没有我的灵明。

滁州这个地方生态环境极好，古往今来，那些落拓的文人墨客来了就再也不想离开，欧阳修的一篇《醉翁亭记》将此处的自然景观变成了人文景观。我也希望能够将欧阳修一篇文章所成就的人文景观变为讲学圣地，待到多年后，人们会不会像记住欧阳修一样也记住我王阳明?

快乐的时光总是显得格外短暂，在我居留滁州的六个月里，争论与辩诘是每天的日常。学生与学生之间，我与某个学生之间，其他人或参与，或附和。一场又一场的语言盛宴，让我神清气爽。

虽然真理不辩不明，但是很多时候，讲论的话题一旦打开，就会缠绕无尽头。尽管如此，我和弟子们也是乐此不疲。他们的参与感那么强烈，人人都像是在人生的盛大宴会。他们在听我说，我在听他们说，我们相互包容，却又相互排斥，最主要的是我们影响了彼此，温暖了彼此。

在这种你来我往的语言碰撞中，虽然时光闲散，但是我并没有松懈委顿。

正德九年（1514）五月，朝廷的一纸调令又将我调回了南京，就任鸿胪寺卿一职。鸿胪寺掌管的是礼宾司，正四品的官衔。虽然这还是一个没有多少实际权力的闲职，但毕竟成了朝廷的正卿。

如果一个人既想在官阶上有所收获，又想远离朝中权力争斗，那么此时的南京应该是最好的去处。因为南京是大明王朝的陪都，是官员进阶的最佳之处。当年朱棣将都城迁往北方，为表示对开国皇帝朱元璋定都南京的重视，南京作为陪都，依然保留了一套行政机构。

那些在北京找不到位置的官员，又舍不掉与官场彻底决裂的读书人，纷纷涌向这里。

像我这样，能够在这里混到一个正四品的官衔，也算是仕途上的曲线救国。等到将来有机会再回到京都，最起码级别上去了。所以，出入秦淮河勾栏瓦肆的官员，大多是左手名位俸禄，右手寻欢作乐，可以说是两不耽误。

南京这座城市有着鲜明且矛盾的风格，既有都城的严峻性格和大明王朝的严肃风气，同时还有令所有男人痴迷忘返的市井风气，雕梁画栋的酒楼歌馆弥漫着腐烂的气息。

不过这里又是当时中国大地上各种思潮汇集、经学蓬勃之地。那些饱食终日闲得发慌的文官和学者们将自己多余的精力都放在了讲学上。每个人登上讲坛都打着济世救民的旗号，一次次掀起宣讲的热潮。这些所谓的知识精英像发现了新大陆一样，传播着自己发现的新思想和新的生命体验。

我离开滁州，最不舍的当数滁州的友人和弟子们。如果说在我动辄千里的仕途生涯中，最让我不舍的，能够给我带来愉悦和满足的，也就是这些人。

他们一路相送，直到我登上长江边那艘即将驶往南京的官船。送行的友人和弟子们驻足岸边，久久不愿离去。有的人甚至流下别离的泪水，眼前的一幕对于我来说并不陌生。一路走来，我虽然经历诸多的起伏颠簸，但是总有这样一些人给我走下去的支撑和动力。

我站在船头朗声说道："守仁何德何能，得到诸位如此厚爱。分别之后，如果诸位不嫌弃守仁才疏学浅，那就好好在心学之道上好好下一番功夫。在求取圣贤的路上，做一个有心人，随时随地有所发现，有所领悟。"

在友人和弟子们留恋难舍的目光中，载着我的官船缓缓地离岸而去。

我从故乡余姚出发，奔向帝国的中心，然后又被飞速运转的政治过山车甩向生死两难的荒野，从官场的边缘又回到正常的轨道上来。夜色渐渐暗下来，吞没了我的身体。我将自己的表情也隐藏起来，只有滔滔的江水，愿意倾听和接纳我的喋喋不休。

我再次与一程山水作一场告别。虽然我一直想着如何报效这个王朝，可现实给我安排下的主题却是如何与自己的命运对抗。这是我的命运？好像也不完全是我个人的命运。

如果说生命如同河流奔涌，那么属于我的那艘生命之舟在淌过一个个险滩，转过一处处暗礁，正以前所未有的加速度向前挺进。庞大的帝国官僚系统就像一个充满诱惑的赌场，而置身于其中的每个人都像是执着的赌徒。

对于我这样在仕途上没有太大野心，希望有名位俸禄而又不必卷入危险的政治斗争的人来说，南京无疑是最好的去处。

这世上没有像风一样自由的隐逸之路，有的只是生活本身，以及属于每个人的劫数。我已经不是二十年前那个意气风发的少年，也不像五年前那个落拓边疆的失意人。有一天，我坐在灯下，突然发现墙上映照出的瘦瘦的身影，内心不禁悚然一惊。

这个佝偻的身影，像极了在京城官场上很多官员经常保持的弯腰状态。我的身板挺得最直的时候，是给弟子们讲学时。

南京的簪缨之荣并不逊色于京城的权力之尊，但是这里的政治生态与北京有着截然不同的表现方式。皇家的“高处不胜寒”的孤独之气在这里得到释放与纾解，权力不再是它的主色调，而是自我感觉良好的摆设。

官员们以一种较为模糊的面目出现，他们刻意放低的身段与淫逸奢华的生活形成了鲜明的对照，也让南京这座帝国的陪都凸显出奇异而明艳的色彩。对于那些喜欢讲学的文人们来说，这时候的南京更像是他们狂欢的精神乐园。如果有幸置身其中，你会惊讶地发现这样一幅景象：城内外的寺庙、树林和旷野，都成了布道者的讲所、争鸣者的地盘。那些饱学之士和半吊子学者纷纷开辟讲坛，雄辩滔滔，将那些自以为玄妙无比的思想播散得到处都是，现实世界的困顿在吐沫横飞中烟消云散。

那些没事找事的人也掩饰不住内心的澎湃与激荡的野心，他们一门心思向着京城，两眼紧盯着皇城内外，只等着那些在其位谋其政者早日出现差错，以便有机会取而代之。

与此相比，我显得有些超然物外，这种只争一世之短长的事情我再也没有兴趣做了。也不是发配之苦让我变得精明，更不是君王伤透我的心，而是那段艰难岁月让我有了更超拔远大的追求，我实在不屑于跟那帮俗也俗不透、雅也雅不高的浪荡客们一起浪费自己的生命。

我到南京赴任之时，恰逢徐爱也来此上任。不知何时，南京成为我传播心学的又一重要基地。烛火高擎，千里投奔，四方高致，言志载道。那些不嫌我胡言乱语的朋友从各处赶来，他们中有黄宗明、薛侃、马明衡、陆澄明、季本、许相卿、王激、林达、张寰等，人多，话也就多。他们每日陪伴在我身边，或切或磋，或问或答，心之所思，意之所想，那样的场面真是让人迷醉。如果说，前番在滁州，我提倡的是学以致用；那么，此番在南京，我则更看重人的自省能力，即省察克治。

我经常会到江边散步，偶尔会遇见江豚在日光里闪烁隐现，奋然跃起，逐浪前行，或者在渔家的船头出舞，渔人称之为拜风。大鱼拜风，得了天地造化。人为万物灵长，造化在物，造化在心。我告诉弟子们，君子之学为“为己之学”，正因为“为己”，才要“克己”，只有“克己”才能达到忘我之境。可是世间之人，却将“为己”理解为肆意妄为之意，以致人心大坏。

我听说，我的很多滁州弟子喜欢高谈阔论，大有空虚之感，我不禁为之忧虑，我在写给他们的信中说：“或患思虑纷杂，不能强禁绝。阳明子曰：‘纷杂思虑，亦强禁绝不得，只就思虑萌动处省察克治，到天理精明后，有个物各付物的意思，自然精专，无纷杂之念；《大学》所谓知止而后又定。’”我告诉他们，不要一味追求虚幻之物，而要经常自我反省。

我想到那江水中迎风而拜的大鱼，它是拜给人看的，还是拜给自己的，或者真就是拜给风的。我也知道，有人在背后议论，我讲学时，一味倡导“高明一路”，会不会将人导向佛老的虚无之境。古人向来认为，通晓大地之事的人是智者，洞悉天上之事的人是圣人。而我给他们的感觉，经常会将地上的事往天上聊。可他们尚未发觉，我提倡在实践中省察克治，在日常生活中学习“克己”之道。那些认为我将地上事往天上聊的人，大多是那些将格物致知局限于口舌之论的学者，他们无视个体对天理的认知。

在我看来，诚恳的极致，就是最大的善。唯有良知，才是人心的本来面目。他们说我高谈阔论，若人的良知不用有声之言讲述出来，道何以为道？天理终不自见，私欲亦终不自见。如人走路一般，走得一段，方认得一段；走到歧路时，有疑便问，问了又走，方能抵达想要抵达的地方。说话之间，虽只讲天理，不知心中疏忽之间闪念过多少私欲。

在南京的三年时间里，成了我最逍遥自在的日子，除了讲学，我将大部分精力都放在调养身心方面，我的肺病得到了很好的控制，心也变得更加纯粹。我最为感激之人，应该是徐爱。徐爱这时候在南京任职兵部郎中，可他并没将精力放在获取功名上，而是将自己的全副身心放在了我这里。

徐爱每天可以不去兵部点卯，也要到我这里报到。组织同门师兄弟学习，整理我的讲学笔记。有这样一个弟子，我可以心无旁骛地讲学。我觉得徐爱每日都有进步，超越自己是早晚的事。很多时候，徐爱从内心迸发出来的想法让我都感到汗颜。

人生在世，能够得到这样一个知己，虽死无憾。我和徐爱沉浸于心学所带来的奇妙体验里，其中没有名利枷锁，没有俗欲杂念。人在此处，可我们的心早就神游八荒，意动四极。世间虽有万事万物，但此时此刻如入无物之境。

我们为各自的观点激烈辩论，时而沉吟不语，时而开怀大笑，往来古今，天远地阔都凝滞于此时此地。我们讨论着世间最朴素、最纯粹的道理，早已忘记身在何处，今夕何夕。

我们的语言和思想就这样在你来我往的撞击中，不自觉地碰撞到了“天命”这个命题。天命与死亡一样，都是哲学世界里永无休止的问与答。

从童年时起，我就在无数不眠的夜晚冥想死亡，想象死亡之后那种思维散尽，记忆永褪，就好像自己从未来过这个世界的感觉。更让人绝望的是，这种自我散失的状态并非一朝一夕，而是永恒。每每念及于此，我整个人都会控制不住地在被窝里战栗，却又止不住地去想，这是一个让人崩溃，又如磁石般让人难以摆脱的命题。

徐爱说，他这辈子肯定命不久长。

我问他为何这样说。

他说做过一个梦，梦里去了一趟衡山，在那里遇见一个老和尚。老和尚说，他将与颜回同德，也将与颜回同寿。

我望着徐爱单薄的身子和白皙的面庞，内心隐隐生痛。我劝道，这只是一个梦而已，你也别过于敏感。春风与秋凉，生存或死亡，总是令人悲欣交集。

徐爱天生就是一个精神贵族，一直以来，他都将身与心的冲突作为思想的疆场。

我想到当年自己被刘瑾逼得生死飘零，天地之间难有容身之处，就连那些平日里与我诗酒唱和的朋友都离我而去，只有徐爱义无反顾地拜我为师，始终追随于我。

从龙场回归的旅途中，我和徐爱乐此不疲地进行着讨论。我们并立于船头，望着西天的晚霞。我的耳边回荡着的是徐爱手舞足蹈的声音——要是这条船永远开不到尽头，该有多好啊！

无心外之理，无心外之物。作为一个人不可能没有一点私心杂念，也正因为有私心杂念，我们才要下“致知”“格物”的功夫，以克服私心杂念，恢复纯净的天理。

过去，我没有想好如何让朱熹理学和陆九渊的心学融会贯通。如今才明白，所谓圣贤学说，非此即彼，既然选择心学，那就要选择与理学相对而立。可是当我发现，自己在做了选择后，那些铺天盖地的质疑与反对之声如浪潮般扑面而来。

非此即彼的选择，让我陷入更大的被动中。如果说创建心学只是为了逞一时之快，打打嘴仗，停留在言辞辩论上，那么我所做的努力都会变得毫无意义，对自我身心的涵养也是有害无益。我认为克己之功不可间断，克己与自己所处的动静状态无关。诚如那江水中的大鱼，浮出水面，拜风而舞；潜入水底，则寂寂无声。

弟子陆澄与我讨论过动时克己的问题。

他问："静时亦觉意思好，才遇事便感觉到不同，这是为什么？"

我说："是你只知静养而不知克己的工夫。如此，临事便要倾倒。人须在事上磨，方立得住，方能'静亦定，动亦定'。"

我说的"事上磨"，就是在具体的事情上实现克治之功，这要优于一味的静心修养。

如果说朱熹与陆九渊的学说，在儒家弟子心中有着不可调和的矛盾，那么我算是将他们巧妙地调和到一条道上。我不说对错，我只做选择。无论是朱熹、陆九渊，还是我王阳明，各有各的方式，各有各的道，最终的目的只有一个，那就是成为圣人。

我在向弟子讲述心学与朱、陆二人的区别时会强调，他们在选择上有失偏颇。正因为如此，他们的修养和学问很难达到平衡状态。

与他们两位相比，我奉行的完全是另一套理论，知行合一，人的修养和学问也同时合二为一，不可分割。意之所在便是物，若意在于事亲事君，那么事亲事君便是一物。

除了专心讲学和调养身体，我还将热情倾注于写信交流上。信，只是一种媒介，我借助信件与那些散落于四面八方的友人和弟子们交流学问。这些年来，我的足迹遍布帝国的南疆北土，所到之处，总有友人和学生相帮相助。如果一天不写信，我就觉得浑身不舒服，如果一天没有读到来信，我就觉得莫名的烦躁。

那些沾满尘土的信件，穿过森林、湖泊，一封封，就像是我发散出去的感知这个世界的电波，有人接收，有人呼应。

一路走来，在外人看来，我与那些逐名逐利的"事功"者并无本质区别。可谁又能了解我此时的心境，繁华的背后是心境的寥落与寂寞，就连那些环绕在身边的同道者，又有几人能真正懂得了心学的要义。或许只有徐爱一人。

在这期间，我一次次向黄绾发出邀请——“闻彼中山水颇佳胜，事亦闲散”。

# 六、我的南赣之行

破山中贼，破心中贼

一个人的时候，我习惯了静坐，在这样的时间纵深里，那些缠绕自己的现实问题，也慢慢变得不再重要。虽然我还有未竟的政治理想，还有我的知行合一。在去除那些附着于自己身上的标签，我的世界显得格外辽阔与透明。

## 22

一个人的时候，我习惯了静坐，在这样的时间纵深里，那些缠绕自己的现实问题，也慢慢变得不再重要。去除那些附着于自己身上的标签，我的世界显得格外辽阔与透明。

时间走了，又来了，谁也拦不住。就算我粉身碎骨，也无法在青史上为自己多留下一行字。我知道，那些镌刻在墓碑上的文字，用不了多久就会被时间的大手轻轻地抹去。镌刻在石头上的文字并不深沉，也不具有恒久的力量，而纪念碑的价值也不比文字背后的石头更具意义。石头不说话，亘古沉默，可它却比我们存在得更久远。

苏东坡被贬赤壁时，有一天他跑到酒店喝酒，被一个流氓一样的人撞倒在地。他站起身来刚想发作，可转念一想，他又转怒为喜。喜从何来?用苏东坡的话说：自喜渐不为人识。

日月流转，人事纷纷，人无论如何都要活出属于自己的畅快与辽阔。我没有苏东坡的高远境界，可我依然向往能够拥有这样一种强大的心态。

正德十一年（1516）八月十九日，朝廷任命我为都察院左佥都御史，并不是让我去做太平逍遥官，而是让我去巡抚南、赣、汀、漳等处。所谓巡抚，在当时并不代表官员的实职，而是巡视安抚之意。大明承平日久，外部光鲜亮丽，可是内部溃烂已成为定局。对于我来说，这样的机会算是天上掉馅饼，能不能接住，就看我的本事。

朝廷在颁给我的圣谕中如此写道：巡抚南（江西南安）、赣（江西赣州）、汀（福建汀州府）、漳州（福建漳州）等地，提督军务。也就是让我在巡抚期间，政务和军务两者兼顾，不可废其一。

洪武年间，太祖皇帝曾经派太子朱标到帝国的大西北（陕西、甘肃）去“巡抚”。

大明第三任皇帝朱棣执政后，将中央六部和都察院的很多高级官员都派往各地“巡抚”，“巡抚”结束，他们要回京向皇帝交差。

我所要巡视的南赣，治所在江西赣州，管辖的区域包括江西、福建、湖南、湖北、关东的部分交界地区。这一地区山高林深，土匪猖獗。对此，前任巡抚南赣的都察院副院长文森有着深刻的体会，他在写给朝廷的奏疏中言道，那些土匪凭借着险要的地形与官军常年对峙，骚扰官府和乡民，自己被这帮人折腾得想死的心都有。他每日烧一炷高香，祈祷上天能降下天神灭了这帮土匪，可是上天何时能够降下天神?

我能在这时候得到朝廷的重用，得益于兵部尚书王琼的力荐。在正德一朝，王琼是个举足轻重的人物。我曾听人说起，他在担任户部尚书期间，有个总兵试图从他手里冒领粮草。王琼当着他的面，用手指头就算出了他的士兵编制人数，应该领的粮草数，他的手里还有多少余粮，以及朝廷应该发放的补贴、购买的粮草，等等，一笔一笔如数家珍，对方听得直冒冷汗。

有段时间，王琼被朝廷派往地方治理漕河，当他拿出治理方案时，连那些所谓的漕运专家也自叹不如。而这样一个精明之人敢于向朝廷推荐我，可见他的胆量也足够大的。要知道，现在的我几乎成了朝廷中那些秉持所谓儒学正统的文职官员的公敌。我的存在动摇了他们的价值观，我的存在让这个世界隆隆滚动的欲望战车偏离了它的轨道。

当王琼向正德皇帝提议，让我巡抚南赣时，朝堂上下为之哗然。有官员站出来反对，说我不过是一个演说家，一张嘴能把地上的事聊到天上去，连朱夫子那样的圣贤都不放在眼里。皇帝待其不薄，先后给过他那么多职位，可他毫无建树。整天推广他那套让人听上去似是而非的心学，无心从政。让这样的人到南赣去巡抚，还不是白白去送死，也显得我大明无人可用。

其实王琼也只是听说过我在十五岁时一个人跑去居庸关外追赶蒙古人，还听说过我曾经钻研过兵法，在果盘上布阵。但是那些都是小孩子的瞎折腾，谁也不知道上了战场有没有真材实料？没有实践的检验，连我自己都掂不准自己有几斤几两，更何况其他人。

当正德皇帝将朝臣们的私下议论说于王琼时，王琼反驳道：王阳明并非普通的书生，我曾去偷偷领教过，他教人要在心上用功，锻造强大的内心，一个内心强大的人绝非普通角色。

其实王琼对我的心学并没有多少兴趣，如果说有兴趣，也只是对我的“不动心”状态感兴趣。他与我也并没有多少历史渊源。当王琼推荐我巡抚南赣时，我也感到不可理解。我与他素未谋面，他对我的了解仅止于我是王华的儿子，我是心学的倡导者和实践者。

在这件事上，我只能被动地接受。在我看来，一个人有了功名之心就有了所谓的“人欲”，而那些内心强大的人应该做的是削减或消除人欲。在功名与心学之间，我找到了“知行合一”的路径。要让功名区别于人欲，就看你是否刻意追逐名利，还是名利不请自来。内心真正强大之人，来者不拒，去者不留。

就在我与湛若水、黄绾等人大谈“存天理去人欲”之时，王琼升任兵部尚书。

与此同时，江西南昌，宁王朱宸濠也正在紧锣密鼓地谋划着一场惊世之变。或许是发现了叛乱的苗头，王琼借着南赣匪患将我推向我未来人生发展的另一方舞台。

我在接到圣旨的同时，也接到了王琼的书信。幸福来得太突然，根本来不及另做打算，只能走一步看一步。面对自己，我总是会有更多闪转腾挪的机会；而面对时局，我总是会被现实裹挟前行，进退由不得自己。王琼在这封信中，阐述了他为什么会推举我去巡抚南赣。他说，作为兵部尚书，他对南赣匪患深感忧虑；他对我做过了解，对我的能力极为信任；在这非常时刻，朝廷需要像我这样的非常之人担当起重任。

王琼的话让人很是受用，让人受用的话往往具有极强的蛊惑性。我的心学目标是“不动心”，但对于王琼给出的理由，我还是心有所动的。就像年轻时学朱子格物，其实很多时候，物并不是眼前所见的外部之物，而是“格其心之物也，格其意之物也，格其知之物也”，格这些作为意向对象的物，实际上就是匡正自己的意念。

作为官场里的一介书生，我还有文人报国的情怀，而报国就是此时要格之物。为国为民，建功立业的政治理想还在我的思想深处潜伏。很多时候，我以为自己此生再无机会去实践最初的誓言，万般无奈之下，只有将全副身心放在讲学上。

当机会来临时，本以为“不动心”的我依然难以平复内心的波澜。在这样的时局下，不去刻意做选择，或许是最好的选择。我双手捧着皇帝的圣旨，一遍又一遍地摩挲，一遍又一遍在心底诵读。当激动过后，我又恢复到往日的冷静。我开始思考这次机会对自己来说，究竟意味着什么？

我相信，凭借自己的能力去江西剿匪应该不是问题，问题在于，现实的功名利禄于我而言，到底是平添了一副心灵的枷锁，还是能够助我的良知生出一双飞翔的翅膀？到底是离我想要得到的功名更近一步，还是飞蛾扑火？

诸如此类的疑问很快被我排除掉，我觉得自己不应该这么想。古往今来的圣贤，谁不是把建国立业、为国为民作为生命中的头等大事。再说，自己巡视南赣，也并不是奔着功名利禄去的，而是为了保一方安宁，是为了百姓的安危。

在去南赣之前，我觉得有必要给皇帝上一道奏疏，借此机会发泄一下多年不被朝廷重用的郁闷，这样，一道《辞新任乞以旧职致仕疏》很快就被送到了朝廷。或许在同时代的人看来，我终究不过是名利场上的造梦人。

我在这份致仕疏中所列出的几个理由，也多是借事发牢骚。阳虚阴实，无非是在向皇帝陛下耍矫情。我在奏疏里说道：自己早年的确有报国为民的政治理想，随着年岁渐长，身体条件和家庭原因都不容许自己再投身其中，雄心壮志早就被时间消磨得差不多了。

几个月前，御史杨典举荐我为祭酒。很多人认为，这个岗位与我讲学的身份颇为匹配。那帮朝中权臣最看不惯我的地方，就是我好为人师，摆出一副当世圣贤的臭架子，让那些奔着功名苦读的书生心里长了草，让本来信任朱子学说的官员产生了动摇。对此，我感到好笑，心里动摇说明他们的信任之根扎得本就不牢。如果真让我成为祭酒，那么我将会成为大明历史上第一个“奉旨讲学”的祭酒。

可如今，朝廷却要派我这样一个礼宾司的白面书生去当剿匪的巡抚，就算王琼保举了我，可他无法说服那些大大小小的官员。不仅无法说服他们，就连我自己对此也会心生疑惑。我需要对眼前的局势有一个更加清醒的认识，如果接到圣旨就屁颠屁颠地走马上任，也就过于轻贱自己。但如果说，自己死活不去赴任，今后恐怕就再也没有建功立业机会。

错过这一次，也就错过了这一世。就算自己将来成为圣贤，也难以实现知行合一。

我将这份退休报告递上去后，没有等到皇帝的御批，就离开了南京直奔江阴老家而去。我后来的谢恩疏上说，自己这么做，不过是想到杭州等待旨意。依我的行事风格，我肯定不会在杭州一直傻等着，杭州离余姚近在咫尺，与其在杭州等，不如回家等。

我走得很慢，在路上磨蹭了几天，才来到杭州地界。一路上我除了与那些追随的弟子们谈经论学，一直密切关注着京城的动态。准确地说，我一直在关注紫禁城里的皇帝和王公大臣对自己这一做法的反应。

十月二十四日，第二道圣旨又到了我的面前：诏令我前去巡抚江西南安、赣州，福建汀州、漳州，广东南雄、韶州、惠州、潮州各府及湖广郴州地方。抚安军民，修理城池，禁革奸弊。除非涉及地方贼情、军马、钱粮等大事，其他小事可以自己做主处理，大事则奏请定夺。

这道圣旨依然没能撬动我的"心机"，我虽然对外宣称，人在杭州，其实已往返于"山阴道上"。人在路上，我依然没有做出任何回应。紧接着，兵部又续下一道批文，内里附有皇帝责备之语：你王阳明怎敢以病为借口推辞本应尽的义务？如今南赣之地盗贼蜂起，百姓倒悬于水火。你若推三阻四，会误了朝廷大事。

正德十一年（1516）年底，吏部发过来的函几乎与皇帝朱厚照的那道圣旨同时到了我的手上。函中有言，按照皇帝的意思，南赣地方祸乱纷扰，速速去办，不许辞职，不许推脱，更不准提致仕之事。身为朝廷命官，你王阳明所能做的，就是用心巡抚。

我原本只是想借此机会发发心里的牢骚，半真半假，结果惹得皇帝连着发话。既然效果已经达到，自己再这么不识抬举地玩下去，恐怕到最后会难以收场。

我打点行装上路，义无反顾地走向南赣深山密林，走向那些日益强大起来的土匪。船在大峡谷里曲曲折折地航行，沿着赣江逆流而上。此情此景，让我百感交集。

虽然说征战沙场是我少年时的梦想，可是真到了这一刻，我的内心却出奇的平静。血气翻涌的少年已经被生活打磨成了心静如水的心学布道者，此次进入南赣山区是一个千载难逢的机会，我正好可以通过"事上磨"来践行知行合一的理念。

只要想到心学，我就会瞬间变得兴奋起来。心学，以及对现实的返照与表达，让我不时产生跃跃欲试的冲动。我只有让自己成为一个相对成功的人，才能让更多的人相信心学是一门足够强大的学问。我要用现实的努力化解世人对心学的质疑，而战场无疑是最佳的去处。

我在少年时就沉迷兵法，在贵州时，也曾经上演过一纸退数万人马的传奇桥段。更重要的是有了贵州龙场和百姓相濡以沫，有了在庐陵当知县的人生经历，我觉得多大的事自己都能扛下来，我再也不是十一二年前那个在风雨苍茫中四处奔命的王阳明了。再说，现在的我有那么多的心学体会，有那么多新的看法，我希望将自己这么多年的研究成果运用到实际中去。我所悟的是不是真有道理，只有去践行才能知道。

我知道，等待着我的绝不可能是轻松的事，我更清楚，一个男人要想在世间成就一番事业，就不可能轻松。功名如此，学问亦如此。

就在我走向南赣之时，我那位信奉道家的朋友王思舆做出了大胆的预测："王阳明此行乃是大吉之兆，必立奇功。"别人问他为何如此肯定，王思舆用了四个字来佐证自己的预言——触之不动。

所谓"触之不动"，也就是我所说的——不动心。君子之学，务求在己而已。毁誉荣辱之来，非独不以动其心，且资之以为切磋砥砺之地。外在的各种毁誉荣辱，非但触动不了我们的心，我们还要借它们来磨炼自己的品行。

## 23

战场从来都是一个男人实现功名的捷径。不过，战场并不是每个人都可以任意选择的去处。虽然我们今天在翻阅史书的时候，觉得有些战争是为成就英雄而铺展的画卷，但对于身临其间的人来说，感受最深的是不幸，而非幸运。

我向赣州地界进发，要用现实践行我所说的“事上磨”。事如刀石，人心如刀。越磨越快，也越磨越薄。凡俗人生，扛的是两肩，张着的是一口，衣食住行，绝少大事，事事皆为磨心石。最难的事，还是安顿这一世肉身。安顿不了，良知则乱。

从南京到赣州，一路都是水道。旅途中的大部分时间里，我都在船舱内静坐，有时候我会拿出吏部颁发给自己的那道公文，凝神贯注，反复揣摩。我要吃透帝国高层的意思，尤其要吃准皇帝的精神，不能犯原则性的错误。我对圣旨里的那句“一应地方贼情，军马钱粮事宜，小则径自曲画，大则奏请定夺”，有自己的一番理解。

朝廷给自己的权力有多大，边界又在哪里？虽然说“将在外，君命有所不受”，但对于一个将领来说，不受君命是要吃大亏的。前线胜负倒在其次，如果不能正确处理与君王的微妙关系，即使一场接一场的胜利也无法保证自身的安全。将在外不容易，一败涂地要被削职拿问，攻无不克要被皇帝怀疑。

文官行伍，令行禁止，振臂一挥，应者万千，这样的景象虽然无数次地出现在我的梦境里，但如果这种突如其来的人生真正来临，那么这是我盛满心学理念的大脑所无法格知的。我喜欢阅读古人留下来的兵书战策，有人将其视为男人征战杀伐的秘诀。在我看来，瞬息万变的战场如同千万人的命运被时间的洪流裹挟至此。

正德十二年（1517）正月，战云催鼓，鼓声催人，我不敢耽搁，星夜赶往南赣汀漳巡抚衙门所在地赣州。我有自知之明，虽然读过不少兵书，也研究过很多经典战例，但那毕竟是纸上谈兵。

朝廷让我提督南安、赣州、汀州、漳州等地军务，让我去统率军马，剿灭乱匪。当我磨刀霍霍，准备上马杀贼的时候，不由想到自己一直想要成为的另一种人：所谓圣贤者。若是我能成为圣贤，那么我将来会不会成为第一个杀人的圣贤？就算不是，我也无法成为一个传统意义上的圣贤。想到这里，我不免生出几分得意。出世与入世，都是一个选定自我的过程。一个人，喜欢什么样的生活多一些，他就是什么样的人；而一个人与什么样的人待在一起，他也有可能会成为什么样的人。

杀人的圣贤，我不由在心头念叨着。如是，我的声名也会在史书里写下几行字吧。但我无法向读到这几行字的人解释，在杀人者和圣贤之间，我如何给自己一个了断。时代是热闹的，人的生存和死亡却是寂寞的。而这过程中，我无法让自己做得干干净净。

南赣下辖南安、赣州、汀州、漳州、潮州、惠州、南雄、郴州七个府。此七府原本物阜民丰，海晏河清，如今却成了山贼们逍遥快活的所在，数以千百计的底层民众觉得在此地落草成本低、风险小、报酬高。山深林茂，平日还可以兼顾垦荒种地，生产与打劫两不耽误。

一开始还好，他们只是干些打家劫舍，收些买路钱之类的小勾当。随着队伍越来越壮大，山匪们的胃口也变得越来越大。人心不足蛇吞象，人心什么时候才能知道满足？最后发展到明火执仗，攻城略地，甚至还提出立朝的口号，这才震动朝野。

山匪的胃口越来越大，还有一个重要原因，那就是在与官府的对抗中，他们不但没有落下风，甚至还屡次大胜，这让他们的自信心大增，战斗力也随之提升。那些反对我巡抚南赣的人，他们担忧的是：让一个读书人领兵剿匪具有很大的风险，领兵打仗毕竟不同于开坛讲学，心学妙论无法让敌人放下武器，束手就擒。

当地官员向我递交了南赣地区的防务手册，包括此地的风土人情、地理风貌，以及土匪的分布情况。通过资料，我对这一地区有了大致的了解。我随即颁布公文《十家牌法告谕各府父老子弟》，该法令面向各州府镇百姓。那些上山落草为寇的人，他们的很多亲人都在山下。当地的老百姓不但不痛恨山上的土匪，而且经常给他们通风报信。民与贼在这里失去了分界线，你中有我，我中有你。既然如此，我也只能采用非常规手段。

我推行了十家牌法，十家为一甲，发一木牌，里面有固定内容，十家轮流掌管。

傍晚时分，当天值勤的农户便会急匆匆地赶往另外九家巡视，脸上写着焦虑与不安。若是发现少人，他便会询问少的人是谁，去往哪里，去干什么，何时回来；若是发现家中多人，便会询问来者是谁，从哪里来，来此做甚，巡查结果要一一登记在册，不得瞒报漏报。

完成了当天的巡视任务，没有发现任何异常，值勤的农户可以长长地松上一口气。他最为担心的是，有人瞒报漏报，那样的话，便会十家同罪；有人窝藏或暗通山贼，十家也会同罪。若是其中一家出了个山贼，都有规劝返家的义务，否则十家同罪。我想要通过这样一种方式，让山贼在这个世界上无所遁形。

我并不崇尚暴力，更不崇尚极端暴力。我只是借用法的威严，来斩断山匪与山民的联系纽带，不然民存则匪不绝。为了自家的安全，每一家都会盯着其他各家，人与人之间互相检举揭发，失去最基本的信任，每个人都有可能是官府安插进来的间谍。

十家牌法的灵感来自本朝太祖皇帝为了防范游民的产生所推行的“保甲制度”。十家牌法虽然有些不近人情，甚至还破坏了人性向善的一面。不过对于我来说，这项制度就像是激发内心良知的一味药，而且疗效明显。人人都有趋利避害的一面，所以每个人都不希望自己被别人连累。在这种情况下，根本就不需要官府的宣传发动，人人都怕被别人连累，人的生存本能促使着他们主动去监视别人。

人人都有良知，而良知告诉他们，不能牵连太多人，所以他们会拒绝土匪。即使家中有成员是土匪，他们也会为了家人的安危，将土匪拒之门外，甚至将家中的土匪主动送到官府。

十家牌法就像是一把锋利的刀，迅速切断了老百姓与山贼的联系纽带，将土匪赶进了山林。此法若推行得当，可形成全面皆兵之势，则不必借助广西狼兵，即可消除匪患。我将后院布置停当的同时，开始着手选练民兵。我从江西、福建、广东、湖广四省的士兵中挑选骁勇之士，编为四团，而四个团都必须集中到赣州城军营操练。

南赣地区山势险要，群山环绕，实乃一座天然城堡，易守难攻。相对于平原，这里的战场更考验指挥者的能力。山石相间，林茂草深，人步入其间，就像是走进了巨大的迷宫。找不到来处，也找不到去处，时间久了，会让人产生一种时间的错觉，怀疑自己是不是走在死亡之夜的腹地，心生胆怯，不战而降。

对于寄生于此的土匪来说，这里却是他们自由出入的天堂。倏忽而来，倏忽而去，有时化整为零与官兵缠斗，有时又化零为整发动阵地战。没完没了的暗道，意想不到的出口，层出不穷的山峰。交汇四省的官军曾经组织过几次大规模的联合围剿，可一来到这里，他们只有无奈地将自己的命运交出去。

当地贼匪有几股大的势力，分别是湖广与江西两省的横水、左溪、桶冈根据地的谢志珊与蓝天凤，广东省浰头地区的池仲容，福建省漳南道大帽山的詹师富等。他们纵横劫掠，视官军如无物，其恶劣影响已波及江西省境内。

在我赶来之前，都御史陈金总领军务，来赣协助巡抚周南征剿大帽山贼匪。由于指挥不当，官军被围困于崇山峻岭之中，贼匪未除，反灭了自家威风。南赣之地，匪患数十年，剿匪岂可一朝一夕。

这里的山匪之所以难以剿灭，有一个重要原因，那就是当地人从不把这些山匪视为自己的对立面，因为他们的亲人也有可能在其中。还有一些人，他们在农忙时放下刀枪，过着普通农民的生活。到了农闲时他们又扛着刀枪进山，去做一名兼职的强盗，拿着双份收入。我亲眼看到，这里的年轻人在说起他们时，眼神里流露出羡慕的神采。他们吹嘘自己认识哪个强盗头子，哪个山匪；也听到他们的感叹，生在这个地方，不当强盗活不下去。哎，说到人性的落魄沉沦，我们当然应该有了解的同情。但问题是，寻找生活的出路，跟满足人的恶趣味、追求本能的存在感是两回事。人在无望的情形下多半借助本能的存在以显示存在。但杀人越货，从来就不应该成为缠绕人们心头的理解之同情。

官府之所以将谢志珊、池仲容之流贬为山匪也有其道理，毕竟他们干的是杀人越货的勾当，做的是伤天害理的买卖。他们只要穿上那身行头化为贼匪，拿上一把农具作为武器，即我命由我不由天。若能再占据一个险峻之地，靠山吃山，也就优哉游哉地做他们的山大王。他们让大自然的鬼斧神工化为一座虚构的宫殿，大碗喝酒，大块吃肉，大秤分金，他们是自家的王，做自家的主，更是将自由建立在他人的痛苦之上，将所谓的公序良俗撕扯得支离破碎。他们中的很多人，父辈是贼，子辈是匪，盗匪世家不过如此。官兵来了，官兵又走了，山还是他们的山，树还是他们的树，要打此处过，还得留下买路钱。

在当地府衙官兵们看来，山匪们有着一副冰冷似岩石的心肠，吃人不吐骨头。他们劝我，还是不要和他们真刀真枪地干，敲一通锣打一通鼓，找个机会离开这里，去做个太平官才是上策。

我刚到此地，他们就替我规划好了退路，我这才明白，为什么朝廷几次征剿都会无功而返。可是在我看来，这帮落草为寇者并非强大到不可战胜。他们中的很多人不过是衣食无着的贫民，在崇山峻岭间东躲西藏，偶尔杀几个送上门来的，也是给自家壮壮胆，吓唬一下官兵。

走马上任之初，我首先要做的是收拾残局。不久前，谢志珊、詹师富等部攻掠大庾岭，进攻南康、赣州，有守城官员惨遭杀害。

这两股暴乱的土匪以漳南群山中的积年匪巢为重镇，如果能将其剿灭，对其他各处的土匪也是一个沉重的打击。所以我到任之后，首先将目标锁定了盘踞于福建漳州大帽山根据地的詹师富。多年的心学之旅，已经让我习惯了凡事求助于心。如何在战场之上更好地求助于心，无非是知己知彼。初来乍到，两不相熟，在他们看来，我王阳明带的兵，与以前李阳明、张阳明带的兵，并无本质上的区别。他们只认兵，兵怂，将自然也就跟着怂了。殊不知，我已将他们吃了个透。只要诸将齐心，军士用命，两下用力，必能克而制胜。按照以往经验，兵在明处，匪在暗处，我要打破这一明暗规律。我采取以快破敌，速战速决，趁其不备，主动进击。我在下达作战命令时，明白无误地告诉出征的将官和士兵：善用兵者，因形而借胜于敌，故其战胜不复，而应形于无穷。胜负之算，间不容发，乌可执滞。

我站在山间的平地上，感受着群山环抱带来的阔大沉静，那一瞬间，大地的气息直抵我的肺腑深处，也将我逼入与天地浑然一体的沉默中。我将每一处可能打开的缺口都在地图上标了出来，这座山就像是一个藏宝之地，等待着我去开发。猎猎山风中，我目之所及，除了山，还是山，而我此时的心境也像铁一样的冰凉。

我要打开的第一个缺口是那个叫作詹师富的山匪，用兵之道，唯快不破。不要犹豫，不要拖泥带水，奋击向前。詹师富在这座飞鸟都难以自由出入的山里，布下了大大小小四十余处据点，有数万兵力，而我只有区区五千人，这是一场力量对比悬殊的战役。

山中作战不比平原，几万人撒在四十多处据点，每一个据点也只有几千人。这帮山匪就是山林之间自由穿梭的魔鬼，他们突然出现，又突然消失，像一场飓风一样在岩石夹缝间骤起骤停。

对我来说，难以对付的并不是那些山匪，而是如何扫荡心中的恐惧与邪恶。若是人们不认同自己的心中贼，就会难以根除心中的恐惧与邪恶。国事如此不振，人心如此不古，是因为心中贼在作祟。

虽然双方在人数上悬殊，可是在士气和斗志上，我的军队显然要更胜出一筹。

在进攻过程中，我专门拨出一部分人擂响战鼓，以营造声势。那声声战鼓像是敲在詹师富的心头上，让他听得肝胆欲裂，他实在不清楚我带来了多少人马。

就在詹师富恐慌焦虑之际，我派遣由山间小道偷袭贼后的数千士兵突然发起攻击。

战场是不容许犯错误的地方，在鲜血、烽烟和呐喊中，很容易让一个人乱了方寸，尤其对于指挥者。他做出的每一个决断，都会影响到这场战争的最终走向，而每犯一个错误，都要付出惨痛的代价。

詹师富的防线全线崩溃，被斩杀者不计其数，坠入山间深谷者不计其数。残余之匪逃至象湖山拒守。官军追至莲花，双方僵持不下，此时，广东将领覃桓率军赶到。贼匪困兽犹斗，不久之后，大批匪军赶来救援。双方又是一番鏖战，覃桓和县丞纪镛不幸死于乱战之中。

消灭了这群残匪后，我的军队犹如疾风暴雨一般，将詹师富的四十多处据点一一拔除，他也做了我的俘虏。

很多年后，我还能够清晰地记得，长刀所向的寒光，天边滚雷般的鼓声，痛苦的哀号回荡在山间，还有刺目的血光，像是江南的天空洒下了一场红雨。

这场胜利的意义不言而喻，我能够想象得到，消息传至京城，最得意的莫过于兵部尚书王琼，他或许认为，自己没有看走眼；最高兴的莫过于我的弟子，他们或许认为，心学的威力不只在于致良知，更体现在践行现实的功业上；最害怕的人莫过于山中的贼首匪头，他们震惊了，通过各种途径打听我王阳明究竟是何许人也。

詹师富被灭后，南赣群贼为之大惊。他们不能坐以待毙，决定主动出击。这正中我的下怀，遂做了精心部署。

很快，各路官军均有斩获，战功也是各得其所。这是一场振奋人心的大捷，福建军扫平长富村等三十多处匪巢，广东军扫平了水竹、大重坑等十三处匪巢。随后，又接连扫平大伞、箭灌、赤石崖、陈莒等地的匪巢。

至此，漳南各地匪患已被尽数剿灭。此次戡乱，不可谓不神速，二月出兵，四月奏凯。我仅用两个月时间，就彻底平定了盘踞漳南数十年之久的匪患。清风明月，远山近水，就在我庆祝漳州大捷时，接到徐爱的信。他说，他已在浙江雪溪边购置了田地，以待将来我与诸友返乡共同耕种。我不由想到故乡风物，河水透亮，花色烂漫，若能置身其间讲学该是何等畅快？我随即作《闻日仁买田霅上携同志待予归》，录曰：

月色高林坐夜沉，此时何限故园心。
山中古洞阴萝合，江上孤舟春水生。
百战自知非旧学，三驱犹愧失前禽。
归期久负云门伴，独向幽溪雪后寻。

人在他乡的月下，想着故乡的明月；人在他乡的林下，想着故乡的林泉。山中绿植遍野，江上孤舟飘摇，春水荡漾。我也知，战场上的事绝非旧学所能涵盖。古人说，王用三驱，失前禽，为的是网开一面。上天有好生之德，人要顺天而行。我离开太久，未免辜负老友的一番心意。有一天，我会沿着清幽的溪水，在雪后寻找老友们的足迹。

我也很无奈，身体日渐羸弱，可又无法脱离宦海、解甲归田，因为“忧民无计泪空堕，谢病几时归海浔？”后人会念我，乐民之乐，忧民之忧，鬼神感泣。可我毕竟不是圣人，心念意动，皆是肉身安妥。徐爱的话又勾起了我的归隐之心，“山人久有归农兴，犹向千峰夜度兵”。身在山中，身在河畔，不变不惧，不归不还，遵循天道与良知，便是真的事上磨。

这是南赣的五月天，一个略显湿热的午后。此时，我已返回赣州，之前我一直带兵驻扎在上杭。难得的轻松，我邀请弟子们诗酒论道。与往日不同，弟子们今日看见的我，不是平日里那个神采飞扬的王阳明，而是一个黯然颓唐的我。我缓缓地端起手边的一杯酒洒于地上，沉默良久，用略带沙哑的嗓音说道："感谢诸位，不舍不离。今日讲学之前，要告诉大家一个不幸的消息，徐爱已于前日离开了我们。"

弟子们大为惊讶，徐爱不是早就回乡省亲了吗？一直没赶来赣州。

有弟子言道："先生，何出此言，作为弟子，我们没有像徐爱那样帮到您，您这是想念徐爱了吗？"

我长叹道："家乡前日就传来丧报，徐爱因病去世。我一直无法接受这一消息，所以到今日才告知诸位。"

弟子们一片哀叹，他们也都知晓，徐爱在我心中的分量。虽然我明白，死亡的来临并非命运的残酷，而是大道的作用，生生不已，代代如斯。可面对挚友亲朋的离去，我还是难以做到轻松释怀。

我也好，徐爱也罢，我们不过是向往圣贤的普通人，平凡无奇的小人物，在季节的无常里，体验着命运的悲喜冷暖。古往今来的圣贤，谁又不是肉身凡胎、爹生娘养的俗物，他们也同样活得仓皇无措，甚至如同一只丧家之犬。

或许只有真正参透了这份无常，我们才能走出困境，让生命变得明亮清晰。这不由地让我想起故乡的戏台，台上的气韵流转，演绎出无限的风流，不过是现实的一部分。故乡人将他们所钟爱的戏台称之为"万年台"，他们巴望着台上的戏可以唱上一万年，比他们活的这个王朝还要久远。

台上人影摇荡，台下的角色老在时间深处，宫殿一寸寸瓦解，帝王一个个死去。唯有圣贤，他们依然有温度地活着，不紧不慢地在我们的时间里絮絮叨叨。

这浮华的世上，人心不如鬼。而在我看来，用兵之道，最典型的是用心之道。而兵法之妙，存乎一心。我清醒地认识到，随着年龄的增长，留给自己成就功名的机会越来越少。我有着隐隐的预感，心学之外的功业将会生长于南赣这块匪患横行之地。

在获悉徐爱病逝的那一刻，我将自己关在官衙的后堂内放声大哭，难以自己。我的心从未如此之痛，就像是有人将另一个我从我的身体里生生地剥离出去。而那一刻，这一半的我在哭另一半的我。在这流离失所的人世间，人能够寻着另一半的自己，是何等幸运的事，奈何天意见不得人好！“天若有情天亦老”。

我面向苍天，声声追问：“今天，就是我回到阳明之麓，又有谁与我同志！二三子均已离群索居，我再说话，还有谁听？我再倡议，还有谁响应？还有谁来向我问道？我有疑惑，还有谁和我一起思考？呜呼，徐爱一死，我的人生还有什么乐趣。我已经无所长进，而徐爱的境界不可限量啊！天丧我！就让我死算了，又何必丧知我最深、信我最笃的学生！我现在无复有意于人世矣。”

徐爱的死对我的打击是巨大的，我连续数次都咽不下饭菜。我们常说，人生是一个圆，终点又回到起点。其实人来到这世上走一遭，是无论如何也难以回到原点了。看了那么多的风景，经历了那么多的人和事，我们的内心早已不再是最初那个清澈高远的世界。

直到第三天，我才从悲情难抑的心境中走出来，想到自己还要去完成徐爱的未竟之业时，才找到摆脱忧伤的力量。

命运无常，现在倒过来了，自己反而要替徐爱活下去，去实现我们成就圣学的共同理想。在千难万险的旅途中，属于我的那片天空变得如暗夜降临。徐爱曾经是那无比黑暗中的一抹光亮，给我带来一丝温暖。

徐爱曾经在我面前说他命不久长之类的话，我还问他为什么。我并没有将徐爱这句不吉之言放在心上，当时还斥责他：不过是一场梦，不可胡思乱想。

徐爱说：命运这种东西真的不好说。我只希望能够早日退休，专心修行先生的学说，朝有所闻，夕死可矣。

徐爱是一个内心纯净之人，有时候我会觉得，他对于圣人之学的执着已经超过了我。

他曾经当面劝我，说："道之不明，几百年矣。今幸有所见，而又终无所成，不是最痛心的事情吗？我希望先生能够早日回归阳明之麓，向塔下好学之人讲述心学之道，以诚己身又教后人。"

这句话与我内心的想法不谋而合，我也不无感慨道："知我者，徐爱也，这又何尝不是我心中所想。"

当我接到南赣巡抚的任命，再三推脱，也曾打算不再出山。可是徐爱还是看出了我内心的犹豫不决，就劝我："您现在推脱不得，现在朝野上下都在非议先生的言行，先生还是就任走一遭。我与二三子先在这里支撑着，等着先生了事回来。"

徐爱的选择没有丝毫犹豫，他在写给我的信中，说他已经放弃官场之上的苦苦打拼，并在余姚置办好了房产和田地，等着我了事回归的那一天，我们共同去修行绝学。

我还在回信中打趣道，新地收获少，需要上缴官府的田亩税也少。闲下来的时候，我们还可以学学垂钓。你们等着我，平定暴乱后就去和你们过神仙似的田园生活。我特地嘱咐他安心静养，身体才是成就圣贤的本钱。

徐爱最后一封信，对自己的病体只字未提。只是说，离开官场，不再因琐碎事务而困扰身心。每日静坐，修习先生学说，只觉精神振奋，天阔地远。

徐爱的话音犹在耳，转眼就物是人非，阴阳两隔。仰天俯地，我内心的悲痛说与谁听？生死无常，人的国度就如同蚁类的世界，不同的是我们可以体验和捕捉到这纷扰与喧嚣，可这灌满内心的纷扰和喧嚣，还是自己的心之本体吗？

那一刻，阳光照彻，大地明亮。一层一层的山峦，一道一道的密林，将这里圈成了一个独立的王国。

虽然此役大胜，但我发现官府在南赣采取的安抚策略毫无成效。究其原因，在于官军兵力不强。而赏罚不分、军务拖沓是导致兵力不强的根本原因。于是，我请辞南赣、汀、漳巡抚一职，请求改任军务提督，并上奏朝廷赐予旗牌。我在奏折中写道：“盗贼之日滋，由于招抚之太滥；招抚之太滥，由于兵力之不足；兵力之不足，由于赏罚之不行。”

这样的话，朝廷还是有人听进去了，兵部尚书王琼请旨准奏。在南赣任职期间，我曾专门致信王琼，信中谈到剿匪的经过，以及军队中存在的弊端，同时还详述了南赣匪情以及今后的征剿方略。是年九月十一日，朝廷下旨赐予我旗牌，同时授予我有酌量裁夺之权。

我非常清楚，人心一旦被蒙蔽，便会生巧、生偏、生奸诈，就像潘多拉的盒子被打开。人心没有最坏，只有更坏。

我在打詹师富期间，谢志珊主动出击，偷袭南安。此人极度自信，他亲自带着一千余人杀向南安城，同时还动用了攻城利器——吕公车。因此车与城同高，可直接攀越城墙，与敌交战。据说，谢志珊根据自己的想象制造出失传已久的吕公战车，并且实现了批量生产，摆出一副决战的架势。这场攻防战打得异常艰苦，双方互有攻防。南安城虽然没有被谢志珊攻陷，但我军为此付出惨重的代价。这是让我没想到的。我印象中的山匪，不过是一群乌合之众。可是谢志珊的这支匪军，完全是一支训练有素的正规军，具有强大的攻击力。估计谢志珊也没想到，屡败其手的官军会有如此变化。他亲自带兵，武器精良，却攻不下一座小小的南安府。仅此一战，我们对彼此都有不同的认知。

在征剿中，我绝对不能让南赣诸省形成呼应之势，不然官军就会陷入战事的困境。捣其腹心，必须要堵住嘴巴、鼻孔和耳朵，还要关闭经常眨巴的眼睛。就地形而言，赣州及南安的西部与湖广的贵阳相邻，桶冈、横水之匪盘踞于此。而赣州及南安的西南部比邻广东省乐昌，东邻龙川，此处贼匪多盘踞于浰头。

浰头，不是孤零零的山峰，而是连绵起伏的山岭，分作上浰、中浰、下浰三处，当地贼匪隐身于此。这一年九月，我决定在攻打横水谢志珊之前，给浰头的贼匪送一份大礼，稳定三浰贼匪之心，避免他们与横水连成一体，同时也想稳定南赣其他贼匪之心。

所谓大礼，无非牛马、酒肉、钱粮和布匹等身外之物，也是他们的生存之资。若不为此，他们当哪门子山贼。送完大礼，我又发布告谕文《告谕浰头巢贼》。谕文中，我并不乱发虚妄之言，本着至诚之意。至诚释放的是最大的善意，即儒家提倡的仁义。

这是一篇运用心学理论构建起来的劝降文，力求能够直指人心："我王阳明来此，以弭盗安民为职。我前脚刚到任，后脚就有百姓每天上门来告你们的状，所以我才决心征讨你们。可是平完漳寇（詹师富），审理时得知，首恶不过四五十人，余者皆属一时被胁迫，于是惨然于心。想到你们中间也有被胁迫之人。走访得知，你们多是平民子弟，应该明白事理。我从未派一人去招抚，就兴师围剿，近乎不教而杀，日后我必然会后悔。所以，我现在特派人向你们说明：不要以为有险可凭，人马不少，要知道比你们强大的山匪都已被平灭。"

话说到这个份上，我撕下温情的面纱，恩威并重："平心而论，若骂你们是强盗，你们必然也会发怒，因为你们也以此为耻。既然如此，你们又何必'人恶其名，而身蹈其实'。若有人抢夺你们的妻子财物，你们也必愤恨报复。既然如此，你们为什么要如此对待别人？我知道，你们或为官府所逼，或为大户所侵，一时错起念头，误入歧途。此等苦情，甚是可怜。但是你们悔悟不切，不能毅然改邪归正。试问当初生人寻死路，你们尚且要去便去，如今死人寻生路，反而不敢，这是为何？因为你们久习恶毒，心多猜忌，无法理解我的诚意。我无故杀一鸡犬尚且不忍，若轻易杀人，必有报应，殃及子孙，何苦必欲如此？我每为你们念及于此，都终夜不能安寝，无非想为你们寻一条生路。"

我话锋一转，继续道："如果你们顽固不化，逼我兴兵讨剿，便不是我杀你们，而是天杀你们。现在若说我全无杀你们的心思，那是在骗你们；

若说我必欲杀你们，那也决非我之本心。你们还是朝廷的赤子，譬如同一父母所生十子，二人悖逆，要害那八个。父母须得除去那两个，让那八个安生。我与你们也正是如此，若这两个悔悟向善，为父母者必哀怜收之。为什么？不忍杀其子，乃父母本心也。”

我愿意站在他们的立场上考虑问题，以心易心：“我听说你们辛苦为贼，所得也不多，你们当中也有衣食不充者。何不将为盗为贼的辛勤苦力，用之于农耕商贾，过正常的舒坦日子？非得像现在这样担惊受怕，出则畏官避仇，入则防诛惧剿，像鬼一样潜行遁迹，忧苦终生，最后还是免不了家破人亡的结局，有什么好？”我也表达了不剿灭他们不罢休的决心：“你们好自思量，若能听我之言改行从善，我便视你们为良民，抚之如赤子，也不追究既往之罪行。若习性已成，难更改动，也由你们任意为之，到时我就南调两广之狼兵，西调湖湘之土兵，亲率大军围剿你们。一年不尽剿两年，两年不尽三年，你们财力有限，官军兵粮无穷，纵使你们如同有翼之虎，也难逃于天地之外！”

我最后在谕文中说了自己剿匪的苦衷：“不是我非要杀你们，而是你们使我良民寒无衣，饥无食，居无庐，耕无牛。想让他们躲避你们吧，他们的田地被你们侵占，已无可避之地；想让他们贿赂你们吧，他们已无行贿之财。你们站在我的立场上想一想，是不是应该杀尽你们而后可？！我言无不尽，心已无不尽，如果你们还是不听，那就是你们辜负了我，而非我对不起你们，我兴兵可以无憾矣！呜呼！民吾同胞，你们皆是我之赤子，我不能抚恤你们而至于要杀你们，痛哉痛哉！行文至此，不觉泪下。”

这封以攻心为上的谕文撒出去后，那些意志本就有些动摇的山匪真就放下了兵器，前来归降。我本打算以此动摇对方军心，结果连他们的首领也深受感动，带头放下武器。其中有赣州龙南的黄金巢，广东龙川的卢珂。我将他们中有愿意留下当兵的，单独编成一个武装单位，由卢珂担任指挥官。有人表态，说我是个仁人君子，我是来拯救他们的，他们要以死报答他的不杀之恩。

当这些话传到我的耳中，手下僚属和弟子提醒，这些山匪心性无常，当心他们背叛你。我不以为然道，山匪大多是有诚信的血性汉子，我用真心待他们，相信他们不会以伪心待我。

在那些将官看来，我实在不像是一个领军之人，他们很少见到我召集各路将领开会。我每天在纸上画出各种奇怪的阵型，然后让将校交给各团队的指挥官，让他们照着我所设计的阵型训练士兵。大部分时间里，我都在和那些跟随身边的弟子们讲学。偶尔有军情来报，我也只是简单地做出批示，好像那是无关紧要之事，不值得耗费我的时间和精力。不管有多忙，我始终坚持正常的心学讲座。用弟子们的话说，就是“出入贼垒，未暇宁居，亦讲聚不散”。面对杀人不见血的山匪，我并不赞成使用纯粹的军事手段。在我看来，王道仁义才是兵法之本，血腥和阴谋只能引发更猛烈的血腥和阴谋。正因为如此，战前劝降成了我最常用的一种战术，攻心为上。

在我看来，治理山匪的根本办法不在杀戮，而在昌明政教。我强调综合治理，反对不教而杀。每平定一方，我都会奏请朝廷，在当地建立巡司或县级政权，这一期间我先后建立了三个县：平和、崇义、和平。为加强基层的权力密度、强度，以扩展皇权的长度，保证百姓生活在朝廷的温暖怀抱里，我还恢复了已经废弃很长时间的由本朝开国皇帝朱元璋推行的“乡约”制度，以此担负乡民的日常管理工作，保持基本的社会公正与礼仪生活秩序，教化子弟改恶从善。有条件的地方，还建立了社学。我认为“民风不善，由于教化未明”。我所推行的这套制度，虽然走的还是儒家礼乐教化的老路子，但是在南赣这个区域显得弥足珍贵。也由此证明了儒学构想在地方不是不起作用，而是没人用心去推行。

世间混沌，人活成神，活成魔，活成鬼，都是心有所蔽，人不成人。人，不教而杀非仁义之道。兵法，虽是诡道，但也应以王道仁义为本。有人说我怀有“宋襄王之仁”，有人说我攻心为上。他们还是低估了良知，所以才会看不清人心的本来面目。人心即道，生出巧诈，生出恐惧，生出邪恶，是人心面对深渊，面对不明之境的自然反应。只要去心之蔽，人心自然会重返它的本体。无论正人君子，还是狡诈小人，抑或这满山的盗匪。

我的攻心术起于心，成于行。用心学之道来说就是，吾性自足，无须外求。我的攻心术还是很有效果的，可谢志珊和池仲容的态度却丝毫没有动摇。在这种情况下，我开始部署兵力，攻打横水。十月初七，我决定兵发南赣，手下将领一致要求，应该先围剿桶冈，然后再攻下横水、左溪。结果遭到了我的反对，我的理由是，站在湖广地区的角度看，桶冈是山贼的咽喉要塞，而横水、左溪却是心脏地带；而站在江西的角度来看，横水、左溪也同样是心脏地带，桶冈则成了羽翼。权衡之下，正确的做法是直奔心脏，使其毙命。另外，桶冈离政府军较近，大多数人都认为政府军会先打桶冈，再取横水、左溪，包括谢志珊和蓝天凤也会这么想。

这时候，江西、湖广、广东三省集中了上万的政府军，我将其分为十队，并重新任命队长，部署行军路线。我并不赞成官军集中剿匪，我认为，首先要做的是切断山匪之间的联系，然后各个击破。在南赣的山匪中，谢志珊的手下可谓兵强马壮，手下招揽的人才也是最多的。他为人豪爽，一些有胆有识之人都被他罗致帐下，而蓝天凤就是其中之一。

谢志珊与其他山匪的风格不同，像詹师富这样的山匪，属于关门过日子型的，很少主动与官军对抗，而谢志珊则是开放型的，经常会冲下山向地方官府发起军事进攻，借此树立自己在山匪中的形象。这么多年，在与官军打交道的过程中，谢志珊凭借着自己的勇气和谋略，几乎没有遇到过对手。让他不明白的是，朝廷出钱出粮养的这帮当兵的，为什么会如此不堪一击。官兵的羸弱，也在无形之中助长了他的野心。他甚至自封为“征南王”，将自己的势力范围覆盖整个南部中国。

谢志珊是一个极度自信之人，在他的世界观里，弱肉强食，强者恒强，谨慎低调往往是弱者的专利，强者从不需要刻意掩饰自己的性情。他找到广东的高仲仁，大谈结盟之道，晓以利害，双方结成了新的战略同盟。

谢志珊实力虽然不弱，拔寨有余，但攻城不足。所以他发动的攻城战，并没有对地方官府造成致命打击，只能算是一种高危险性的骚扰。

谢志珊不甘于做一个平庸的山贼，他的身体里住着一个骄傲的灵魂，他骄傲的资本除了自身能力，大多时候来自他的盲目自信。在他看来，他所占据的横水、左溪和桶冈是险中至险。三个据点要比已经被我灭掉的詹师富和陈曰能的根据地险要百倍。以前也有官军意图围剿，都被他轻易破解。虽然我两次突袭灭了两股势力，可他并没有将此放在心上。

十月九日，我率军抵达南康。当时有人告发义官李正岩和医官刘福泰通敌。我并没有为难他们，而是将他们招来问话，告诉他们，这些没有根据的话，我不会信。即使真有此事，只要你们肯戴罪立功，我都会既往不咎。

傍晚时分，李、刘二人特地求见我。他们知无不言，将此处地形向我一一告知。从他们口中得知，这里地形复杂，群山环绕，山势险峻，实乃落草为寇者的上佳之选。他们又推荐了一个名叫张保的泥瓦工，此人长年出入匪巢。若能找到此人，匪巢指日可下。我不由大喜，将三人召集一处，张保画图，李、刘二人从旁监视。一夜之间，他们就将匪巢地形图绘制出来。山岭与要塞、坦途与隘口，无所不包。手捧着他们绘制的地图，我赞不绝口，第二天就落实了奖赏承诺，赐三人义官之职。

十月初十，我将战前指挥部从南康迁到离横水较近的至坪。两日后，我将部队分为十路，两路为机动部队。当天夜里，我命将官率乡兵及擅于攀爬的樵夫四百人，各领一旗，携带火枪、挠钩、套索等物攀崖而上，埋伏于横水周边。四路为诱敌部队，在约定时间发起攻击。还有四路是精锐部队，待谢志珊的主力部队进入他们的攻击视野，他们将会对其进行致命的打击。而这时候，两路机动部队将会绕到敌军背后，攻取他们的根据地。

两天以后，我下达了进攻命令。从正面发起攻势的是佯攻部队，人数并不多，战斗力也不强。谢志珊打开寨门，带着他的精锐部队就杀向官兵。双方处于胶着状态之时，我的机动部队从侧面攻破横水寨门。

谢志珊领着他的队伍还在往前冲杀，突然身后和身侧鼓声雷动，杀声四起。放眼望去，山头山腰到处飘扬着官军的旗帜。山匪们大惊，以为各处险隘均被官府军攻破，登时斗志全无，纷纷溃逃。其实，这不过是我就已经安排好的几百个山民和樵夫造出来的声势，动摇敌方军心。此地距桶冈尚有一百余里。山路险峻，大小匪巢十余处。若不扫平横水匪寇，他日定会卷土重来。真个是山匪如草，扫之不尽，春来又生。

天色已晚，我下令就地安营扎寨，养精蓄锐。此后，一连数日雨水不断，云雾锁嶂，山上贼匪排兵布阵，修筑工事，他处残匪也汇聚而来。《孙子兵法》云"以正合，以奇胜"，我将各营官兵分为正、奇两队，正兵从正面攻击，奇兵从背后偷袭。其后十余天，我军接连攻破旱坑、鸾井、稳下、李家、丝茅坝、朱雀坑等数十处匪巢。逼得谢志珊藏无可藏，逃往桶冈。在逃亡路上，他被官军逮个正着。

谢志珊束手就擒后，毫不屈服，比山上的石头还硬。我知道，此人留于世上，还会成为此处的大患。透过谢志珊的眼神，我看见千万个不服。一个勇武之辈，怎会败在我这个儒生手里。我并不讨厌谢志珊，甚至还有几分欣赏。此人若不是执意于此，我倒可以保举其做官军的将领。谢志珊的骨头太硬，我对收服他毫无把握，只得将其推出军门斩首。

面对谢志珊之死，我也有惜才之痛。行刑之前，我与谢志珊有一番对话。

我告诉他，杀他的不是我王阳明，而是国法。

谢志珊凛然一笑，说道：山里人没有更好的活路，官逼民反。

我问他，你不过一介草民，怎会让那么多人为你奔命赴死？

谢志珊说，此非易事。每当他发现英武神勇之士，绝不会轻易错过。他会通过各种手段引诱他们，请他们大碗喝酒，大块吃肉，或者是给他们活命之资，直到他们对他感恩戴德。这时候，他就会将自己的想法告诉他们，他们必然会死心塌地地为其效命。

我少年时喜欢读左太冲的诗，尤其读到那句“何世无奇才，遗之在草泽”，便心生向往。我相信草泽之中必有奇才，一如孔子相信十室之内必有忠信。而“奇才”隐于书生中，反倒不容易寻找。事后，我将此事告于弟子们，若想有人相助，我们应该学一学谢志珊。也难怪世人常有“仗义每多屠狗辈”的慨叹。我在一首诗里写道：“同志相求志自同，岂容当面失英雄。秉铨谁是怜才者，不及当年盗贼公。”

## 24

桶冈位于齐云山脚下，四面峭壁危崖，峰峦叠嶂，宛如一只巨大的铁桶扣在天地之间。此处在蓝天凤的数年经营之下，已成为一座易守难攻的山中之国。桶冈乃天堑要塞，进出之路仅锁匙龙、葫芦洞、茶坑、十八磊、新地五处。要进入五处要塞，只能凭借栈梯攀缘而上。蓝天凤守着这样一个天然要塞，过着安逸无忧的山匪生活。

詹师富、谢志珊接连被剿灭，以及沿途匪巢的一个个倾覆，使得蓝天凤心生畏惧。我派使者告谕贼众，三日后，愿降者走出桶冈统一接受招降。蓝天凤慑于压力，愿意出降。他召集各山寨匪首商议此事，然而众人意见不合，争执不下。而此时的我已做两手准备，招降不得，就行兵事。当义官李正岩、刘福泰及钟景前往桶冈游说的同时，我已将军队秘密布置于各处关隘。

十一月初一，晚来风急，天地失色。很快，山间大雨如注，而后层雾弥漫，又当空高悬，将大大小小的山峰笼罩于内。这是一个不易用兵的糟糕天气，又是一个兵行险棋的绝好日子。就在蓝天凤等人迟迟无法做出决断之时，我下令发起进攻。当喊杀声从四面八方响起，雨水连接起来的天地被撕开了一道口子。惊雷在天，风雨在地，毫无防备的山匪，面对从天而降的官军，仓促迎战。一日之间，官军接连荡平桶冈、梅伏、乌池、西山界、锁匙龙、葫芦洞、黄竹坑、十八磊等十三处匪巢。十一月五日至十三日，官军又接连攻破新地、杉木坳、原陂、木里等十余处匪巢。蓝天凤在追兵的重重包围之中，走投无路。他在坠崖那一刻，不由仰天长叹“谢志珊误我”。在我看来，若不是谢志珊，他何至于此，或许他早做了官家的军爷。

我用了不到一个月的时间，先后平定横水、左溪、桶冈。而我的前任在此一年，却毫无建树。自古以来，老百姓对官员的评价只有一个标准，谁能给他们带来实惠，他们就将谁捧得高高的。班师途中，我受到了远近乡民焚香顶礼的跪拜，皆言：“今日方得安枕而卧。”而这一幕，是我此前从未想到过的。据说，时任湖广统兵参将史春收到我派发的公文，桶冈之贼已尽数剿灭。他在大堂之上，将我发给他的那份公文抖得啪啪作响，然后仰天喟叹：“我等剿匪花费一年时间准备，仍唯恐不足以迎敌。而阳明先生剿匪居然不费吹灰之力。早晨出兵，傍晚就告捷，真乃神人也！”

神人，我不由笑了。如果说这世上真有神人，那也是以心为神，心至则神到。心神，意味着，心不仅滋生力量，心本身就是具有力量的神性之物。有个词叫一身皆感。我们全身上下每一寸肌肤无处不是敏感区域，稍加触碰，便周身酥麻，或酸痛不已。心不可见，心又无处不在，人感觉到的地方，即心安处。说，人是神人，莫如说心是心神。世上那些让人听上去受用的话语，就是挠在了人的心上。史春的话并无夸张的成分，我只用了一个月的时间就荡平了桶冈、横水的八十处匪巢，抓获及斩杀谢志珊、蓝天凤等八十六名匪首及三千一百六十八名匪众，另俘虏两千三百三十六人。

在史春看来，在剿匪这件事上，我如有神助。而于我而言，不过是自己的“事上磨”而已。事无大小，在磨在炼。人不可能无端得到神的庇佑，需要事上磨炼作功夫。事不多不少，刚好是世界的存在方式和存在状态，而唯有围绕不动的万物或以万物为中心，才有可能成功地把事塑造成形。事，始终处于变化中，在古人看来，事只能是道的产物。事上磨的结果，是为了增强我们应付复杂实践的心理力量，若是减弱我对外部事务的心理承受能力，那就与我的愿望背道而驰了。我不想做生活中自我安慰的弱者，相反，我要一个刚健强毅的实践家。对于一个男人来说，战场从来就是最好的修道场。

我曾说过，无论是三省还是四省联合围剿，不过是助长对手的傲气。三省部队的将官都是平级的，没有统一的指挥，而且距离剿匪之地路途远近不一，若先头部队等后来的部队会合，就会贻误战机，也浪费粮草。等到三省部队聚集到一块，大家的心力又不往一处使。比如围剿横水、左溪，湖广部队和福建部队认为这是江西部队的事。如果围剿龙川，江西部队又认为是广东部队的事。这样推诿扯皮，难以形成战斗力。这样经过多次剿匪失败，南赣地区的部队已经没有任何战斗力了。

我的目光不仅在战场上，也在战场外。我在呈递朝廷的一份军事报告中说道，南赣地区匪徒数量在五六年前还是几千人，可最近这三五年，发展得很是迅猛。主要是因为像谢志珊这样的山贼的确有他的过人之处，在地方极具号召力；其次是因为执政者的推波助澜，各种恶制度将老百姓逼向朝廷的对立面。

我并不想通过屠杀来清除暴民，甚至为自己杀了那么多山贼感到自责与不安。我曾在围剿蓝天凤的现场，对身边的弟子说道：“如果能再给我几天时间，蓝天凤可能会出来投降，也就不会死那么多人。”

我的谋划看似滴水不漏，但还是存在着一定的风险性：谢志珊周围的山贼势小，且没有合作意识，不敢在官军攻打横水时抄官军后路，但广东的高仲仁和池仲容就不好说了。高仲仁刚与谢志珊结盟，二人打得火热。

池仲容更是个狠角色，作为一名土生土长的广东人，他常年广积粮不称王，苦心经营自己的地盘，终成广东一霸。

平定了谢志珊、蓝天凤，我将兵锋指向南赣最后一个敌人：广东浰头三寨的池仲容。正德十三年（1518）正月初三，出征三浰。我站在制高点俯视群山，惊奇地发现，那悬崖绝壁之上，一座座巨大的山寨就像是大山结出的一枚枚果实，坚硬而饱满。大小不一的果核里塞满了贼匪，藏得深，躲得隐秘。忽如一夜，果壳炸裂，他们又滚滚而出，祸害人间。

池仲容是土生土长的当地人，青少年时代就是在这种原生态的环境里成长起来的。当地人说，池仲容是这片原始森林里的野兽之王，他能够从最高的树上腾空而起，触摸到天上的月亮。他与谢志珊一样，善于和各种人打交道，仗义疏财，解人于危难，所以他在当地颇有威望。池仲容将三浰作为独立王国，周围设立了三十八个据点，如同拱卫王国的城。他甚至组建了一个小王国，设立官爵。

在这个天然的王国里，他们垦荒种地，自给自足。池仲容并不是目光短视之人，他与谢志珊、蓝天凤、高快马等人结成军事联盟，幻想着有一天能够走出大山，走向全国，将这小小的山中国变成大大的帝国。据说，谢志珊曾给池仲容写来一封信，劝他归于自己门下。池仲容没同意，他在给谢志珊的回复中如此表明："我们是一个共同体，只有联合关系，没有附属关系。"

池仲容与谢志珊、蓝天凤等人经常联手向官军发起冲击，让我的前几任巡抚吃尽了苦头。尤其是池仲容的那面飞天蜈蚣大旗，让官兵为之胆寒。池仲容曾活捉过地方官和军队指挥官。即使我此番大张旗鼓地来到南赣剿匪，池仲容也丝毫不见收敛。在此之前，他曾经四次粉碎四省联军的围剿。最后一次，他不但打退了官军，而且差点全歼官兵。

可以说，我刚到南赣所领教的第一人就是池仲容。我上任的路上，在万安遇水盗时，池仲容就领着山匪袭击南赣办公所在地——信丰城。虽然没有攻下城池，但也算是为我新任巡抚献上了一份厚礼。在池仲容看来，我和过往的历任巡抚没有什么不同，不过是些官相吏皮的庸碌之辈，根本不是他的对手。说到底，南赣之地，还是他们这些南赣人说了算。随着事态的发展，尤其是谢志珊、蓝天凤的灭亡，让池仲容意识到事态的严重性。和谢志珊不同，池仲容有着很强的自控能力，他很快嗅出了南赣空气里飘荡的危险气息。

看着曾经的同伴不是战败身死，就是接受招安，池仲容有了不祥的预感。池仲容嘴上说我不可小觑，可在实际行动中，他并没有表现出足够的重视。不知谁给他出的馊主意，他一方面派弟弟池仲安带着两百名老弱残兵假装来降，作为内应；另一方面他抓紧备战，在重要关卡设置重兵把守。而彼时，我所想的是，如何跳出自己所处的境地，替对手着想，然后再用对手的心思反过来琢磨自己。我并不是一个嗜血如命之人，能争取他们完成自我改造是我的第一选择。每当有山贼被我的劝降信感化、弃暗投明的时候，我总是兴奋不已。每当用兵过后，看着洒满鲜血的山路，我总是愧疚难安。有良知的人，有时候也会做些让良知难以接受的事情，但这绝不是违背良知。

对于我来说，良知也分轻重缓急，取大舍小，让南赣成为一个太平祥和之地是我的良知所系。要实现这一良知，剿匪是必须要去做的。而池仲容并不想和我发生正面对抗，他最希望出现的局面，是我在现实面前知难而退。

他们想的是，你来南赣做你的太平官，而他们在山林之中当他们的贼老大，井水不犯河水。正是出于这种想法，池仲容才会派他的弟弟池仲安诈降，目的就是想借此拖住我，或是和我达成某种攻守同盟。在池仲容看来，他靠着天时地利人和，只要将山门紧锁，幸福的山贼生活就会万年长。而我却未必能够耗得起，前几任巡抚并没有给我留下充足的兵粮用来打持久战。他只要闭门不出，就可以将我生生拖垮。

我本来还抱有收服池仲容的想法，当我见到率众来降的池仲安，一眼就识破了这两百人的身份。清一色的老弱病残，哪里像是深山老林里的凶匪。池仲安本想留在我身边打探虚实，了解我对池仲容的看法，摸清我对三浰如何用兵。我却让他们跟随主力部队去打桶冈。我说："你既是真心纳降，本院信任你的诚意，不怕你阵前倒戈。我即日加兵桶冈，你可引本部人马前往新地扎营。如桶冈的贼寇逃到你那里，你用心截杀，献上首级，便算作你的功劳。"

新地在桶冈以西，距离三浰的路程非常遥远，池仲安此去，插翅难归。他若要赶回三浰通风报信，必然要经过我的军营。也就是说，池仲安已经成了池仲容布下的一颗死棋。池仲容缺乏投降的诚意，我只能选择以剿为主，以招为辅。桶冈既破，池仲容成了一只受到惊吓的大鸟。要让他从天空中坠落，我必须要搭起那张待发之弓。弟弟有来无归，生死未卜，让池仲容惶恐不安。为了笼络人心，他开始大肆封官，授以各贼首"总兵""都督"的官名。或许是为将来夺取天下，开一张空头支票。

在此之前，我真的希望池仲安能够拿出纳降的诚意。当我第一眼看见池仲安领着那两百号残兵来诈降时，我就彻底打消念头，以剿为主。我做出决定之前，征求了地方官员和士绅们的意见。他们也认为，在整个南赣地区，池仲容的实力最强，危害程度最深，不会轻易投降的。想要结束这场平匪之战的，不光是那些山匪和他们的家属，还包括我身边的那些弟子。他们中的一些人，甚至认为我的所作所为已经背离了心学。他们说我平日里张口闭口，外物不可取，可在现实世界里，为何表现得不见天理与良知？他们总觉得我为他们描绘的良知世界藏着一个秘密，当他们想要用语言去描述它时又找不到合适的语言。就像陶渊明先生看着天空飞鸟掠过说出的那句：此中有真意，欲辨已忘言。

我知道他们是怎么想的，你王明阳大谈特谈道德良知，为何又对山贼土匪们大开杀戒。难道在现实世界里，道德和良知只能成为无力泅渡的语言之舟，却始终无法靠岸。我对弟子们说，我来南赣的目的是为了剿匪，而不是向山匪传播仁义道德。更何况向山匪传播仁义道德本身就是一件反道德的事。虽然说人人皆有良知，但是对于这帮叛贼来说，他们的良知已经被丑陋的欲望所遮蔽，无法回归光明的起点。

我还告诉弟子们，若让我休兵止戈，向他们灌输心学，或许能将他们的良知导向光明。问题是，我的社会身份决定了我不能那么做，毕竟我只是一个朝廷命官，职责是保一方平安。良知是一面镜子，而属于这些叛贼的镜子是不完整的，破碎的，它已经映照不出人性本来的真善美。当他们破碎的良知伤害到天理时，要想恢复内心的本真，只有通过外力去擦拭这面镜子。可这些山匪不会给我擦拭这面镜子的机会，而我也不可能将他们每个人都捉来。在这种情况下，我所能做的，只有逼着他们离开山寨，丢掉他们的山贼身份，回归平民。

我的弟子陆澄曾经与那些投降过来的山匪们有过交流，陆澄，字原静，又字清伯，湖州归安人（今浙江吴兴）。我在南京任鸿胪寺卿时，陆澄曾经在那里暂时居住，现在又追随我来到了南赣。当他从山匪们的口中了解到，自从我出现在南赣之地，他们就不敢抬头看这里的天空，觉得每一天的太阳看上去都像是用鲜血染红的，有着让人不忍直视的触目惊心。

山匪的这句话，让陆澄很是吃惊。虽然他们是山匪，天理难容的恶人。孔孟不是说，要靠仁义感化人吗？仁者无敌吗？佛家也说，上天有好生之德，又怎能用杀戮去解决问题。

原来同样一个人，在不同的人看来，有着天壤之别。有人看他是圣贤，有人视他为魔鬼。

陆澄心中困惑难解，有一天他来向我寻求答案。陆澄心底的疑惑是，人的一生究竟应该追求什么？其实这是一个无解之题，每个人心中都有各自不同的答案。有人说是功名利禄，有人说是悠然自在，也有人说是有涯之生应当去获得无限的知识，让自己的灵魂得到升华。没有真正的对与错，也没有谁比谁高尚或者卑劣。有人完美谢幕，有人却半途离席。

我告诉他，无论是哪一种追求，都需要一个关键词去支撑它，这个关键词就是“专心”。唯有“专心”二字才是打开人生那道窄门的密钥。

可是对于我来说，一个近乎完美的人生究竟应该怎样去追求呢？

陆澄问：“什么才算是真正的‘专心’呢？比如，读书就要一心在读书上用功，接客就要一心在接客上用功夫，剿匪就要一心在剿匪上用功夫，这能否称之为‘专心’？”

我微微一笑，反问陆澄：“迷恋美色就一心在女人身上用功夫，贪恋财物就一心在财物上用功夫，这能算是‘专心’吗？”

陆澄被我这么一问，有点儿懵，好半天才缓过神来，问道：“如果这些都不算是‘专心’，那这算是什么呢？”

我回答：“这当然不能算是‘专心’，这只是逐物，是‘贪心’。人最应该追求的是天理。天理在我看来，它只是追求良知的光明。”

什么是“逐物”呢？我们常人的意识活动是外向的，离开了心体而直接指向外物。向外是“逐物”，心与物之间的作用更多地体现为“力”。当心集中于某个物体时，心也被该物所束缚而失去了自觉性、灵动性，就会影响对其他事物的认识与反应，所以我们这些庸常之人一般只能一心一用。

为了让人明白，我用了两个比方：一是良知犹如一个君王，垂手而天下治，六卿各司其职。良知统领五官亦如此。眼睛要看时，心则追求美色；耳朵要听时，心则追求美声。若君王需要挑选官员，他亲自去吏部；君王调遣军队，他亲自去军营。如此，不仅君主的身份形同虚设，六卿也无法尽职尽责。第二个比方则来自佛家，主人训练他的狗，不停地向远处抛物，抛一次，狗叼回来一次。狗只盯着物，物起则狗起。在我看来，聪明的狗不应只盯着空中之物，而应该盯着它的主人。主人即良知；落地之物，却是外物。追逐良知，则一劳永逸；追逐外物，则让狗疲于奔命，人亦如此。

陆澄问我："一个人若无志向，很难成功，那么如何立志呢？有了志向之后，又如何为志向而奋斗？先生在此处专心于剿匪是为志向而奋斗吗？"

我不由笑了，这不是陆澄个人的问题，而是萦绕于我们每个人心头的疑问。我追求的人生目标是成为圣人，成为一个立德、立功、立言的人。至于剿匪，我自然将其视为"三立"在现实世界的运用。越是置身于考验个人德行的最前沿，越要提升德行；越是知行背离之处，越要知行合一。于我而言，剿匪是求取圣人之路的必经阶段。

我说："一心一意要存天理，就是立志。不忘记这个，久而久之便于心头凝聚，就像道家所说的结圣胎。天理的念头常存，循序渐进到达圣境，也只是从这一念存养扩充去的。"

一个人的价值取向是他当下心理意志的状态，这个状态需要慢慢培养、需要我们去坚持的、需要心理凝练的功夫，更需要我们在学作圣人的时候就要确定下来，这就是立志的功夫。

弟子们见我打仗与讲学两不误，就对这种一心二用的状态感到困惑。尽然你在前面已经说了一心只能一用，为什么这边刚布置完军务，那边又穿上青衫和我们讨论心学之道，这难道算是"专心"吗？

我在回答陆澄问立志之道时，还说："常修身养性的功夫，如果觉得烦扰，不妨就静坐，如果觉得精神疲懒，不想看书，则偏要去看书，这也是对症下药。"

我所说的立志，在于做到能自我控制，秉持自律的精神。一个人提升自控能力，关键在于每天去做一点自己心里并不愿意做的事情，以此来磨砺、调控自己的心性，也就是说，要强迫自己进入状态。这样，你便不会为那些真正需要你完成的义务而感到痛苦。久而久之，这种自律行为就会变成个人的一种习惯，主宰着你的行为。

我告诉弟子，我王阳明并不是一个嗜杀之人，能帮助他们完成自我救赎是我的第一选择。每当有山贼被我的劝降信感化，走出山寨，拥抱良善的时候，我总是兴奋不已。每当用兵过后，看着洒满鲜血的山路，我总是愧疚难安。有良知的人，有时候也会做些让良知难以接受的事情，但这绝不是为违背良知。

对于我来说，良知也分轻重缓急，取大舍小，让南赣成为一个太平祥和之地是我的良知所系。要实现这一良知，剿匪是必须要去做的。而池仲容并不想和我发生正面对抗，他最希望出现的局面，是我在现实面前知难而退。我做我的太平官，他当他的贼老大，各安其命，各安其事。

正是出于这种想法，池仲容才会派他的弟弟池仲安诈降，目的就是想借此拖住我，或是和我达成某种攻守同盟。在他看来，只要将山门紧锁，就可以将我的军队拖垮。据说，池仲容为了稳住我，每日操练不停，招兵买马，扩充军备。同时，他开始为自己寻找借口，说他早有归顺之意，只是卢珂等人见他孤立无援，便要寻仇，他这么做是为了自卫。

为表示纳降的诚意，池仲容特遣手下两名“都督”随使者一同返回赣州复命。我听了使者回报，已猜出个八九分。当着二位“都督”的面，我假装在卢珂面前大发雷霆，说他不该擅自起兵，仇杀投招之人，表示查明后一定重罚。其实在事前，我已经私下偷偷对卢珂说：“我当着池仲容的人将故意斥责你，你再重来一回，受杖三十，关押几天。”

我的信任，让卢珂十分高兴。他依计而行，故意表现得很高调。我当着池仲容派过来的两个“都督”的面，将卢珂杖责三十，投入大牢。随后，我又设宴款待两个“都督”，并派之前买通的池仲安的两个手下随“都督”一同返回池仲容处。做完这一切，我下令赣州城内张灯结彩，大摆筵席款待将士。我故意当着众人的面，大声说道：“今贼巢皆已扫荡，三浰新民又将诚心归化，地方自此可以无虞。民久劳苦，宜暂休为乐。”

第二天，我传令，刀枪入库，马放南山，士兵各自回家种田。事后听说，池仲容真就放松了警惕。这时候，两个随“都督”一起返回的细作开始找机会劝说他。他们说，卢珂在狱中一口咬定你必反无疑，还请官府发文，试探你敢不敢去赣州。若不敢，就证实你有反意。既然王阳明如此考验你，你索性将计就计，主动前往，然后当面控诉卢珂罪状。这样的话，既能取信这个王巡抚，又可以将卢珂等人置于死地。

池仲容听从了他们的建议，带着一队人悄无声息地进了赣州城。他们受到了前所未有的礼遇，白天有专员陪同游览街市，晚上有美女作伴，有珍馐佳肴，以至于平日饱受池仲容骚扰欺凌的地方官和百姓都看不下去。

如果说在见到我之前，池仲容对我这位新任巡抚尚有几分忌惮。那么在见了我之后，池仲容似乎更坚定了自己要与我对抗到底的决心。我见了池仲容一再向其示弱，说："你在南赣可谓呼风唤雨，而我这个朝廷命官要想在南赣当几年太平官，全赖池兄高抬贵手。今日你我二人相见是南赣人民的福祉，从此我也可以回京交差，这里的百姓从此也可以安居乐业，这全赖池兄的功劳啊！"

池仲容看着我，在他看来，传说中的王阳明不过是一位普普通通的文弱书生，毫无半点仙风道骨，根本就不像一个用兵如神的人，觉得如果放手与我一搏，胜负真的难料。

池仲容无意常留于城内，他想尽快回到山林当他的山大王。赣州虽好，却不如三浰自由。让池仲容感到意外的是，我只字未提归降之事。

池仲容的胆子不免又大了几分，他直接向我提出辞行，说三浰还有几千个弟兄，如无人节制，恐怕会生乱。理由虽然给得充分，却是我最为忌惮的：池仲容不归，山贼群龙无首，只是乌合之众；一旦放虎归山，恐怕再难控制。

池仲容急于返回山寨，让我大失所望。我劝说池仲容，马上就是年关，现在动身也赶不回去过年，况且今日除夕，不如看过灯会后再走不迟。

我虽然动了杀心，但是内心并没有半分喜悦，我为自己不能感化对方而心烦意乱，寝食难安。我终究还是一个感情丰富的人，强调人心本体上是善的，恶所代表的不善并不是真正的不善，只是善的东西的某种偏差和丧失，是人心的扭曲和失调。而这必须通过在心上下功夫才能弥补。

大年初二的夜晚，我在祥福宫安排酒宴，为池仲容饯行。欢宴过后，烂醉如泥的池仲容和跟随他进入城内的山匪在昏醉之中被我一网打尽。池仲容一干人等被我斩首示众，在行刑之前，我和池仲容有过一番对话。

我说："不是我王阳明要杀你，而是你咎由自取，不愿善终。既然天要杀你，我只有遵从天理，而你也只有服从天命。"

池仲容也算是条汉子，脸上毫无惧色。他说："什么天要杀我，而是你这个道貌岸然之人要杀我。我池仲容虽然生为山匪，可从来没干过伤天害理之事。你杀了我一个，我那山寨中的几千个兄弟不会放过你。"

我下令将其推出斩首，然后好生安葬。我对这个对手尚有几分敬重。池仲容的三浰是南赣地区危害最大的山寨，而池仲容这个人在治军方面很有一套。我随后集结赣州兵马，安排一队先锋换上池仲容等人的衣服，兵分三路向三浰进发。

池仲容的营寨既无首领，又无防备。我带着军队从天而降，让他们防不胜防，惊恐得四下奔逃。湖广的龚福全，也被湖广巡抚趁势剿灭。南赣之乱，自此平息。望着漫山遍野的尸体，我始终面沉如水，毫无胜利者的兴奋。面对死亡，人总是会由人及己，悲悯由此而生。他们是山匪，更是人，当人的精神无处安放时，身体只能破解人性恶的密码。无论是人，还是其他生灵，要想摆脱人性恶的束缚，只有依靠自身的力量。

谋反是条不归路，詹师富、谢志珊、蓝天凤、池仲容，他们当初既然选择踏上这条路，哪一个没有充分得不能再充分的理由？为了生存，抑或为了挣脱宿命的羁绊，他们走上这条不归路。人最大的资本不是那些身外之物，而是自己。一个人输光身外之物，只要敢于将自己压上赌桌，就有翻盘的可能。不仅是一场赌局，更是一种信念和生活方式。但同时也要明白一条，下了注就不能反悔，一锤定音。这些山匪尚未落草时，只是山民，日出而作日落而息，劳作不休，只落得个糊口。碰上不景气的年份，还要饱受大户的盘剥，官府的欺凌。别说糊口，活下去都难。

直到有一天，有人跑来告诉他们，上山做强盗，无本的买卖。既可以摆脱肉身之困，又能过上想过的生活。于是，人群犹如潮水，一分为二：一是耐劳的谋食者，反抗意识并不那么强烈，将吃苦视为人生应尽之意；二是趋利的冒险者，他们经不起劝诱者的说辞，更经不起诱惑物的考验。于是，前者成了本分的山民，后者成了冒险的山匪。

即使山匪大势已去，官军稳操胜券之时，我也不以杀人多少来论功行赏。他们中有的人放下武器哭着请降，我也愿意接受他们。正因为如此，我的军队移师南康，沿途的老百姓焚香迎拜。所过州县隘所，老百姓甚至为我建立祠堂，进贡香火。于我而言，没有比这更荣光的光荣。

不要嘲笑那些为匪为患的山民，他们不仅仅是愚昧，更是一群输掉性命的赌徒，地上的尸体就是他们赔掉的所有赌注。即使终究无法挣脱命运的束缚，即使结局早已注定，可是在这个过程中的起起落落，每个人的喜怒无常，却都是触手可及的真切感受。

从另一个方面讲，这些亡命绿林的山匪大多是平民，他们也曾经满怀着对生活的美好憧憬。当一次次希望沦为冰冷的绝望，他们所能做的选择也越来越少。只是为了更好地生存，或许这才是南赣之乱的真相所在。

他们的存在不是朝廷所掌握得冷冰冰的统计数字，更不是那些文人理想化的诗歌笔记。他们也曾经是一条条鲜活的生命，生于斯长于斯。如果不是做了山匪，他们一辈子或许只能做一个朴实的山民。他们从投身山林的那一刻就应该能够想到最坏结局。

当天晚上，我就在纸上留下十个字：破山中贼易，破心中贼难。有人说，山贼有形，而心贼无状。这是多么愚蠢的想法，山贼躲得再深，也经不起心贼的背叛，最后还得乖乖现形。《阴符经》有云："天有五贼，见之者昌。五贼在心，施行于天。"也就是说，我们每个人都是通过"眼、耳、鼻、舌、心"向这个世界索取所需，它们就像是五个盗贼，盗走的是支撑我们生命的“精、气、神”，使一个人逐渐走向衰老，直至死亡。

不同的人，心中的盗贼也各不相同。我们所恐惧的，所依赖的，所固守的，都是我们心中的盗贼。心中盗贼不除，何谈圣贤之路？所以对于一个想要成为圣贤的人来说，清除心中的障碍才是首要之务。

心中贼不是想除就能除去的，尤其对于成年人来说，想要一朝改变多年习惯几乎是不可能完成的任务。既然不可一朝除尽，那就要对自己狠一点，要下真功夫，要不达目的不罢休。只有破了心中贼，才能荡平现实中的贼。

我想象着那些从山上偷偷摸摸返乡的山匪，当他们惊魂未定地在地里劳作时，从山谷滑下来的风拂过他们身体和面庞，他们会否感受到那份难得的轻松和自由？我同时还想象着他们举起刀剑，向胆小而善良的民众发出死亡的威胁时，脸上跃动着狰狞的凶光和施暴者的快意。那一刻，他们会否想到自己的父母妻儿？会否想到有强权者也在向自己的亲人举起同样的刀剑？

我相信他们并不是带着原罪来到这个世界的，他们的良知世界也曾经有过圣洁的光芒。如果是这样的话，我希望重塑他们的价值观。若要断绝贼性，就要从他们的心上除根。他们也是人，为着一箪食、一瓢饮，为一家老小，在这世上搏命。山风呼啸、夜雨盖顶的孤独时刻，他们也有人性的光芒，以及微弱的悲悯。哎，山里的野兽不分贫富，迁徙的候鸟也不分高贵与卑微，这些人为设定的阶级属性，在良知面前不值一提。眼下，我是奉着王命来此剿匪的官，我的同情解决不了问题。

这的确不是一桩好差使，连年的匪患拖垮了地方财政，军费开支被严重压缩。那些拿着微薄薪水的官兵，眼见得土匪们大块吃肉大碗喝酒，他们又怎能做到“不动心，心不动”？

同样是刀头舔血的事业，做官兵连温饱都解决不了，而做土匪却落得逍遥快活，酒肉穿肠过。如此一来，身强力壮者在某个夜晚脱去军衣，遁入山林去当了土匪。并不要求战斗力硬指标的正规军，只剩下老弱病残者在那里混日子。更何况多年来，官军在与土匪的较量中，很少能够占到便宜。

我还听说，有些匪首并不是普通的山野莽夫，而是读书人。或许他们是在一个混沌未开的黎明，疲惫不堪地推开苦读了一夜的经史子集。当他们推门而出的时候，在屋子的某个黑暗角落里正蜷缩着他们的父母，或是妻儿。

他们是这个家庭的顶梁柱，却无力改变穷困潦倒的命运。这一刻，某种神秘的力量推动着他们，让他们一直往山里走去。他们本来就是大山的子民，靠山吃山，一个明确、清晰的目标慢慢从他们的心里升腾起来，很容易让人忘乎所以。

如果说在此之前，我还天真地以为，天下读书人都是为了改变现实生存环境而奋发图强的，那么在来到南赣之后，尤其是在掌握了大量的第一手资料后，我才强烈地意识到，这些充满泛物质化思维的价值观一旦无法找到实现的途径，就有可能会导致社会生态的迷失。“书中自有黄金屋，书中自有颜如玉”的传统观念就像是一道无解的符咒，让每个需要抚慰的灵魂都无法获得足够的安宁。

在我所生活的这个年代，绝大多数的民众既没有读书的条件，也没有学而优则仕的机会。但无论如何，他们中的极少数人并没有放弃对黄金屋和颜如玉的热切向往和拼命追求。而这种价值观的形成就像是一个失魂落魄之人突然找到了还魂处所。于是，我们看到商人逐利走向官场腐败，士人逐名走向浮夸虚荣，而那些在生活里艰难前行的农民忍无可忍又无计可施，他们能豁出去的只有自己，索性选择铤而走险，用暴力手段获取暴力价值观的暂时满足。

大山让一切变得简单，出于本能的体验，只需要本能的参与，一切以道德覆盖的人性在这里显得多余。对于谢志珊、池仲容这些匪首们来说，在利益的考量面前，在他们做出放下锄头或者书本，扛起刀枪准备以命搏命，以血取酬的决定时就已经明白。从此以后，他们将走上一条不归路，那飞鸟难渡的山峰、野兽出没的丛林将是他们人生狂欢的乐园，或者是他们最后的葬身之所。在这纷乱的世道里，能顶着这幅臭皮囊活过这一世就足够了。管不了那么多，也不想去管那么多。

正德十三年（1518）春天，我带着军队从三浰凯旋。曾经让四省疲于奔命的南赣匪患就这样被我歼灭，耗时一年零三个月。能臣固然可以破山中贼，但只有圣贤才可能破心中贼。我被这悬念所困惑，同时，也为自己心贼难破而困闷不已。

我为招降而来的两千多人设立了专门的学堂，通过教化人心，从根本上解决他们在认识上的问题。对于人生而言，有些是别无选择之下的选择；对于人心而言，面对一些选择，是可以做出取舍的。我做了两个自认为正确且有效的决定：一是颁布《南赣乡约》，建立约长制度，实现民众自治；二是恢复社学（官督民办的义学），聘请名师，改革教育。

既然人可以选择做好人，那么我们为何不成全他们。化人先化心，化心才能化人。那些已经在这个世界上消失的圣贤，他们一生都在追寻所谓的大道，不就是如此吗？

这个并不伟大的时代并不像我们所想象的那样，永远只有一副表情，它如同钱币的两面，既有浮华豪奢的大时代背景，也有着世人对于精神的尊崇与想法。

让我万万没有想到的是，“土匪窝”的讲学氛围并不逊色于其他地方：有那么多人听我讲学，前后左右环坐而听者，达数百人之多。若是赶上好天气，我会将课堂搬到大自然里，亲近山水。人来了一拨，又走了一拨，告别之时，我还记不住他们的名字。

与官场上的争名夺利相比，我更愿意和弟子们待在一起，清风明月，人心万象。我坚信我对心学的认识，将引领他们行于光明大道之中。

在平定山贼的过程中，我感受最深的是，在行事中进行省察克治的重要性。在此期间，我讲学的重点就是“事上磨”。现实中，无法摆脱的诸般琐事就成了锻铁炼钢的火，而心就成了指向熊熊火苗的那根金手指。在庆功宴上，我端起一碗酒，敬完天地和那些战死的军人，然后面向我的那些随军弟子们。

我说：“守仁能平定山匪，全赖诸位相助。”

弟子们颇为震惊，他们赶紧应道：“我们这些人并没有帮到您，您为何要感谢我们？”

我笑道：“你们虽然不是冲锋陷阵的军人，但是所起的作用不比官兵们小。你们是我的精神支柱，我刚到这里，内心也是惶惑不安的，总感觉此行九死一生。就连发布号令，执行奖罚都觉得随时会犯错。不过每次当我坐在这里，与诸位相对，我的内心就会无比的坚定，这就是你们帮助我的地方。”

我知道，这些弟子对我一手经卷、一手兵戈的做法很不能理解。天高地远的赣州，使得我这样一个处于政治边缘地带的人，有了一次喘息和自省的机会。如果不是来到这里，我的从政之路其实已经走到了半死不活的境地。自幼饱读诗书，让我患上了难以自拔的“圣贤病”，以为给自己一根杠杆就可以把整个地球撬起来。在我看来，圣人之学以无我为本。我告诉弟子们：人心本是天然之理，精精明明，无纤介染著，只是一个无我而已。胸中切不可有，有即傲也。古先圣人许多好处，也只是无我而已，无我自能谦。

在这一刻，我想到了徐爱。徐爱曾经在我面前说，他希望自己能够早一日离开官场，寻一处安静所在，去过躬耕垄上的田园生活，专门修习心学，与诸位师兄弟早晚讨教，那将是最美好的生活。

徐爱是一个心思纯粹的人，正因为这份纯粹，他的心学之路也理应走得更为辽阔。人若能做到始终保持“无我”，内心就可以实现丰盈与满足。

徐爱啊！我的弟子，我的亲人，想到他，让我如何不忧伤。人生枯荣，是常事，也是大道。如今徐爱已不在人间，我想早日结束这里的一切，在夏天到来之前，回到余姚故里。九十高龄的祖母已经缠绵病榻多年，父亲也年事渐高，我不忍心让他们牵挂忧心。如果弟子们愿意追随于我，我就继续讲学。即使这个世界已经将我完全抛弃，我也要坚持自己的志向，我总觉得百世之后总有同道之人站出来。

# 七、我的知而又行

南昌平乱，此心不动

有弟子问我：“为什么我能够用兵如神，其中有没有什么技巧？”

我告诉他：“并没有什么技巧，我只是一心做学问。……真正的学问不是掉书袋，而是用学问来养心。……在这个世界上，没有真正的傻子，人的智慧都是差不多的。之所以有人胜出，有人失败，区别就在于此心动与不动。”

# 25

语言，描述万物。有状，或不可名状。

自古以来，语言就像是一阵轻轻抚过事物表面的微风。只是吹拂了万物，却从未改变万物。万物在心，天理也在心，可没人能够描述心之为何？语言，若只是像描述万物那样描述心，心也很简单，仅仅是湿漉漉的肉体部件。与思无关，与想无关，既不世故，也无所谓超脱。语言，遇上万物，仁慈，却不谦卑；唯独遇上心，既仁慈，又谦卑。此心，显然已超出肉体范畴。此心，在思，在想，在所思想的对象，始终被物化成事。唯有心，才能经由想去获取知，也唯这样的知，才会无限接近于道，或为道之本身。就像是我在龙场的那口石棺之下，黑暗覆身，那一刻心如神在说“要有光”。所思即光，所念即光，此为悟道。

如今，我又在这南赣之地，平匪、安民。心，念兹在兹；行，行兹在兹。也算是知行合一。我向朝廷上奏捷报，江西、福建、广东、湖广四省边界的匪寇已经被剿灭。我能够想象得到，那个一生放纵不羁爱自由的皇帝，终于可以在他的宫殿里长长地吐出一口气。据说他接过我用六百里加急递送的奏本，囫囵吞枣地看了一遍，连说了几个好。内阁辅臣刚要开口说话，他就丢下奏本，急急奔向豹房，与食肉动物们玩自己的新花样去了。

我直接被擢升为右都御史，同时授予荫子一人为锦衣卫的荣誉，世袭百户。一个人向外部世界证明自己，最好的媒介物是他所取得的荣耀，而荣耀这种东西是有时效性的，此一时彼一时。

一鼓而破横水，再鼓而灭桶冈；又一鼓而破三浰，再鼓而下九连。虽然连破匪寇大营，但是我在奏疏中并没有为自己揽功。我说，这些功劳应该归功于朝廷，朝廷就如同马车的车夫，而自己则如同一匹驽马，毫无半分的功劳，只求能让自己早日致仕，回到田园，安享晚年。这一年多来，为征剿闽广及横水、桶冈、三浰等处的匪患，我马不停蹄，日夜操劳，终致旧疾恶化。于是，正德十三年（1518）三月，我上《乞休致疏》，请求辞官休养。在这份奏疏中，我没有打一句诳语：悯臣舆病讨贼所备尝之苦，哀臣忍死待罪不得已之情，念福薄之有限，怜疾疗之无期，准令旋师之里，放归田里。

我已经累得病倒了，再这样下去，恐怕离死亡之期也就不远了。即使有什么功名之喜，也无福消受。我只求放我回归故园，让我用天光云影，山色水韵洗去身上的病浊之气。加之获悉祖母病重，更使我寝食难安。此时的我，随着心学修养的日渐成熟，不知不觉中，已将超越境界作为自己的生命价值取向。人，只有在自然山水中，才能完全放松自己，聆听心灵世界最直接的呼唤。

正德十四年（1519）正月，我再上奏折，请求辞退恩赏。在追逐功名这条路上，我更看重的是过程中的“事上磨”，至于是不是能够得到功名，我并不是看得太重。不是我欲擒故纵，而是我的心发出的强烈愿望。我能够想象得到，那些朝中大臣们会认为我是在拿腔作势，想要借此捞取更大的政治利益。当然，这也是人心的本性使然。我不以为意，至少在这一刻，我的内心如同今夜的月光一般皎洁而安详。

十天后，我再上奏折《乞放归田里疏》，向朝廷重申，自己所立下的战功并非能力所为，而是托皇上的洪福。如今自己体弱多病，家中又有百岁祖母沉疴日久，已处弥留之际。身为贤子孝孙，希望能在祖母临终前见上老人家一面。另外还有一点，就是自己的肺病越来越严重，也需要回乡精心调养。

我是铁了心致仕回乡，为了达成目的，甚至不惜舍弃荫子封赏的机会。我的这种做法让大部分人都无法理解，他们无法接受我做出的选择。当我将第四封请求致仕的奏疏递送到皇帝的案头，这位帝国的当家人也坐不住了。

皇帝嘛，想的是，天下士子皆入彀中，你王阳明不过一介书生，在官场来来回回地折腾这么多年，身心俱疲，为的是什么？不就是为了能够获取恩宠，实现青云之志吗？据说，皇帝还专门征求兵部尚书王琼的意见，王琼给出的答案是：王阳明不能离开江西半步！

不能离开半步，这是要将我王阳明像钉子一样钉在这里啊！也许，我的命数，已经被这现实里尖锐的钉子钉死了；也许，我活该日夜兼程，马不停蹄，奔波在这条望不到尽头的路上。在这条路上，我要一棍子打翻心里的千劫万劫。在此之前，我私底下给王琼写过信。在信中，我言辞恳切："近日复闻祖母病危，日夜痛苦，方寸已乱，岂复堪任。"我向王琼表达了辞官之意，也希望王琼能够替我在皇帝面前说上几句话。

对于我的要求，王琼不仅没给出任何答复，还将我的致仕请求压了下来。对此，我也深感疑惑。既然朝廷派我到南赣平定匪乱，现在匪患已平，南赣的社会秩序得到恢复，为什么还要将我困在江西？

我隐隐生出不祥之感，黑云压城，或许暴风雨真的要来了。那一刻，飞鸟遁迹，百兽逃逸，就连草木也充满了戾气。他们将我留于此处，不过是未雨绸缪的应对之策。既然不让我离开江西，那我索性就暂时将身心安顿下来吧。人是无法主宰运道的，且由它去。

正德十四年（1519）六月初，这是一个有雨的时节，我坐在书院门廊下的竹椅上，静静地观赏雨丝在庭院里飘洒，这一刻，内心有着无限的通透和淡然。若是有机会，于此处消磨一段时光，体味一段山中无日月的空灵，该是多么美妙的事。

当我在赣州享受慢悠悠的讲学时光时，王琼从千里之外的京城又发来新的指令，要我立即放下手中的讲义，前往福建福州平叛三卫叛军。叛军首领叫进贵，此人是大明王朝在福州设立的三卫下属的“所”的千户。

福建卫军叛乱的消息传至京城，并没有引起当局者的恐慌。一个千户的叛乱，由他折腾，又能掀起多大的风浪？我也知道，醉翁之意不在酒，我也只是预感到前方将有更大的风浪等着自己。最先向朝廷发出警示之人的并不是我，也不是兵部尚书王琼，而是巡抚南畿（辖今江苏、安徽两省，治所南京）的都御使李克嗣。他在奏折中说，南昌城必有变。兵部尚书王琼很快做出呼应，他敦促玩物丧志的正德皇帝赶紧放下手里正在打磨的新鲜玩意，对宁王朱宸濠造反这件事做出认定和应对。

王琼早就在心里认定了朱宸濠必反这件事，他没有大造声势，而是在自己职责范围内做着力所能及的布局。他已经看透了朝堂之上除了朱宸濠用金钱收买的利益伙伴，就是一些持观望态度的聪明人，他们并不认同宁王造反这件事。

随着宁王造反的风声越来越紧，朱厚照突然从昏天黑地的玩耍中抽出身来，将替朱宸濠说话的钱宁和臧贤等官员都抓了起来，然后将他们交给锦衣卫。一番死去活来地折腾过后，他们才承认，朱宸濠反了。

与此同时，我发出的两道明言宁王谋反的奏疏也送到了朱厚照的手里。这个提笼架鸟的皇帝才突然意识到，有人要来抢自己的皇位了。

在写给我的那封私信中，王琼并没有隐瞒什么，而是直接挑明。他说：“最近，南昌城的动静很大，你不必在进贵叛乱这件事上浪费太多精力，要密切关注南昌城里的那位王爷，那个从来就没有真正安宁过的宁王朱宸濠。”

此时此刻，我才明白王琼派我来江西的真正目的。平匪是对我用兵之术的初级考验，真正的大考还在后头。真正是，欲救世道，必先葬之于世道。

王琼早就有了判断，朱宸濠谋反是必然的。他的想法是，派我到江西去死死地盯住这位王爷，而所谓的南赣剿匪不过是大战来临前的一场热身。一年来，王琼之所以没有理会我的致仕请求，是因为他在寻找一个机会，一个可以将我这把利刃插进江西地界的机会。他可真是谋划深远啊。

我以为自己早就将功名视为浮云，归隐之心坚如磐石。可是当机会来临，我的心还是有所动摇，我实在不愿错过这一程的好风景。建功立业的理想，忠君报国的念头，掺杂着的还有回报王琼知遇之恩的想法。所有这一切都源于“有我”，只要心中执念于“有我”，就会放不下这一切。

人，可真是矛盾之物。当归去不得，转而又做了不归的打算。到底是归去的我，是本真之我，还是不归的我，是本真之我。破完山中贼，又遇上心中贼。我算着离开故园的日子已经十分遥远了。可回去，实在是太麻烦、太艰难。如果还有归去的念想，又将当初离开的决心置于何处？初心不可改，不能说现在我是我，少年时播下理想种子的我就不是我。时事逼人，由不得我做出判断和选择。

事情还没临头之际，人人都能稳坐钓鱼台，做一个看似清醒的旁观者。真正考验一个人的，是事。走吧，继续往前走。对我来说，该来的总会来，新绿总会遇上春天，而枯木也会被一场天火点燃。我有自己的打算，朱宸濠造反的传言已传了多年。一场叛乱发生的原因总是多种多样的，但有两种基本的因素是类似的：外力的压迫和个人的野心。若是叛乱者没有更大的野心，其背后一定有掌控大局之人，他充其量只是一枚棋子，不是真正的执棋人。朱宸濠是有野心的，他显赫的家世背景给了他这份野心，他要做的是将自己的野心覆盖整个帝国。在他看来，北京城的那张龙椅已经在剧烈地摇晃，而他要做的是将坐在上面的那个人掀翻在地，由他取而代之。从辈分上算，朱宸濠算是当今圣上的祖父，而从秉性和才具上说，他们更像是一对亲兄弟。

我早就听说，虽然远在千里之外，但是空间上的距离并没有阻断朱宸濠对京城之地的无限向往。他曾经将大批财宝偷偷运往京城，而这些财宝并没有进入国库，而是流进那些有着贪婪欲望的宦官与大臣们的口袋里。

正德十四年（1519）某个春日，地气还阳，南昌城的周围弥漫着花的芳香。南昌人喜欢春游，春日晴好，男男女女，或结伴，或独行，来到城外踏青。有人身佩兰草，有人手捧鲜花，漫步于清波荡漾的玉带河边。他们中没人会想到，眼前这一幕清宁很快会被乱象替代。

虽然有人说，朱宸濠是一个不识时务的草包王爷，但其实用“天资聪颖，过目不忘”等相对漂亮些的词汇来形容他也不为过。人，活在这个世上，不是自己活过来的，而是在别人的语言里活过来的。那些语言听得多了，会削弱一个人的骨血和气力，乃至他们的心志。

朱宸濠平日里喜欢舞文弄墨，吟风弄月，喜欢没事的时候和那帮南方的文人墨客们泡在一起。优雅的谈吐，俊朗的脸庞，让他在知识阶层中拥有一定的号召力。那些文人们也在私下里议论，说朱宸濠过于慈悲，不像个朱姓王爷。

朱宸濠身上的儒雅之风，也算是历任宁王的性格标签。很多知识分子闻名而来，他们进入南昌城的目的很明确，就是要见一见这位丰神俊朗的王爷。就连本朝第一等的风流人物唐寅也慕名而来，并且与其结下了深厚的友谊。

朱宸濠待在宁王宫里，经常会两眼望着北方静静地发呆。他也不断收到北边的来信，紫禁城里所发生的一切都在他的掌握之中。在他看来，北京城里的那些旧宫殿如同一座座孤苦无援的岛屿。虽然那些岛屿早就在他触手可及的范围之内，而他，所要做的就是等待，等待一个不容闪失的机会。

第一代宁王朱权有着“贤王奇士”的美誉，若是没有生在帝王家，他可以成为一个闻名士林的饱学之士。太祖皇帝得天下后，把诸位皇子分封在外，并赋予他们无与伦比的权力，对中央政权形成拱卫之势。在诸多藩王中，燕王朱棣和宁王朱权手握重兵，镇守北方的军事要塞。太祖皇帝去世后，继位的建文帝朱允炆强力推进削藩。为防止宁王朱权与燕王朱棣联手对抗朝廷，朱允炆曾经尝试拉拢宁王朱权。

虽然建文帝开出了进京受封的筹码，但是朱权并没有理会，为此而坐削三护卫。随后不久，燕王朱棣联合蒙古人里应外合摧毁大宁，并开出一张“事成，将中分天下”的空头支票。万般无奈之下，朱权只得追随朱棣。

大宁难回，朱权乞请改封内地，先后奏请苏州、杭州，成祖皇帝朱棣都没有同意。朱权只好带着宁王府的几个官员出走南昌。朱棣见已成定局，也不好再将其赶往他处。由此，南昌成为宁王府所在地。

朱宸濠是第五代宁王，已历九帝一百余年，风光早就不如往昔。风光不再的，也不只是宁王一家。此时的大明皇族们已经成为最高级的肉食者，他们需要的不是野心，而是绵延久长的荣华富贵。既然无政可理，无兵可带，那就只有自己繁衍子嗣，大量没有得到朝廷许可而生育的私生子如雨后春笋，而朱宸濠便是其中之一。

朱宸濠早于其他皇子体验到这个世界的炎凉，他的祖父朱奠培并不喜欢他这个孙儿。朱宸濠刚出生时，差点被扔进水里活活溺死。有此厄运，极有可能与其生母的身份地位有着很大关系。有传言，朱宸濠的母亲是烟花柳巷的一个风尘女子，如此不堪的境遇也促成朱宸濠叛逆性格的养成。

朱宸濠从未忘记，朱棣当年对他的曾祖父朱权说的那句“事成中分天下”的许诺，他要想尽一切办法兑现那张早就在时间深处泛黄的空头支票。他不甘心做一城之王，困守于南昌宁王府，他梦想着夺回属于宁王府的半壁江山。于是，当年的一句承诺，化作朱宸濠的诸多妄念，这妄念，是当皇帝，哪怕是半壁江山。

梦想照进现实，并不容易，因为朱宸濠手里没有军队。没有军队的王爷，不过是朝廷豢养的看门狗，还是掉了牙齿的。随着朱厚照继位，刘瑾专权，朱宸濠也开始做梦，梦见属于自己的大时代就要来了。可他哪里晓得，江山社稷的形势是消是长，也要守数待命，不可妄动。有人只认权谋，而不关注时局，最后只落得个身败名裂。

凭着多年混迹权力场的经验，尤其是在和那些太监们打交道的过程中，朱宸濠选择了刘瑾作为自己的突破口。直觉告诉他，只有刘瑾可以让他的梦想获得新生。朱宸濠出手阔绰，他派人将两万两黄金分批次送到刘瑾家中。刚刚走上权位的刘瑾根本无法抵挡金钱的攻势，拍着胸脯向对方保证，朱宸濠的事就是他的事。朱宸濠暗示刘瑾，江西地界匪患猖獗，他想恢复宁王府的卫队，理由是自卫。如果一个人有了野心，也就意味着危险的逼近。

朱厚照没有皇子，朝臣轮番上奏疏，敦促他过继一个宗室之子，将来继承大统。这是一个千载难逢的机会，朱宸濠有了吃天的梦想，他想通过一个非常规的路径，将自己的儿子送上皇位继承人的宝座。等到朱厚照死后，他也就自然升级为太上皇，那将来的天下就是宁王府的天下。这是一条最为稳妥的捷径，不需要承担任何风险。我们每个人的身体里，都住着一个独属于自己的江山，有荣有衰，有兴有亡。这江山里，忽而行走着凄惶的过客，忽而行走着杀人放火的山贼。朱宸濠更是如此，他的身体里的那座江山，从生下来那一天就开始萌芽。

朱宸濠是一个行动派，想到就会付出行动，也算是知行合一的另类践行者。他私下贿赂百官，买通了皇帝身边的红人。朱厚照只是觉得莫名其妙，但是他并不怀疑朱宸濠对自己的忠心。有着先见之明的官员向他发出的警告，声声恳切，句句灼心，可他并不上心，几同于一缕青烟，从他眼前飘过。

朱宸濠并不是庸碌之辈，在朱姓同辈人物中，他也算是一个富有才智之人。他热衷于纸上谈兵，对兵法颇有研究，身体里流淌着战争的热血。朱宸濠对兵法的狂热程度，和少年时代的我有得一拼，他也经常在朋友们面前玩一玩排兵布阵的游戏。和我有所不同的是，他是一个输不起的人，谁如果在游戏中破了他布下的兵阵，他便会记恨于心，取消一切娱乐活动。

那些整日围绕在他身边，将其视为金主的人，都不希望在这件事上破坏了王爷的雅兴。朱宸濠在刀剑的撞击声里笑着，在身边人的哭喊声里笑着。他热爱战争，热爱厮杀和热血，热爱大明朝赐予他的一切和本应属于他的一切。

所有的人都众星拱月般地衬托着朱宸濠，他在排兵布阵这件事再也找不到可以与之匹敌之人。于是，关起门来的朱宸濠就这样将自己修炼成一个战无不胜的将领，并且是无敌的。他成了宁王府里真正的“战神”。

朱宸濠再也无法让自己过上平静的王爷生活，每日操练卫队，想着有一天能在北京城的城头插上宁王府的旗帜。他以为城头变幻大王旗，是简单的事。殊不知，儒家理想中的天下归心，要的是解民倒悬。朱厚照虽是贪玩的皇帝，但还未到江河见底，大厦将倾的地步。朱宸濠的念想，完全建立在一片虚土之上。

他心中燃烧的那把欲望之火和他本人的性格，以及外人的推波助澜有着环环相扣的联系。尤其是当他看到朱厚照四处寻幸引得朝野怨声四起，断定失德的皇帝已陷入四面楚歌的境地。只消自己登高一呼，重演朱棣当年之事也不是没有可能。

妄念如沙，积累得越高，塌得越快；妄念如药，不用煎熬，也能一口饮下。人的一念一想，成全人，也害人。在野心没有彰显之前，朱宸濠所要的是掩饰，是迷惑北京方面。他竭尽所能地讨好皇帝，皇帝喜欢张灯为乐，他就送上数百盏精巧奢华的彩灯；皇帝喜欢收罗天下奇珍，他就进贡新鲜的玩意，奇巧的宝物。他的情报网布满了京城的各部各府衙，甚至专门开辟了一条南昌通往京师的驿道，比官府的普通驿道要快上一倍。他将自己的奸细暗藏于南北直隶、山东一带进京沿途客栈和不起眼的地方，让他们扮作做小本生意的商人，专门接报来自京城的信息。连皇帝的起居饮食，也在他的掌控之中。

朱宸濠刚刚接过宁王权柄的时候，并没有想到要通过叛乱的手段夺取皇权。手里没有军队，想要夺取天下简直是异想天开。或许有一天，他突然想到了，成祖皇帝当年起兵夺取朱允炆的皇权，靠的就是燕王府的八百人马，而自己手里握有七千人马。

最先体察到朱宸濠有反叛之心的是宁王妃娄氏，女人的感觉向来很准。她的胸中一定储满了难以言表的伤感，梦里也一定出现过这样一幅景象：无数的伤口在同时流着血，喊杀声在这座城市里此起彼伏，空气中晃动着死亡的气息。

听人说，在一次酒宴途中，娄氏让歌女唱起《西厢记》里的哀伤曲目，劝谏朱宸濠。娄氏不是别人，她是娄谅的女儿，娄谅是我圣贤之路上的启蒙老师。二十年前，我登门问道时，曾经在娄府见过娄谅的这个女儿，一个优雅绝美的女子。娄妃先后为朱宸濠生下三个儿子，又因为娄谅的缘故，朱宸濠对娄妃一直敬重有加。

娄氏之所以让歌女唱这样一首凄婉的歌曲，她是在劝谏朱宸濠。这世上再多堆金积玉，再多嗔怨痴苦，到了最后还不是白茫茫大地真干净。此时的她，或许已经料到，她也将是那白茫茫大地真干净中的一分子。彼时，意气风发的朱宸濠还是听出了弦外之音，脸色愈发阴沉，却又不忍发作。这个看上去有着浓烈书卷气的王爷，不过是一个被欲望、自私和野蛮遮蔽了双眼的瞎子。自瞎而不自知，反倒视他人为瞎子。想到一个权力者目盲心迷至此，不由心生悲悯。为时，也为势，时势不济，将人推向如此地步。

娄妃的良苦用心，并没有换来朱宸濠的自我觉醒。不知从何时起，在帝国的斜阳荒草中出现了一个又一个寂然行走的女子。她们妖娆的身影，她们的眼泪和忧伤成为某个历史事件的一部分。

不知在那一刻，娄妃可否会想起她的父亲，那个对现实忧患有着清醒认识的鸿学大儒。想到娄谅，不禁又为这个命如飘萍的女子感到惋惜。命途不同，结局也就不同。为了劝阻宁王，娄妃还写过一首《早行诗》，其中隐含规劝：金鸡未报五更晓，宝马先嘶十里风。欲借三杯壮行色，酒家犹在梦魂中。

女人没有更大的野心，能够偏安一隅，活在现实的桨声灯影里，过着自己安稳的日子该有多好。可眼前这个男人，口口声声要干一番大事，把宁王府失去过的荣耀，再夺回来。那一刻，她觉得男人是这个世界最危险的动物，他们好像永远不知道满足。

既然劝不了朱宸濠，娄妃只好劝说自己的亲人将来不要参与叛乱，以免受到株连。尽管如此，她的弟弟后来还是跟着朱宸濠一起“走出南昌攻打南京”。在权力的诱惑面前，男人身上仅存的那点理性撑不过一个晚上。

朱宸濠坚定地认为自己已经做得足够好，除了收买朝廷官员，他还通过各种途径结交五湖四海的朋友，他希望通过这些民间人士去传播自己的美德。

他需要足够强大的威慑力，而这种威慑力的获得，不能只建立在空洞的口号和膨胀的野心之上。他需要军队，一支忠诚无比的敢死队。南昌郊区的百姓们最先感受到了这种威慑力的存在，他们在晨光熹微中听到兵器的撞击声，看到马蹄过处的烟尘。朱宸濠的军队由最初的七千人，很快扩充到了一万五千人，速度相当惊人。

## 26

就在朱宸濠蓄势待发之际，我来到了江西地界剿匪，这让生性多疑的王爷内心多了一份忌惮。听说他在与自己的谋士刘养正和李士实的交流中，不无担心地说，遇上王阳明这样的对手是一件头疼的事，但愿此人来江西只是剿匪，而不是盯着他。

在朱宸濠的一手安排之下，他的两大谋士刘养正和李士实登门向我讨教心学。明知他们醉翁之意不在酒，可我还是要故作姿态地应付。这是一次看似融洽却又略显尴尬的会面。从见到刘养正和李士实的第一眼起，我就断定，此二人绝非自己的同类，更不是来向自己讨教心学之道。虽然他们将心学捧得高高在上，又对我的平乱之事大加赞赏，但是话里话外透着虚于应付的不耐烦。

既然双方都没有诚意，无关痛痒的谈话难免会让人陷入尴尬的境地。几杯酒下肚后，李士实已经不需要再掩饰什么，而是将谈话内容直接切入他们此行的目的。在他眉飞色舞的叙述里，我很快就抓住了他们此行的重点。

李士实说："既然先生来到江西地界，就应该知晓我王是一个爱才惜才之人，他有商汤、周武的气度。我王听闻先生大名，先生以恢复圣学真谛为己任，我王感佩不已，是以命我等前来，一则为表敬意，二则是想投入先生门下，以求正学。"

李士实的话虽为虚浮之言，但也不乏真实的成分。在那些朱姓藩王中，朱宸濠的文学造诣应该能够排在前列。他算是半个文人，有着执拗且敏感的一面，同时又兼具皇族子弟的习性，显得无比冷酷、独断，甚至铁血。这种反差极大的性格，在本朝皇族子弟中体现得尤为明显。就像太祖皇帝，他对待农民有着温暖的情怀，而对待官员，又变成了一块坚硬冰冷的石头。

朱宸濠的两位谋士将他们的主公比作商汤、周武，这让我感到万分好笑，也为他们感到悲哀。我笑着敷衍道："我的学生都是些愚钝未开之人，虽然也有官员，可都是位卑言轻的闲散之人。难道宁王愿意舍去王爵，来赣州做我的学生？这个玩笑开大了。"

李士实见我不为所动，只是虚于应付，言道："宁王舍弃王爵如同丢弃一双破鞋，他舍弃王爵不是他个人的损失，而是天下人的损失。当今天子就像是一个顽劣不知归途的孩子，政务荒废，百姓生活在不见天日的黑暗之中。"

如此大逆不道的话都能说出口，有些出乎我的意料。而这也进一步证实了我一直以来的担忧：宁王造反是早晚的事。他说："难道这个世界，就真的没有汤武吗？"言下之意，朱厚照是昏君桀纣，而朱宸濠则是商汤周武。

我说："就算这个世界有汤武，也需要有伊吕（伊尹、姜子牙）来辅佐。"

李士实接过话茬："有汤武就有伊吕！"言下之意，宁王是汤武，他们是辅佐明君的伊吕。

我说："有伊吕还怕没有伯夷、叔齐吗？"正因为有了他们这些叛逆之臣，才会有我这样的护国之臣。

刘养正插话道："伯夷和叔齐最后都饿死了，下场很是凄凉。"

我摇头道："就算他们离开了这个世界，可他们的忠诚之心依然光耀千秋。我们每个人心中都有一份良知，而这份良知又会得出一个真理。人虽然死了，但是良知还在世间流传。"

二人见我态度如此坚决，便起身告辞，也就在这时，我突然做出了一个重要决定，也是让我余生追悔莫及的一件事：我居然让自己的得意弟子冀元亨随行前往，去南昌为朱宸濠讲学。

很多事情是因为结果出来之后，我们再去回溯事情的合理性。但就当时的情形而言，我也只能这么做，不然我就不是王阳明。在我的认识里，朱宸濠并不是混沌未明之人，不但不混沌，而且还算是一个有智慧的人。这样的人，应该有挽救的余地。我派冀元亨进入南昌城，就是要扭转时局，挽救人心。我以为，既然良知是人心的本来面目，我何不为朱宸濠去除心之蔽，让心重返它的本体。

我将冀元亨送去虎口拔牙，是因为我坚信，就算满世界都在议论朱宸濠备战已久，肯定要造反，但在结果尚未出来之前，即便只有百分之一的希望，也要百分之百的努力。事上磨，磨的就是这份不可能的可能。

我只想着事上磨，却回避了事已不可为。不可为之事，将冀元亨陷于万劫不复之地。

冀元亨进入南昌后，才发现局势远比他想象得复杂得多。他故意四处游荡、吃喝玩乐，表现出一副毫不在乎的样子。朱宸濠对他的身份产生了怀疑：这样一个无赖之徒，怎会是王阳明的弟子。

朱宸濠无法理解，我送这样一个混吃等死的人到他身边，究竟意欲何为？这个看似装痴卖傻的冀元亨到底是一个什么样的人？朱宸濠决定亲自试探一番，这一日，他翻出一本张载的《西铭》，然后找来冀元亨为他讲解。

冀元亨认为像朱宸濠这样一个整天想着要造反的王爷，在皇族也算是奇葩一枝。说到底，还是因为这个人的思想有问题，需要被重新改造，而这也是我派他前往的真正目的。

面对朱宸濠虚虚实实的问话，冀元亨从心学的基础要义开始谈起，也就是我重新诠释的“格物致知”。一直以来，朱宸濠所信奉的是朱熹的“存天理，灭人欲”。他认为将来赢得天下并不是内心欲望的膨胀，而是天理的驱使。当他听了冀元亨所阐释的心学理论，内心还是颇不宁静的，让他既感到新鲜，又感到无法驾驭这种东西。

朱宸濠咄咄逼人地问道：“我很好奇，王阳明怎么看待成祖皇帝得来的皇位，如果说建文帝是太祖皇帝指定的合法继承人，那么当今圣上的皇位就是从一个叛臣手里得来的。谁能告诉我，这些迷途书生一天到晚歌功颂德的皇帝究竟是怎样一个人。他是因为先有了良知，才有今天的地位吗？”

冀元亨反驳道：“君君臣臣，身为臣子绝不能妄议君王，更不能叛国逆君……”

朱宸濠不待冀元亨把话说完，插话道：“谁天生是君，谁又天生是臣。桀纣是君，汤武是臣，可汤武不是取而代之了吗？”

朱宸濠想要尽快结束这样一场对话，说：“汤武取而代之，是因为桀纣昏庸无道。孟子说过，汤武杀的不是君，而是独夫民贼。换言之，汤武所作所为也是为良知所驱使的。”

冀元亨虽然留在南昌城，但是他想要通过说服教育来平灭这场迟早要到来的叛乱，显然是不可能的。经过这么一试探，宁王对他已怀有戒心，只要他走出宁王府半步，就会有宁王派出的家臣寸步不离地跟着他。

既然劝喻无效，冀元亨只有选择离开南昌城。

冀元亨将他此行的所见所闻一一告知于我。他说，南昌城都是操练的士兵和忙于调度的将领，造反是肯定的，就看朱宸濠选择怎样的一个时机。在没有得到朝廷指令的情况下，我也不能擅自采取行动。虽然在我看来，这位皇室子弟将自己定位于叛逆的行列之中，诸多因缘与生死，从他生出妄念之日便已了结。

正德十四年（1519）六月十三日，朱宸濠的生日，朱宸濠为自己准备了盛大的生日宴会。就在这次生日宴会上，朱宸濠假借太后懿旨，举起了他预谋已久的那面反叛大旗。他把南昌城里自巡抚以下的大小官员都请到府邸。当官员们发现这是一个鸿门宴时，全副武装的士兵已将他们团团围住。

权力场上，每个人都是赌徒，抱着侥幸的心理投入其中。而历史从来都是成王败寇者的死亡游戏，谁又能保证朱宸濠不能成为下一个朱棣？至少在这一刻，朱宸濠是以胜利者的姿态端坐于那张所谓的“龙椅”之上。他向赴宴而来的各路官员问话：“汝等可知大义？”

沉默，透着死亡来临前的肃穆。就在此时，一声沉闷的断喝打破了宁静：“我等不知。”

说话之人是江西巡抚孙燧，我的同乡，也是要好的朋友。他巡抚江西和我巡抚南赣的时间大致相同，但命运却天差地别。孙燧赴任江西抱着必死的决心前往，他的两位前任都死得不明不白。他们有一个共同点，那就是在任期间，不愿意和朱宸濠合作。当朝廷派他前往江西时，他好像已经预料到自己的命运。临行之际，他对妻儿说："此去生死未卜，你们就不要随我前往了。"

孙燧选择在这时候挺身而出，完全是不要命的短兵相接。他质问朱宸濠：既然太后有旨，请拿出来，让我等也开一开眼。

朱宸濠一声召唤，从帷幕两旁冲出一群执刀士兵。朱宸濠已经不需要再掩饰什么，他将手中的刀高高地举过头顶，发出一阵嘶吼般的狂笑："当今圣上钦点又如何？造他娘的反又如何？京城里那个顽劣之徒，根本没有资格成为我大明之主。你们这帮愚钝、不知死活的小人，我今日就用你们的血来祭我的旗。"

现场的人都持观望的态度，他们都在等着大河决堤的那一刻。他们需要在刀剑之下做出自己的选择，没有任何进退的余地。庭阶上反对者的血迹还未完全擦干净，空气中弥漫着血腥之气，面对生死抉择，他们不得不在反状上留下自己的名和姓。

正德十四年（1519）是极不平常的一年，一次次异常的天象好似在向人间发出警示：先是云南地区接连发生四五次地震；暴风雨来临前的一道闪电，将皇宫正殿枭吻及太庙脊兽从高空击落，燃起的那把天火烧毁了禁门梁柱和天坛附近的一些树木；五星侵犯，地动山摇……宫墙内外谣言迭起，有人说，永乐帝（朱棣）起兵的那一年也是如此，更有官员私下议论，将上天降下的不祥之兆指向南昌城里的宁王。

身为兵部尚书的王琼早在两年前就预感到朱宸濠会有造反的一天，他也在暗暗布局。而我正是他所设的这场局中的一颗棋子，如何用好我这颗棋子，他一直在考虑着。而我所能做的只是等待，棋子的命运往往掌握在弈棋人的手里。

正德十四年（1519）六月初九，我从赣州启程后，并没有急火流星地奔瑞金过福建，而是绕道丰城，直奔广信。面对祖母的离世，我决定暂时放下手头的事务，返乡奔丧。

母亲去世后，我是由祖父和祖母一手带大，与他们有着很深的感情。无数个夜晚，我都会在梦境里回到余姚老家的那座老宅里，自从祖父去世后，就成了祖母一个人的宅院，显得空旷而寂寥。一榻一椅，一竹一木，总会让我想起儿时与他们在一起生活的场景。

我回家奔丧这件事，在外人看来是典型的渎职。其实这时候的我打着回家奔丧的旗号，还肩负着一个特殊的任务。之所以说特殊，是因为它是兵部尚书王琼直接交给我的。前往福州去调查一桩兵乱事件，可我并没有往福州方向赶，而是取道丰城。

就在我从赣州启程的第四天，朱宸濠就拉开了起兵造反的大幕。

如果我没有绕道而行，这时候，我应该人在福建的福州地界。但我刚走到丰城的地界，就有人来报告，宁王朱宸濠反了。虽然我早就有预感，但没想到，这一切来得如此之快。

那一夜，南风刮得一阵紧似一阵，船几乎无法前进。江水拍打船体的声音，让时间在这一刻变得黏稠无比。

我在舱中闭目打坐，内心却在暗暗向上天祈祷。如果上天能够眷顾苍生，那就准许自己摆脱眼下的困境，来一阵北风渡自己于南岸。其实我完全可以掉头而去，不去插手这件事。王琼下达给我的任务是调防福建，而不是平灭宁王的叛乱。

我若在接到宁王起兵的消息后置若罔闻，事不关己高高挂起，那么我就不是那个一天到晚用心学理论解释“良知”的王阳明。良知是什么？是悲天悯人的情怀，是用正义审判邪恶的法宝，代表着大多数人的利益。

南昌城里的朱宸濠已经龙袍加身，他将亲近的人逐个做了分封，尊李士实为太师，刘养正为国师，参政王伦为兵部尚书，江洋大盗吴十三、凌

十一、闵廿四等被授予都各种官衔。紧接着，朱宸濠又向各地散发讨伐武宗朱厚照的檄文，将年号正德改为顺德。

其实这场战争早就在我的想象里爆发了，只是没人知道而已。我所要做的，就是把战争从自己的想象世界搬到现实中来。不平灭朱宸濠，我的人生就不够完整。人至此境，虚妄之心化作漫天朝霞。当初驰骋塞外的少年，又回到我的身体里。热血回肠，胜过三坛猛药，我不由心疼自己。

## 27

正德十四年（1519）六月十五日。载着我的那条船终于抵达临江镇，望着近在咫尺的南昌城，我身体里流动的血液像沸水一样喧腾起来。命运之舟渡我于此，我将在这里开辟一个新的战场，准确地说，是我和朱宸濠两个人的战场。

在此之前，我们虽然有过隔山打牛式的交锋，但并没有碰撞出实质性的火花。而这一次，却是火星撞地球，一场痛快淋漓的刀锋游戏也就此拉开序幕。我没有想过自己会输，我为有可能出现在我生命中的每一场战争，都做好了准备。

我一生中最为紧张忙乱的四十天就这样拉开序幕。那个夏天，将注定是翻脸、拔刀和恨意难消的季节。朱宸濠所逆之人，是北京城里的皇帝。在此之前，我曾经有过平匪的经历，但是平匪和平乱是完全不同的军事行动。如果说，赣南平匪是让我练练手，那么南昌平乱则是火力全开的大考验。

平乱成功的关键是军队。虽然大明军队足以平灭手里只有几万人的宁王，但是各处的勤王部队短期内无法抵达南昌城下。整个江西省的行政系统陷入瘫痪状态，大部分官员已接受宁王的封赏，不是王就是侯。也就是说，我这时候并没有多少可供调遣的军队，而所能做的就是从赣南的各府县调集零散的地方驻军，东拼西凑了两万多人，有一半是临时招募的农民军。而此时，宁王朱宸濠有十万人马，这是一场力量悬殊的较量。

对于朱宸濠来说，有三种路径可供选择。选择上策，他可以带着自己的十万人马，直接奔袭北京，朱厚照和他的朝廷就会岌岌可危；选择中策，他可以突袭南京，大江南北也就此燃起战火，有可能会给大明朝造成划江而治的局面；选择下策，他可以盘踞南昌城，闭门不出。朱宸濠选的是下策，也是我最希望看到的。

不管朱宸濠有几种选择，而我只有一种选择：那就是将朱宸濠牢牢地困死于南昌城。如何让朱宸濠作茧自缚，困守原地，只有两个字——恐惧。朱宸濠的恐惧来自内心对于现实的返照，一直以来，他在江西地界横行无忌。起兵之时，很多人迫于淫威，才跟随他。这些人并不是真心实意地拥护他，只是源于内心对于死亡的恐惧，或者受到利益的驱使，而这些都是暂时性的。

冀元亨不解地问："怎样让朱宸濠陷入内心的恐惧，做出错误的判断？"

我说："我派你去南昌城有两个目的，一是说服朱宸濠放弃造反，二是刺探对方军情。如果能够利用反间之计，拖住朱宸濠进攻的脚步，将其死死地摁在南昌城，那么各地也就有时间做好迎战准备了。朱宸濠内心恐惧的是什么？恐惧的是朝廷各地平乱大军即将抵达南昌城下。你不是在南昌城里，收买了宁王府的两个仆人吗？"

我开始大造舆论，传檄四方，将朱宸濠的行为定性为逆天而动，逆天下人的良知而动。一个背离天理、逆天而动的人，只有死路一条。然后，我再以南赣巡抚的身份要求江西各地军政长官起兵勤王。我要将朱宸濠置于人民的对立面，将自己的讨逆之举定性为正义的力量。

紧接着，我开始启动自己的反间计划。这个计划分作两步实施，第一步，我伪造了一封由总督两广总制军务的都御史杨旦发出的紧急公文。公文的内容是：奉兵部尚书王琼的命令，率领大明十万精锐之师前往江西省府，沿途各府衙要备好粮草，支援平乱大军。

我将这封伪造的公文交给冀元亨，然后让他通过宁王府的仆人递交到朱宸濠的手中。为了迷惑并牵制朱宸濠，我又散布朝廷派出的大军将由丰城出击的虚假情报。

第二步，我还同时伪造了一封回复兵部的手抄文书。在这封文书中，我答复道：兵部给出的作战策略是先发制人，要求派出的各路兵马定下日期，从四面合围南昌城，而我认为，应该将朱宸濠放出城外，留出一条进军南京的通道，然后沿途设伏，攻其首尾，定能一举歼灭。

得到这封信的朱宸濠惶惶不可终日。战前，风声中，无论胜败，他都要亮明自己的态度。

在连续放出两颗烟幕弹后，我又升级了反间计划。先是派人将刘养正的妻女接到军中盛情款待，同时将这个消息散布到朱宸濠的耳中。我还派人接近李士实的家人，让他们传话给朱宸濠，我并不想与宁王为敌。

面对着白纸黑字的公文，朱宸濠半信半疑，先后派人对刘养正和李士实进行秘密监控。

朱宸濠的愤怒可想而知，本来已经准备好了，带着主力部队向南京方向推进，可现在，他实在不敢冒这个险。如果这些消息是真的，他这么做就是自寻死路。

转眼之间到了七月三日，朱宸濠起兵已经有半个月的时间。时间就是战机，可他的精锐部队仍然驻扎在南昌城内。不管谁劝说，朱宸濠都不理会，关起城门巩固城池，做死守到底的打算。

南昌城一如往昔般宁静，别说大兵围城，就连周边各省也没有军队调动的迹象。据说是因为预感到情况不妙，朱宸濠决定北上。临行前，他封自己的弟弟朱宸澅为九江王，命其率船百艘作为先锋官，准备沿长江往东，向着南京出发。出发前，他命娄妃准备上船。娄妃不明朱宸濠的意图，问其何往？

朱宸濠回答，太后有旨，着令各亲王往南京祭祖，我与你一同前往，不久便回。娄妃虽然半信半疑，但还是跟着朱宸濠上路了。船队开拔之时，天空突然滚过阵阵响雷，一道闪电劈过，端坐于船头上的先锋官倒地而亡。

李士实近前说道：“天降不祥，王爷不可逆天而为。”

朱宸濠怒而杀之，愤然道：“天道难测，不足虑也。再敢多言，似同此贼。”

朱宸濠命人取来酒水，捧起大碗，往肚子里灌酒，一口一口喝下去的，好像不是酒，而是勇气，十倍百倍的勇气。等到酒醒之后，他就要和过去告别，义无反顾地往前奔。

他喝得酣畅淋漓，后来，他向我说起他那天做了一个奇怪的梦，像是死亡来临前的回光返照。在梦里，他走进一座类似于八阵图的迷宫，迷宫是由一面面铜镜摆放而成。每走一步，镜子也会跟着移动；每走一步，他的容貌就改变一次。镜子里的他瞬间苍老，发白如雪。那一刻，他梦里的天空悬挂着一颗暗红色的落日，像是一颗饱满的即将坠落的头颅。

他惊醒过来，还专门找来方士解梦。他找来的是一个毫无职业操守的方士，这家伙说了一句不负责任的话：“王爷贵为亲王，而梦见白头，上白下王不就是一个‘皇’字吗？王爷此次出兵，必能得皇位而归。”

朱宸濠的军队沿江北上，势如破竹，兵锋直指安庆。与朱宸濠的军队相比，安庆城的守军只有数千人，加上预备役也不到一万人，但是战斗力丝毫不弱于对手。守城的将领就像是一个个守财奴，守护着自己的财富与名器，让朱宸濠的军队在安庆城下动弹不得。

我听说，一日，朱宸濠乘坐旗船，停泊于黄石矶，亲自督战。

朱宸濠问艄公：“此地何名？”

艄公回答：“黄石矶。”

黄石矶与“王失机”听上去接近，这分明在暗示，宁王失去机会啊！

朱宸濠觉得出门打仗讨了个晦气，拔剑斩杀了艄公，又对部下说道："一个安庆尚且不能克，还指望你们夺下金陵吗？"说完，亲自动手搬运土石以填沟壕。安庆城固若金汤，守城军卒虽不多，但城中军民都被动员起来，全民皆兵。叛军在安庆城下，一点便宜也没有讨着。

叛军搬来高过城墙的云梯，城中守军则筑起数十座高楼，居高临下，或射箭，或投石，或火攻，甚至将烧开的沸水从城头泼下。攻得越紧，守得越紧，叛军死伤无计。就在叛军主力与安庆守军缠斗时，我也在全力备战。如果说，半个月前我最怕的是宁王出兵攻打安庆，而现在听说叛军进攻安庆，我却高兴不已。在此之前，我放出的各种消息，已经让南昌城中的叛军如惊弓之鸟。只要我率军攻下南昌，朱宸濠必会折回来救南昌，如此一来，安庆之围自解。

我将手中的三万兵马分作十二队，在清晨薄雾的掩护之下，十二支队伍犹如离弦之箭射向南昌这个靶心。发起总攻的前两天，我发出告示，声明攻击的目标针对的是叛乱主谋宁王朱宸濠，目的是解救城里受苦受难的百姓。总攻之日，王族相关者闭门莫出，一般老百姓则与平日一样生活，士兵缴械归顺，并敦促具有身份地位之人投诚自首。

攻城，先攻心，这是我一贯的做法。安抚民心，为的是防止城中军民在别无选择的情况下，像安庆城里的军民一样，人人拿起武器走上城楼。战场，怕的不是血肉之躯，怕的是信仰和灵魂的刀，是不死的神祇、不倒的旗帜。而我要做的，就是要将军民与宁王剥离，尤其不让他们将自己的命运绑在宁王的这架战车上。

七月十八日，我收到谍报，朱宸濠在南昌城外的新旧坟场设下伏兵。于是，我派出小股部队展开夜袭，伏兵死伤众多。我故意放走数十个俘虏，让他们转告城中守将，朝廷派出的十万援军已兵临城下。要打开城门，先要摇晃守城者的心思。心思摇晃，城也就跟着摇晃。

镇守南昌的宜春王朱栱樤是没有打过仗的小王爷，更没有见过大场面。

他是宁王朱宸濠的侄子，被封在宜春。虽然有年轻的资本，但终究是一个四体不勤的藩王。朱宸濠带兵去打安庆，却将自己的根据地交到朱栱樤的手里。

朱宸濠想不到我会攻打南昌城，他或许以为，我一定会去解安庆之围。此时最焦虑的不是朱宸濠，而是朱栱樤，他肯定认为自己被叔父扔在这里做了诱饵。现在猎物上钩了，可他那自认为聪明的叔父却没有出现。此时的我不会想到，这场战斗，很多年后仍然缭绕在这座城里，成为人们口口相传的故事，进入南昌人的记忆和血液。

朱栱樤并没有把心思用在打仗上，他也不知道该如何应对眼前的局面，只能被动地在这里等待。不就是做诱饵吗？能不能钓上来鱼，关键不在诱饵，而在于钓鱼的人。他以为留在南昌是一件容易的事，关上城门，待在宁王府，等着叔父得手安庆的消息。可左等右等，等来的不是朱宸濠的援军，而是朱宸濠设在城外的伏兵。那些捡回半条命的伏兵逃回城里，让城内守军的心理防线受到了严重的冲击。与此同时，我安插在城内的探子开始四处散播消息——朝廷十万大军已到吉安，不日要攻南昌。

南昌城是帝国南部一座坚固的军事要塞，朱宸濠在此处经营数年。城头架设着杀伤力极强的火炮、石弩以及布满钉子的滚木。我带领的三万人马，半数以上是没有经过专业训练的杂牌军。如果朱栱樤是一员悍将，他完全可以守住城池，重创我军。

现实是残酷的，朱栱樤用行动证明了他非但不是一员悍将，甚至连合格都算不上。

当朱栱樤登上南昌城头，眼前的一幕让他瘫坐在地。几百架云梯就像从地下突然长出来似的，训练有素的精兵健卒往城上攀爬。飞舞的钢刀追逐着奔跑的腿，凌乱的肢体摆出死亡前各种奇怪的造型。那一刻，我的军队对于朱栱樤来说成了一个恐怖的词汇。这支先头部队是我在南赣训练出来的特种兵。

先头部队以迅雷不及掩耳之势就攻下了广润门，主城门一失，其他各门也未作任何抵抗就打开了城门。

## 28

本以为铜墙铁壁的南昌城，在我面前轰然洞开。城门如同封闭的心门，心若封门，需万物助力。城若封门，万物即化作攻城者、刀斧手、云梯、撞门桩。既然是门，就没有封死的道理；无论是城门，还是心门。我一鼓作气攻下南昌，彻底挫败了朱宸濠的信心。这个没经过大场面考验的王爷惊慌失措，他果断地抛下即将攻克的安庆，不顾一切全军回援，来救南昌。军报传来时，我正和弟子在书房交流心学。

大战在即，我的内心陷入从未有过的平静之中，军务之暇与弟子讨论心学，也是知行合一的最佳体验。有弟子不解地问，在整个过程中，宁王都被我牵着鼻子走，我为什么每次都能做到先人一步？

我问他们，谁能告诉我兵法的真正要义？

弟子们议论纷纷，很多人搬出兵书战策中的奇谋巧招。我笑道："你们说的都没有错。但对于我来说只有八个字'此心不动，随机而动'。"

冀元亨接过话，道："先生曾经说过这几个字。在先生看来，真正的道就在我们每个人的心中，从未离开过。我们要从内心探求智慧，不要让外界事物使自己内心失去平静，导致慌乱、焦躁、胆怯、不自信，使自己内心智慧的能量发挥不出来，最终导致失败。万事万物都有它自己的特点，有它不同于别的事情的规律。不能一成不变地对付所有事情，要从实际中寻找具体事物的特点，而且万事万物都在变化过程中，每一时刻所表现的特点都不同，要寻找和利用对自己有利的某一时机。"

陆澄补充道："先生，我们的心经常处于'妄动'状态，一个个念头犹如惊雷滚过，让人不得安宁。绝大多数人对自己的'妄动'没有觉察能力，当他们被这些念头控制时，就会处于程度不同的失控状态。”

我笑了，很显然，我满意弟子们的精彩辩论。有些时候，辩论无用；有些时候，不辩不明。这个世上曾经有一场最精彩的辩论，那就是庄子与惠子在濠梁之上的那场辩论。子非鱼，安知我知鱼之乐。人心隔肚皮，你如何知道鱼之乐；你又不是我，怎么知道我不知鱼之乐。两个杠精，看着在辩，实则都在顾左右而言他。我告诉他们，很多时候，我们以为自己是随着内心的某种想法而付诸行动，但其实我们是被失控的情绪所左右的，而我们行动也是‘盲人骑瞎马，夜半临深池’。

正在这时，探子来报，叛军从安庆撤回，直奔南昌而来。

我先是一愣，继而仰天大笑：“我们这位王爷将来要败，也是败在‘此心不动，随机而动’这八个字上。他犯了很多战略和战术上的错误。而作为对手，如果我的心也跟着‘妄动’，那么我也就成了犯错误最多的人，只有挨打的份。”

朱宸濠放弃安庆全军回援，对我来说，没有比这更好的消息。虽然朱宸濠回援的速度超出了我的想象，但是对于一支往返折腾的军队来说，它的力量和强度不足为惧。

朱宸濠的回撤，确保了南京城的无忧，确保了江南数省乃至大明朝半壁江山的无忧。如今只有一个地方最危险，那就是我所在的这座南昌城。如果出城迎战，这支临时凑起来的军队能支撑多久也是未知数。

正德十四年（1519）七月二十三日，朱宸濠的先头部队经由长江进入鄱阳湖，船帆遮天蔽日，绵延数十里。叛军破浪而来，擂响的战鼓透着逼人的气势。我挥动令旗，第一路和第二路人马领着九百人就杀了出来。

在安庆没捞到军功的士兵像是患上了饥饿症，他们准备在鄱阳湖上饱餐一顿。为争抢军功，他们忘记了战法战阵，个个奋勇，人人向前，结果导致部队前后脱节。我见时机成熟，又派出第三路人马，而佯作逃离的前两路人马也折返而回，冲入敌阵。叛军不知道四面八方埋伏着多少人马，顿时惊慌失措，大败而逃。

朱宸濠的前路已经越走越窄了，安庆拿不下来，南昌又丢了，鄱阳湖上也接连大败，别说夺取天下，就连全面占领江西都成了一种奢望。那些怀揣着升官发财梦想，跟着他一起造反的人，心也变得越来越凉，他们不得不为自己的前途做打算。有人趁着夜色逃离军营，有人将军事情报偷偷传出去。

朱宸濠将几十万两白花花的银子赏给士卒，对于那些作战勇猛的敢死之士，更是给予十倍的重赏。当我收到消息，虽然觉得朱宸濠这一做法幼稚可笑，但内心觉得很是悲凉。

人性固然有贪婪的一面，但在生死面前，财富又算得了什么？虽然说人为财死鸟为食亡，但多数时候，大部分人还是会选择前者。没有前者，后者就会失去生存的载体，就会空空如也。

朱宸濠刚开始就败了，不是败在我的谋略与武力面前，而是败在“人心”二字上。不要说他身边还有两大谋士李士实、刘养正，就是换作我在他身边，也难逃失败的定局。之所以没人可以挽救他的命运，是因为没有人可以拯救他的良知。

七月二十六日清晨，鄱阳湖一如往日般平静。随着太阳慢慢升起，一排排的战船从幽暗的湖面露出真面目，就连船上的士兵的面孔也变得清晰起来。他们像是没有生命的稻草人，只是为了营造战争的气氛。他们中的很多人会在即将到来的某一个时刻彻底消失，就像他们从来不曾来过这个世界，因为没有人会记得他们的名字。

我放下手里的书，揉了揉眼睛，缓步走到船头望向八字脑的方向。我知道，与朱宸濠最后对决的时刻到了。昨夜收到军报，朱宸濠将所有战舰用铁索连成一体。军事教科书般惨败的案例，他都能欣然采纳。既然他能连舟，我也只能用火攻，不然就辜负了他的一番美意。

我下令，将阵型变换为“以小拖大”，也就是将小舟、快艇放在队伍的最前面，然后在上面堆满易燃之物。大的战舰与小舟保持一段距离，跟随其后。一声炮响划破了黎明前的黑暗，伍文定驾着装满干柴等易燃物的小舟冲向叛军的方阵。

朱宸濠叫苦不迭，庞大的船体被铁索死死地扣住，根本无法做出应变。庞大舰队在火光中显得更加惨烈壮观，领了赏金的士卒也无心恋战，他们恨不得天地之间开一条裂缝，可以就此遁去。

随着朱宸濠的被俘，他的文武百官和王室宗族数百人也全部做了我的俘虏。

朱宸濠说他愿意放弃一切，做一个普通的农夫。他悔不该当初没有听从娄妃的劝告，才落得今日下场。娄妃已投水而死，朱宸濠让我看在他岳父娄谅的面子上，好好地安葬娄妃。

娄妃的尸体被打捞上来，我命人用王妃的规格将她葬于南昌城外。

冀元亨说，厚葬可以，按照王妃的规格不可，宁王朱宸濠毕竟是反王，会生出事端。

我告诉他，天之所以为天，地之所以为地，是因为天地之间仍激荡着一股浩然正气，人心也是如此，都是由良知在支撑。宁王妃并没有过错，只是她身为宁王的结发之人，这场大祸将其裹挟其中，她又怎能安然避祸。如今她已命丧黄泉，难道天地之大，还容不下一个柔弱的妇人吗？

战后的鄱阳湖就像是刚刚经历了一场彻夜狂欢的派对，被鲜血染红的湖面上一片狼藉。水面上漂浮着烧焦的船板、折断的桅杆和残缺不全的尸体。置身于现场，就如同置身于死亡降临前的最后一个黎明，弥漫于空气里的硝烟味与血腥味，让这世上最善良的灵魂也会生长出罪恶之感。

荒草之上，苍天之下，葬身于此的人，身世消散，名姓皆无。一将功成，换来的万骨枯，让人倍感凄怆。我是行恶者，还是那个拯救世道的人？我避不开，唯有去迎去接去磨。有人说我王阳明，一边向良知行忏悔之礼，一边向现实行杀戮之道。心学不足学，人不足信。

我用了四十三天就将一场足以颠覆王朝统治的叛乱平定了，四十三天还不够鱼儿游过长江，还不够夏日的风吹过故乡的天空。在时人看来，坐而论道的我创造了本朝军事史上的一个奇迹，为心学所提倡的“事上磨”又增添了一项丰富的内容。

有弟子问我，为什么我能够用兵如神，其中有没有什么技巧？

我告诉他：“并没有什么技巧，我只是一心做学问。”

弟子不解，继续问道：“做学问与带兵打仗是两码事，有的人学富五车，上了战场却是两眼一抹黑，输得底朝天。”

我说：“那说明他的学问还远远不够。真正的学问不是掉书袋，而是用学问来养心。养到什么程度呢？要养的此心不动。如果你非要说带兵打仗有什么技巧，此心不动是唯一的技巧。在这个世界上，没有真正的傻子，人的智慧都是差不多的。之所以有人胜出，有人失败，区别就在于此心动与不动。”

我接着说：“我刚开始与朱宸濠对战时，处于明显的劣势。我发布火攻的命令时，接收命令的人毫无反应。我说了四次，一次比一次声音大，一次比一次用力，才将他从混沌的状态里拖出来。人有没有学问，只有临大事才能知晓。平日看不出来，一临大事就手忙脚乱，说明学问不到位。智慧这种东西，不是天生的，也不是天上掉下来的，而是平时学问纯笃的功劳。”

弟子惊喜道：“如果能够做到不动心，是不是就可以像先生这样投身沙场，成就功名。”

我说：“不动心岂是随随便便就能实现的，一个人必须要在平时有克制能力，在良知上用功。将自己锻造成一个泰山崩于前而面不改色的人；麋鹿在眼前跳跃，而目不转睛的人，这才是不动心。”

弟子又问道：如果在平时能够做到不动心，上了战场能否像先生这样战无不胜。

我说：“你千万不要这么认为。战场上瞬息万变，动辄血流成河，这是关系到千万人性命的大事，必须要去经历。在战场上历练是一件残酷的事，我并不愿意参与进来，但是无法回避。面对一个病入膏肓之人，用温和的诊疗手段已经丝毫不起作用。在这种情况下，我只能选择走向战场。但是有一点必须强调，一个人身体可以走向战场，但内心一定要留在原地，妄动不得。或许很多年，我会对今日的自己而心生愧疚。”

所有的人将注意的焦点都放在了事功的层面上，都看到了我又一次创造的奇功伟业。如果此时的我开口闭口都不谈驭人之术、带兵之道，那么在世人看来，这个人未免太过虚伪。可又有几人能够明白我到底想要什么？我所说的良知又意味着什么？内心的自由与行动的自由又是怎样的关系？

所有的人都在想尽一切办法与这个世界发生联系，以为这样做就可以让自己逃避内心深处最恐惧的一件事，那便是孤独。学问之道，在于心，不在道。我的精力是在学问上，而不是战场，但我所承载的社会责任又将我逼向战场。

当我们生存的价值不必建立在现实的成就基础之上时，当我们不必受到权力和金钱的操控时，当我们的良知与理想不是出于满足任何人的期望时，圣人的光辉才会充满我们的良知。让每个人光复良知成为圣人，是我最喜欢做的事。

朱宸濠已经被押在囚笼，准备押解进京。可我隐隐觉得战场并没有随着朱宸濠的被俘而消失。正德十四年（1519）七月三十日，我接连上了两封奏折：一是上奏朝廷南昌城已克复，二是朱宸濠已被活捉。

在朝堂上，皇帝身边的亲信张忠突发灵感，怂恿皇帝御驾亲征。

朱厚照当年出关御驾亲征，就曾遭到百余名官员泣血死谏，许多人因此遭到廷杖之刑。时过境迁，不知朱厚照想到那一幕，内心会否掠过一丝不安与惭愧。遗憾的是，人的良知不会因为一瞬间的情绪波动而走向光明。我们的皇帝朱厚照在这个世界上扮演了一个可怜的角色，虽然拥有至高无上的权力，但却被身边人堵住了耳朵，捂上了眼睛。他听不见官员们发出的声音，他看不见官员们递上去的奏章。时日已久，他心里的那面镜子落满灰尘，很难有人为他擦拭。正因为如此，他内心的良知就会成为稍纵即逝的闪念，连他自己都抓不住。

一个人如果不能做到“不动心”，他就没有办法在战场上取得胜利。他的心时时被物欲牵引，做不到心如明镜。为了不让当年那一幕重现，朱厚照决定先摆平那些喜欢没事指手画脚的文官。他找到内阁首辅杨廷和，希望能够得到他的支持。作为文官的带头人，只要杨廷和没有意见，其他人也说不出什么。

朱厚照下了一道诏书：“朱宸濠悖逆天道，谋为不法，即令总督军务威武大将军镇国公朱寿统各镇兵征剿，命安边伯徐泰为威武副将军，率师为先锋。”

这道圣旨犹如一块投入水中的巨石，在文官的内心再度掀起波澜。朱寿者，朱厚照化名也。马踏河山，杀人无算，朱厚照是个有豹子心的男人，他执迷于战场。在他看来，不带吴钩的男人，算不得男人；不收取关山五十州的男人，算不得男人。他太喜欢丛林法则那一套东西，狼虫虎豹，刀劈斧锯，战乱流离中的诸多凌厉之声都让他感觉到兴奋。当听说他要顶着朱寿的名字，御驾亲征，官员们又一次跑到宫门外号啕大哭。

虽然朱厚照不会听他们的劝阻，但他们还是会去做，就算屁股被打得烂如桃花也要去做。如若不然，他们心中坚守的人臣之道会无处安放。这就像是一场双方商量好的游戏，臣子们尽自己的责任，皇帝会将他们尽责任的所有奏章留中不发。

这套君臣游戏已经玩了许多年，将一个本就步履蹒跚的老大帝国都快玩散架了。只要朱厚照还坐在那张龙椅上，这种略带滑稽又有些无奈的游戏还要继续玩下去。而这一次文官同样被打了屁股，并责其在丹樨之下罚跪五日。

金吾卫指挥使张英激愤难当，光着膀子腋下夹着两大袋土拦路哭谏，最后发展到拔刀自刎，血溅当场，场面极其惨烈。侍卫见张英还留有一口气，叱问他挟两大袋土想干什么，张英道："怕我的血脏了皇廷的地，以土掩血。"说完，就死了。历史叙事者口中的逆臣贼子各有不同，坏也坏得不同。反倒是那些忠臣烈士，倒像是一个模子里刻出来的，一样的表情，一样的语气，像是拿了同一剧本。刑场如同谢幕的舞台，在走上去前，他们就知道，接下来要做的就是，要将最后的死亡仪式化。他们所希望的，想以自己的死，去唤醒某个人，或某些人。

正德十四年（1519）八月二十二日，自封为"奉天征讨威武大将军镇国公"的朱厚照终于挣脱那些好事官员的羁绊，穿上那套为自己量身打造的黄金铠甲，乘坐六匹马拉的豪华战车，在数万京军的簇拥下上路了。

江山辽阔，却是兴亡之事。当我听说朱厚照正在赶往与我抢功的路上，我突然笑了，笑得控制不住自己。我想到小时候，为了抢一件心爱的玩具，我和小伙伴大打出手。那一次，我的眼睛被揍得青紫，鼻子也歪了，就连那件玩具也被踩得稀巴烂。朱宸濠已被我拿获，可他从来就不是我想要的玩具。我忧愁的是，我们的皇帝太不让人省心。他怎么就不算一算这笔账，御驾亲征一趟，会耗费多少民力，花去多少库银，给他的人民带去多少不安。就拿我所在的江西省来说，从三月份起，天上一滴雨都没落下来过。如今南昌城虽然收复，可城里的十余万百姓都在伸手向我要赈米，这还不包括三万平乱大军的军粮。

为人臣子，不能对此坐视不理，我接连从江西发出两份奏报阻止皇帝的疯狂行为。在奏报里，我如实说道："我知道，陛下听闻宁王造反，必然会御驾亲征。宁王曾经训练了一批刺客潜伏于北京通往江西的路上，这批人的主要任务就是刺杀您。您这时候出现是极其危险的。"

刺客在途，刀剑破空，这样的话非但没有阻止皇帝的脚步，反而激起了他莫名的斗志。听说，朱厚照接过奏报，刚看上两眼，就愤怒地将其掷于地上。

皇帝本来就是一个听不进去别人话、任性胡闹的孩子。这么多年过去，他依然没有长大。既然他已走出紫禁城，想要让他回转已不可能。又加上他身边围绕着许泰、江彬、张忠这帮只负责让皇帝开心的人，根本不为军国大事计。他们甚至还给皇帝出了一个愚蠢的主意：扣下我的奏章，不让北京那帮动不动就寻死觅活的大臣们知道，同时派人用最快的速度赶往江西，阻止我将宁王押解回京，命我在鄱阳湖上放生宁王，由皇帝亲自领兵，来个二度活捉，然后由皇帝亲自押解回京。

当我听到这个消息的时候，感到既滑稽又失望。这就是我效力的王朝，这就是我效忠的帝王，这就是决定我命运的那帮高官。在宿命的丛林，你变成我，我变成你。这或许就是我的劫数，我在劫难逃。

我不敢再将朱宸濠留在南昌城，因为我不希望正德皇帝进入江西地界，我太了解这个有着鲜明个性的皇帝了。有人说，对于百姓来说，生活在有政治洁癖的帝王的时代是一件痛苦的事，而生活在一个没有英雄梦和诗人气质的帝王时代则是幸运的。而在我看来，对于官员来说，生活在一个荒诞不经的帝王时代就要干几件荒唐的事。

在我的努力下，朱厚照带来的这支军队没有进入江西，而是南下扬州。

若是我在鄱阳湖释放朱宸濠，或许又会让江西地界陷入一场战乱。经过一番思量，为了避免江西的百姓再受惊扰，我做出一个冒险的决定——抗旨。我将宁王和几十名最重要的钦犯装进囚车，沿江而下，准备走京杭运河，将宁王直接送到京师。

我心里很清楚，自己这么做将意味着什么？到了京城之后，自己将会和宁王一道被押入天牢。我是有功之臣，不至于被砍头。丢官是小事，只要能为一方百姓换来安定的生活。

我去看望被我关起来的朱宸濠，失去自由的他居然还能向我发出嘲讽的笑声。他笑我什么呢？笑我是他们朱家王朝体系里一个可有可无的小角色，还是笑我前途未卜的命运？可我又觉得他应该笑我，我也值得他笑，无论是讪笑、嘲笑、苦笑，总之，我领受了他送给我的这份笑。他笑得特别认真，就像发自内心的一样。不过我心里很清楚，那样的笑，一半是给我的，一半是他留给自己的。

每一次翻天覆地的动乱过后，尘埃落定，世界又恢复了原先的秩序，好像什么都不曾改变过。那些曾经投入其中，热血飞扬的生命个体，又各就各位，各安其命。我没想到，大捷之后的朱宸濠成了烫手的山芋。我率领船队沿赣江而下，直抵广信，当我押着俘获的宁王前脚刚离开南昌，索要俘虏的宦官就已经赶到。

他们以威武大将军的名义发出指令，让我必须在广信待命。那个威武大将军，正在赶来的路上，他要抢我的功劳，让他抢好了。不要说功劳，连我的命也是他的。天空之下，好久没有新的事物生成。心与道合，不过是流水浮云。我故作糊涂地说："我奉皇帝之命巡抚赣南，为什么要听威武大将军的？更何况朝廷重犯，必须要解往京城，这是我大明典制，谁也不得违反。"

宦官许泰、张忠阻挠我向皇帝献出宁王，或许是因为他们早就被宁王用巨额贿金收买了。如果宁王势如破竹，攻向北京城，他们就有可能成为内应。我决定试探一番，故意压低声音对两名宦官说："二位大人，王某人进南昌城后在宁王府搜到一箱子账本，里面记载着宁王在京城给什么人送钱，送了多少钱。那些名字，我都记得清清楚楚，好像也有二位。"

两位宦官脸色大变，他们慌乱无措地看着我。我接着说道："不过二位如果能够就此返回，我自会处理得妥妥当当。"

我的话，让两人又惊又喜，他们不敢在此多做停留。

我反对与人做斗争，但是人在这个世界上生存，并不是孤立的个体，所以斗争也在所难免。我们要掌握斗争的主动性，更要懂得斗争的技巧性。心中有恶念的人，他们的恶来自对利益的索取，因此也最怕丧失利益。抓住这一点，也就抓住了他们的软肋。与他们斗争其实很简单，就是要告诉他们，你这么做能得到什么，会失去什么。良知尚未尽失的恶人在捋清利益关系后，会做出自己的选择。

我接连两次让许泰、张忠等人在我面前碰壁，我知道，他们是不会轻易放过我的。

我在一首诗里感慨道："羽檄西来秋黯黯，关河北望夜苍苍。自嗟力尽螳螂臂，此日回天在庙堂。"虽然我已经竭尽所能，却也只能空叹自己的行为就像是螳臂当车一样无力，我不知道自己在这种混沌的官僚系统中还能坚持多久？是妥协，还是坚守？做选择的不是现实的考量，而是良知的抉择。

## 八、我的良知难求

忧谗避毁，事上磨

这些年来，我不停地奔走，从一个讲堂到另一个讲堂，从一个战场到另一个战场，每件事都拿有用和无用的尺子量上好几遍。世间路，哪有那么多有无之别，不过是我们的分别心在作祟。不知别人如何，我是很难找到一条直道，抵达彼岸。

## 29

在这场与时间赛跑的游戏当中，我输给了小人的良知。良知就是良知，何来小人良知，或君子良知？小人的良知本来就是一个伪命题，它成立的前提是小人也有内在的是非标准。在无计可施的情况下，张忠使出了最为阴毒的一招——栽赃。他和许泰开始在皇帝面前轮番诬陷我，说我与宁王之间有着不可告人的勾连关系。

人若失去道德底线，连鬼神都拿他没辙。平定宁王之乱的是我，通敌的也是我。人世间的一切罪恶，往往是以正义的名义畅通无阻。而这一切或许是这个时代强加在我身上的最真实的疼痛，人性的丑恶，就像这个王朝的政坛，让人感觉深不见底。

张忠说，王阳明起先与宁王准备联手起兵，因为形势发生了变化，他发现朱宸濠难以成事，于是袭取宁王掩盖自己的罪行。

许泰说，王阳明通敌有两大证据：一是孙燧还未巡抚江西时，陛下就江西巡抚的人选征求宁王意见，宁王当时说过“王守仁亦可”五个字；二是王阳明曾经派他的弟子冀元亨到宁王府，名为给宁王讲授心学，而事实上却是私通联合。王阳明还曾当面许诺，借三千兵马给宁王，后因合作的条件没有谈拢，王阳明发兵平灭宁王，是为了掩盖自己的罪行。

我想到了张忠等人会对我下手，但没想到他们会使出狠毒的手段。一个平乱的功臣，居然被诬陷为乱臣贼子，这世界何等荒诞不经。最让我无法忍受的，是他们居然将我的弟子冀元亨也拉下水。

可我并没因为内心的愤怒而陷入慌乱。对手的攻击越厉害，我就越要让自己的内心平静下来。心不动，良知的力量就会越强；心若动，则良知的阵脚必乱。我能够想象得到，那几个围绕在皇帝身边的小人用恶念来蒙蔽皇帝的良知。我的弟子遍及各个阶层，各行各业。可我多么希望，在这些弟子中间，能有一个叫朱厚照的。

其实有些时候，我还是挺欣赏朱厚照的，抛去他的身份不说，他就是一个真实而又任性的孩子，干了些真性情的恶作剧。但是披上皇帝的外衣，朱厚照就成了一个失败的皇帝。

我曾经无数次地想象，如果能给我一个为皇帝讲学的机会，我会说些什么。或许我会告诉朱厚照，君主统治这个世界，其实用不着武装到牙齿的国家机器，那样的话，只能彰显内心的虚弱。我要告诉他，“良知”才是最强大的武器。而这一切的起点，是回归内心。

我一路上不敢耽搁，出了草坪驿，进入大运河。正德皇帝正在山东济宁，我只要沿河上溯，用不了几天就能到皇帝面前交差。从正德十一年（1516）接任南赣巡抚到今天，已经过去整整三年时间，我手里的这趟差事总算要交了。江西百姓面临的一场大难，总算解除。时不待人，中年已过，许多事物变得易于确认。一旦确认，就变得容易接受。

就在我的船行至杭州大关码头，即将驶入京杭大运河时，岸上有人命我靠岸，原来是太监张永在此等候。太监也不全是行恶者，张永就是个例外。当年他与时任总制军务的杨一清联手除掉刘谨，让身处贵州蛮荒之地的我得以重返京城。从某种程度上说，张永也算是我的恩人。

因为我不愿意交出朱宸濠，激怒了张忠、许泰等人，他们在朱厚照面前不断造谣中伤我。太监张永极力为我辩护，并希望能够与我见上一面。

他率领两千士兵，以调查朱宸濠谋反为名，先行来到杭州府等候我。

张永让我将朱宸濠交给他，由他将朱宸濠带到皇上跟前，他会尽一切可能为我洗脱被诬陷的罪名。我没有其他更好的选择。

张永来见我，心里也是有顾虑的。毕竟我已经得罪了皇帝身边的群丑。他为我辩护，又单独来见我，也就此表明了立场。为官多年，我并没有和张永打过交道。对此人的了解仅限于他在十年前与杨一清联手除掉刘瑾。那场生死攸关的斗争就像是上帝遗落在时间深处的照妖镜，有人从中照见了邪恶，有人从中照见了良善，还有人从中照见了面目模糊。

正德十四年（1519）十一月，我将朱宸濠交给张永，但并没有返回南昌，而是到了西湖畔的净慈寺养病。冬日的西湖，虽不比夏日颜色，但也美得特别。天空高远，一种名唤灵鹫的飞鸟，振翅云霄。天竺石壁上留有昨夜雨水打湿的痕迹。水天一色，云起水穷，不远处的灵隐山上住着我的僧友，等着与我临风话月明。

这些年来，我不停地奔走，从一个讲堂到另一个讲堂，从一个战场到另一个战场，每件事都拿有用和无用的尺子量上好几遍。世间路，哪有那么多有无之别，不过是我们的分别心在作祟。不知别人如何，我是很难找到一条直道，抵达彼岸。人用这一生，这一身，难道只是为了一场虚名。我早就想好了，在这孤山脚下，支一茅屋，享受田园生活。

眼下，宸濠之乱已定，江西之境已安，可我们的皇帝却要御驾亲征，大举南巡。

我可以阻挡千军万马，却阻挡不了皇帝南巡的车辇。我虽然立下战功，攒下些虚名，到头来，自己却为思乡而痛苦。我羡慕陶渊明，可以种菊，可以悠然，可以见南山。彼时，正德皇帝南巡的队伍已经到了南京郊外。我本打算前往皇帝的驻地，当面劝阻朱厚照御驾亲征。当时解职家居的杨一清出于保护我的目的，阻止我前往皇帝的驻地。

张永押着囚车以最快的速度来到南京，他在献俘时，反复强调，宁王是王阳明主动交给他的，本来王阳明打算当面交给皇上，怎奈路上受了风寒，在杭州一病不起。幸亏有张永在旁为我周旋，不然我向谁去表明自己的忠诚。“何人真有回天力，诸老能无取日谋？”昔日，唐朝的张玄素谏阻唐太宗修筑洛阳宫，辅佐唐太宗的魏征曾说过“张公论事，有回天之力”，而当今的朝廷之中，谁能有这样的回天之力。本朝不幸，没有那样的老臣。若真的有，不知武宗能否改变心意？没人想，想了也没用。“百战归来一身病，可看时事更愁人。”我这立功待赏之人，既要养好一身病，又要防着小人背后暗算。罢了，罢了，不说这些了，且将愁绪放心头。想那张忠、许泰之流，心里也有诸多不满，他们说不出所以然，却能干得出来。听说，他们又向皇帝进言：杭州与南京咫尺之遥，而王阳明却无视皇上的存在，诈病不来。皇上可以试他一试，传旨让他来南京。如果他不敢来，说明心里一定有鬼。

心里有鬼，我心里的鬼是个什么鬼？是一轮明月，一缕烟火，还是山僧对我笑，长见说归山。想我王阳明本是一介儒生，世事使然，成了转战南北的将军。这帮围绕在皇帝身边的大鬼小鬼，他们一天到晚不琢磨人事。在他们的撺掇之下，正德皇帝颁下圣旨，让我前来谒见。张永派人将张忠、许泰的奸计告知我。弟子们纷纷劝阻我，不要以身涉险。我笑道：“我相信张公公的话，如果我不去，正好中了那帮得志小人的圈套。他们只是在试探我，如果我没有猜错的话，我就算去了，也见不着皇上，他们会在半路又将我打发回来的。”

我直奔南京而去。抵达上新河后，张忠、许泰等人害怕他们向武宗进谗之事被当面揭穿，阻碍我去谒见。当时，我半夜静坐，耳听得浪涛拍岸的声音，不由伤感道：“以一身蒙谤，死即死耳，如老亲何？”活到今日份上，却落得诽谤傍身，无处消解，死便死了，可是我还未在父亲的病床前尽孝。我又对身边的门人说：“此时若有一孔可以窃父而逃，吾亦终生长往不悔矣。”天地间若能裂开一道口子，让我带着父亲逃亡，我将义无反顾，终生不悔。我只好在杭州周边地区停停走走，将自己忧闷憋屈的心情放逐于大自然里。

此时我内心的情感交错复杂，既希望能够早日退隐，又怀有辅佐天子走上光明大道的理想。这不是我一个人的纠结，而是古往今来文人儒生的共通之处。无论是在朝，还是在隐，他们总不得安生。

虽然我被皇帝身边围绕的奸邪小人所陷害，但皇帝身边还有张永、杨一清这样能够理解我，并愿意向我伸出援手之人。在我走到京口时，杨一清拦住了我，让我不要去南京。我对杨一清还是充满敬意的，他邀请我走进他的待隐园，我们之间展开了一场愉快的对话。待隐，园如其名。此时虽是冬季，万物凋零，但仍可见山石楼台布局。在我看来，待隐，不只是休憩之园，更是园中之园。人在其间，只想大梦一场，梦他个时空颠倒。

我们的话题由这座待隐园展开，杨一清所说的隐，并非不肯入世的真隐，而是大隐隐于朝。就算一时半会遭到小人的算计，受到君王的冷落，也要随时做好准备，为国家挺身而出。这样的“大隐”，其实也是一种“儒隐”。

南宋以后，理学家求取事功的欲望大为削弱。虽然大部分人还是会选择从政，但是有很多人选择了山野、市井，投身于道。或许他们想的是，既然没有机会澄清天下，那就努力修炼自己，不能治国、平天下，至少能齐家，有多少机会就做多少事。

杨一清劝我最好不要去南京，因为皇帝的心思根本就不在我身上，也不在那几个小丑身上，而是在“玩乐”二字上。只要交出宁王，让他玩一场猫捉老鼠的游戏，他就满足了。

暮色苍茫，一只倦鸟越过灰色的云层，飞向就要沉下地平线的落日。江山社稷的发展轨迹或兴或衰，遵循着天地化合之道。对治理者来说，依形势治理，不能乱了秩序。古人说，一个时代的罡风不息，斯文不坠，一定是有英绝的领袖在维系着。我和杨一清在待隐园中相会，敞开彼此的心扉。诚如我在诗中所吟：

元日昏昏雾塞空，出门咫尺误西东。
人多失足投坑堑，我亦停车泣路穷。
欲斩蚩尤开白日，还排阊阖拜重瞳。
小臣漫有澄清志，安得扶摇万里风。

前路浓雾弥漫，出门咫尺，人就难辨西东。世上行路有多难，到处是陷阱，到处是埋人的坑。我虽有驱散云雾见青天的志向，怎奈妖魔当道，鬼怪阻挠。我与杨一清匆匆告别后，便在杭州边上的净慈寺住下。这两年经历的事太多，我的身心需要静静地调养。杭州乃吴越王钱氏建都之地，人文蕴藉，遍地风流。等到老去的那一天，就在西湖边求田问舍了却残生，这也是不错的选择。此间的山水、古刹，都是我所眷恋和喜欢的样子。

就在我享受着杭州城的美景时，听说许泰、张忠等人向武宗上奏：宁王余党不除，南昌将永无宁日，他们愿亲自带领军队前往南昌搜捕。得到许可后，他们率领北军约两万人，抢在我的前头到达了南昌。

江彬、张忠等人的目的很简单，就是想从朱宸濠之乱中捞点油水。得到许可后，江彬、张忠和许泰等人带着两万人的军队上路了。

张永见势头不对，赶紧向正德皇帝上奏：江西贼寇大都已降服，这一地区之所以能够安宁无事，是因为王阳明在此地治军还算有方。张忠和许泰虽然已经前往，但是他们并不了解江西的军情。请皇上命王阳明兼任巡抚江西，由杭州即日返回南昌。

皇帝在玩这件事上，格外有主张，但处理朝政却是随风倒的墙头草。听上去声大的在理，话多的在理，表情生动的在理。只要不扰了他玩耍的兴致，一切都好说。总之，谁说的都在理，又都不在理。比如，他立刻就同意了张永的这道奏疏。

当我接到诏书，紧赶慢赶回到南昌城时，那里已经成为一座混乱与暴力之城。江彬、张忠和许泰因我没有将朱宸濠交给他们，早就憋了一肚子气。他们挑动京军和地方军队对抗，双方剑拔弩张。搅乱人心要比抚平人心难得多，只要点火，然后浇油。南昌城的军民听说我回来，纷纷涌上街头，夹道欢迎。

地方军民对我越是拥护，就越让江彬、张忠和许泰等人感到愤怒。他们挑动两军对峙，想要掀起更大的事端，然后嫁祸于我。他们不如山匪，山匪杀人偿命，白刀子进，红刀子出。他们倒好，借刀杀人，杀人于无形，杀人还要得好卖乖。我不愤怒，也不报复，我只做我该做的。如果说这些日子里，我心里最放不下的事，就是这些从朱宸濠之乱中活下来的军民。面对江彬、张忠和许泰等人的挑衅，我仍以礼相待。

江彬问我：宁王富甲天下，攻下南昌城后，你将那些金银珠宝都弄到哪里去了？

我笑道："宁王的金银珠宝不是转移到京城了吗？难道你们不知？"

江彬、张忠和许泰等人一脸茫然地问道："什么时候转移到京城去的？我们怎么不知道？"

我说："早在宁王起兵之前，就已经分期分批将财宝运往京城，放在那些京师要人的家中保管。二位是皇上身边的红人，应该也有份。不过我听说，宁王当时是要把这些人都发展为自己的内应，潜伏于京城。"

江彬、张忠和许泰听完我这番话，脸色大变，拂袖而去。

在向江彬、张忠和许泰等人发出警示的同时，我还做了两件事。一是宣示主权。我向南昌城的军民和进入南昌城的北军表明，自己是皇帝钦点的江西巡抚。我召集江西各府衙官员到都察院开会，然后穿上朝服出现。二是笼络人心。我发布军令，北军兄弟想要什么，就给什么，谁也不准与他们发生正面冲突。

这一年冬至，南昌民间风俗这一日要祭祀祖宗和亡灵。战事刚过，城中又添不少新丧，一时哭声震野。我贴出告示，要南昌城的军民在祭祀自己先人的时候，不要忘记离家千里的京军兄弟，也要为他们的先人多烧几炷香，多传递一份哀思。就在京军因为祭祀先人感动得泪流满面时，我又让南昌城的百姓为京军赶制新的鞋袜，端上热气腾腾的茶饭。

张忠、许泰等人再也坐不住了，这样下去，他们带来的北方军人都要跑到我这边来了。他们一番合计，居然提出要与我比试射箭。我不由得笑了，这几个家伙真能想得出来。这是要将我逼往何处？这是要拿捏我的短处，借此羞辱我一番。人心狭隘至此，何谈其他。

我越是推辞，张忠、许泰等人越是步步紧逼。无理的挑衅，我可以不理。但面对着几个跳梁小丑，我倒想借此杀杀他们的锐气。不然，不知道他们还会使出什么招数。这一日，当我来到校军场，现场黑压压一大片，站的全是士兵，其中有南军，也有北军。张忠、许泰和刘翚等人早就安排好了这一切，他们就是想让我在这些士兵面前出丑，好挽回先前的颓势。他们意气风发的样子，像极了胜利者的狂妄姿态。他们让我先射第一箭，我无法拒绝，只好应道："某书生何敢与诸公较艺，诸公请先之。"

许泰倒也不客气："吾等先射一回，与老先生看，必要求老先生射一回赐教。"

三个人一同站到射箭场上，现场静得只剩下每个人的呼吸，所有人的眼睛都盯着校军场，盯着箭靶。许泰等三人先出场，三人每人三箭，总共射了九箭。气势足，但结果令人遗憾，除了许泰一箭射到箭靶的上方，张忠的一箭射到箭靶的边角，其余七箭全都脱靶。这样的操作，实在让人尴尬。尽管如此，他们给出的解释倒冠冕堂皇：我们几个自从追随圣驾，久不曾操弓执矢，身手便生疏了，还请老先生赐教。

我虽然看着都觉得脸上发烫，还是推却不从。三人苦苦逼迫，我只好让人取来弓箭。

我站在演武场上，凝心聚神，让自己静下来。然后搭弓引箭，嗖的一声，飞箭离弦。一箭幸中，二箭幸中，三箭又幸中，三箭都射中了靶心。

校军场上响起雷鸣般的掌声和呐喊声。我站立在校军场上，似梦非梦，似我非我，连我自己也不相信，我三射三中。

事后，我在给弟子讲学之时说道，用心拉弓，也是事上磨。要实现“用心拉弓”，就要让自己进入一种“无我”之境。只有做到“无我”，事物与“我”之间的对立就会消失，使得“物我一体”。

有弟子问，怎样才能做到“无我”，我明明存在，又怎能做到视而不见“我”？

我说：“要做到‘无我’，就需要做到‘无心’，一旦做到‘无心’，弓和我就会融为一体，不会由‘我’来拉弓，而是由弓来引弓，天下神技应该皆出于此。”

校军场比箭事件之后，我在军队中的威望更高了。京军蠢蠢欲动，他们纷纷向南昌士兵打听，如何加入他们的队伍。江彬、张忠和许泰不敢再这么待下去了，只好带着军队灰溜溜地离开南昌。我带着江西府衙的大小官员用隆重而热烈的方式欢送他们，可我知道，这几个小丑不会就此放过我。整天与这帮小人斗智斗勇，简直是在浪费自己的生命。我不屑于他们丑陋的做派，无耻的行径，可又不得不与他们打交道，这就是身在官僚系统而又不得不面对的官场生态。很多时候，我真的想跳出这个圈子，呼吸自由的空气。

## 30

正德十五年（1520）正月，明武宗朱厚照进入南京城。自正德十四年（1519）八月从北京出发，我们的皇帝陛下一路走一路游，足足走了四个多月，终于到达了此次南巡的终点。在这里，我也将遭遇人生中最大的危机。

当皇帝以胜利者的姿态踏入南京城时，他的义子、身边的宠臣江彬也被激动的情绪所笼罩。他激动的原因与正德皇帝截然不同。经过长期的筹划和准备，他的计划即将进入全面实施阶段，而实施的最佳地点，就是南京。当然在实施计划之前，他要先完成一件重要的事情，让我从这个世界上消失。

他联合张忠、许泰，在皇帝面前说我是朝廷的逆臣贼子，应召我进京（南京）接受审判。武宗将信将疑，便让许泰、张忠等人列举我企图谋反的证据，把我带到南京来。听说许泰等人在皇帝面前将胸脯拍得砰砰响，说："只须遣召之，他必不来。"

于是，武宗颁下诏令，让我即可动身前来谒见。在此之前，他们也曾发出伪诏，想将我召唤到行在所。这帮不长记性的家伙，难道就不能换个法子。我接到诏书，稍加揣摩，也就明白了他们又在故技重施。他们挟天子以令我，明知是诈，也不得不上路。

许泰、张忠等人害怕事情败露，在我抵达芜湖时发出伪诏，让我原地待命。

就在我犹豫之际，张永派来幕士顺天、检校钱秉直找到我，报知内情。我只好静观其变。张永将张忠等人在皇帝面前的谗言和奸计也告诉我。这帮反复无常的小人由着性子胡来，而皇帝也是全力配合。面对谗言和诽谤，我虽心坚如铁，但也无能为力。

我觉得自己不能任由他们摆布，虽然放弃了去南京，但是我并没有返回南昌。而是由水路，再次登临九华山。

九华山上，我每天在草庵中静坐。树欲静而风不止，我在静中思，静中想，可是有人对我放心不下，还是盯着我不放。据说，武宗还是派人打探我的动静。我感谢那个我不认识的人，他没有慑于许泰、张忠等人的淫威，而是如实地说出他所理解的我。他向武宗上奏："王守仁学道之人，若下诏召唤，必定前来。何谓企图谋反。"于是，武宗下令，让我回到南昌。

二月，又一个春天，春天意味着新的希望，否极泰来。在返回南昌的途中，我再次前往庐山南麓的开先寺。到达庐山后，我特地登临东林寺。据说，陶渊明与曾经隐居于此的慧远交往颇多。慧远与一帮僧人和儒生在此结社，成为白莲社，修习佛道。虽然也有人劝陶渊明一起入社，陶渊明说他嗜酒不入社，不然就破坏了佛道的戒律。

我登临了位于庐山五老峰的朱子学圣地白鹿洞。唐朝李渤曾在此读书，养一白鹿自娱，人称白鹿先生。因此地四山环合，俯视似洞，由此得名。到了宋朝，朱熹重修书院。制定《白鹿洞书院揭示》作为书院的学规和教育宗旨，所谓"父子有亲，君臣有义，夫妇有别，长幼有序，朋友有信。五教之目。尧、舜使契为司徒，敬敷五教，即此是也"。

五老峰隔山隔水隔着青天白云，寻常不易见。我想象着三百年前的一天，骑着一只神奇的白鹿来到这里。静水流深，晨雾浸湿岩中花树，水声潺潺静流，鸟语关关，在风中迂回飘荡。我见到了朱子，但那一刻，我们没有语言交流，沉默于天地，沉默于万物。悠悠万古心，默契可无辨。

随后，我又再度返回九华山。在弟子的陪同下冒着雨雾，重游无相寺，攀登各山峰。"九华之峰九十九，此语相传俗人口；俗人眼浅见皮肤，焉测其中之所有。我登华顶拂云雾，极目奇峰那有数？"当我得知九华山上有九十九座峰，不由大喜，可谓奇中之奇。李白不是诗题得好吗？遇到此山恐怕也只能应付了事。世人不是见过王维画的辋川吗？怎不见他来此作画。真正的大美之地，诗人也好，画师也罢，只能望景兴叹。

面对此山此景，我似有所悟。对于万物分化，宇宙本体，也有新的认识。于是，我写下那首自己也颇为满意的《书汪进之太极岩二首》，诗云：

一窍谁将混沌开，千年样子道州来。

须知太极元无极，始信心非明镜台。

始信心非明镜台，须知明镜亦尘埃。
人人有个圆圈在，莫向蒲团坐死灰。

在我看来，坐在蒲团上坐禅，耽于三昧，追求心如死灰的境界，人是无法进入无我之境的，也难以寻见此心。十九年前，我造访九华山时，问路的道者蔡蓬头。不由让人心生感慨，山寺从来十九秋，旧僧零落老比丘。昔年昔日，九华山浓雾锁峰，难以享受眼前的登仙之境。而今日，巍巍九华，云散雾开，让我饱览无遗。

我站在那里，身心凝住，沉醉于仙境的美好。外面风凉，弟子们劝我不要伤了身体。我望向天边，西沉的太阳放射出强烈的光芒。就像一个注定失败的勇士，在战场上做着最后一刻的搏杀，穷途末路却爆发出惊人的力气。

一直以来，我虽然执着于心学，但生性刚直，与围绕在皇帝身边的那些奸佞小人有着无法调和的矛盾，此时的我也不得不为日暮道远而心生感叹。精神是照亮人性的光，而世俗有时候又会给我们带来短暂的黑暗。虽然我们经常感叹命运不公，黑暗无穷，但没有了黑暗的映衬，我们也就看不见人性的那束光。

有弟子说，如果我们用周敦颐的良知来分析混沌未开的事物，最终也无法得其本体。

我告诉他，周敦颐将生成万物的宇宙本体说成是“无极而太极”，而他认为《易经》中提到的太极才是无极，是抽象的实在。有实在处，便不会务虚蹈空。

面对山水空灵，我的内心惭愧不已。我虽然留恋眼前的美景，但是更挂念江西的百姓。一年来，江西省各地连降大雨，爆发了数十年未遇的洪水。于地方百姓而言，这是宁王横征暴敛、旱灾和皇帝南巡之后的又一大灾害。我决定重返南昌。

这一年初春，我回到了南昌。去年春夏之交，江西遇上了一场大旱，田里的禾苗全部枯死。再加上宸濠之乱，当地百姓苦不堪言，甚至有民众趁机作乱。官府却不体恤民情，租税照收，不减不免。去岁旱苦未消，紧接着水灾又来，江西爆发了数十年未遇的洪水。大水冲毁的公房私屋不计其数，大片农田浸泡于水中。

我的身心，再次困于人间水火。我将这一切，视为上天对我的惩罚。我为自己开列了四大罪状：

> 宸濠之变，劳圣驾亲征，朝廷之政令因而阏隔，四方之困惫由是日深。臣之大罪一也。不能直言极谏以悟主听，臣之大罪二也。聚敛征索为计，而不知日积小民之怨。此臣之大罪三也。上不能有裨于国，下不能有济于民，坐视困穷，沦胥以溺，臣之大罪四也。

我多么希望身在南京城的武宗能够听进去，不要再这么折腾下去，而是用意于民生。而我这重病缠身之躯，已难堪大任。这一年六月，我抵达赣州，并在此举行了一场阅兵，校军场上的喊杀声响彻赣州大地。彼时，江彬偷偷派人探听我的虚实。弟子和下属都为我捏着一把汗，他们担心我如此大张旗鼓会刺激皇帝身边那几个小人。

弟子劝诫："那帮人正找先生的麻烦，先生如此不避耳目，只怕会陷自己于不利境地。"

我说："我在此与童子歌诗习礼，会有什么麻烦？"

弟子不解，又道："先生这时候还在开玩笑，这如雷贯耳的喊杀声，让人心浮气躁。哪里有诗？哪里有歌？"

我说："我这里正好有一首《啾啾吟》，你听一听。'丈夫落落掀天地，岂顾束缚如穷囚。千金之珠弹鸟雀，掘土何烦用镯镂。君不见东家老翁防虎患，虎夜入室衔其头。西家儿童不识虎，执竿驱虎如驱牛。’这满耳的喊杀声就像是我这首诗的节奏，如果你作为天籁之音听，内心就会放松自如；如果你作为魔域之音听，整个人就会畏畏缩缩。就算捂上耳朵，可堵不住你心里的那双耳朵。”

弟子顿悟道：“先生是要说，仁者所以无惧，是因为他所做的每一件事都是出于良知吗？”

我说：“你们有机会还是要讲学，我之所以这么做，也有我的考虑在其中。你先前认为我过于高调，有些轻举妄动。其实有些时候动是为了不动。我若不在此处动，江彬、张忠那帮奸佞之徒就会在皇上身边有大动作。我在这里动，他们在南京就不敢妄动，这一切皆出自良知的妙用。”

江彬、张忠和许泰这帮人的诽谤与构陷不但没有吓倒我，反而让我的内心更加强大。

正德十五年（1520）八月癸巳，南京城外。朱厚照要在这一天实施他那伟大的“平乱”计划，伟大的王，这一生至少需要一次大场面的烘托。朱厚照命令手下将朱宸濠带到长江浅水域停泊的一艘船上，然后将其他俘虏也赶到几只小船上。不，做着这一切的不是我们的皇帝，而是他的化身，威武大将军朱寿，那个纵横京城无敌手的军事奇才。他羡慕那些将领，打了胜仗，贪功不说，史册还要为他们记上一笔。只见他大手一挥，战鼓齐鸣，炮声震天，朱厚照以威武大将军朱寿的名义发出号令，正如戏词里唱的，天高水阔天气朗，勇冠三军众儿郎。他要以威武之师活捉宁王朱宸濠。那些从未上过战场的士兵憋足了劲，有释放烟火的，有挥舞旗帜的，有兵器相碰的。

天生的演技派，威武的大将军，不出意外地大胜。“威武大将军万岁”的呼号响彻云霄。武宗心满意足，或许觉得自己的人生就此圆满了。一场塞外征伐，一场内部平乱，他居然有了明君圣主的感觉，于是决定将这场战事昭告天下，并且载入史册。

武宗身边围绕的那帮宵小只知道坑他们的主子，哪里管它的合理性。只有张永站出来劝诫："此事不可，宸濠已擒，献俘北上，过玉山，渡钱塘，经人耳目，不可袭也。"天下人都知晓是我王阳明平定的宁王之乱。现在他要强行篡功，改变既定事实，并不是件容易的事，即使一国之君也无法做到。

武宗铁了心要让威武大将军朱寿得此大功，传下诏令，让我修改奏折，改奏擒获朱宸濠的战功应当归功于威武大将军朱寿（朱厚照）。在这份捷报上，我甚至将一众小丑的名字也列了进去，而将自己的名字挂在最后。

一切安排妥当，志得意满的皇帝带着他的北方军，打着"威武大将军"凯旋的旗号从南京启程返回北京。我本以为压在心头的一块大石头可以就此搬开，但就在此时，一件意想不到的事突然降临，让我的心情再度跌入冰冷的谷底。

我的弟子冀元亨突然被捕入狱，罪名是通敌，所通之敌是宁王朱宸濠，而揭发者是朱宸濠。朱宸濠被抓之后，心里最恨的是我和冀元亨。他之所以将冀元亨拉下水，而放过我，是因为他知道诬陷冀元亨的风险成本要远远小于我。醉翁之意不在酒，张忠等人想抓的是我。重刑之下，一旦冀元亨扛不住，供出我，我是很难再自证清白的。

拘捕冀元亨是秘密进行的，如果他真是有罪在身，朝廷应该走司法程序，光天化日之下实施抓捕，何须秘密行事。他们也心虚，知道见不得光。

冀元亨遭受了严刑拷打，他们只为得到一句口供：王阳明是宁王的同谋。

冀元亨的回答是：我的老师是削平叛乱的功臣，他有光风霁月的胸怀、发扬圣学的抱负。在严刑拷打之下，冀元亨丝毫没有动摇自己的信念，真正做到以生命追随我。作为心学的信徒，冀元亨的表现没有辜负我的信任，更没有辜负他自己的良知。是的，良知。我在回到南昌之前，第一次将良知视作为学之头脑。我曾经也怀疑过，认为光靠良知是不够的。是宸濠之乱，以及张忠、许泰这些人的诸般行事，让我认清了致良知的好处。

此前不久，我和弟子陈九川曾就“致良知”有过一番真诚地交流。陈九川，临川人。正德九年进士。他追随我来到赣州。这一天，他遇到疑惑来找我交流，他说：“近来，我在用功的时候，虽然好像有所明白，但却难以达到一个平和愉悦的境界。”

我说：“你只是在你的心上探寻天理，正所谓‘理障（理论阻碍了正确的觉知）’。这里有个诀窍。”

陈九川说：“请问是什么诀窍？”

我说：“只是致知。”

陈九川问：“如何致？”

我说：“你仅存的良知，就是你的人生准则。而你意念指向之处，良知明辨是非，一点也不会被隐瞒。你只要不欺良知，踏踏实实地依着良知去做，善便能存，恶便会去，这里是何等的平和愉悦！这便是‘格物’的真正诀窍，‘致知’的实际功夫。如果不靠着这些真机，如何去格物？我也是近年来，才体会得如此分明，刚开始还担心只依靠良知恐怕不够，细细体会后，发现没有任何欠缺疏漏。”

我后来曾为此说过，良知在人，随你如何，不能泯灭。良知是自己修行上进的，倘若只讲良知的绝对性，往往又会让人陷入独断专行的境地。

冀元亨与监狱里的囚徒结下了深厚的情谊，每日为他们讲学。那些囚徒们深受感动，修学不分尊卑，只要能够慰藉人心。不光是囚徒，就连那些凶神恶煞似的狱卒，他也主动结交，用积极的心态去面对这一切。

狱卒去问被关在另一间牢房的冀元亨的妻子李氏：你丈夫平生治何学问？

李氏答道：“我丈夫所治学问不出闺房衽席之间，不过是日常生活的点滴小事。”这样的回答让那帮狱卒也心生惭愧，这对夫妻让他们沉睡的良知似乎有了一丝觉醒，可又混沌难明。

李氏并没有欺骗他们，我的心学本来就是从人的内心和日常生活最微小的细节入手，一步步由近及远，衍生到其他地方去。

李氏虽然身居暗无天日的监狱，但是她毫无惧色，神情与平日并无不同。她说，我丈夫平生尊师乐善，怎会做出通匪之事？

她带着自己的两个女儿纺织做女红，闲下来就诵读《诗经》，声音在黑暗的空间里回荡，让沉沦的人性得到慰藉。有的官员闻听此事，想来拜访这位奇女子，却被她拒绝：一个妇道人家，有什么可见的。

有人要放她出去，她拒绝道："我的丈夫还在监狱里，我回去做什么呢？"让那些想要帮助她的人也不禁唏嘘感叹。

我在自己的学说中反复强调良知的重要性，是源于刚性制度对人性的扭曲。而我们的良知是对抗人性扭曲的一剂猛药，当我们无法改变现实，只能坚持自己"不动心"。冀元亨及其夫人李氏印证了我所创立学说的正当性。

这一年秋天，我从赣州回到南昌，因为皇帝朱厚照的亲征大军长期滞留于此，导致人心惶惶。为了安定民生，我每天忙得像个陀螺似的，陷于繁杂错综的政务之中，无法尽心讲学。在遇到事情时，我经常觉得自己就像是风雨中的一叶小舟，逆水而行。

我为此写了一首《撞晓钟》，觉良知之悟，大梦觉迷，其诗录下：

四十余年睡梦中，而今醒眼始朦胧。
不知日已过亭午，起向高楼撞晓钟。
起向高楼撞晓钟，尚多昏睡正懵懵。
纵令日暮醒犹得，不信人间耳尽聋。

我活了四十年，可谓混沌半世，如今终于从"良知"中决心，大梦觉迷，复归良知本心，我向世人敲钟，也向自己敲钟。人人心中有良知，我要敲醒他们心头的良知心钟，唤醒他们踏上复归之路。

人生聚散，是无常也是大道。每日忙于政务，却从未放弃讲学。我的身边围绕着众多弟子，他们潮水一样，来了又去，去了又来。四方学子慕名而来，一些遭受贬斥的官员也来到这里。其中以陈九川为首，夏良胜、万潮、欧阳德、魏良弼等每日侍学在侧。不是每个人都能理解，我和那些弟子们的所行所止。我的同僚中误解者也大有人在，他们固守程朱理学，对我的学说极为反感。江西巡按御史唐龙、督学佥事邵锐就是他们当中的代表。在一个傍晚时分，他们郑重其事地找到我，建议我停止讲学，慎重交友。他们和我说话的时候，眼神流露出不解和惋惜，就像在做一个顽劣之徒的思想工作。

我无奈地笑了笑，说："吾真见得良知人人所同，特学者未得启悟，故甘随俗习非，今苟以是心至，吾又为一身疑谤，拒不与言。于心忍乎？求真才者，譬之淘沙而得金，非不知沙之汰者十去八九，然未能舍沙以求金为也。"

如果非要说，我在南昌讲学，与他处讲学有何不同，那便是内容有所更新。有心者发现，我在此处明确提出"良知"之说。从早年，从"知行合一"，经过中年的发散，我的学说正在逐渐收摄。我多么希望，就这样不断求索，不断精进，终我一生，最后可以达到了一个圆融的境界。如今，觉知"良知"的我，面对怀疑，面对诽谤，我只有沉默以对。但对于那些求取圣贤之道者，我来者不拒。而这一切犹如淘沙得金，汰者十去八九。尽管如此，也不能完全舍沙以求金。

圣人求道，却又是大道多歧。正因为多歧，才不容易得。既然唐龙、邵锐等为政者对我的学说极力抵制，自然吓退了部分门生，他们畏惧的不是学说，而是挟学说事，他们怕事，也就怕我的学说。这又像是一场淘沙得金的过程，有弃学者，也有潜心研学者。在疑谤攻诋笼罩下的南昌，我的学说也吸引了大批江右的士子纷纷来学。

一次次政治热望的扑空使我不得不反省，人活在这个世界上，都有一个属于自己的圈圈。人与这个世界的逻辑关系，就像是一条互为博弈的食物链。一场平乱之战，使得朱宸濠成为我的俘虏，而我又成为功名、虚荣的俘虏。形役？还是心役？躯体作为我们暂住的皮囊，本无所谓好坏，可是它却常常俘虏我们的良知。

人生应该知天达命，磊落潇洒，像我这样每天生活在忧患无解之中，与关在囚笼里的人也没有多大区别。正德十六年（1521）于我而言，同样是一个重要的年份。假如后世有人珍视我的学说，他们会发现，在南昌，我认识到良知，并进而提出“致良知”说。自从经历宸濠之乱，张忠、许泰之变，我愈发相信，良知可以助人渡劫，让人忘记患难，超越生死。此前，我在赣州时，也曾向陈九川说过：“尔那一点良知，是自家的准则。”这也是我近年来体会出来的。后来，我对陈九川更明确地说：“我此良知二字，实千古圣圣相传一点滴骨血也。”

我虽然认为，我所说的良知，是圣人传下的骨血，但就这一点点骨血，那也是“从百死千难中得来，不得已一口说尽”。

我在给弟子杨仕鸣的信中提到，能够体会到良知的真意，就会明白君子之道，即“建诸天地而不悖，质诸鬼神而无疑，考诸三王而不谬，百世以俟圣人而不惑”。以良知之说，来解释天地、鬼神、三王和圣人，都是不为过的，不悖离天道人伦的。若只是认识到“良知”，而没有下手处，良知说，也只是僵死固化之说。于宇宙大地而言，人生一世不过片刻，若能在这片刻识得良知，用好良知，亦是幸事。

诚如我在写给弟子邹谦之的信中所说：“近来信得致良知三字，真圣门正法眼藏。往年尚疑未尽，今自多事以来，只此良知无不具足。比如譬之操舟得舵，无不如意，虽遇巅风逆浪，舵柄在手，可免没溺之患矣。”我并没有放开手中控制方向的舵柄。这里的舵柄，就是致良知。我确信，只要致良知，不管遇到怎样的狂风骤雨，小船都会安然无恙，不会被风浪打翻。

我的良知学说穿云裂帛，向着远方传播。这一年，远在泰州的王艮也听到了我的良知之说，千里迢迢来南昌拜师受教。与每一个弟子的相识与相逢，都像是命运之手的拨弄，但让我们走到一起的，还是心学的力量。见到王艮是在赣州巡抚衙门，当时我正在处理政务，他直接就闯了进来。他穿着奇装异服，配合着富有节奏感的、充满了戏剧效果的举止神情深深地吸引了我。

他这身奇装异服，是按照《礼经》定制的：五常冠、深衣、涤绖、笏板，每日穿戴焚香默坐、绳行矩步。据说，他还在自家门上大书：此道贯伏羲、神农、皇帝、尧、舜、禹、文、武、周公、孔子，不以老幼贵贱贤愚，有志愿学者传之。他又以孝道提出了自己的独特“格物”说，为此作了一篇《格物论》。他此番前来，为的是论辩我的“良知”说与他的“格物”说的异同得失。

我起身上前迎接，谁知道，这家伙像是喝醉了酒，一步三晃地就上了大堂，如同平日在大街上踱步，毫无谦逊扭捏之态。他递上“海滨生”的名敕，并呈上谒诗：

孤陋愚蒙住海滨，依书践履自家新。
谁知日日加新力，不觉腔中浑是春。
闻得坤方布此春，告违艮地乞斯真。
归仁不惮三千里，立志惟希一等人。
去取专心循上帝，从违有命任诸君。
磋磨第愧无胚朴，请教空空一鄙民。

我一眼就看出，眼前是一个狂放之人。孔子说：“不得中行而与之，必也狂狷乎。狂者进取，狷者有所不为也。”也就是说，一个人如果做不到中庸中行，那就做一个狂者或者狷者。狂者积极进取，狷者有所不为。孔圣人赏识狂者，我也是如此。

看着眼前有些滑稽可笑的王艮，我好奇地问："你戴的是一顶什么帽子？"

王艮一脸得意之色，回答道："这是有虞氏冠。"有虞氏就是指上古圣王之一的舜，王艮完全是根据传说为自己量身打造的这副行头。

我又问："阁下穿的又是什么衣服？"

王艮道："老莱子服。"

"你为什么要穿这样奇怪的古代服装？"

王艮对我的质疑很是不满，他失望地道："先生难道不知道老莱子？他是古代有名的大孝子，穿成这样是表明我要做他那样对父母的至孝之人。"

我自然晓得老莱子，因为我的父亲王华就是一位活在当下的"老莱子"。于是，我笑着问道："你穿上这身衣服是孝，到了晚上，当你脱下这身衣服睡觉时，那时候你是孝，还是不孝呢？你的孝能够贯穿日夜吗？我很想知道，你学老莱子的孝道，难道只是学他穿一套标新立异的服装？你为什么不连他上堂时假装摔倒，捂着脸痛哭的做派也一并学？"

王艮看重的是世人对他的看法，是孝的名声；经我这样一说，他倒有几分心虚，神色不免有些慌张，但是嘴上并不认输，为自己辩解道："我的孝是在心上，怎么会在衣服上。"

我笑了，接着道："既然先生的孝是发乎于心，那就不要在衣服上浪费精力，将自己打扮成另一个老莱子，这并不是孝的表现。真正的孝道，并不要求人再执于皮相。按照致良知的标准看，人在世间的所言所行都应该发乎情，出乎心，是真性情的自然流露，所谓行不掩言，没必要把自己搞得像戏台子上演戏的，让人围观议论。"

我这么说，并不是怀疑王艮求学的诚意。

他是为了向圣贤看齐，才在良知的牵引下来到这里，我应该给他正确的指引，而不是错误的想法。他在听我说话时，不觉低下了头，缩起了身体。他一向自视甚高，当今之世没有几个人能入他的眼。经过一番言语碰撞，王艮不免为自己的妄自托大感到惭愧，也收敛了先前的狂妄之态。他拿出他自以为高明的《格物论》，让我赐教一二。

我读完后，未置可否，只是说了句："待君他日自明耳。"我请他到礼宾亭下就座。

王艮来到亭中，大呼道："昨日来时，我曾梦见拜先生于此亭。"

我说："修真得道之人没有梦。"

王艮不以为然，说："孔子是因为什么梦见周公？"

我笑道："这是圣人修真之处，不是简单的梦。"

王艮听完，似有所悟，躬身施礼向我讨教。我看着眼前的王艮，像是看见了昨日的自己，不禁生出惜才之意，告诉他，修道之人所思所想，不会出离自己的本位。

王艮应道："我只是个草莽匹夫，而尧舜君民之心从未忘记。"

我说："舜居住在深山里，每天享受着闲居之乐，乐而忘天下。"

王艮说："那是因为有尧在其上。"

我们相谈甚欢，纵论天下大事，言及大道至理。当我向他提到"致良知"。王艮脸上渐渐浮现出诚服之色，片刻过后，他叹道："先生'良知'说，简易直截，我不及，我不及。"

他认为自己所追求的学问，过于饰情，徒有虚表，愿意奉行我的心学之道。说完，纳头便拜，奉以师礼。谁知，一夜之间变卦，第二天一早，他说昨日奉我为师过于草率，要与我展开一场辩论，若我能说服他，他才入我门下。

我告诉他："人不可以轻信盲从，我想要听你说说心学的漏洞所在。"

王艮说："你说良知是人性的自然流露，如果一个人是彻头彻尾的伪君子，他愿意将自己内心的想法表现出来，又如何是好？"

我说："从你的身上，我看到良知所在。你昨日要入我门下，今日又不入，这就是人性的自然流露，也是良知在指引你。人的性情不是生来就有的，它是后天的磨炼。一个人要活得光明磊落，释然旷达，需要有强大的意志力量。人要回归本源，这个世界也同样要回归本源，我们和世界都为物蒙蔽，人凭借意志力量在帮助自己回归本源的同时，也在帮助这个世界回归到它本来的样子。”

王艮，本名王银，出生于山东泰州城，自幼家境贫寒。为了生计，他跟着父亲做过煮盐的苦工。父亲最怕冷，冬天还要为官府服役，见父亲活得如此艰难，他不禁哭道：“为人子，令父至此，得为人乎？”只有十一二岁的他，就跟在父亲后面承担起养家的活计。他只有短暂的私塾生涯，所读之书仅限于《孝经》《论语》《大学》三书。

他常常信口谈说，也是入情入理，慢慢地开启自己的讲学生涯。天意弄人，天意也酬人。天意不辜负任何一段付出，天意也不放过任何一处敷衍。由于王艮的辛苦与努力，换来了家境的改善，也赢得了名声。知行合一，符合心学要义，也是做人之根本。他以“心”来体验万物至理，也以“心”来感召世道人心；他将自己的普世价值施之于社会的底层，环绕在他身边的大多是一些没有文化的劳苦大众。随着名气的增长，他身上所表现出来的怪癖和傲气也越来越明显。

有人在听了我的讲座后，又去听他的讲座，觉得我们之间的观点极为相似。在此之前，我们之间从无交集，更不知对方为学的宗旨。人与人之间的相交，观念的认同是道之所在。这种巧合打动了他，也同样打动了我。

我虽然欣赏王艮身上的狂傲不羁，但也有意无意地压制他的狂放之态。我告诉他，一个自由的人固然有率真和狂放的一面，但那仅仅是外在的、皮相的东西。如果一个人只是满足自己，做不到“忘我”，他至死也就是一个狂人。

有一次，他出游归来，我问他都看见了什么。他说：“我看见满大街游走之人皆是圣人。”

我听了哈哈大笑，说道：“你看到满大街都是圣人，而这满大街的人看你王艮也同样是大圣人。”

经过三个月反复面析辨难，我才终于把王艮拉回到良知心学上来，但他仍没有放弃自己的“淮南格物”和对异服的癖好，我称其为“疑信相伴，顾瞻不定”的弟子，思想上不时出现反复，我也是时时敲打他。

四面风声，疑谤汹涌，我在给福建任布政使的席书写的信中感慨道：“朋友之中，亦渐有三数辈笃信不回。其疑信相半，顾瞻不定者，多以旧说沉痼，且有得失毁誉之虞，未能专心致志以听，亦坐相处不久，或交臂而别，无从与之细说耳。”要想为良知心学打开一条通道，非弘扬陆（陆九渊）学不可。这一年，我行文至抚州金溪县，命金溪县官大力褒崇陆九渊的子孙，匡复陆学。我知道，我这么做会掀起怎样的风暴。要知道，陆学正被程朱派和程朱官学攻为“禅”，而我却公然宣称陆氏兄弟“得孔孟之正传，为吾道之宗派”。我要向世人宣告，陆学是“正学”，褒崇他的后人，就是匡复正学。

席书为此专门写了一本《鸣冤录》，为我推崇陆学、宣播良知心学大张声势。在这部书中，席书采用了我所作《朱子晚年定论》之法。我在《朱子晚年定论》中证明朱熹晚年转向陆学具有重要的意义。我与席书，一呼一应，珠联璧合，成就合体互补的心学善本。席书在序中开宗明义：《鸣冤录》者，录陆氏之冤而鸣之也。

溪水照月，明润在天，水中有月，天上也有月。有人问我何为“良知”，我说，任何人先天都具有良知，此外再无他知。良知不求于人，自己体会。“知得良知却是谁？自家痛痒自家知。若将痛痒从人问，痛痒何须更问为？”体会良知，如同自身痛痒自己体会。席书在给我的信中说，他为昨日陆氏鸣冤，实则为今日阳明心学鸣冤。

# 31

随着武宗銮驾北还，南昌周边渐渐恢复了平静。于是，我开始聚集门人，准备宣扬“良知”说，地点选在因朱子讲学而闻名的白鹿洞书院。白鹿洞书院，不同于其他书院，这里本就是当年朱熹与陆九渊讲学论道的地方，陆学弟子都宣称在白鹿洞之会上陆学战胜了朱学。

于我，于阳明心学，这里都是一个讲论良知心学的福地。我借着开馆修纂《南昌府志》的名义在白鹿洞书院大揭良知之教。我带领门人学子走进山水，日光遥远，气息清和，一切从容且温良。我们在这里论辩良知之学，体认心体，只觉得山自巍峨，水自洋洋，人自正大。

我在江西宣讲良知心学，而我的朋友湛若水也在经营烟霞山居。我们一直信札往来，讲学论证。在桶冈大捷后，湛若水立即给我寄来《平寇录序》，大赞我兵学合一、文武一道，他为我感到欣悦，认为“阳明子，精一之学也。虽然，予将俾天下之诮夫腐儒者，知圣学之无二，而文武一道也，乌能勿言”。他虽然认可了我的知行合一，但他仍坚持自己的“随处体认”“格物即止善”等说。我与湛若水的思想距离越拉越大，他把格物、致知、正心、诚意、修身、齐家、治国、平天下都说成是在“格物”（随处体认天理，至其理）；而我则是将格物、致知、正心、诚意、修身、齐家、治国、平天下都说成是在“致知”（致良知，体认心体）。这是心学诠释上的“格物”说与“致知”说的对立。

我从不否认，在这个世界上最懂我的人，是湛若水。我想，湛若水也会认为我是最懂他的人。虽然我们为了各自学说，论辩异同，针锋相对，但并不妨碍我和他的情谊。他用“修身”来解说“格物”，而我用“致知”来解说“格物”。所以湛若水将“格物”解释为“至理”，把“致知”解释为“知止”；而我则将“格物”解释为“正心”，将“致知”解释为“致良知”。这也是为什么他会提出“随处体认天理”；我会将“格物”解释为

“正心”，而提出“正念头”。

他说我“主内太过”，我说他“主外太过”；他说我，有内无外，徒守其心；我说他，为求于外，随处逐物，有外无内，内外支离。我们之间相互批评，又相互成全，湛若水与我就像是洪波大浪，推动着我对良知心学作进一步的反思与重构。

而彼时，北还的武宗已抵达通州，离京城只有一步之遥。朱厚照乘坐的车辇突然停了下来，他先是下令逮捕了朱宸濠的两名同党，宦官钱宁和吏部尚书陆完，然后将朱宸濠赐死，尸体被烧成灰烬，化作一缕尘烟。

朱厚照做完这一切，一病不起，御医诊断说是受了风寒，要尽快回宫调养。这场风寒应该来自张永、江彬等人陪皇帝在江苏淮安的清江浦划船时发生的那场意外。当时朱厚照一人驾船至湖心，突然船就翻了，等身边护卫七手八脚地将他从水里捞上来的时候，他已经被呛得神志迷糊。从此以后，皇帝的龙体每况愈下，风寒侵体，本就被酒色掏空的身体更是苦不堪言。

正德十六年（1521）三月十四日，以游戏人生为己任的正德皇帝死于豹房。本朝最为荒诞的帝王就这样走完了自己的悲喜人生，也为他身后的帝国留下一片狼藉。或许是临终前的良心发现，武宗并没有将后事交给江彬，而是交给了皇太后和内阁首辅杨廷和。武宗在他短暂的一生里，并没有给大明王朝留下接班人。

对于皇太后和杨廷和来说，选择接班人是第一要务。杨廷和推荐的人选是设藩于湖广安陆的兴王朱厚熜，这一年朱厚熜只有十四岁。选好新皇人选，杨廷和要做的第二件事是找机会除掉江彬。

在正德皇帝病重期间，江彬加快了夺权抢班的步伐。他以皇帝的名义降旨改团营为“威武团练”，同时又任命自己为军马提督，兼掌京内大军。江彬的这一举措，使得武宗朝的文官集团坐立不安，他们最为担心的是贴身护卫江彬趁着皇帝病重之际调动京城兵马造反，如果真是那样的话，皇城之内将无人可以掣肘江彬。

朱厚照虽然是个荒唐的君主，可在他的官僚体系内并不缺乏杨廷和、王琼这样的优秀人才，也正是他们在关键时刻力挽狂澜，才让帝国踉踉跄跄地走过那样一个荒诞不经的时代。这一次挺身而出的是首辅杨廷和，他解散了由正德皇帝组建，然后将指挥权交给江彬操控的团营；同时又委派心腹太监张永、武定侯郭勋控制京城防务，严禁任何人擅自调动军队。

这时候已经被解除武装的江彬隐隐预感到，将有一场疾风骤雨在等待着他。

正德皇帝驾崩后，杨廷和密不发丧，寻找机会除掉江彬。他以坤宁宫殿堂建成，朝廷要举行上梁仪式为由，邀请江彬进宫主持典礼。江彬轻易就落入圈套，被杨廷和为首的文官集团控制起来。

等到朱厚熜继位后，下诏凌迟处死江彬，这位前任皇帝身边的大红人到另一个世界为他的主子逗闷解乐去了。同时将其家人“俱发功臣家为奴”。在对江彬抄家时，共查得黄金七十柜，白银两千两百柜，其他珍宝不可计数。

人生在世，命途各异，足迹也就不同。本是藩王的朱厚熜，就这样得到了皇帝的宝座。对于十四岁的少年来说，这其中既有不明就里的恐惧，也有一飞冲天的满足。此时的我尚未意识到，这个少年天子的登基，将武宗留下的破败江山推向了危机的深渊，大明朝从此积重难返，走向了末世。

世宗一登上宝座，就刮起了“学禁”与“大礼议”两股狂风。所谓“大礼议”，不过是一场无谓的皇族继统名分称呼之称的闹剧。当迎接新皇的官员将大行皇帝的遗诏郑重地交到朱厚熜手中的时候，这个还未来得及和往事告别的少年所能做的就是跪伏在母亲蒋王妃膝上痛哭流涕，母子之间俨然生离死别。朱厚熜感觉自己就像被一股强大而神秘的力量裹挟上路，让他根本无法体验到皇权给他带来的安全感。距离京城越近，这种感觉就越发强烈。

朱厚熜登基后，冀元亨被无罪释放，可是他的身体早已被折磨得不成样子了，从监狱出来五天后就去世了。我悲痛难抑，总觉得他的死是自己一念之差造成的。看着冀元亨的妻子李氏和孩子痛苦的神色，我更是悲伤不已。

正德十六年（1521）八月下旬，我回到了绍兴。我将此次归省看作是归休，做好了归隐林下的打算。我想象着，在不远的将来，在自己的家乡，我过着逍遥自在的生活：夏日带着弟子去鉴湖赏荷，冬日温上一壶热酒欣赏姚江雪景，春日约上三五知己，让离线的风筝飞向高远的天空……

我和父亲来到祖父、祖母以及母亲的坟头，对着埋葬自己亲人的地方，我潸然泪下。一切有温度的生命都会消逝于眼前，一个有憧憬的少年会老去于时间，一个活泼泼的生灵会找不到栖息地。我知道，命运的流转才是人生的本相。这一刻，回望来时路，一次次险夷之变、聚散之情、死生之戚，都值得我们笑着面对，哭着回忆。

从亲戚们的口中，我了解到，父亲早就料到宁王朱宸濠会叛乱，为此还专门在邻县上虞买了几间房，以作不时之需。宁王在江西起兵的消息传来时，家人担心宁王派人来捣乱，让父亲躲一躲。父亲说，儿子在前线平乱，我又怎能在后方当一个缩头乌龟，要是再年轻几岁，就和儿子一起上阵杀敌去了，带你们一起保卫家园。

有人捎来虚假的消息，说我已经在平灭宁王之乱的战争中，献出了宝贵的生命。这帮任性胡为的家伙，劝父亲出门避一避风头。父亲说：我的母亲已离开人世，儿子若再有什么不测，我在这世上就真的生无所恋。

最让我感到欣慰的是，自己平定宁王叛乱的功绩会成为献给父亲最好的礼物。或许为了笼络人心，嘉靖皇帝晋封我为新建伯，还有光禄大夫柱国、南京兵部尚书、参赞机务等荣誉职务，岁支禄米一千石，给三代诰券，子孙世袭。这是一份迟到的封赏，于我已毫无意义。据说，这场封赏由朝廷内阁杨廷和、费宏等人私自删改纪功册之后颁定的，目的是为了阻止我入朝入阁。谁知道，早已无意于朝中权争的我，还会成为他们的眼中钉。令我感到愤怒的是，众多随我出生入死的将士被删削，不予封赏。

听闻朝廷派来的使者进入余姚，我那重病缠身的父亲突然间精神焕发。他将这份封赏看得倒比我重。他拖着病体，亲自布置迎接官差的种种细节。我劝他休息，他很不情愿地说："虽然时间仓促，也不得废弃礼节，更何况这是我王家的荣耀。"

这一天，也恰好是他寿辰，登门贺喜的亲朋好友络绎不绝。致仕归乡的父亲在余姚老家度过了人生最后的十余年时光，曾经的状元郎这时候已是一个病恹恹的老人，生命的烛火行将熄灭。

我穿着皇帝赏赐的朝服显得庄重而滑稽，而我的父亲也身着莽服玉带勉强支撑着病体，端坐于太师椅上。在外人看上去，我们父子也算是功德圆满，尊于世，贵于时，如日月皎然。

曲终人散，等到贺寿的人都走了，父亲将我喊到身边，说道："你我父子身上都穿着皇帝亲赐的莽服玉带，让亲朋好友羡慕不已，人生到此也算是至荣。你有没有这种感觉，等到晚上睡觉的时候，脱了这身华服，其实我们什么都没有变化。人还是一副穷骨头，什么也没有增添。所以这世间的荣辱本不在人，而人却陷于荣辱之中。"

我说："父亲大人是想提醒守仁，不要将人生的得失看得太重吗？孩儿知道凡事要心存敬畏，不可忘却初心。"

父亲说："新皇刚刚登基就表彰你的功绩，你认为这是好事，还是坏事？"

我说："当然是好事，父亲大人不也这么认为吗？"

父亲轻轻地摇了摇头，说道："你在南昌的时候，人家以为你死了，你却没有死；人家以为你平不了乱，你却平了。最艰难的日子都走过来了，你我父子还能活着相见，这是天大的喜事。但你要懂得盛极而衰的道理，要知道好事里也会包藏着祸胎。在你荣耀加身之日，我却有着隐隐的不安。”

父亲的这番话让我心头一震。祸福相依、盈虚变化是最朴素的生活哲学，暗含着天地间的至理。这个理，来自一个行将走到生命尽头的老者的亲身体悟。孟子说，年四十不动心，而我已经五十岁，半百之年，归途在望。

嘉靖元年（1522）二月十二日，乍暖还寒时节，父亲病体难愈，离开了人世。在这个世界上，父子之间的关系是最微妙的，而这种微妙更多是一种情感的体认。父亲起点很高，读书人得到一个状元郎的身份应该是最高荣誉。在我的记忆里，父亲总是一副高高在上的姿态指点着我人生的前二十年，眼神里总是充满了狐疑和不信任。父亲总是担心我脑袋里塞得那些乱七八糟的想法会将我引向邪恶之路。可是每当我身陷囹圄，第一个站出来支持我的人就是父亲。当我被一帮小人陷害，旦夕不可测，家人陷入惊恐不安时，父亲告诫家人要谨言慎行，相信时间会还我公正与清白。

父亲的去世，虽然让我悲痛不已，但是我并没有让情绪长久地沉浸于伤感之中。我让家人不要在人前放声痛哭，而是让他们及时换上丧礼用的礼帽礼服，准备葬礼用品。一个人光是将孝敬父母放在嘴上，却没有体现在孝敬的行动上，不能称之为“孝”。就像一个演员在舞台上表演出各种孝的行为，那是不能称之为“孝”的。

父母在世，如果能够将自己的孝心用实际行动表现出来就够了；如果生前做不到“孝”，等到父母有一天不在了，为人子女的在人前哭得肝肠寸断，搞得自己神志不清，无法妥善处理后事，也不能称之为“孝”。

彼时，湛若水、方献夫等人被起用入朝，复职北上，途经绍兴来吊祭。湛若水多年来沉沦下僚，感到难有作为，早就有意归居山林。现在新皇登基，他们认为机会来了，纷纷出山入京。

按照帝国官制，官员在父母亡故后需要在家丁忧三年。丁忧在身，我归休成真。归休不朝，我所愿，亦宰辅们所愿。他们很快就安排下南京兵部尚书的新人选。对正处于上升期或执掌权柄的官员来说，“丁忧”无异于一记沉重的打击。那些将权位看得高于一切的官员会找出各种理由要求夺情留任。殊不知，在庞大的官僚机器面前，个体不再是无可替代的必需品。这个地球缺了谁都照样运转，那些留恋权位、置道德于不顾的人是要冒很大风险的。父亲去世后留下的大段空白日子让我有机会去重新梳理自己的内心，落得个风轻云淡。

在居乡的这段时光里，余姚人钱德洪率侄子、门生七十四个人迎请我于中天阁，拜我为师。这遭到了家乡一些老人的强烈反对。在这些老人的心目中，我与当年那个顽劣难驯的野小子王守仁并没有完全剥离。只不过靠着父亲的关系在官场厮混，听说混得也不行。年轻人跟着他，学不到好。

每每听到这样的话，我都会哑然失笑。在那些乡亲的眼里，我还是个孩子。一个人无论走多远，飞多高，当他回到生养自己的故土，永远都是那个长不大的孩子。

我虽然暂时放下了连篇累牍的政务，可一刻也没有闲下来。一大批以前的学生和前来交流学问的文人从江左江右相约赶来。不同面孔的人操着不同的方言，向余姚汇聚而来。每每与这些年轻的后生交流，我都不由得想起当年的自己。年轻真好，犯下的错可以有机会修正，可以得到谅解。

如果说，置身于官场的我是戴着枷锁的，那么回到家乡，回到讲坛的我则插上了翅膀。那些应召起用的弟子在赴京前几乎都是先来绍兴向我问政问学，然后才北上，齐聚都下。他们的出现，也时时提醒着我，良知不远，朝堂也不远。

# 九、我的心泉日新

六年乡居讲学，致良知

我不由百感交集，人生就像是一场春秋大梦，何处起，何处落，谁也说不清，过去的再也回不来。江涛烟柳，故人倏在百里外，而月在天。

我喜欢弟子们围绕在身边，就算是沉默也是满满的充盈，就算是辩驳也是良知的显现。我告诫在场的弟子们，人只有一次生命，你们要做真正的自己，不要让眼前的幻景遮蔽了良知，不要将时间浪费在无谓的事情上。

## 32

嘉靖元年（1522）的春天，北京城的天空显得阴晴不定，雨水时下时停。太阳如一枚镶嵌在天空中的铜镜，被风擦拭得锃亮，地气回暖，柳树抽出密密匝匝的绿叶。人行于街上，可以嗅到地面泛起的春天的气息，让人有一种时间的恍惚感。紫禁城里，那位登基不久的少年天子呼吸着春天的气息，心思应该也在疯长吧。朱厚熜虽然年纪不大，却极有主张。他诏令礼部官员提出适合于他父亲的主祀和尊称的意见。与此同时，他还派出一批人去曾经的封地迎接他的母亲蒋氏来北京。首辅杨廷和认为皇帝生父的名号可以效法汉定陶王入继汉武帝和宋濮王入继宋仁宗的故事，“宜尊孝宗为皇考，称献王位皇叔考兴国大王，母妃为皇叔母兴国太妃”，凡祭告兴献王及上笺于母妃，都应该自称侄皇帝。也就是说，朱厚熜必须将已故的伯父弘治皇帝和伯母张皇后视作父母，而他的亲生父母则只能当作叔婶来对待。礼部把这个意见递上去，惹得朱厚熜勃然大怒。天下岂有如此荒唐之事，我父不为父，我母不为母，却要认他人父母作父母。

皇帝和大臣们的分歧焦点在于“统”和“嗣”，文官集团在内阁的主导下坚持原议，他们认为“统”是王朝世系的合法延续，“嗣”则是家族惯例的血统继承或过继。作为帝国永续的一个基本原则，继承皇位的必须是先皇之子，即使不是亲生，也要过继为嗣，这乃是道统的需要，即使贵为皇帝，也必须遵守这个规则。规则谁定的？自然是祖宗成法。朱厚熜抵达京城时，身为首辅的杨廷和就曾发布指令给负责奉迎仪式的礼部官员，应以皇太子即位礼的规格迎接，让朱厚熜以太子身份走东安门入宫。但朱厚熜认为诏书上写的是让自己来当皇帝，不是来当太子的。

在朱厚熜的执意坚持下，张太后和杨廷和等内阁辅臣们只好让步：让他先继位再说。于是，朱厚熜从大明门入宫，随即登基做了皇帝。为了笼络杨廷和，朱厚熜每次召对时都赐茶慰谕，希望获得首辅的支持，但杨廷和始终不松口。户部侍郎王瓒刚想向新皇示好，提出异议，马上被杨廷和指使言官弹劾，调任南京吏部侍郎。

不久前，在朱厚熜登基后主持的第一场殿试中，他给新科进士们出了一道题目，要求围绕着追封本生父母以何为宜展开讨论。他想借此试探即将入职的年轻官员们，也诱导出某种对自己有利的立场和声音。让他失望的是，这些新晋之士没人敢站出来反驳内阁和礼部的主张，这让他深感苦恼。

这一天夜晚，朱厚熜像往常一样坐在御案前，随手抄起一份奏章读了起来。这份奏章的署名是张璁，一个刚取得进士资格不久，尚在观政期年龄却不再年轻的官员，他上了一封《大礼疏》，发出了和廷臣们不同的声音。朱厚熜大为惊讶，此人居然说出自己最想听到的声音。

张璁，一个深受永嘉事功学熏陶的功利士子，热衷于功名进取与利禄追逐，但他七次科举落第，仕途蹭蹬，命运不济。而他此次显然是有备而来的，他窥测“大礼议”风向，揣摩世宗帝意，以为猎取荣华富贵的机遇到了。

在这封《大礼疏》中，张璁说，汉定陶王和宋濮王都是在前一个皇帝在世时拥立为皇储并养育于宫中，而今上则不同，弘治皇帝在世时并没有指定他为继嗣，严格地说，今上是在正德皇帝去世后以伦序即位的，连遗诏上都称其为“兴献王长子”，现在怎么可以称为弘治皇帝的嗣子呢？再者，长子不得为人后，兴献王只有陛下一个儿子，又怎么可以绝其父母之义过继给他人？张璁还援引《礼记》言：“礼非天降，非地出，人情而已。”他认为“统”和“嗣”不可一概而论，不一定非要父死子立，非要断了继嗣者的父子之亲，再来续统。张璁竟提出皇帝应该继统不继嗣，尊重亲生父母，为追封皇帝的父母找了许多理论依据，而且引经据典批驳了群臣的观点，真是摸透皇帝的心思。

朱厚熜费尽心思地与阁臣相抗，有好几次他气得想把那些言官的舌头都割下来。他甚至厌恶朝堂，厌恶那帮对语言过度依赖的人，他们舌尖上滚动的词汇极度的贫乏，无非是在那些陈规陋习上来回打转转，如此局限，又如此令人乏味。朱厚熜读罢，喟然而叹：此论出，吾父子获全矣。

朱厚熜让司礼监将这份奏疏传送至内阁，让大学士们学习领会，但首辅杨廷和读后却不以为然：书生焉知国体。朱厚熜随即在文华殿召见大学士们，面谕杨廷和、蒋冕、毛纪三人说，至亲莫如父母，他已决定尊父为兴献皇帝，母亲为兴献皇后，祖母为康寿皇太后。当朱厚熜说完这一切，三个大学士称不敢阿谀顺旨，当场封还了皇帝手敕。

张璁等突然冒出来的官场新锐，个个雄辩滔滔，引经据典，让内阁大臣们头疼不已。虽然他们以此博得朱厚熜的好感，但朱厚熜刚即位，很多地方尚需仰仗首辅杨廷和等重臣。他们站出来与阁臣分庭抗礼，勇气固然可嘉，但也因此难以容身于朝堂。不久，张璁调任南京刑部主事。离京前，杨廷和警告张璁，让他在南京好好待着，不要拿“大礼议”来扰动朝廷。张璁只得怏怏离去，但他知道他出头的日子很快就会到来。

嘉靖元年（1522）正月，皇帝祭天的当日，皇帝生母居住的清宁宫的后殿突然起火。杨廷和等一班阁臣将此视为不祥之兆，是祖先不满于祭祀安排的一次警告，要求朱厚熜不要再给他的双亲加称。一个叫邓继曾的给事中上疏说，五行之中，火具有主宰所有礼仪事务的超自然力量，今日之礼，名紊言逆，火完全是废礼所引起的。朱厚熜虽心有怨怼，但也只好屈服。也就在不久前，他提出在其父兴献帝的尊称上再加“皇”的尊号，遭到内阁的抵制，他们甚至责问他：陛下何能仍避而不顾正理，以任一己之私情？

朱厚熜从未像现在这般不开心，那些将头颅高高扬起的阁臣们毫不顾及他的感受。虽然说阁臣们低估了一个少年皇帝的心志，但这个少年皇帝也同样低估了他们护礼的决心。礼部尚书毛澄的去职，让朱厚熜意识到问题的严重性。毛澄是内阁意图的忠实执行者，也是一个举朝公认的君子。为了议礼追尊的事，朱厚熜曾派内侍给他送去一袋金子，并将自己想要孝敬父母的心愿告诉他，希望能够得到他的支持。毛澄不但拒绝了这袋金子，而且不久又请辞。他说，我都这把年纪了，不会破坏朝廷的典礼，“独有一去不与议已耳”。

朱厚熜此时也已明白，要想争取内阁支持自己，几乎是不可能的。他只有从文官中扶持一股新的力量。廷臣之间分党结朋，相互攻讦的习气，也在嘉靖初年种下了。

我在绍兴宣讲良知之说，造出的动静越来越大。而这风起之势自然引起嘉靖帝与新朝权贵的关注。朱厚熜自小浸润于程朱理学的圣人之说，自我标榜是最精通理学的有道帝君，而以杨廷和为首的文官集团，更是固守程朱理学的信徒。我虽有不祥的预感，但没想到降临得会如此之快。

先是这年乡试，出卷多有隐诋良知心学的用意。江西副使顾应祥给我寄来江西的乡试策问卷，要我引起警惕。他们攻诋良知心学是离经叛道的“异端”，祸世学说。不久，巡按江西监察御史程启充，吏科给事中毛玉秉承杨廷和、费宏一班宰辅的意旨，上奏论劾我与朱宸濠交通勾结的六大罪证。

树欲静而风不止，面对科道打手铺天盖地的攻骂叫嚣，我早有心理准备。这帮以程朱理学禁锢天下士子头脑的权贵，诬我同朱宸濠勾结，而这只是幌子。人类的品行之一或者即为斗性，与天斗、与地斗、与外物斗，更与同类斗。他们攻得越急，谤得越凶，说明良知学说已抵至他们的心上，滚落到他们的舌尖上。他们即使不张口，也长在他们的心上，而他们一旦张口，又成为良知说的宣讲者。

随着众多弟子起用入朝，良知心学的潮流也涌进了京都，引起卫道者的恐慌。而在众多入京的弟子中，王艮无疑是最炫目的明星。

王艮第一次入都之行在嘉靖元年（1522）的春天，他先来绍兴问学，帮助我建造书院，接待四方来学士子。思想这个东西妙得很，正因为思想的玄妙，人才会保有大自然的灵光。我喜欢王艮的真性情，而心之本体就是人的真性情。这个真性情的家伙在一场酣畅淋漓的大梦过后，居然根据孔圣人当年周游列国的交通工具，为自己量身打造了一辆蒲轮车，说是古代国君为了招揽那些隐居的有德之士的专用车。

他在车上还挂了一副字，上书："天下一个，万物一体。入山林求会隐逸，过市井启发愚蒙。遵圣道天地弗违，致良知鬼神莫测。欲同天下人为善，无此招摇做不通。知我者，其惟此行乎？罪我者，其惟此行乎？"

这个狂狷之士，乘着自己打造的专用车直奔京城而去。王艮的古怪装扮和旗帜鲜明的良知学说，成为沿途一道奇异的风景线，引得千百人围观。他的过分招摇，让我在京城的弟子们无不感到骇异，他们将他那辆创意十足的车藏匿起来，又劝说他回南方。王艮宣播良知心学，惊动朝廷，引起朝中尊奉程朱理学的宰辅大臣的警觉。

嘉靖元年（1522）八月，王艮又一次穿起古装异服，自命为"神龙"，携二仆再驾车北上，一路招摇聚讲，进入京师，张狂讲论心学一个月。王艮在京城掀起这股讲学风暴，据说市井小民观者如云，听者如堵，朝臣士大夫更是相顾愕然，震动朝廷。王艮此次入京，竟然想要伏阙上书，想用如此张狂行径引起当局关注。

王艮从京城返回后，又想来见我，被我拒绝。我隐隐觉得，此人行事如此狂放怪异，性情过于跳脱。如果不加以教化，总有一天会惹出大麻烦，说不定会将自己苦心经营的阳明心学来一场革命性的颠覆。

他在我居住之所的门前跪了两天两夜，直到第三天，我出门送客见他还跪在那里，不免心软了下来。他见到我，高声喊道："仲尼不为已甚！"这是在埋怨我对他太过苛责，言下之意，就算他是有错的，也是为了传播心学。我望着他，长叹一声道："王艮，你入我门下，对我王阳明来说，不知是幸，还是不幸？"

嘉靖二年（1523）春天，王艮第三次进入京城。一挫再挫，越挫越勇。他要赶在南宫春试举子齐聚京师之际大干一番。一样的行头，一样的交通工具，一样的随处讲学，又是张狂鼓吹良知心学，搅动春试场屋科举。有参加科试的士子记下了这一幕："至于都下，见者仓皇。事迹显著，惊动庙廊。"王艮狂热鼓吹良知心学，震骇朝廷，也冲击了这年的会试。这年会试策士就以心学为问，阴诋心学，阻遏尊信阳明心学的士子中举入仕。我的弟子钱德洪、王畿等都意外落第。而最激烈的莫过于弟子徐珊，他读了会试策问，愤慨地道："我怎能隐藏自己的良知来迎合你们！"说完，他拂衣走出考场，然后回到绍兴来见我，我大为感动。

我将此次会试看作是一场心学的"炼狱"，当钱德洪回绍兴来见我时，我不仅没有失望，反而仰天大笑道："圣学从此大明矣！"

钱德洪不解，问道："时事如此，何以大明？"

我回答道："天下士子都要将我的良知学说列为禁学，今日会试，虽穷乡深谷无不到矣。吾学既非，天下必有起而求真之人。"

良知是造化的精灵，这些精灵，生天生地，成鬼成帝。我坚信，阳明心学将因他们的奔走与宣讲，而风行天下。或骂名滚滚，或称誉一时。我不敢去想，也不愿去想。誉我者，与我何干？谤我者，又与我何干？

嘉靖三年（1524），帝国朝堂上一支新的文官力量呼之欲出。曾被逐出京城就任南京刑部主事的张璁与一个叫桂萼的同僚经常聚在一起议论古礼，与他们气味相投的还有南京兵部侍郎席书、员外郎方献夫等人。我的门人弟子黄绾、方我的门人献夫、黄宗明、应良、王艮、邹守益、欧阳德、薛侃、杨鸾等一大批人也认为，风云际会、大有作为的时代已经到来。

这一年六月，一道谕旨越过紫禁城的重重宫阙，飞向江南烟雨之地。明世宗下旨，说我平乱有功，朝廷正值新政之初，需要人才，让我速速来京，将委以重任。我接到谕旨的那天下午，睡了个囫囵觉才走出书房，抬头向天，看到风推着一团一团的云迅疾地向天边移去，然后我坐在庭院里闭目静坐了一会，默念起徐爱曾经推荐我读的那首由西晋诗人陆机写的《招隐诗》：

明发心不夷，振衣聊踯躅。
踯躅欲安之，幽人在浚谷。
朝采南涧藻，夕息西山足。
轻条象云构，密叶成翠幄。
激楚伫兰林，回芳薄秀木。
山溜何泠泠，飞泉漱鸣玉。
哀音附灵波，颓响赴曾曲。
至乐非有假，安事浇淳朴。
富贵久难图，税驾从所欲。

人世间最美好的处所是山林，那里有兰草和清泉，有鸟鸣和虫吟，有在别处找不到的自由。在我心底里，百转千回，千山万壑，最终都要通向家山故园。

在此之前，我已经两次上疏，请求辞去朝廷给自己的封爵恩赏。我之所以这么做，主要基于两点考虑：一是自己没有得到公正的对待，让我萌生了归隐的念头；二是那些与我同生共死的将士，没有得到公正的对待，虽然朝廷明里也对他们予以褒奖，但并没有全部兑现，可以说是有名无实。有的甚至被朝廷监控和抓捕，比如冀元亨。

朝廷只是在名义上让我享受胜利的成果，其他将士只能象征性地分一杯残羹冷炙，这是我不能接受的。即使接受了，内心也是惶恐不安的。我在奏疏中写得非常明白，宁王之乱爆发时，自己尚未任江西巡抚。为了国家安危，我临时组织了一支义军，很多江西地界的官员纷纷响应，不顾个人得失投身于平乱之战。他们的功劳不但没有得到朝廷的认可和褒奖，反而得到了奸佞小人的嫉妒。

看到朝廷向我发出的谕旨，本来已经准备远离官场的我又一次放下内心的坚持，就像是一只警觉的猎犬在沉睡中又听到主人发出的指令。这一次，我没作过多犹豫就选择了再次进京。

我以为已经心如止水，可是当君王的召唤又在耳边响起，我的血液瞬间就咕嘟嘟地沸腾起来。弟子们实在难以理解，难道他们的阳明先生当官当上了瘾？不然像我这样明心见性之人，怎会因为贪图这一世的功名，而放弃自己坚守的良知。昨日还在讲坛上，与弟子们大谈特谈自己的归隐理想；今日就要弃山林奔庙堂而去，为君王分忧愁。

我刚走到钱塘，就停下了脚步，因为皇帝的圣旨从京城快马送到。我接过圣旨一看，就知道是杨廷和的主张：国丧期间，不宜进行封赏。我只好又返回越地家居，也因此失掉了直接议政议礼的资格。

就在我不得不再次潜心向学时，远在京城的朱厚熜决意钦定“大礼议”。张璁、桂萼揣摩帝意已久，他们列十三事上奏，条陈礼官欺罔之罪。桂萼递上去的奏议中有一份是席书写的，他说，今上即位，既非继孝宗之统，亦非继武宗之统，乃是继祖宗之统。所以应该是继统而不继嗣。继统乃是天下之公、三王之道，而继嗣不过是一人之私，两者不可相提并论。

张、桂的奏章毫不客气地批评了北京的官员们附和内阁，使得今上身为人主却废去了父子之伦。他们批评礼部官员因循守旧，强附末世故事，灭武宗之统，夺兴献之宗，乃是大大的失职。他们责问道，一个没有了父子人伦的君王怎么可以事天地、主百神。于是，以张、桂的奏章为行动蓝本，北京和南京的文官们展开了一场大辩论。北京的官员们把反对追崇的意见集中在一起，以备采择；南京的张璁、桂萼再度上疏，申明统嗣之辩。

张璁、桂萼等人上疏激烈地批评杨廷和的议礼方案，朱厚熜不断降敕诘责杨廷和，朝官中越来越多的人也不再附从杨廷和，开始赞成张璁、桂萼的观点，而皇帝已特旨召张璁、桂萼、席书等一帮南京官员入京。张璁等人挟皇帝之威卷土重来，杨廷和为首的官员只好采取以退为进的策略，主动提出在兴王尊号上略作让步，称嘉靖皇帝父母为“本生皇考恭穆献皇帝”和“本生圣母章圣皇太后”，但仍把孝宗和昭圣太后当成继父母，并请求下敕谕停召张璁和桂萼。

张璁、桂萼在凤阳途中接到诏书，桂萼再次上疏指出，问题的关键不在于皇不皇，唯在于考不考，请在尊号中去“本生”两字，名正言顺地追尊自己的父母。既至京师，桂萼又与张璁联名上疏，指出两考论是一种欺骗，实际上是要剥夺嘉靖皇帝尊奉亲生父母的神圣权利。在朱厚熜和张璁等官员的步步紧逼之下，首辅杨廷和突然提出辞职。

张璁、桂萼被进为翰林学士，方献夫被进为侍讲学士，他们和席书、霍韬等被斥退官员重新活跃于政坛。杨廷和的儿子、翰林院修撰杨慎和同僚舒芬、崔桐等三十六人，耻于与张、桂为伍，集体提出辞职，都被夺去一年的俸禄，接替杨廷和出任首辅的蒋冕被停职，反对追崇的刑部尚书赵鉴、吏部尚书乔宇也被勒令去职。

嘉靖三年（1524）七月，皇帝在左顺门召集群臣，宣布去掉他父母尊号中的“本生”二字，这道诏令立即遭到翰林学士、在京的御史和六部郎官们的抗议。杨慎振臂高呼：国家养士一百五十年，仗节死义，正在今日。百余文官集体跪伏在左顺门，要求皇帝收回成命。皇帝大为恼怒，他让锦衣卫扣住了丰毅等为首的八名官员，令司礼监把抗议者的名单悉数记录在案，并下令驱逐他们出宫。文官们的情绪愈加激烈，有一些人开始号哭并敲打朝堂朱漆大门。

几天后的一次早朝后，两百多名朝廷官员拒绝散去，继续跪在丹阙之下抗议皇帝的诏令。皇帝迅速做出反应，为首的官员被谪戍，所有五品以下低级官员全都遭到杖责，四品以上官员夺去一年俸禄以示惩罚，包括翰林院官员在内的十七人在廷杖中受伤致死。杨慎在连续两次廷杖后被削籍流放云南的一个边远小镇，从此再也没有机会重返京城。朱厚熜因为议礼的缘故对杨廷和、杨慎父子极为嫌恶，每每问起杨慎现状，阁臣们就以老病相对，尽可能地回护他。杨慎听到皇帝对自己这般放心不下，愈发地纵酒放诞。当时的大学者王世贞就在朱厚熜面前进言："杨升庵（杨慎）先生放滇时，双髻簪花，数女子持尊，踏歌行道中。"在自居正统者看来，这位昔日的翰林学士已经堕落俗尘。殊不知，流放生涯给了这个学者自由的心性，最终造就了一代学术大师，他留下杂著百余种，内容涉及天文学、地理学、动植物知识和边疆历史。

在朝中"大礼议"之争进入白热化阶段，有一个叫吴廷举的都御史上奏，推荐我入朝，以化解双方的矛盾。我听说后，也只是苦笑着摇头。不过，我也可以理解吴廷举的做法，他是陈白沙的弟子，在思想上与我的心学相合，有人说他周旋于两派之间，但更倾向于张璁一派，因此杨廷和一派攻击他"首鼠两端，隐附邪说"。

太阳已经开始落山，山林的深处隐隐能听到飞鸟的叫声。云朵流动得很快，看起来像是有人拿着鞭子在后面抽赶。碧霞池上反射着冰冷的光，让人感觉到凉意越来越重。弟子们说到朝局纷争，我没有任何患得患失的感觉。如果非要问我，我对"大礼议"的看法，那就是"大礼议"悖反良知的事实，让我心生悲凉。

不知何时，一弯冷月从山林间升了起来。弟子们都已散去，这是我一天中最安静的时刻，正好用来静坐悟道：

一雨秋凉入夜新，池边孤月倍精神。
潜鱼水底传心诀，栖鸟枝头说道真。
莫谓天机非嗜欲，须知万物是吾身。
无端礼乐纷纷议，谁与青天扫宿尘。

坐在碧霞池边，夜色如水，心中万般宁静柔软。可是一旦想到“大礼议”，心头便会涌起波澜。我早就说过“礼家之说往往如仇，皆为不闻致良知之学耳”。清风传律吕，却闹得人间瓦缶雷鸣，毫不热闹。这世道，若能出一个得千圣良知之诀的圣人该有多好啊！用他的知，他的道，扫除青天俗尘，还天地清明。

秋庭月色，闲人何处？这世间的大圣大贤，从来就没有心外之诀。即使他们扫尘，扫得也是镜中尘，心上尘。有人说我，避祸林下，置身事外，担不得圣人之名。他们说得没错，我的确感到回天无力，林下讲学，池边论道，做个置身事外的人，学那潜鱼传心诀，学那栖鸟说道真，也算是用良知之学荡涤污浊尘世。

在左顺门事件之后，大礼议走向“大礼禁”。世宗正式钦定大礼，下诏改称孝宗为皇伯考，昭圣皇太后为皇伯母，追尊父亲兴王为皇考恭穆献皇帝，母亲为圣母章圣皇太后。左顺门事件以嘉靖皇帝的胜利，杨廷和诸臣的失败告终。许多朝臣或丧命，或下狱，或遭贬，朱厚熜不仅实现了追封自己父亲为皇帝的愿望，而且树立了新皇的威信，开始了他的统治。这场斗争表面上是“仪礼之争”，而实质上是朝臣与嘉靖皇帝、朝臣各派系之间的权力斗争。嘉靖帝借“议礼之争”，把前朝的权臣清理出朝廷，以免出现日后他们恃功自傲的局面。

由于桂萼和张璁密切配合，奋力抗争，他们的议礼主张得以实现。桂萼等终于击败杨廷和集团，在朝廷中确定了自己的政治地位。

仇恨是失败者记录下来的，它就像一个巨大的紧箍咒，箍得人无法呼吸。杨廷和致仕后，已有费宏接替蒋冕担任内阁首辅。费宏是个正直之人，却没有杨廷和的政治能量和胆识，出于道德上的鄙视，他竭力抑制桂萼和张璁参与到内阁重要事务上来。这样一来，虽然桂萼和张璁列名翰林，但他们也无法参与经筵和教习庶吉士，以及皇帝实录的修纂等。他们刚从南京被召回京城就任翰林学士时，连翰林院最低级的官员都拒绝向他们致意，更别说那些以集体辞职对他们入院表示不满的官员。

## 33

嘉靖三年（1524）正月，王艮来会稽问学，在我面前提起建造书院之事。我先前也有所考虑，只是每日将身心投入到大阐良知心学中，分身无术。如今，王艮既然提起，我便将建造书院之事交于他手。四方来学士子需要一个安顿所在，这样也便于讲学论道。

阳明书院处于一片寺庙古刹之间，浮屠对峙，楼阁参差，碧水浮烟，咫尺万状。在这种环境里讲学论道，人的气息都比他处脱俗三分。我经常看见僧人路过，不见拘谨，无有落寞，袈裟随风而动，佛珠在手中拂捻把玩，一派清风。这一年二月，绍兴郡守南大吉执"门生"之礼登门受学，悟得良知心学，于是他决定增辟修复卧龙山下的稽山书院，聘我主讲良知心学。

我的讲学之门向每一个人敞开，江左江右的文人儒士趋之若骛。很多时候，朝廷上那些视我为敌人的人，不怕我对他们使用权谋之术，而是恐惧于阳明学说让他们一潭死水的精神世界，产生了剧烈的摇晃。上到高层，下到基层小吏，我有多少门徒，就有数倍于之的敌人。

南大吉初来问学，问："先生，我从政以来多有过失，你为何无话可说？"

我问他有何过错，他就说了几件自以为的过错之事。我说："你说的这些，我都已经告诉过你。"

南大吉困惑不解："先生，你到底说过什么？"

我说："如果我没有说过，你是怎么知道这些过失的。"

南大吉说："良知。"

我说："良知二字难道不是我经常对你说的吗？"

南大吉笑了，我也笑了，我们各笑所悟，各笑所得。从此之后，南大吉经常来找我问学。有一次他来问我："行为上有过失可以改正，心上有过失如何是好？"

我的回答是，昨日良知未现，心上容易藏垢，人容易犯错；现在良知已现，一尘之落，自难住脚。而这正是圣人之道，需要修行（致良知）。

阳明书院和稽山书院以良知心学教育吸引了天下士子。钱德洪说，"环坐而听者三百人"，他只是目测了一次讲学现场。铁打的学场，流水的士子，来而复往的人，又何止三百。在这些人中，不乏落第举子。六十七岁的海宁老诗人董澐就是其中之一，年轻时屡考不中。一次偶然的机会，他在中天阁听了我的心学讲座后，就再也放不下，非要拜入门下。这个老诗人嗜读内典，究心释老，不好儒学，耽迷辞章之学。我见他年纪这么大，就劝他回家安度晚年。老人不容拒绝，说回家安顿好一切就再来受教。

有朋友劝董澐："您老这把年纪了，何必再那么用功呢？"

董澐回答说："我见那世上的儒者，个个支离琐屑，修饰边幅，打扮得像个偶像。而居于其下者，又将学场视作富贵利欲之场，让世人以为他们真有所谓的圣贤之学？我今日听闻阳明子的良知学说，如大梦初醒，我若不能投身门下，等于这辈子白活了。"

当别人向我说起这一切，我的内心感动不已，老人家年纪虽大，其志却壮。

两个月后，一个大雪封门之日，弟子们都躲在这个世界温暖的角落里冥思静坐，没来听我讲学，而我也有了一段难得清闲的时光。我没想到会有人在这时候叩门，当我看见董澐站在我的面前，泪水不禁夺眶而出。他不顾家人的劝阻，背着一个包裹，深一脚浅一脚地赶到会稽的深山里，要求入我门下。没想到这位年近古稀的老人会如此执着，我紧紧地握住老人的手。

我说："您老这么大岁数，何必如此辛苦。若是在路上遇到什么不测，让我于心何安？"

董澐说："我在忧虑不安中度过一生，希望能在死亡之前，找到脱离苦海的路径。如今得遇先生，我又怎能离开您重新回到樊笼里去呢？我是遵循自己的内心而来。"从此之后，董澐给自己取了一个号，叫"从吾道人"。

一个人只要他还在思想，还在行走，学习就不会停止。董澐向我这个五十五岁的老师行跪拜礼，我也并不觉得有什么不妥。他向我求学时，尊我一声老师，我视他为弟子。他的鹤发苍颜，我的执着于心，都是良知世界里不熄不灭的光。在雪光和烛光的辉映下，我们开始了第一课。

他让我想到了我的祖父王天叙，那个越老越开明，越老越对这个世界充满好奇心的老头儿。在一次听讲中，董澐问我："我帮弟弟卖粮食，做了亏本的买卖，连累许多人，这是不老实吗？"

我告诉他："你能认识到自己的不老实，也正是致良知的结果。否则，'却恐所谓老实者，正是老实不好也'。"

弟子们哄堂大笑，我止住这种不和谐的声音。我问他们，若是换作他们，会在近古稀之年，怀揣着一颗真诚的心去学习吗？若是做不到，就没有资格笑话董澐。

我告诉董澐："你虽然比在座的其他人年纪都要大，但你是一个大勇之人。在你的大勇面前，我们这些人都应该感到惭愧。"在天泉楼中，在阳明书院，我对董澐每天都悉心指点，董澐每天受教反省，写有自省录。董澐真是用心之人，他后来将自己在天泉楼上受教心得编为一集，题名《求心录》。

天泉楼，觉悟之楼。八月中秋，一轮明月高悬天宇，我在绍兴城内碧霞池上天泉桥举行了一场盛大的宴会，款待来自全国各地的一百余名弟子。酒喝到酣畅处，歌声乍起，所有的人都尽情地释放自己，击鼓者忘我，投壶者忘我，填词作诗者忘我，一个个涕泪满面，哭笑由心。

我不由得百感交集，人生就像是一场春秋大梦，何处起，何处落，谁也说不清，过去的再也回不来。江涛烟柳，故人倏在百里外，而月在天。

我喜欢弟子们围绕在身边，就算是沉默也是满满的充盈，就算是辩驳也是良知的显现。我告诫在场的弟子们，人只有一次生命，你们要做真正的自己，不要让眼前的幻景遮蔽了良知，不要将时间浪费在无谓的事情上。更不要学那些掉书袋的文人，只知道用那些死学问来装点自己的活人生，束缚自己，一辈子说糊涂话，一辈子做糊涂事。只要相信自己的良知，努力致良知而不欺骗内心，就能达到至诚的境界。

“万里中秋月正晴，四山云霭忽然生。须臾浊雾随风散，依旧青天此月明。肯信良知原不昧，从他外物岂能撄。老夫今夜狂歌发，化作钧天满太清。”在秋风里，在明月下，我用纯粹的越地乡音高声吟唱自己的诗。有人听出了我诗中的悲慨之气，寓意遥深。

这一刻，我忘记了我，忘记了现实带给自己的诸般困扰，也忘记了病痛给自己带来的沉重负累。亘古不变的良知就像今夜的明月，光明可以拂去云雾般的欲望。就算自己已经慢慢老去，也要狂歌一番，如身在天籁环绕之中。在天泉楼前，我向门人学子畅发“狂者”之说：

昔孔门求中行之士不可得，苟求其次，其惟狂者乎？狂者志存古人，一切声利纷华之染，无所累其衷，真有凤凰翔于千仞气象。得是人而裁之，使之克念，日就平易切实，则去道不远矣！予自鸿胪以前，学者用功尚多拘局；自吾揭示良知头脑，渐觉见得此意者多，可与裁矣。

日日求新，勇造至道。我在天泉楼上说的狂者气象，不是目中无人，不是鼻孔朝天，而是一种臻于至道的进取精神，一种致良知入于精微的践履精神。

狂者为何？狂人不是圣人，由狂入圣，不可止于狂。狂者，言意高远，行不掩言。狂者，率性而行，勇往直前，不愿为乡愿而媚俗。唯有如此才能接近于圣人之境。我的这些弟子来自社会的各行各业，各个阶层。有比我位高权重的官员，有落拓士林的文人学子，有一饱难求的贫民。在阳明书院，在稽山书院，我就这样在同诸生学子的讲学论道中发展着自己的良知心学。

造物难定，烟霞难依，我对门人的教化，根据他们的才德与所处的环境来选择合适的方法。我不管他们是权宦，还是布衣；是商贾，还是盗贼。只要他们肯登门，肯敞开他们的心扉，愿意接受良知学说。在良知心学的修行上，我将人修行的根器分为三等：下根之人，中根之人，上根之人。根基不同，立教有别，修行方法、进路及其达到的境界也不同，面对不同根基的人，需因材施教。我的弟子中曾有一位天资与悟性都极高的聋哑人，名叫杨茂。他的世界里没有声音，也就失去了语言。与他交流只能用笔，幸好他识字。

我问他：“你口不能言，耳不能听，心中能知晓是非吗？”

杨茂在纸上写下一个字——知。

我说：“人活只是活在此心，此心若能存天理，是个圣贤的心，口虽不能言，耳虽不能听，也是个不能言不能听的圣贤。此心若不存天理，与禽兽的心有何异？口虽能言，耳虽能听，也只是个能言能听的禽兽。”

杨茂指着自己，又指向天，表示他的一颗心日月可表，青天可鉴。造物主的慈悲与残忍超出我们的想象，他可以将所有的恩宠与荣耀都赋予一个人，也可以将所有的贫穷与残疾都赋予一个人。尽管如此，它终究无法剥夺一个人的良知。

我接着说："你口不能言是非，省了多少闲是非；耳不能听是非，省了多少闲是非。凡说是非，便生是非，生烦恼；听是非，便添是非，添烦恼。你比别人省了多少闲是非、闲烦恼，也因此比别人快活自在了许多。

"你如今于父母，但尽你心的孝；于兄长，但尽你心的敬；于乡党乡里、宗族亲戚，但尽你心的谦和恭顺。见人怠慢，不要嗔怪；见人财利，不要贪图，但在里面行你那是的心，莫行你那非的心。纵使外面人说你是非，都不须听。

"我今日教你，只是终日行你的心，不用口去说；终日听你的心，不用耳去听。"

"听从你内心的声音吧"，对于杨茂式的聋哑人来说，这绝不是一句空洞的话。顺着自己的本心行事，便可抵达圣贤的彼岸。我是这么做，我也要告诉我的弟子们这么做。

还有一个叫王畿的赌徒投入我的门下。此人本是一个嗜赌如命的少年，身上有着江湖侠士的洒脱不羁。正是他的任侠气概吸引了我。我专门让人带话，想要见他一面，结果被他一口回绝。

对付这个世界的有趣的人，不可用无趣之法。于是，我在讲学之余带领弟子们玩起了一种叫作"六博"的投壶游戏。这一招很是奏效，王畿私下里询问我的弟子："先生教的是赌术吗？"

我的弟子魏良器告诉他，自从投入我的门下，天天练博弈之术，博弈的花样翻新。

王畿找上门，向我发起挑战，并且提出，可以随意下赌注。

我笑了，说道："下注？那不是纯粹的赌博吗？你的良知允许你每天靠赌博来度日吗？"

王畿说："你成天跟人讲良知，可在我身上，你根本找不到良知何在！”

我说：“我愿意和你赌一回，一盘棋下完之前，我一定找到你身上的良知。”

王畿的执迷引发了我的好奇，若是一盘棋能让他破了心中所执，认识到良知的重要性，是最好不过的事。我与他连着下三盘棋，他口袋里的钱也被我赢光。他心越急，方寸越乱，方寸越乱，棋局也跟着大乱。直到他输得心服口服，收敛了狂狷之态，我才和他进行交流。我说：“我可以原谅你的不敬。可是你能够接受自己一生都这么稀里糊涂地过日子吗？你不同于赌坊里的那些人，你是一个读过书、得到过圣贤指引的举人，你不要辜负先圣对你的教诲！”

王畿叹息道：“我二十岁就中举，时运不顺，两次参加会试都落榜。”

我说：“你读书难道只是为了金榜题名、光宗耀祖吗？若是如此，你算是白读了那些圣贤书。单举东汉一朝，严光、梁鸿、郭泰、徐稚、茅容，这些儒门中人，都没有做过官。他们拒绝参加朝廷的察举推荐，可他们并没有被时间的流沙掩埋，他们被后人视为一代儒宗。与他们相比，你两次未能登第算不了什么，更不应该自暴自弃。”

王畿年纪不大，但是悟性极高，很快就成为我门下进步最快的弟子之一。他是个好奇心重、喜欢思考的人。有一次，他看到我对待两个师兄弟的不同态度：对待那个精明能干的弟子，我故意疏远于他，屡问不答；而对待另一个放荡不羁、口碑不佳的弟子，我却整天与他讲论。

王畿很难理解我的做法，就问我缘由。我告诉他，精明之人有太多心机，故意疏远于他，或能让他有所悔改；若对他器重，反而会助长他的恶习。狂悖之人大多是性情中人，因势利导、假以时日，并非没有成大器的可能。

随着时间的推移，王畿在精神层面越来越接近我。他认为，心体即是无善无恶，意亦是无善无恶，知亦是无善无恶，物亦是无善无恶。这与我认为从体上看心、意、知、物无善无恶，从用上看心、意、知、物有善有恶的思想是一致的。有人说，王畿提出的质疑激发了我后来的“天泉之悟”。他们给我的启发，并不少于我给他们的。

王畿告诉我，会用人生的前四十年探索自己的内心，用后四十年传播心学。有人评价王畿：满腔热情、缠绵固结、生生世世而不能自已。他是我引以为傲的弟子，也是我在心学之路上的知己。

我告诉弟子们，只要内心存有良知，就可以摆脱儒学为他们定制的条条框框，只要他们相信良知并保持内心的丰盈，就会得到快乐和宁静。

一直以来，被过分解读的程朱理学告诉人们，人生来就是不自由的，要学会束缚自己，管理自己，封闭自己。我则反复告诉弟子：“你从生下来那一刻就是自由的，如丛林之虎，如翱翔之鹰，如驰骋之马……”心学强调的是个体价值、人性解放。

我在与弟子的相处中，也找到了自己的心学方向。很多时候，我觉得不是自己成就了弟子，而是弟子成就了今日的我。我就像是一个花匠精心伺候着满园的花，而那满园的花又给我带来了无穷的乐趣，其中的每一朵都让我牵肠挂肚。

## 34

嘉靖三年（1524）四月，我守丧期满除服。按照朝制，朝廷本应立即起用，结果却遭到世宗与朝中大臣的百般阻挠。我能够理解，他们心目中，我天生就是个搅局者，是“异端学说”的倡导者，而彼时朝中“大礼议”正闹得沸沸扬扬。他们需要的是坚定的支持者，而不是我王阳明。

千里月明，百年行乐，我从不为自己的仕途忧患。如果说，我的忧患何在？那就在尘世人心的陷溺。世道浇薄，圣学不明，屈居林下不见用于世，反而坚定了我讲明圣学，走人心救赎之路的决心。

对于我的复职，朝堂之上，纷争不绝。无论支持，还是反对，都是围绕着我的心学思想。

他们口口相传，描述着他们想象中的我，可那个人到底是谁呢？我也为之眩晕。其实早在大礼议之争闹得最为猛烈之时，就有人向朱厚熜举荐我。大礼议之争刚刚开启之时，我的弟子和仰慕者也有牵扯进去的。或许是因为这一点，有人说我是背后的操控者。

在大礼议事件中，有三个很重要的人物选择了站在朱厚熜一边。他们是刚调入京城任礼部尚书的席书，吏部官员方献夫（我的弟子），光禄寺少卿黄绾（我的朋友，也是我的弟子）。

大礼议事件平息之后，这三人受到重用。无论是出于公心，还是私心，他们一次次地向朱厚熜举荐我。

由于北边战事紧张，世宗任命陕西三边设提督军务大臣一员。吏部推举杨一清和我，说均堪担大任。杨一清为此还专门致书于我，说他年迈不胜重任。言下之意，我去最合适。世宗不为所动，依然任命杨一清为三边提督，为他进而入阁打开了通道。

时任礼部尚书的席书上奏荐举我说："今一清已督三边，守仁当处之内阁，秉枢机，无为忌者所抑。"甚至说："今诸大臣多中材，无足与计天下事者。定乱济时，非守仁不可！"当我听到这些话时，非常感动。可是席书的话，在世宗听来，也许是另一番滋味在心头。他竟不顾皇帝身份的体面，直斥席书："近日边防多事，已命廷臣集议。席书身为大臣，果有谋略，宜即悉心敷奏，共济时艰，何必自为中材者，负委任！"

世宗的话说得不可谓不重，但并未喝退席书。时隔不久，席书再次举荐我，说："生在臣前者见一人，曰杨一清；生在臣后者见一人，曰王守仁。"年轻的皇帝如一块冥顽之石，谁也休想砸开他坚硬的核。他是铁了心认定我王阳明是邪说的主犯。能让我在乡居之地活着，就已经是皇恩浩荡。不想我入朝的大有人在，比如朝中阁老费宏，就怕我入朝夺了他的阁老宝座。

继席书之后，黄绾连篇累牍，为我入朝鼓与呼。他进上了《论圣学求良辅疏》，劝谏世宗明圣学，求良辅，其意却在举荐我入阁辅政。我们的皇帝既年轻又固执，他认定的事，别说九头牛拉不回，十头也不行。黄绾的苦口婆心，无异于对牛弹琴。对于崇信程朱理学的君王和他的大臣们来说，怎会将一个传播“邪说”的辅臣放在身边。

有人同情我，说这是我的人生悲剧。对于我个人来说，无所谓悲剧喜剧，可是对于良知心学来说，这的确是一场灾难。

我知道这是他们的好意，但也陷我于两难之中。他们的呼声有多高，反对的浪潮就会有多高。在这个世界上，有多少人欣赏你，就会有多少人厌恶你。对于那些朝中大佬来说，我如果返回京城，将有可能进入内阁，如此一来，便会摊薄他们的权力比重，这是他们所不能接受的。

我告诉黄绾等人，不要再为我出山而奔走呼号了，不然皇帝会愈加反感。我心中那团曾经燃烧过的欲望之火虽然没有熄灭，但已渐渐失去温度。之所以没有熄灭，是因为我对于事功还有自己的想法。如果要说人生的终极理想是什么，那么就是用良知之学改造这个世界。就在不久前，右佥都御史聂豹趁巡察的机会，来到余姚拜访我，我们之间有过一番畅谈。

分别之后，聂豹写了一封千余字的书信寄给我。他说：“与其尽信于天下，不若真信于一人。道固自在，学亦自在，天下信之不为多，一人信之不为少。”

我对此深表赞赏，我知道这是聂豹在为心学没有得到社会主流的认可而打抱不平。阳明心学的影响力像风一样吹过大地，所过之处，花草丰茂，日月朗照。随着心学的风行，自然分为两大派：支持我复出的和反对我复出的。我虽无意入朝入阁，但世宗的独裁独断，与阁臣费宏之流的排挤异己，使得远避越地的我也难以逃脱疑谤之灾。这一年，恰逢绍兴守南大吉考满入觐，引起朝中大员的警觉。南大吉与我在绍兴大倡良知心学的诬谤之名，如同京城上空飞过的一群乌鸦，给他们带去不祥的预感。南大吉入觐到京，很快以辟稽山书院讲良知心学、编刻《传习录》等罪罢归。

我知道朝廷罢斥南大吉，意在打击我，阻遏我的复出。南大吉归居渭南，我为他不平，更为良知不平。我在给他的信中，愤慨道：太虚之中，何物不有？而无一物能为太虚之障碍。我的良知之体，来自一个人的聪明睿智，来自一个人的宽仁温柔，来自一个人的奋发刚毅，来自一个人的斋壮中正，它如同人的美德，广博无垠；它如同深不可测的泉水，时时涌出。不慕富贵，不忧贫贱，不患得失，不取舍爱憎。那些东西统统不重要，都是遮蔽良知之体，堵塞良知之窍的尘沙。南大吉啊！四方之士，我见得多了，没有比关中更兴盛的。我仰首向天，发出天问：今日之归，谓天为无意乎？谓天为无意乎？

我犹如落入罗网中的飞鸟，挣扎不休，呼喊不止，纵然无法挣脱罗网，也要让更多人听见呼喊。这呼喊对我来说，就是大声地阐发良知心学。这时适逢来年会试将临，我将此次科举大比看作宣播良知心学、试验良知心学锋芒的机会。那些掌握别人命运的人，不是不喜欢心学吗？他们不是要禁灭良知之学吗？我不能让良知心学的星火黯淡下去，我要让良知飞起，让良知唱出烈火的歌吟。

嘉靖五年（1526）正月，我亲自挑选了一艘大船，送别王畿、钱德洪、闻人诠、黄弘纲、张元冲等弟子北上赴京赶考。这场会试，我的多名弟子都中了进士。王畿、钱德洪也省试中举，但他们遵照我的嘱咐，放弃了廷试。

王畿在考试中不顾场屋程式，直抒己见，大阐心学宗旨，完成了我临行前交代的“非子莫能阐明之”的重任。他们回到绍兴，我以英雄之礼相待。在我和弟子们的心目中，他们就是英雄，宣扬良知心学的英雄。有人说，我借弟子之力，向朝廷示威，是为自己谋出路。理解我的人，自然理解，不理解的，再辩解也不理解，且由他去。

不久，杨一清复礼部尚书、武英殿大学士、直阁，费宏一党走向败落。天下士子以为太平将至，我却并不感到乐观。当杨一清致札向我询问政事时，我毫不讳言自己的想法。我直言他所面临的困境，上有世宗专权，下有小人掣肘，难以行道施政。正德年间，逆贼刘瑾窃国，因成元老，视臣如奴。现在换了世宗，选用的大臣，又都是“守故习常，是特妇女之狎躬，乡氓之寡尤”，阁臣若是无法做到立德、尽忠、施才，就会处于皇帝的淫威之下，一旦风涛颠沛，变起不测，必遭覆舟倾国之祸。既当其任，天下之祸将终不能免。

杨一清虽然再次举荐我，年轻的皇帝还是拒绝我的出任。他那么崇仰程朱理学，听说他以帝王之尊写了名为《敬一箴》的小册子。他以此教化天下，宣扬儒学，颁行各地，立石孔庙，而高要学宫则是当时的府学宫之一，自然成为“敬一箴”取得的单位。

随着杨一清的直阁重用，费宏下台，张璁步步紧逼，开始与杨一清分庭抗礼。而此时，他们都将目光投向我，抢着举荐我出来应付危难。张璁进兵部担任右侍郎，立即上了《论边务疏》，举荐我任西北总制之官。世宗一如既往地拒绝我出任。到十二月，朝廷派张璁、桂萼再修《大礼全书》，席书乘机上书奏荐召起我赴京咨议大礼。世宗没说可以，也没说不可，他什么都不说，等于什么都说了。

这些年我在越地潜心讲学，心学版图正在一步步扩张，再次出山，会让那些追随我的弟子，以及信服我的儒生们内心产生动摇；我的身体也不容我任性胡为，肺病不断恶化；让我堪慰的是儿子的出生，家庭生活的牵绊让我难以取舍。

我和结发妻子诸芸结婚三十余年，膝下无子。尽管如此，我对这个默默守护在身边的女子仍有几分惭愧之意。她包容了我，也成就了我。嘉靖四年（1525）正月，诸芸离开了人世，这让我感到生活的艰辛压抑。

这么多年，她在我辽阔高远的心灵世界之外，搭建了一座充满世俗生活气息的家园。她给了我一片天，自己却困在原地。她守着的人，不是身在路上，就是心在路上，不知疲倦，也从未停歇。很多时候，我会忽略她的存在，忘记还有一个女人和一盏灯火在等待着自己。就像是夏日里，我们见到荷叶上滚动的一滴水珠，无论那颗水珠有多么晶莹剔透，它都离不开荷叶的承托。同样的道理，明丽的思想也需要世俗生活的承托，一旦思想的水珠滚出世俗的那片荷叶，一切都会变得毫无意义。

诸芸是一个恪守妇道的女人，她身上有着中国妇女的传统美德，贤淑而善良。这么多年来，她一直留在老家替我尽着孝道，从无抱怨，也从无飞短流长。

我半生飘零，而作为妻子的诸芸一直处于担惊受怕的状态。虽然如此，我每次与她久别重逢，都能从她的眼神里读出怯懦与不安。诸芸一直没为我开枝散叶，每次回到她身边，我都能从她躲闪的眼神里、喏喏的话语中，捕捉到她的愧疚。尤其在我四十四岁那年，由父亲做主，把堂弟王守信的儿子王正宪过继到我的门下。那一夜，她抱着孩子，啜泣不已，不知是欣喜，还是伤悲，或许兼而有之。

上天待我不薄，正当朝堂上还在为我出不出山，争执不下时，我的第二任妻子张氏为我生下一子王正聪（王正亿），这弥补了我人生当中的一大缺憾，也给我的林下山居生活带来了欢乐。我在孩子满月这一天，宴请四方宾朋，大醉一场，来到诸氏的墓前絮絮叨叨说了一些谁也听不明白的话，我相信，九泉之下的诸氏也会为我高兴的。

官场的失意，病体的困扰，都算不了什么。良知结出果实，虽然年已五十五，但老天还是赐我一麟儿，我还有什么理由不满足呢。看来上天待自己还算过得去，我很是满意当下的生活。

人生总是且喜且忧，总不让人喜乐绵长。翻过年头，嘉靖六年（1527）三月，京城传来消息，礼部尚书席书去世。一个直到生命的最后时刻还在不断向朝廷举荐我入朝入阁的同道，就这样撒手而去。他对我的信任，不啻金石之固。

我内心悲痛难抑，连夜作了一篇《祭元山席尚书书》，痛曰：

> 呜呼元山！真可谓豪杰之士，社稷之臣矣。世方没溺于功利辞章，不复知有身心之学。而公独超然远见，知求绝学于千载之上；世方党同伐异，狥俗苟容，以钧声避毁，而公独卓然定见，惟是之从，盖有举世非之而不顾……

正当我沉浸于缅怀老友的悲伤情绪时，突然接到赴京亲领拖延迟到六年的诰券禄米。我知道，这是杨一清任首辅后，送给我的一份礼物。杨一清的日子并不好过，从表面上看，张璁和桂萼貌似拥护他，其实背后暗流涌动。高层存在不同见解是最平常不过的事，关键在于决策者能否采用高明的政治手段缓解它的激烈程度，或者将其消解于无形。比如说在用人方面，张璁主张不拘一格选人才，在朝廷内部进行一场换血式的全面改造。而杨一清则主张循惯例，利用规则来提拔和培植可用之人。张璁、桂萼等通过推行翰林院改革，回击杨一清就翰林院制度“未可轻改”的论调。

广西思恩、田州地区爆发的一场叛乱事件打乱了朝廷的争端与对我的安排。

叛乱的发起者是当地势力很大的一支土著，领头之人叫岑猛。当年太祖朱元璋平定天下，建立本朝，岑氏人主动献出他们的地盘田州向大明表示效忠之意。为了嘉奖他们的忠诚，太祖专门为他们设置了田州府。岑家的势力不仅体现在他们有一支庞大的家族卫队，更让朝廷忌惮的是，他们对表面上效忠大明帝国的田州军队有着唯一的指挥权。

嘉靖五年（1526）四月，桂萼推荐姚镆领兵八万奔赴广西平乱。姚镆在平乱过后没有及时安抚地方势力，反而处决了那些投降的俘虏，用血腥杀戮来压制地方势力。第二年七月，岑猛的残余力量在田州又起叛乱。姚镆剿匪付出惨重的代价，不但没能让地方恢复平静，反而将广西地区引向更加危险的境地。万般无奈之下，张璁、桂萼等人向嘉靖皇帝也一改往日做派，上疏荐举起用我。

面对朝廷的再度邀请，我是拒绝的。嘉靖皇帝并不是真的需要我，而是因为平叛无人，才想起我这个重病缠身之人。对我来说，广西之乱并不足以忧虑。朝堂上下早已响彻让我出山的呼声，可皇帝不以为然。如今在权臣的提议之下，朝廷却硬要将一个重病之人推向前线。

我上了《辞免重任乞恩养病疏》，以此表明自己的心迹：我身患重病，有可能“出师未捷身先死”。这并不是夸大其词，这些年来，我辗转各地，身心受到极大的创伤。远谪龙场让我的身体透支严重，所幸大难不死。还没来得及调整，又奔赴各地为朝廷剿匪平乱，再加上平日里广收弟子，终日讲课，就是铁打的身子也经不起这般昼夜忧劳，眼见着咳血的频率日甚一日，终于卧床不起。

世宗和他身边的那些权臣收到我请辞的奏疏时，并无怜惜之意，他们甚至用阴谋论考虑问题。我在奏疏中指出了姚镆处理失当的问题，目的是想提醒朱厚熜改剿为抚，朱厚熜却认为我在暗示姚镆碍事，因此请辞，便下令让姚镆致仕。而黄绾又不合时宜地上疏，为我早年剿匪平乱请功，让皇帝为我补发铁券岁禄。

朱厚熜虽然应允下来，但也给我颁发了一道措辞严厉的圣旨：该剿该抚，该设土官还是流官，任凭你王阳明处置。不过你的选择只有一个，那就是——不得推辞。

皇帝把话说到这个份上，我还能有其他选择吗？我居乡六年的生活结束了。

# 十、我的良知召唤

思田平叛，此心光明

人这一生兜兜转转，倏忽千里，时间深处弥漫着美丽的伤感。

往事如同快速倒带的胶片电影，每一格都是转瞬即逝的人生片段：山阴、龙场、书院、京城、南赣、广西、徐爱、湛若水、弟子、家族、儿子……

我艰难地睁开眼睛，嘴里含含糊糊地吐出一句“我要走了”。……用最后一丝气力留下了人生的八个字：“此心光明，亦复何言！”

## 35

养病期间的我经常会无端地陷入回忆之中，这是逐渐老去之人的自然反应。

我的思绪经常会将自己带回到青春年少之时，回到那个对酒当歌、策马奔腾、敢登长城射胡人的少年王守仁身上。在永恒的时间面前，人的生命都是脆弱的，与那朝生夕死的蜉蝣差不多。我曾经以为，人打败时间的方式只有一种，那就是让自己不朽，而让自己不朽的方式也只有一种，那就是成为圣贤。

我还记得在烽火台上大声朗诵的高适的那首五律：

行子对飞蓬，金鞭指铁骢。
功名万里外，心事一杯中。
虏障燕支北，秦城太白东。
离魂莫惆怅，看取宝刀雄！

这些时日以来，我养成一个照镜子的习惯，镜子里的自己已不复昔日神采，像是一匹行过千山万水的瘦马。从王守仁到王阳明，从纵马塞外的少年到生死悟道的中年人，从余姚出发，北京落脚，辗转贵州，从南赣到江西，我为自己能够拥有如此精彩的人生而自得。

如今的我回望那个视“圣贤为第一等事”的少年，我有骄傲的资格吗？我算是名满天下了吗？我不敢想，我又止不住地想，每想一次，内心都会生产战栗。四方“裹粮而来”听我讲学之人是否像当初的我，一声声地问自己：我因何而来？他们有着饱满的激情，“更相就枕席，歌声彻昏旦”，余姚成了朝圣之地。

与我暴涨的声名形成鲜明反差的是，我要表达的思想越来越简单，越来越直接。一拨人来了又走，一拨人走了又来，越是简单，传播的速度越快，影响力也就越大。

嘉靖六年（1527）九月八日，别无退路的我无奈上路，我在几个贴身弟子的陪同下，又一次离开自己的故乡。而这一次，我的心情异常沉重，就像一个赴死的战士。这么多年来，我从未产生过这种决绝的念头。

临行前，我找来最为信任的朋友和弟子做了一番细致的交代，也向家人写了一份遗嘱。我专门为弟子写了《客坐私祝》，告诉他们日常生活中应当谨记于心的事项，提醒他们远离狂躁惰慢之徒，禁止赌博饮酒。我还给杨一清写了一封信：“如果这次出征事毕，你就让我当个散官吧，让我去国子监讲学，守仁感激不尽。”

这天晚上，月上中天，三觞酒罢，在等待出征的时光里，我带着弟子钱德洪和王畿登上天泉桥。我喜欢站在这里，极目远眺。远处的古树奇石，有一种不饰雕琢的自然美。眼前的一切，总会让我不自主地游离出现实。事上磨，让我这一生都停不下来。我想利用这最后的闲暇时光，裁定二人对于“四句教”的解释。

夜风透着几分凉意，我咳得更厉害了，大口地喘着粗气，就好像黑暗处有一双鬼手紧紧地卡住了我的喉咙，令我无法轻松地呼吸。几十年的思辨、讲学，一场场生死煎熬的较量和困顿苦闷的突围，让我的身心始终处于紧绷的状态。颠沛流离的生活让我患上了肺病，但肺病给我的生活也带来了异于常人的晦暗与明亮。

王畿那天晚上似乎有太多的话要说，我记得他说到了佛家实相幻相之说。他说，有心俱是实，无心俱是幻，是本体上说工夫；无心俱是实，有心俱是幻，是工夫上说本体。

我说："是的，你们要好好互相为用，不要失去良知心学的宗旨。为什么说，有心是实相，无心是幻相；有心是幻相，无心是实相。"

王畿继续道："前面所说是以本体证工夫，后面所举是工夫合本体。有无之间，不可互相质问。"

我笑了："可以的，你说的这是究极之说，你们既然已经知道，正好可以加以利用。你们二位以后与人交流，除了要记得我教给你们的'四句教'：无善无恶是心之体，有善有恶是意之动，知善知恶是良知，为善去恶是格物。在修行的过程中，还要因人根基不同，而因材施教的问题。我们现实中遇到的人，都是异化无根基之人，一个在不同程度上人心沉沦、良知迷失的人，要从'四句教'中直接体认心体、致良知以复心体是不可能的。所以，要将'四句教'加以补救。"

我闭目思索片刻，继续道："我这里还悟得一套'四无教''四有教'，你们也可将其称之为'八句教'。这'四无教''四有教'，就是从'体'与'用'上划判修行入手进路、为根基不同的人所立的两个修行教法：所谓'四无'，是指心、意、知、物，皆无善无恶，'四无教'是对悟得心体的上根之人所说教，是从本体（体）入手，故为顿教；所谓'四有'，是指心、意、知、物，皆有善有恶，'四有教'是对未悟得心体的中根以下人所说教，是从工夫（用）入手，故为渐教。我今日提出的'八句教'，其实就是由迷入悟，由凡成圣的修行教法。你们依照这八句话去好好修行，定能跻身圣人之位。"

我很满意弟子的解读，乍听上去像是一句禅语，其实说的还是致良知，而心之本体就是良知。良知之中有工夫，工夫之中有良知，良知与工夫合一。没有无良知的工夫，也没有无工夫的良知，良知总是在工夫中提升，而工夫是本体的作用。

我说的本体就是良知，工夫就是致良知。这是一个残损的句子，没有主语，主语被省略了。主语是我王阳明，也是你，或者是他。而我所要做的，是让这个主语的圈子扩张得更为辽阔。

虽然一万个不愿意，但我还是上路了。王畿与我在严滩的对话后来被世人称为“严滩问答”，我们在那里谈论到了佛教的实相与幻相。人这一生兜兜转转，倏忽千里，时间深处弥漫着美丽的伤感。这些时日以来，我感到自己老了，而一段衰老的生命是应该选择沉默的。

嘉靖六年（1527）十月，我从鄱阳湖沿赣江向南逆流而上，抵达南昌府港口南浦。八年前，这里是我平定宁王之乱的主战场，由此也在我的脑子里留下太多难忘的回忆。回忆让我陷入一种强烈的虚无，现实和想象哪一个才是真的？我努力地回忆，自己到底什么时候来过这里。

这里的军民提醒着我，他们没有忘记我，当我乘坐的官船驶入南浦流域，码头上早已挤满了顶香相迎的军民，街道两旁也是围得水泄不通。

这种高规格的礼遇，让我心生愧疚。疯狂的场面已经很多年没有发生过，我乘坐的轿子从人群的头顶上方传递到南昌府衙。这里的军民越热情，我的愧疚之意就越深。当年他们为了平定叛乱，做出了巨大的牺牲，可出身于此的很多将士不但没有获得功名，有的还身陷牢狱，被朝廷反复审查。

十二月三日，我抵达广西梧州。梧州在汉朝时期被称为苍梧州，属交趾郡。这里虽然是边境蛮荒之地，但它是大明王朝的西南屏障。再加上多民族在此杂居，自古以来是兵家必争之地，也是帝国政治的敏感区域。从绍兴到梧州，两个半月的南征行途，也是我宣播良知心学的过程。知行合一，不可偏废，我的身体行走在路上，我的良知也行走在路上。我一路行，一路思考着平灭思、田民乱的作战事宜，探访民情，征询民意，寻访贤达之士，增长见闻。我在搜集整理各种信息的过程中，逐渐形成“破心中贼”的良知心学，同“破山中贼”军事行动结合起来的初步构想。我的攻心为上与朝廷的征剿杀戮是两条道，既然朝廷派我来此，我就要付诸实施。

经过调查研究，向嘉靖帝上了一封《谢恩疏》，顾名思义，我要感谢他对我的信任，将这么重要的任务交给我。然后笔锋一转，我将自己的计划和盘托出。我认为，田州、思恩的地理位置非常重要，是防御安南国的第一道屏障。如果朝廷无法控制此处，就等于在西南边陲打开了一道缺口。我的策略是以抚为主，去掉流官，保留土官，因为“流官之无益，断可识矣”。

朝廷应以当地土官为主来治理，这样有助于本土的防御。此处与交趾国接壤，朝廷可以安抚那些身处深山险境中的土著，借其兵力而为中土之屏障。若是将其诛灭，改土为流，无异于自撤藩篱，酿成边境大患。

上奏疏之后，我由梧州启程赴南宁，正式开始招抚卢苏、王受。十二月二十六日，我抵达南宁。为了表示官府招抚的诚意，我下令全部撤去调集防守的军队，几天之内解散回归的军士有数万人。我在未进入南宁城之前，就已经听说卢苏、王受有归降之意。我尽撤防守之兵，更坚定了他们的归诚投顺之心。他们很快派来手下头目黄富等十余人，来南宁见我，表示愿诚心投顺，乞宥免死，给他们一条活路。

我给他们写了一张纸牌，并承诺，牌至，卢苏、王受就可以解散部众，各自复业安生。只要他们即时出来投诚，定会赦免他们的死罪，保全他们的身家性命。我随后派参谋龙光同黄富一起回去劝降。听龙光说，他们将龙光认作我，不敢仰视，欢声雷动，受招投诚大计算是正式议定。

商定之日，卢苏、王受率领两万部众到达南宁府城下，分四营屯驻。第二天，卢苏、王受两人自缚，同各自手下头目数百人赴军门投见，各具投状，乞免一死，愿为国效命。这是我最近两个月来经常在梦中出现的一幕，竟然成真。既破了山中贼，又破了我心中贼。此胜，不在刀兵，在于良知。我亲自出城，安抚城外的投军，他们每个人脸上都笑逐颜开，如归乡的游子，投林的倦鸟，盼着回到生活的正常轨道上来。让我更没想到的是，其后十日，陆续有七万多逃入山中的夷民自缚来归顺，我将他们全部放还归农。

一场历时三年之久的骚乱，就这样被我迅速平定。不杀一兵，不戮一民，夷民全部遣返归田复农。有弟子不明其理，我告诉他们："班师不待七旬，而顽夷即尔来格，不折一矢，不戮一卒，而全活数万生灵，是所谓'绥之斯来，动之斯和'者也。"我从不崇尚杀戮之道，安其民，远者闻风而来；一言一行，动之以和。唯有唤醒迷途者知善知恶的良知，破心中之贼，才能让他们回到新生之路上来。

我设立土官与流官并用的方案得到朝廷的允准。让我感到意外的是，时任吏部尚书的桂萼居然也投了赞成票。事后，听人说，他这么做的目的是要将我困于广西。本朝有制，土目先试以巡检，知州先试以吏目，知府先试以同知。试三年，而后实授。三年，我不禁心生凄然。他这是要将我困死在这里，他们怕什么呢？怕我入朝，还是怕我入阁，怕我抢了他们的官位，还是怕我夺了他们的俸禄？

我设置土官流官并用之制，不仅困住自己，也引来反对者的诘责与非难。尤其是我将叛将卢苏、王受立为土官，更让他们难以接受。从朝廷到地方都有一派主张剿杀诛灭乱民，反对招抚，反对设土官。包括前任姚镆一班征讨官员，他们诬告岑猛父子与卢苏、王受谋反，征讨失利，姚镆再乞集兵剿捕。

我对招抚任用卢苏、王受的所作所为毫不动摇，从"抚民安边"和"教化修德"上展开平思田之乱的善后事宜。我上了《举能抚治疏》，荐举一大批我认为的贤官，更是举荐卢苏、王受担任土巡检，还力主立岑猛之子岑邦相承袭土官之职。我推举"谙土俗而悉夷性"的岑邦相袭任田州土官，完全是"曲顺各夷之情"，尊重土民夷俗，也算是对朝廷误杀岑猛父子的冤案的平反，为的是抚民安边，“御地方之患”。

为了将自己安抚为主的战略决策传递出去，我下令，解散湖广兵之外的政府守备军。其实说解散并不是真正的解散，而是在解散和暂留之间。暂时让解散的队伍就地务农，让湖广兵守卫思、田地区的城池。同时贴出告示：军队所过之处，不得侵扰百姓，有违令者，杀无赦；被解散的人员回到家后，不得恃强凌弱。

在未动一兵一卒的情况，我就平复了思恩、田州叛乱。我再一次用致良知的方式打开了现实的路径。我知道，这一地区的军民并没有放弃良知世界的光明，他们并不想让自己生存的家园变成血流成河的战场。对于他们，使用暴力是最愚蠢的手段，只会让局面陷入更加糟糕的境地，姚镆就是前车之鉴。

一直以来，我都是一个习惯于将外部战场引向内部良知的领军者。有人说我用的还是《孙子兵法》，虚虚实实，让对手找不到方向。其实又怎知，看似漫不经心的每一步，都饱含着致良知的过程。随后，我将致良知用于教化修德。思、田之地，风教不振，人心陷溺，路上看不见良善之民，学校看不见向学之士。要让这里山水清明，惠风和畅，在于安定民心，提升民德。从兴办学校，推广理学教学入手。学校乃风化之原，礼教兴盛之地，理学倡明之源，关乎民风习俗，学校教育是安土治民的头等大事。于是，地方开始选拔诸生，兴建府学，推行乡约。我亲自下南宁府学、县学以及书院中讲学，发良知之教，朝夕开导诸生。

我在南宁城东北选中一块空地，修建了敷文书院。战乱之后，人心迷失，正学不明。要匡正人心，树正民风，就是要救赎异化的人心，复悟本性。延请深得良知心学的弟子季本为师，在此设席讲授良知心学。

# 36

广西浔州的万山丛中，湍急的浔江如一柄开山刀，将山体从中劈开。在诸多险崖峡谷中，大藤峡最为高峻险绝，自古以来，这里便是乱寇盘踞的巢穴。从大藤峡到府江，群山绵延六百里，杂居僮、瑶土民，只因他们不堪官府的盘剥压榨，纷纷啸聚占山，筑寨守险，与官军对抗。朝廷派大军入山征剿，屡屡失败。直到成化中，都御史韩雍率十六万大军征剿，深入险阻，擒杀瑶酋侯大狗，平息了多年的乱患。大藤峡中有条条巨藤悬挂两崖，瑶民攀爬上下如飞，韩雍下令斩断峡谷中的巨藤，改名为断藤峡。自此浔州地方安定二十余年。但从正德五年（1510）以来，瑶民之乱复起，势焰炽张，朝廷剿抚兼施，均无成效。

在我平定思恩、田州的叛乱时，盘踞于断藤峡的瑶民却凭借着天险，控制了交趾以南、云贵东部、浔阳和府江之间一大片狭长的地带。叛酋拥兵数万，以断藤峡为中心，上连八寨，下通仙台、花相各峒，千里骚动，东西奔突，南北摽掠。

或许他们早就听说我在剿匪平乱方面的功绩，此番来广西，一定不会轻易放过他们，因此劫掠有所收敛。一天天过去了，随着时间的推移，他们见我并没有采取任何军事行动，而是建学堂，设立军政府，好像把藏身于密林深处的他们都忘记了。久不见动静，他们的戒备之心也随之放松，抖一抖身上的尘埃从藏身的深山险谷中钻了出来。地方官员在向我报告叛情，说八寨瑶贼为祸甚烈。

这段时间，我也在犹豫，是继续向前推进，将广西境内的叛匪来一次彻底的扫荡，还是见好就收，到此为止。如果朝廷把我在这里布局的策略一以贯之，至少可以保证二十年不用动干戈。因为我遵循的是天理人道，凭的是良知。

断藤峡、八寨的瑶乱有深远的历史原因，叛乱波及闽广、云贵，甚至南通交趾的夷民，而安南当时也发生内乱，情势越发严重。朝廷各种方法都用了，最终对他们是束手无策。这帮盗贼的良知已经被眼前的险山茂林遮蔽得严严实实，百年不见光明。对付他们，招抚肯定没用。

左江道官员告急说："断藤、牛肠、六寺、磨刀等处瑶贼，上连八寨诸夷，下通白竹、古陶、罗凤、仙台、花相、风门、佛子等峒各贼……近因思、田用兵，遂与八寨及白竹、古陶、罗凤等贼乘势朋比连结，杀虏抢劫，月无虚旬，煽惑摇动，将成大变。"再凶险的地方也有它运行的秩序，我不敢再采用招抚之策。

我采用疑兵迷敌之计，先做出解散军队、罢征息兵的姿态，停止调兵集粮，罢还永顺、保靖二土司兵，南宁城里一派和平景象。在迷惑断藤峡、八寨的叛民时，暗中却在调兵遣将，又命土目卢苏、王受杀敌报效，统兵从间道突入八寨。

我以六千奇兵突袭断藤峡，以八千奇兵突袭八寨，分兵进剿。我命令各路官军在后半夜出发，一路上官军偃旗息鼓，悄悄地摸进山里。

各路官兵骤然而至，断藤峡一带的敌众毫无防备。四面围攻，攻破断藤峡，生擒敌酋头目。官军一路追杀，清扫巢穴。随后，我命令各哨官兵继续进剿八寨，依然采用奇袭之策，为了不发出声音，士兵和马衔枚而行（嘴里含着类似于筷子的东西）。此举果然奏效，官兵通过沿途村寨时连狗吠之声都没有。当官兵突破石门天险，攻入贼巢时，叛民以为官兵从天而降，慌乱之下，也只有四散逃命。

这帮盗贼没想到我会突然发起攻击，在他们的印象里，官兵并不擅长丛林游击战。

他们也不明白，这帮擅长平原战的官兵怎么像是插了翅膀。不要说是黑夜，就是大白天，没有当地山民的引路，想要进入深山密林之中，也不是一件容易的事。对方摸了进来，他们居然毫无所知。

连续平定断藤峡、八寨的叛民，又接连攻破古蓬、周安、古钵、都者峒等寨，追剿直至横水江边，仅用了三个月的时间，就平定了广西百年的瑶乱。这种成效震动了朝廷，也给世宗和朝臣杨一清、张璁、桂萼等人出了一道难题。

剿匪虽然取得了胜利，但是我的身体却每况愈下。我实在无法忍受这里的湿热气候，病情也凶险万分，让我一度嗅到死亡的气息。我已经不能自如地上马杀贼，下马讲学，只好被抬进南宁城。我从未如此悲观，甚至产生一种强烈的预感：命将不久矣。

这或许是我最后一次勒石纪功，最后一次向朝廷上奏捷报。像往日一样，我在报捷疏中，再次提出要求，希望朝廷能够准许我回乡养病。除此之外，我还在奏疏中为那些出生入死的将士们讨要军功。我在奏疏中指出，八寨、断藤峡的乱贼长年祸害两广地区的百姓，既然朝廷让我到此平乱，我不能坐视不管。为预防祸患，希望朝廷能够将柳州府的卫城搬到八寨。

在进入广西之前，我已经为自己想好了退路，我并不奢望自己人生中的第三次出征能有什么奇迹发生。而我临行前的顾虑也正在一一应验，年轻的皇帝对我只会有着短暂的好奇与热情。他问手下的大臣们："那个曾经平定了宁王之乱的王阳明怎么又荡平了广西叛乱？这里面不会有什么猫腻吧？他不会谎报军情吧？"

杨一清说："这是个很奇怪的人，一天到晚喜欢蛊惑人心，恨不得带着天下书生去造圣人的反。"

大学士桂萼也趁机进言："王阳明这个人行为怪诞，很多时候国家法度都拿他没办法。他不让书生去读圣人书，却让他们跟着他修习心学，是个狂妄自大之人。这次皇上让他去征讨思恩、田州，他却要安抚；没让他攻打八寨、断藤峡，他却偏偏要以武力征服这一地带。他要承担'征抚失宜，处置不当'的责任。"

所幸的是，这个世界还有人信奉"公道"二字，礼部尚书霍韬、我的朋友黄绾，都为我据理力争。尤其黄绾的上疏更为激烈："臣以为忠如守仁，有功如守仁，一屈于江西，讨平叛藩，忌者诬以初同贼谋，又诬其辇载金帛。当时大臣杨廷和等饰成其事，至今未白。若再屈于两广，恐怕劳臣灰心，将士解体。以后再有边患民变，谁还肯为国家出力，为陛下办事？”

到嘉靖七年（1528）六月，我平定卢苏、王受之乱与断藤峡、八寨之乱，朝臣举荐我入阁的呼声又起。桂萼提出让我在两广之地再留三年，说什么“责以抚处三年，则两广之事大定，而所设之官可以一听其自为”。我进上《八寨断藤峡捷音疏》后，不仅没有等来君王的赏赐，还反倒让他们找到我的罪证。嘉靖皇帝给我两条罪名：捷音夸诈，有失信义；恩威倒置，有伤大体。

更令我感到惊怖的，除了君王无情，还有臣子无义。听说桂萼唆使锦衣卫官员聂能迁诬告我，说我用百万金银托黄绾贿赂张璁，得到两广之任。虽然诬告失败，但中伤我的目的达到了。山岗、茂林、庭院，日光黯淡，来时多疲惫，去时就有多艰难，我在南宁陷入了绝境。

语言是一条路，也是一堵墙。讲学和平乱，都是罪，都是欺罔之道。我已经无法下床了，像一个破旧的风箱扔在床上。一声紧似一声的咳嗽带来的阵痛让我整个人都灌满了风，变了形。我有时觉得，自己会在某一段剧烈的咳嗽之后，一口气上不来，就此离开这个世界。我不甘心倒在这里，强大的意志力支撑着我这棵已经被岁月蚀空的老树能够挺过这段最难熬的日子。我相信，只要回到故乡，秀美的山川河流，甜润的雨露空气会让我重新活过来。

我越来越沉默，不是因为衰老，而是真的没有说话的力气。这个世界的光亮正一点一点地离我而去，我体验到的是一个晦暗的世界。对于这个世界，我没有丝毫的兴趣，可又无法阻止它的到来。这种明显的消沉正是肺疾趋于恶化的表现，也是结核病人逐渐走向生命衰竭的典型症候。对我来说，广西平乱并没有多大的难度，但是长途跋涉，体力和脑力的过度损耗，让此时的我疲惫到了极限。

病情的日益加重，让我归心似箭。我勉强在床上支起病体，给皇帝写了长长的《乞恩暂容回籍就医养病疏》。我说，朝廷重用不才之身，并委以平乱安国之重任，自己对此心怀感恩。虽疾病缠身，但已做好克己奉公、为国尽忠的准备。这次因咳嗽和腹泻让身体极度衰弱，想尽早返乡养病。

我诚心诚意奏请回乡养病，就连这小小的要求都被朝廷驳回了。嘉靖帝连拒绝的话也说得冠冕堂皇："卿才望素著，公议雅服。近又深入瘴乡，荡平剧寇，安靖地方，方切倚任。有疾，宜在任调治，不准辞。"归养不得，功劳不得，得到的却是漫天风雨。天要绝人，人奈何。我无辩可辨，可又止不住疑谤四起。

我在给朋友的信里写道，遍身皆发肿毒，就连早晨穿鞋、晚上脱鞋这样的小事都无法完成，病情极度恶化，已经不能坐立。我越来越感到时间的紧迫，不能在这里耗到最后一刻，我憧憬着早日回乡，和弟子们一起讲学论道。

虽然我已经卧病在床，备受煎熬，但只要能够握笔，只要能够开口说话，我都会与人论学，尤其关注弟子的讲学情况和他们的学问休养。钱德洪、王畿来信告诉我，自从我离开后，余姚中天阁的讲学从未间断，绍兴书院的子弟也在他们的帮助下功课日进，我心情大悦。

这封信催生我的思乡情怀，正如太白诗中所言"我欲因之梦吴越，一夜飞度镜湖月"。我告诉弟子们，我已经在往回赶的路上，近了，更近了，"吾道之昌，真有火燃泉涌之机矣，喜幸当何如哉"！

命运对我来说，太不近人情。既然人一生所拥有的时间是有限的，可在这有限的时间里，又为何让我痴迷于无限的道。在广西的战场上，我收到弟子聂豹寄来的求教信。我强撑着病体，回了一封论述学问的长信。虽然聂豹不在我身边，但是他的思想与我相通。

在信中，我说：人做学问，是为了致良知。而所谓的"事上练"，也是为了致良知。致良知没有捷径可走，就是要时时刻刻下功夫，若有间断，便是忘了，所以要做到“勿忘”。致良知就像一个人登台阶，要一步一个脚印，若欲速求效，便是助了，所以要做到“勿助”。致良知便要将工夫全用在“事上”，要在事上磨炼，而“勿忘勿助”是对它的补充。

我告诉聂豹，事情来了，要用自己的良知去应对。要时刻记住，所谓的“事上练”，并不是让人去没事找事，而是要时刻想着致良知。如果只是用事修行不能兼备致良知，则不算圆满，而事做得也不够彻底。只要致良知，天下事物纵使千变万化，也无一遗漏。

嘉靖七年（1528）八月二十七日，我在经历一个半月痛苦的待命仍不见朝廷消息之后，决意超然远行，归居林下讲学弘道了。我觉得有一道不祥的符咒压在身上，我怕再不回返就来不及了。保身才能弘道，我不能在这里坐以待毙。

我抱病离开南宁东赴广城，本是要到广城后再等待朝命。这一日，我乘坐的船驶过一片空阔的河滩后，暂时泊了下来。我下意识地问了一句，此地是何处？船工说是伏波山。我心里凛然一颤，不由想起曾经做过的一场梦。我问此间可有一座山？山上可有一座庙？是专为纪念西汉时的伏波将军马援而建？

我的问题得到逐一确认后，我知道，人生兜兜转转，终点又回到了起点。那场梦虽然很遥远了，但我此时想起它，还历历在目。十五岁那年，我在嘉峪关长城脚下做过了一个梦。当时的我还是一个任性好侠的少年，在那次北游后，我决定遵从梦境的指引，做个像马援将军一样流芳百世的英雄，走出一条属于自己的路。

让我心里一惊的是，眼前的一切和四十年前那场梦境完全吻合。

人生已进入它的倒计时阶段，而我的船却阴差阳错地停在了梦开始的地方。我心里倏然一惊，难道我真的回不去了吗？我想到马援说过的一句话：“男儿当死于边野，以马革裹尸还葬耳。”这是我内心的写照，真实而又悲怆。我不由苦吟道：

四十年前梦里诗，此行天定岂人为？
徂征敢倚风云阵，所过须同时雨师。
尚喜远人知向望，却惭无术救疮痍。
从来胜算归廊庙，耻说兵戈定四夷。

我从南宁到广城的两个月中，依然没有等到朝命。病困广城的我，每日身体注入缕缕生机元气的只有讲学论道。我在病榻上与那些来广城问学的弟子倾心论道。弟子们见我面色憔悴，经常靠吞咽姜蜜以下痰，都劝我离开此地。他们说，明德只是良知，所谓灯是火，阳明心学必将自明，照亮这个世界。

我高烧不退，时而大汗淋漓，时而冷得哆嗦成一团。我梦见自己被山匪一路追赶，一块块滚石从高处坠落，我狼狈躲藏；我置身于空寂无人的讲坛，一个人大声抗辩，与空气争论不休。

我清醒的时候，想得最多的是自己年幼的儿子，我与张氏所生的儿子如今还不到三岁。在广西平乱这段日子，我的家书从来没有中断过。我放心不下的事情太多，最牵念的还是家人的近况、孩子的教育问题及族中事务。

我想到自己有一天离开人世，尚处于幼年阶段的儿子要独自面对凶险万状的人生，这种来自内心的痛楚比我身上的病痛更让人难以承受。我不放心的还有自己的嗣子王正宪，我总感觉这个孩子对他的弟弟有几分厌恶，对张氏也不够尊重。我在写给继子王正宪的家信中，询问学业和家中的近况。让他端正心态，将来要与家族中人和睦相处。

我有太多的不舍，可时间总在催促着我上路，就算能够做到明心见性，可在生死面前，我也只能无奈地接受命运的安排。我让最可信赖的弟子去主持分家，嘱咐他们每年两人轮流抚养教育我的儿子，直到成年，“诸叔侄不得参扰”。

我将自己的归乡之旅视为与这个世界做最后的道别，生命如果能有一次轮回，我会选择再走这样一条路吗？来不及思考与论证了。我在广城等待诏命到闰十月，病榻讲学，翘首苦盼，朝命杳如黄鹤。就在此时，我却收到增城忠孝祠建成的消息。所谓忠孝祠是增城当地为我先祖王纲父子建造。

我拖着病体亲往忠孝祠祭祀，作了一篇祭文。面对祖宗之祠，我不禁喟然道：“某承上命，来抚是方。上无补于君国，下无益于生民，循例省绩，实怀多惭。”这里还是我的好兄弟湛若水的故乡，我在祭奠忠孝祠后，前往甘泉都沙贝村拜访了湛若水的家乡。甘泉都有甘泉与甘泉洞，也难怪湛若水以甘泉自居。

真是一个世外风雅之地，让我留恋不已，我在湛若水老家的墙壁上题诗一首。

我在诗里写到了自己与湛若水之间相互欣赏，又难以相融相通的学理观点。虽然我们的学风有着直接或间接地分歧，但我们依然视对方为最好的朋友。此时的湛若水远在京城，想要和我来一场不醉不归的秉烛夜谈，恐怕也难以实现了。我久久不愿离去：

落落千百载，人生几知音。
道通着行迹，期无负初心。

从增城回到广城，我的病情日渐加重，卧病不起。在广城苦苦等待朝命已三个月，始终没有等到朝命。哪里知晓，在我等待的日子里，朝廷对我的诬陷中伤再度升级。擅离职役，不候命即归，每一条罪名都是绑我的绳索，装我的囚笼，杀我的刀。这样的时刻，就是没人说，我也能猜得到。

他们想当然地说，想当然地做，谎话说多了，就真的以为真。某个时刻的恍惚，我还真就以为自己身负重罪。

我已气息奄奄，上天正在一点点地收回对我的怜悯。我闻到了死亡的气息，每个夜晚都觉得无比漫长，怕一口气上不来，就等不来天亮。黄佐劝我北行，我接受了他的劝告。

十一月一日，我上了一道《乞骸骨疏》，我要归乡，我真的当自己死了，要将这把骨头葬于乡土。

二十一日越过广东、江西的边界梅岭关。梅岭古亦称大庾岭，因为汉初先后以梅鋗和庾胜两将军在此驻守，于是就有了梅岭和庾岭之称。我的学生广东布政使王大用一路护送，也因此成为我生命最后的见证者之一。

一场南下的寒潮加剧了我的病症，我的身体如风中烛火，明灭只是一瞬间的事。离开广州前，我握着王大用的手，说道："尔知孔明之所以托付姜维乎？"王大用自然明白我这将死之人的最后要求。我怕自己命丧半道，拜托他将我的灵柩送回故乡。王大用立即领兵护送，并秘密遣人备好一副棺材载车后行。

或许是看到轻微的颠簸也让我痛苦不堪，王大用坚决不让我坐轿，改为乘坐舟船，顺章江而下。到了南安地面，我见到了另外两位弟子，他们是南安推官周积和赣州兵备道张思聪。我挣扎着要支起身子，想和他们进行简短的交流，但剧烈的咳嗽和难以自控的颤抖让我彻底打消了念头。在和命运最后的搏斗中，我已耗尽身体的能量，只得无奈地败下阵来。

岭南、岭北如同两个世界，南边瘴气重，北边寒气侵，都是老天留人之地。人说雪花不过梅岭关，可眼下这场雪不但越过梅岭关，而且让这乌泱乌泱的世间万物都凝固了，包括时间。这时候的我体会到了一切皆空的感觉，就像当初我来到这个世界，用婴儿般的眼神打量这个世界。世界还是那个世界，从今往后，我已经不需要再在事上磨炼自己，我的良知已经慢慢复位，无善无恶的世界全面降临，让我无法拒绝。

我这多言之人，该说的已说得差不多了。树活皮，人活影，至于活过之后的世界是什么样子，且由它去。我所关心的是，我说过的那些话，能留在这世间几句。两位门生问我病情如何？我也只是摇头苦笑道："病势危亟，所未死者，一口元气强撑着而已。"

活着小事是大事，死了大事也成了小事。我已经强烈地预感到，自己就要放下这所谓的大事与小事，放下生前身后的大事与小事。想起过梅岭前，我在写给钱德洪、王畿的信里还无比骄傲地展望："吾道之昌，真有火燃泉涌之机矣，喜幸当何如哉！"

他们还在等待着我安然无恙地回到他们中间，可在时间面前，我们互为彼此的命运。

弟子们已退出房间，留下昏昏沉沉的我不知身在何处。我依稀听见有人在外面小声说话，像是王大用与张思聪的声音。

一个人说，上好的材，就差裱糊了。

另一个人说，我一定用锡纸里外都裱糊，请你放心。

他们劝我多留南安几日，待病情缓解再启程不迟，可这荒江野渡的地方哪里能找到起死回生的医生？我拒绝了他们的好意，我想要离故乡近一些，再近一些。

嘉靖七年（1528）十一月二十九日清晨，载着我的船缓缓前行。我不知昏昏沉沉睡了多久，直到船停泊在一个不知名的河湾，此时外面的天已大亮。昏睡中的我像是突然被人拉了一把，不由地坐了起来，神志清醒地问道，这是什么地方？

守在我身边的周积见我开口问话，赶紧答道："青龙埔。这个码头离梅关只有五十多里，属大庾县。"

我不由长叹道："平生学问方才见得数分，未能与吾党同志共成之，为可恨耳！"想到自己还是死在这条平乱之路上，不由叹道："田州事非我本心，后世谁谅我者？"

周积躬身侍立，安慰道："待到来年春天，弟子们还将前往山阴听先生讲学。"

良久，我没有再说话，合上了双眼，往事如同快速倒带的胶片电影，每一格都是转瞬即逝的人生片段：山阴、龙场、书院、京城、南赣、广西、徐爱、湛若水、弟子、家族、儿子……

我艰难地睁开眼睛，嘴里含含糊糊地吐出一句"我要走了"。

周积顾不得拭去泪水，俯下身子，在我耳边急切地问道："先生，还有什么要说的话吗？"

我摇了摇头，用最后一丝气力留下了人生的八个字："此心光明，亦复何言！"

说了一辈子话的我再也无话可说，我死之后，留在这个世上的一切都将任由后人评说。就算是掀起巨浪滔天，就算是流芳万世不朽，而这一切已经与我无关了。

我心光明！

我在死亡降临的那一刻，宣告了由凡入圣的终极境界。心体复明，照耀人世。人人心中有良知，良知之心是光明灵觉，是不灭的明灯。冷酷的世界，不会因为我的死亡而放过我。我在这世上走过这一遭，留下那么多的脚印，那么多的语言。那是我的罪过，也是救赎我的功劳。这个世道里，那些自以为掌握了别人命运的人，他们要将我的脚印，我的语言都抹去。一个也不剩，一句也不放过。他们整肃世界秩序的野心，比我的尸体腐烂得还要快，不信，就等着瞧。

嘉靖八年（1529）正月初八，我的《乞骸骨疏》才传到京师。世宗还不知我已病故，谕吏部说："守仁受国重托，故设漫辞求去，不候进止，非大臣事君之道。卿等不言，恐人皆效尤，有误国事，其亟具状以闻。"

当我病亡的消息传至京师，有官员为我求情。世宗却坚持说："守仁擅离重任，其非大臣事君之道。况其学术事功多有可议。卿等仍会官详定是非，及封拜宜否以闻，不得回护姑息。”我泉下有知，也会心寒意冷。固执的皇帝不承认我平宸濠与平思、田、断藤峡、八寨之功，急于制造冤狱，所谓“捷音自夸”“恩威倒置”“擅离职役”“不候命即归”等都不过是欲加之罪。更何况，这个年轻的皇帝认定的事，从来就没有落空过。他认定我的良知心学是大坏人心之学，是必须禁绝的“邪说”。我死之后，桂萼拜武英殿大学士，实现他的入阁梦想，也不必担心我抢夺他的位置。第二天，他就将禁绝良知“邪说”的圣旨带进廷臣集议中，堂而皇之地向世宗奏报集议说：

> 守仁事不师古，言不称师，欲立异以为名，则非朱熹格物致知之论。知众论之不予，则为《朱熹晚年定论》之书，号召门徒，互相唱和。才美乐其任意，或流于清谈；庸鄙者借其虚声，遂敢于放肆。传习转讹，悖谬日甚。其门人为之辩谤，至谓杖之不死，投之江不死，以上渎天听，几于无忌惮矣。

他们说我平宸濠之乱，血腥征讨，杀人无数，毫无儒者仁恕之心；他们说我平两广之乱，纵兵作恶，杀人无计，完全是恶魔转世。如此大恶之人，崇事禅学，好尚鬼异，不配称为圣门之士。他们这么说，完全是看皇帝的脸色行事。世宗的话说得更绝，他说：“守仁放言自肆，诋毁先儒，号召门徒，声附虚和，用诈任情，坏人心术。”他这是要将我打翻在地，再踏上一只脚。他就这样将我的良知学说，投进“学禁”的罗网。而这一切，在我离开这个世界之前，已经暴露无遗。只是我没想到，对于一个死了的王阳明，他还要清算到底。

当朝堂弥漫着肃杀之气，语言好似薄暮的蝙蝠上下翻飞时，我已经听不见，也看不见了。我的灵柩停放于绍兴伯府的中堂，等待着四方弟子门人、士人学者、僚友同道前来祭拜。故乡的天空还是天空，日月还是日月，星象还是星象，北斗还是北斗，天罡还是天罡。我还是我，只是有无之别。

我从春天出发，地气升腾，万物挠心，天地有大美而不言；我从夏天出发，山阴多雨，亲近温润，日月有常，又生无常，日月无常，又生有常；我从秋天出发，收获欢愉，飘忽若神，山水归无所归，索性不归；我从冬天出发，隐而不发，藏而不收，漫无目的地行走大地，才知道人以及万物早有定数，荣枯有序。

良知是明灯，是伟大的朴素，就像走在故乡的村庄小镇上，人会进入一个纯净而饱满的氛围。读书、讲学、修行、行走，江水奔流不绝，带走无穷无尽的时间。湛若水，我这一生的知己，我看见你哭倒在我的灵柩前，又连夜为我作了一篇祭文。

那些过往，让你念念不忘。你说，守仁兄啊！正德元年，与兄邂逅，会意交神，同驱大道。彼时，我们立下终身修行的誓言。正德六年、七年间，你我聚首京师，你湛若水任翰林院编修，我王阳明任吏部验封主事。你我住得不远，修道之心靠得更近。每日欢聚，存养心神，剖析疑义。我还记得，我王阳明说，道家、佛教与儒学之间的关系，犹如一棵树当中枝叶与树干的关系，道家、佛教为枝叶，儒家为树干。而你湛若水则认为，道家、佛教与儒学之间，不能以枝叶与树干的关系相比。因为枝叶与树干关系的比较，前提是相同种类的同一棵树。只有伊尹、伯夷、柳下惠与儒学的关系，可以视作相同种类的同一棵树当中枝叶与树干的关系。

湛若水，亏得这个世上还有你，不然我躺在这里，该有多么寂寞。我听见你说，守仁兄啊！抚怀今昔，切嗟昌矣，幽明永隔。你问我还记得正德九年春天吗？我怎会不记得，就是死了也还记得。那年，你湛若水返回北京途中，与我见于滁阳，夜论儒释之道。我说，道家、佛教与儒学没有什么不同，道家、佛教与儒学一样道德高博。而你则认为儒学不仅有佛道之所有，而且有佛道之所无。第二天早上，我笑着对你说，“夜谈子是”。我看见你脸上写满怀疑。如今，音犹在耳，你我却天人永隔。

湛若水，亏得这世上还有你，不然我躺在这里，什么也听不见。我听见你说，守仁兄啊！正德十年至十二年期间，我丁母忧乡居，你我书信论辩，你还记得吗？我王阳明怎不记得，那场论辩是由我“不疑佛老，以为一致，且云到底是空，以为极致之论”引起。而你湛若水则认为宇宙之中有气有道，怎能说不是“有”而是“空”呢？而且此气此道都是永恒的，即使“天地弊坏，人物消尽”，此气此道依然存在；既然此气此道始终存在，就不能说是空。

还有黄绾，他一直在窥测着朝廷给我辩冤平反的时机。不管不顾，一再上疏，大谈我的事功与学术。十一月十一日，数千士人学子来到绍兴送我最后一程，他们要见证我落葬于绍兴城南的洪溪高村。黄绾代表他们作了一篇祭文：

> 道丧既久，圣远言微，千载有作，聿开其迷。指良知为下手之方，即亲民为用力之地，合知行为进德之实。夫学非良知，则所学皆俗学，而圣学由不明；道非亲民，则所道皆霸功；知行不合，则所知则虚妄，而实德无自进。此乃先生极深研之妙得，继往开来之峻功。

我下葬时参加的人数之多，超乎想象。由王艮主持，数千门人聚讲于阳明书院，定下今后期会聚讲的盟约。我的弟子薛侃决定在杭城天真山建立精舍，以备每年祭祀阳明师魂。从此后，阳明书院和天真精舍，成为四方学子朝拜良知心学的圣地。我生前，梦想有那么一天，浙中与江西士子学人能够聚会讲究良知心学。梦想成真，在我死后得以实现，我能够想象到的最美好的一幕成为我的会葬仪式。

我这一生的路，真是没有白走。反倒是那个一天到晚闹着要“学禁”的嘉靖皇帝，他的良知，日渐沉沦昏聩，不可救药。到后来，他不出理朝政，沉溺在道教炼丹长生不死的迷狂中。他已经顾不了神仙之外的事，也没人再相信所谓“学禁”。从朝中大员，到地方士子，要求为我平反，解除“学禁”的呼声日益高涨。嘉靖四十五年（1566）十二月，嘉靖帝因滥服丹药暴毙，他在遗诏中宣布：“自即位至今，建言得罪诸臣。存者召用，没者恤录，在系者即先释放复职。”这一迟到了三十八年的道歉有用吗？

对天下士子来说，良知心学的时代开始了，而我也随之复活……

# 附录一　王阳明大事年表

宪宗成化八年（1472）九月三十日，出生于绍兴府余姚县龙泉山附近瑞云楼。母亲怀胎十四个月，祖母岑氏梦见天神衣绯玉，云中鼓吹。祖父竹轩翁（名伦，字天叙）为其取名“云”。

成化十二年（1476），王阳明五岁不言。一日与群儿嬉，有神僧过之曰“好个孩儿，可惜道破”。竹轩翁为他更名“守仁”，即能说话，且能背诵竹轩翁所读之书。

成化十七年（1481），十岁，余姚。父龙山公王华中状元，入京师。

成化十八年（1482），十一岁，竹轩翁因龙山公迎养，携王阳明入京师。途经金山寺，王阳明赋诗《过金山寺》和《蔽月山房》。

成化十九年（1483），十二岁，京师。请教塾师：何为人生第一等事？师说：读书登第，汝父也。王阳明说：恐未是，当读书做圣贤耳。

成化二十年（1484），十三岁，生母郑氏去世，王阳明居丧哭泣甚哀。

成化二十二年（1486），十五岁，京师。王阳明屡次欲上书皇帝，平定边乱，龙山公斥之为狂，乃止。王阳明出游居庸关（今北京昌平区境内），逐胡儿骑射，胡人不敢犯，慨然有经略四方之志。经月始返，一日梦谒伏波将军马援庙。

孝宗弘治元年（1488），十七岁，洪都。七月，与诸氏完婚于江西洪都（今南昌）。诸氏名芸，浙江余姚人，父诸养和时任江西布政使参议。新婚日，偶入铁柱宫，与道士相对而坐忘归。新婚期间，潜心书法，书艺大进。

弘治二年（1489），十八岁，寓江西，始慕圣学。十二月，携夫人归余姚，乘船路经广信（今江西上饶），拜访理学大儒娄谅（号一斋）。娄谅语以朱熹“格物之学”，并告之以“圣人必可学而至”，王阳明深受启发。

弘治三年（1490），十九岁，余姚。接受娄谅所言“格物致知”之学。是年，竹轩翁王伦病逝于余姚，王华奔丧回余姚，庐墓守丧，丁忧三年。

弘治四年（1491），二十岁，余姚。王阳明在余姚县学中习举业，学性命之学。

弘治五年（1492），二十一岁，越城。杭州秋闱，中举浙江乡试。孙燧和胡世宁同举，后宁王造反，“三人好做事”。父王华丁忧期满，回京复命。

弘治六年（1493），二十二岁。京师春闱，会试不第，李东阳戏曰：待汝做来科状元，试作《来科状元赋》。先生拈笔而就。有忌者曰：此子若取第，目中无我辈矣。归余姚，结诗社于龙泉山寺，对弈联诗。

弘治九年（1496），二十五岁，京师。春闱，会试再不第。先生曰：汝以不得第为耻，吾以不得第动心为耻。他乘船沿京杭大运河回到了老家余姚。

弘治十年（1497），二十六岁，绍兴。往绍兴寻访王羲之故居，确定东光相坊为移家绍兴新居之地。多次登会稽山，寻访修炼的阳明洞，筑室修炼。其时边关告急，王阳明报国心切，凡兵家秘籍，无一不精心研读。每遇宾宴，尝聚果核列阵势为戏。

弘治十一年（1498），二十七岁，京师。先生通过痛苦的反省，开始注重循序读书，力求学问精进，以期“致知”“穷理”。但在实践中总觉得“物理吾心，终若判而为二”，一时困惑难解。偶闻道士谈养生，遂有遗世入山之意。

弘治十二年（1499），二十八岁，京师。春闱会试第二名，殿试赐进士出身，二甲第七（全国第十名），观政工部。秋，钦差督造威宁伯王越墓，竣工，出威宁伯宝剑赠先生，与梦相符，欣然接受。是年，因“会试泄题案”，唐伯虎落第，不得为官。

弘治十三年（1500），二十九岁。京师，授刑部云南清吏司主事，上书《陈言边务疏》。

弘治十四年（1501），三十岁，京师。奉命到直隶、淮安审决积案重囚，平反多件冤案。游九华山，出入佛寺道观，做《九华山赋》。

弘治十五年（1502），三十一岁。五月复命，八月告病归越城，筑室会稽山阳明洞天，静坐行导引术，能先知，后因其簸弄精神，不能成圣，摒去。自号“阳明子”，人称“阳明先生”。是年，王阳明渐悟仙、释二氏之非。

弘治十六年（1503），三十二岁。来杭州西湖疗养，劝归虎跑寺已闭关三年的得道高僧回乡孝母。

弘治十七年（1504），三十三岁，京师。秋季，主考山东乡试，撰写《山东乡试录》，拜谒孔庙，登泰山。九月改兵部武选清吏司主事（正六品）。

弘治十八年（1505），三十四岁，京师。开门授徒。与湛若水定交，共倡圣学。若水后为阳明撰写墓志铭。

武宗正德元年（1506），三十五岁，京师，徐爱拜师，未收。刘瑾擅权，二月，王阳明为南京言官戴铣上疏，下诏狱，廷杖四十，贬谪贵州修文龙场驿。父王华明升暗降，调任南京吏部尚书。

正德二年（1507），三十六岁，南下赴谪，刘瑾派刺客追杀，至钱塘江，假言投江脱之，过武夷山，去南京看望时任南京吏部尚书的父亲。十二月回越城，正式收徐爱为首席大弟子。

正德三年（1508），三十七岁。春，至贵州修文县龙场，途中收多名弟子，包括冀元亨。大悟“圣人之道，吾性自足，向之求理于事物者误也”，史称“龙场悟道”。

正德四年（1509），三十八岁，贵阳。受提学副使席书聘请主讲文明书院，始揭“知行合一”之旨。

正德五年（1510），三十九岁。刘瑾伏诛，三月，任江西庐陵知县，路过辰州、常州时教人静坐工夫。十一月入京，住大兴隆寺，和湛若水、黄绾订终日共学。十二月升南京刑部四川清吏司主事。

正德六年（1511），四十岁，京师。正月调吏部验封清吏司主事。二月为会试同考官。十月升文选清吏司员外郎。

正德七年（1512），四十一岁，京师。三月升考功清吏司郎中，穆孔晖、黄绾、徐爱等几十人同受业，讲学内容由徐爱记录整理，名《传习录》。十二月升南京太仆寺少卿，赴任南京便道归省，徐爱升南京工部员外郎，与王阳明同舟回越城。

正德八年（1513），四十二岁，二月回越城。十月至滁州，督马政。地僻官闲，日与门人游琅琊山水间。新旧学生大集滁州，教人静坐入道。

正德九年（1514），四十三岁。四月，升南京鸿胪寺卿，五月至南京，在南京教人“存天理、去私欲”。

正德十年（1515），四十四岁，京师。上疏请归，不允。八月写《谏迎佛疏》，用儒家思想的博大精深衬托出佛家思想的各种不足，未上。立正宪为嗣子，时年八岁。

正德十一年（1516），四十五岁，在南京。九月，经兵部尚书王琼特荐，升都察院左佥都御史，巡抚南赣汀漳等处。十月，回越城看望祖母和父亲，祖母岑氏九十七高龄。

正德十二年（1517），四十六岁。正月至赣，二月先平漳寇，四月班师驻军上杭，五月奏设福建平和县，六月上疏请疏通盐法，九月改授提督南赣汀漳等处军务，得旗牌，可便宜行事。十月平横水、桶冈等地，行十家牌法。十二月班师，闰十二月奏设江西崇义县。

正德十三年（1518），四十七岁。正月，征三浰，三月上疏乞致仕，不允，平大帽山、浰头。四月班师，立社学教化沿途当地百姓。五月奏设广东和平县。历经一年又三月，危害多年的四省流民暴乱被王阳明平定。六月，升都察院右副都御史，世袭百户，辞免，不允。七月，刻古本《大学》《朱子晚年定论》。八月，门人薛侃在赣州刻《传习录》。九月，修濂溪书院，四方学者云集于此。徐爱卒，王阳明为之恸哭。十一月，再请疏通盐法。

正德十四年（1519），四十八岁，江西。六月，奉命勘处福建叛军，至丰城，闻宁王朱宸濠反，遂返吉安，起义兵，平宁王之乱。仅四十三日，宁王之乱宣告失败，王阳明安葬娄妃（娄素珍，宁王妃，娄谅的小女儿）。八月，武宗南下，与前来抢功悦君的宦官张忠、许泰群小周旋。祖母岑氏仙逝，乞便道省葬，不允。

正德十五年（1520），四十九岁，江西。王艮投门下，艮后创泰州学派。十二月，武宗回驾入宫。

正德十六年（1521），五十岁，江西。正月，居南昌，始揭“致良知”之教。三月，正德皇帝崩。嘉靖登基，冀元亨先前被群小折磨，出狱后几日卒。五月，集门人于白鹿洞。六月升南京兵部尚书。八月回越城，九月归余姚省祖茔，访瑞云楼，钱德洪等拜入门下。十二月，归越城为父王华祝寿，封“新建伯”，特进光禄大夫柱国，兼南京兵部尚书。

世宗嘉靖元年（1522）。五十一岁，山阴。正月，疏辞封爵，二月，父王华仙逝，享年七十七，丁忧。首辅杨廷和倡议禁遏王学。

嘉靖二年（1523），五十二岁，山阴。来从学者日众。南京刑部主事桂萼大礼议得宠。九月，改葬龙山公于天柱峰，郑太夫人于徐山。

嘉靖三年（1524），五十三岁。山阴。正月，门人日进，南大吉拜入门下。四月，服阕，朝中屡有荐者，有人以大礼见问，不答。八月中秋，宴门人于天泉桥，盛况空前。十月，南大吉续刻《传习录》，增五卷。

嘉靖四年（1525），五十四岁，山阴。正月夫人诸芸卒，四月祔葬于徐山。六月，礼部尚书席书力荐先生入阁，未果。九月，归余姚省祖茔，会门人于龙泉山中天阁，决定每月四次在中天阁授课。十月，建阳明书院于越城。

嘉靖五年（1526），五十五岁，在绍兴系统讲授心学理论。十一月，继室张氏生子正聪。七年后，黄绾为保护孤幼收为婿，改名正亿。

嘉靖六年（1527），五十六岁，山阴。五月命兼都察院左都御史，征广西思恩、田州。九月，出征广西思恩、田州。出发前夜，天泉桥上证道，与钱德洪、王畿立善恶四句教法，谓“天泉证道”。十二月，抵达广西梧州，开府议事。十二月命兼任两广巡抚。

嘉靖七年（1528），五十七岁，在梧州。二月平定思田之乱，然后兴学校，抚新民。七月破八寨、断藤峡之乱。九月，奉钦赐至广州，赏思田之功。十月，病重，上疏请告，被桂萼压住。期间，拜谒伏波庙，祀增城先祖庙。

十一月，启程返家，二十九日辰时（1529年1月9日8时）许，病逝于江西南安府大庾县青龙铺码头舟上，年五十七岁。门人周积等人陪伴，留下“此心光明，亦复何言”临终遗言。

嘉靖九年（1530），十一月归葬于浙江绍兴洪溪（今兰亭）。洪溪离越城三十里，乃阳明先生生前所选之地。

隆庆元年（1567），五月，下诏赐王阳明为新建候，谥文成。

万历十二年（1584），阳明先生从祀于孔庙，奉祀孔庙东庑第五十八位。“立德、立功、立言”，先生乃“真三不朽”。

# 附录二　明朝中央官制简表

| 部门 | 官名 | 品级 | 备注 |
|---|---|---|---|
| 三公 | 太师、太傅、太保 | 正一品 | 均为虚职，是皇帝对大臣的加官和赠官，用来表明受官者的功绩与崇高身份，无实际管辖权限。 |
| 三孤 | 少师、少傅、少保 | 从一品 | |
| 内阁 | 大学士 | 正一品（正五品） | 皇帝的机要秘书。 |
| 六部 | 尚书（各1人） | 正二品 | 六部为：吏部、户部、礼部、兵部、刑部、工部。六部部长为尚书，副职为左右侍郎；部下设司，司长为郎中，副职为员外郎；各司办事官为主事。 |
| | 左、右侍郎（各1人） | 正三品 | |
| | 各司郎中（各1人） | 正五品 | |
| | 各司员外郎（各1人） | 正五品 | |
| | 主事（各1人） | 正六品 | |
| 都察院 | 左、右都御使 | 正二品 | 左右都御使负责监察工作。<br>十三道（当时全国分十三个省，即十三道）监察御史与直属于皇帝的六科给事中统称“科道”，属于言官范畴。<br>各道监察御史巡按本道，考察地方官员，史称“巡按”。 |
| | 左、右副都御使 | 正三品 | |
| | 左、右佥都御使 | 正四品 | |
| | 十三道监察御史（明末增加为十五道） | 正七品 | |
| 朝廷特派官员 | 总督 | 正二品 | 中央派驻地方的最高官员，辖一省或数省，主持全面工作。 |

（续表）

| 部门 | 官名 | 品级 | 备注 |
|---|---|---|---|
| | 巡抚 | 正四品至正二品 | 巡抚在明初为中央派出协调地方工作的官员，为临时官职，品级不等，任务完成之后，回朝复旨，职务也就自然取消。<br>在任期间，巡抚虽非地方正式军政长官，但因出抚地方，节制三司（承宣布政使司、提刑按察使司、都指挥使司），实际掌握着地方军政大权。明朝中期以后，巡抚渐成为“行省”中事实上之长官。 |
| 翰林院 | 学士（1人） | 正五品 | 明代高层人物的输出之所，高级官僚的培养基地。 |
| | 侍读学士、侍讲学士（各2人） | 从五品 | |
| | 侍读、侍讲（各2名） | 正六品 | |
| | 修撰（史官） | 从六品 | |
| | 编修（史官） | 从七品 | |
| | 检讨（史官） | 从七品 | |
| | 待诏 | 从九品 | |
| 国子监 | 祭酒 | 从四品 | 负责教育管理、祭祀礼仪、国家官方的图书出版。 |
| | 司业 | 正六品 | |
| | 五经博士 | 正七品 | |
| | 助教 | 从八品 | |
| | 学正 | 正九品 | |
| 六科 | 都给事中 | 正七品 | 朝廷的监察机关，可以稽查六部百司之事，可封驳奏章，辅助皇帝处理政务，并监察六部，纠弹百官。 |
| | 左、右给事中 | 从七品 | |
| | 给事中 | 从七品 | |
| 二十四衙门 | 十二监（太监） | 正四品 | 掌管皇帝宫中日常生活上的各项事务。 |
| | 四司（司正） | 正五品 | |
| | 八局（大使） | 正五品 | |
| 其他部门 | | | |

# 附录三　明朝地方官制简表

<table>
<tr><th colspan="2">部门</th><th>官名</th><th>品级</th><th>备　注</th></tr>
<tr><td rowspan="9"></td><td rowspan="3">承宣布政使司</td><td>左右布政司</td><td>从二品</td><td rowspan="3">“布政使司”为一省最高行政机构，布政使为一省最高长官，相当于省长。参政、参议是分管各项事务的官员，也称为“分守道”。</td></tr>
<tr><td>左右参政</td><td>从三品</td></tr>
<tr><td>左右参议</td><td>从四品</td></tr>
<tr><td rowspan="3">提刑按察使司</td><td>按察使</td><td>正三品</td><td rowspan="3">按察使掌一省刑狱之事，相当于省高级法院院长。按察副使、佥事分司诸道事务，称之“分巡道”。</td></tr>
<tr><td>按察副使</td><td>正四品</td></tr>
<tr><td>佥事</td><td>正五品</td></tr>
<tr><td rowspan="3">都指挥使司</td><td>都指挥使</td><td>正二品</td><td rowspan="3">都指挥使相当于省军区司令员。<br>都指挥使司与布政使司及提刑按察使司合称为一省之“三司”。</td></tr>
<tr><td>都指挥使同知</td><td>从二品</td></tr>
<tr><td>都指挥佥事</td><td>从二品</td></tr>
<tr><td colspan="2" rowspan="4">府</td><td>知府</td><td>正四品</td><td rowspan="4">知府是府的行政长官，相当于市长。同知是副职，相当于副市长。通判由中央直接委派，兼地方行政与中央监察于一身。<br>推官相当于地方中级人民法院院长，兼地方审计。</td></tr>
<tr><td>同知</td><td>正五品</td></tr>
<tr><td>通判</td><td>正六品</td></tr>
<tr><td>推官</td><td>正七品</td></tr>
<tr><td colspan="2" rowspan="4">州</td><td>知州</td><td>从五品</td><td rowspan="4">明代的州分两种：一、属州（散州），属于府，其地位相当于县；二、直隶州，其地位如府，直属于布政使司。直隶州长官相当于市长，散州长官相当于县长。</td></tr>
<tr><td>同知</td><td>从六品</td></tr>
<tr><td>判官</td><td>从七品</td></tr>
<tr><td>吏目</td><td>从九品</td></tr>
<tr><td colspan="2" rowspan="4">县</td><td>知县</td><td>正七品</td><td rowspan="4">知县相当于县长，县丞、主簿、典史等，又称“佐贰官”，协助知县理政。</td></tr>
<tr><td>县丞</td><td>正八品</td></tr>
<tr><td>主簿</td><td>正九品</td></tr>
<tr><td>典史</td><td>未入流</td></tr>
</table>